|之|江|法|学|文|库|

技术视角的数字法学研究

RESEARCH ON DIGITAL LAW:
A TECHNOLOGICAL PERSPECTIVE

周　翔／著

法律出版社 LAW PRESS · CHINA
北京

图书在版编目（CIP）数据

技术视角的数字法学研究 / 周翔著. -- 北京 : 法律出版社, 2024. -- (之江法学文库). -- ISBN 978-7-5197-9396-8

Ⅰ. D912.17

中国国家版本馆 CIP 数据核字第 2024PG9890 号

技术视角的数字法学研究
JISHU SHIJIAO DE SHUZI FAXUE YANJIU

周 翔 著

责任编辑 李沂蔚
装帧设计 汪奇峰

出版发行 法律出版社
编辑统筹 法律应用出版分社
责任校对 张翼羽
责任印制 刘晓伟
经　　销 新华书店

开本 710 毫米×1000 毫米 1/16
印张 26 **字数** 336 千
版本 2024 年 9 月第 1 版
印次 2024 年 9 月第 1 次印刷
印刷 北京建宏印刷有限公司

地址:北京市丰台区莲花池西里 7 号(100073)
网址:www.lawpress.com.cn
投稿邮箱:info@lawpress.com.cn
举报盗版邮箱:jbwq@lawpress.com.cn

销售电话:010-83938349
客服电话:010-83938350
咨询电话:010-63939796

书号:ISBN 978-7-5197-9396-8
定价:106.00 元

凡购买本社图书,如有印装错误,我社负责退换。电话:010-83938349

目　录

导　论

这是一本侧重于数字技术视角研究数字法学的研究合集，这本书汇聚了笔者迈入学术界后第一个阶段的作品，系笔者2019年至2023年这段岁月的青春见证。这些文字能在此汇聚，有两个理由：一是它们都有一个共同的研究领域，即法学和计算机科学的交叉领域；二是它们都采取了同一研究视角，即在研究这些议题的时候均很强调“数字技术”的原理本身，以大数据、人工智能等为代表的数字技术为切入口，数字技术不仅是这本专著研究的对象，而且还作为法学研究的方法加以引入。

对本书提及的一些高频概念有必要在此做一些通俗解释，以方便读者理解。(1)“数字法学”。本书的正文对此有专门论述，提及它时，一般是将其作为各类数字技术和法学交叉的领域或学科最抽象的概念，即本书所研究的议题都可以纳入这一概念之下。(2)“法律人工智能”。这是本书经常使用并且重点研究的内容，这一概念主要指的是把以机器学习、深度学习等为代表的人工智能技术作为工具引入法律活动的实践中，“法治世界的数字化”“为法律插上科技的翅膀”等提法基本与之相当，本书包括笔者对其基本方法论、实战应用、学界的质疑观点等全方位的思考。(3)“数据”。本书主要关注到数据之上的两个维度问题：其一，数据上附着的个人信息权和隐私权等私权如何保障；其二，数据作为生产要素如何促进其开放、流通和增值。(4)“算法”。原本对数回归、决策树这些数学统计学的公式方法属于算法,但是法学学界目前把算法应用于各个领域所开发的"模型"当作"算法"进行规制研究,为了交流对话的便利,本书遵循了这一共识。(5)"平台"。"平台"既可以指一种对应于流线型的新商业模式,也可以作为一类企业类型。这类企业既是新问题的制造者,也是新问题的化解者。它和其他传统企业或商业模式有什么差别,产生了哪些新的法学问题等,我们应当理性正视这类主体。(6)"量化实证研究"。采用定量的社会科学方法开展法学领域研究在"数字法学"概念提出之前就存在,只是新的技术出现为研究方法带来了技术的变革,这是笔者长期感兴趣和关注的。

本书共有8个议题,均带有明确且强烈的问题意识,且均希望从技术视角切入做出法学层面的学术贡献。议题一为数字法学基本的学科定位,数字法学和计算机专业、法学专业间的关系,数字法学的基本建模思维有什么样的具体表现;议题二为法律人工智能的法学观点,技术视角的实质是什么,多大程度上能够实现这些法学领域的要求,具体包括人工智能能否像法官那样准确裁判,以及是否可以如法官那样说明推理过程两个维度;议题三为人工智能技术在中国司法实践中的应用,包括智慧法院的进展为什么以及如何在较短时间内被迅速推动起来,数字检察的发起动力是什么以及可能实现突破的方法;议题四为法律人工智能的技术开发方法,即如何具体地开发法律人工智能的模型,包括介绍了一款强制措施判断的模型和一款司法说理的文本生成模型;议题五为数据之上的平衡,主要是对在数据之上的个人信息权、隐私权等的保障,以及数据具有流通利用的需要,两者间如何平衡;议题六为算法解释技术的价值,包括对算法规制规范理论的意义,以及算法解释对提升用户理解和信任的效果两个方面;议题七为平台的纠纷化解,包括平台自我的纠纷化解能力,在诉讼中证据导致的实质不平等问题;议题八为人工智能技术对法学研究方法的价值,包括方法论层面的系统性梳理和应用方法的实战作品。以上研究的具体结论在这里不再赘述,均可详见正文各章。

这里阐述一下笔者的研究心得以及立场。其一，数字法学研究，应当认真对待数字技术原理本身，数字法学近年来成为“显学”，表现为相关研究成果占据了重要期刊的很大版面，可问题是有多少文章是在没有搞懂技术原理的情况下开展的呢？本书主张数字法学的研究应当以技术分析在前、规范分析在后，真正理解技术原理为前提［具体论述，可见本书第六章］。其二，在法律活动中引入人工智能技术，既要宽容又应当谨慎，宽容是因为在如何恰当设置模型的输出任务方面，人工智能技术还是可以为法律实践赋能的，谨慎则是因为在当前以法律为代表的高风险领域，用户对机器决策缺乏足够的理解和信任，且当前的技术也还有很大的局限性，无法完整地实现法律专家的预期（人工智能具有的能力的分析，可见本书第二章）。其三，数字法学应当提倡更深层次的学科融合交叉，做交叉学科是需要勇气的，虽然可能在发表方面容易出有新意的成果，但往往同时处于两个学科的圈层边缘，而不真正交叉起来又是不行的，否则研究难以为理论提供真问题，也难以有效地指导实践，理想情形应当是法律业务专家给予技术专家领域知识指导，技术专家提供模型原理方案的实情（关于笔者初步的尝试和成果，可以参见本书第四章）。其四，在数字法学领域，笔者很坚信中国有可能为人类社会做出重大的理论贡献，如果说建立在工业文明基础上的法治规范理论体系，我们主要是学习和借鉴者的话，那么在已经到来的数字时代，我们和他国的差距并不明显，我们完全有能力从实践中提炼出理论经验（比如智慧法院、数字检察的做法，参见本书第三章，网络平台的纠纷处理能力可参见本书第七章）。其五，法学研究迈向社会科学化是有希望的，本书笔者曾经考察过域外的经验，以美国为代表的顶尖法学院系已经开展“law +”的交叉研究多年，以目前的英文期刊影响因子来看，也是一些具体的交叉学科更占优势。定量的法学实证研究，完全有可能成为法学研究领域中必不可少的一部分（本书第八章探讨了方法论层面引入该类方法的必要性以及一个实战的案例），缺乏该拼图的数字法学给人一种不完整的感觉。其六,我们的数字法学研究一定要有强烈的国家竞争意识,即在未来一个世纪数字产业竞争这一趋势十分明朗的背景下,我们在处理数据流通、人工智能规制等问题时,应当考虑到我国所处的人工智能产业发展阶段、国际形势、相关企业的处境等,不可一味照搬过去的传统法治实践方式,也不宜直接借鉴欧美的法治路径,而应基于国家利益做出价值权衡和分配。

最后,需要向支持笔者学术生涯起步的各大期刊、编辑、合作者致以笔者最大的诚挚敬意。他们(依章节顺序)包括《中国社会科学报》、《中国刑事法杂志》、《法学杂志》、《西安交通大学学报(社会科学版)》、《浙江大学学报(人文社会科学版)》、*artificial intelligence and law*、*knowledge based system*、《比较法研究》、《东方法学》、《上海交通大学学报(哲学社会科学版)》、《大连理工大学学报(社会科学版)》、《法学家》、《法学研究》等,感谢你们的支持!

第一章

数字法学的定位和思维方式

本章主要想告诉读者,在笔者眼中法律人工智能指的是什么。要想知道法律人工智能的定义和范畴问题:首先,要搞清楚其在现有学科归属的位置,目前国内已经用"数字法学"这一名词来指代法学与计算机科学交叉领域,法律人工智能应当属于该领域中的一部分。其次,法律人工智能应该有自己的含义和定位。最后,可将法律人工智能和数字法学的其他板块作比较以研究二者差异,特别是和传统的法学规范视角相比的差异。

第一节　数字法学的交叉定位

一、数字法学是法学和计算机科学的交叉

首先我们需要理解作为法律人工智能的上位概念——"数字法学"相关的含义、范畴等。浙江大学习惯把这个领域叫作"数字法学",并且该校已经发展出一个具有本硕博士招生培养资格的二级学科。在其他学校和文献中,还有一些其他的提法,包括网络法学、计算法学、数据法学、人工智能法学等。在延伸阅读中,希望大家用心体会,国内的同行们所指的特定思维方法及其所关注和涉及的内容是否相一致。

（一）“数字”一词具有的社会含义

其一，从经济层面看，数字是生产要素之一。“数字经济”一词已经获得《“十四五”数字经济发展规划》等中央和各地方文件的认可，数据已经成为企业生产经营的重要资源，数据流通的利益分配问题研究较热，这里姑且可以认为“数字”是“数据”的上位概念。其二，从政府层面看，数字是权力运行的产物。当前中国政府各部门政务信息化已经达到相对较高的水平，政府运转与国家治理的方式与过程，一方面被自动记载为数字形态而稳定保存，另一方面也借由此类数据获得治理的效果反馈并实现了治理能力的提升，《浙江省公共数据条例》等各地规范正在推动公共服务数据的社会资源共享。其三，从法律层面看，数字是私权保障的重要客体。相继出台的《网络安全法》《个人信息保护法》《数据安全法》等，着眼于数据领域的个人隐私权和个人信息权，是在数据要素层面展开的对私权法治的保障。

（二）为什么要叫作“数字法学”

对于为什么叫作“数字法学”可能也需要一点解释。笔者认为，一方面，具体的学术机构启动这一领域研究时便使用该称呼，至今沿用。另一方面，我们也的确看到“数字”的叫法有一定优势。其一，相近的领域比较普遍地使用“数字”这一名词，比如“数字中国”“数字经济”都已被写入《国民经济和社会发展第十四个五年规划和 2035 年远景目标纲要》等重要的文件当中，为便于交流并统一用法，应该和相关领域的主流提法相一致；其二，数字法学主要是法学和计算机科学的交叉，这里需要一个概念对法学当前所关注的计算机技术有所统摄，笔者个人认为使用“数字技术”来统称包括大数据、云计算、人工智能、机器学习、深度学习以及区块链等在内的计算机技术总体是合适的，能够传递出法学所要面对的主要技术领域。

(三)"数字+法学"的两个认识维度

数字法学主要有两个认识的维度,一个是如何使数字社会同时成为法治社会,即将数字问题纳入法治的轨道予以解决;另一个是如何使数字技术为法治所用,包括法治理论研究和法治实践活动。具体展开来讲包含以下两个方面内容。

一方面是法治体系如何应对社会的重大转型问题。我们正处于从工业社会转型为数字智能社会的进程中,面临一大批新事物、新纠纷以及新挑战,如数字货币是否扰乱正常秩序、自动驾驶汽车是否改变了过去的道路交通秩序和规则、智能投顾系统能否切实保障投资人的自主权和利益等,从法律的视角都应当能够对这些数字产品以及背后的数字技术及时在法律属性、关系、权利等方面予以定性,在促进产业发展、维护社会秩序、落实法律责任等多个维度间实现某种平衡。

另一方面是如何利用以大数据、人工智能为代表的数字技术,助力我们的法治实践活动更高效有序地运转?笔者认为,法律活动既包括我们进行的法学研究,也包括立法、执法和司法等法律实践。这种对法律职业的重塑,早就不再停留于猜想的阶段,而是已经出现了大量的现实案例。一大批基于大数据方法的法律学术成果正在涌现,并且"智慧法院""数字检察"正是司法机关近年来的重要工作进展。很多法律工作者一定能够在和法律有关部门打交道的过程中,通过"诉讼服务平台""办案系统"等真切感受到数字技术正在给中国法律职业领域带来的重塑力量。这部分也正是本书所要着力描述、解释和规划的方面。

根据数字技术两种不同类型的定位,我们可以构建出数字法学的基本谱系(见图1-1)。(1)在数字对象论中,我们既能看到涉及数据、平台、算法等总论性质的内容,又能看到包括自动驾驶、智能投顾等智能技术应用的垂直领域存在的法律定性和规制问题。(2)在数字工具论中,我们又可将数字技术分为作为法学研究方法的数字技术和作为法律实践工具的数字技术两个分支，前者主要是以定量研究为代表的学术论文成果，后者则主要是能够辅助法律实践活动的法律智能工具和系统。

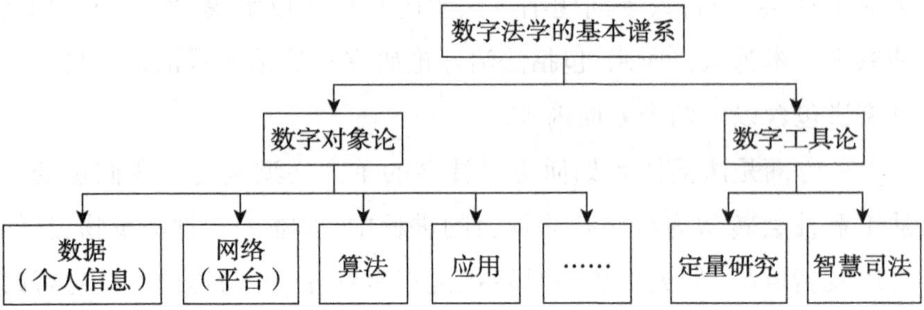

图 1－1　数字法学的基本谱系

二、法律人工智能的含义和定位

本书讨论"法律人工智能"更侧重讨论以人工智能为代表的先进数字技术，给法律实践和法学研究带来的工具和方法层面的变革和创新。这一视角下，显然是把人工智能技术作为一种能够让法律实践和法学理论插上科技翅膀、助力其改进方法、实现更高效发展的工具。这里需要辨析以下几个概念。

首先，司法人工智能可以作为法律人工智能的一个子集。从法学的视角来看，往往认为司法是法律实践的一部分，除此之外，法律实践还包括行政、立法等其他方面。从法律适用的典型性来看，司法是一种"规范—事实"的三段思维最为典型的场景，并且司法具有更为严格的程序法要求。国内虽然在立法、行政等各个法律实践领域推广人工智能的应用，不过从关注的程度、模型开发的力度等方面讲，司法依然是一个较为成熟的分支。此外，除了立法方面的人工智能应用相对滞后以外，在个案方面，司法和行政的人工智能技术应用具有诸多相似之处，所以基于笔者的实践开发经历，本书侧重于使用司法人工智能的案例和场景，但很多的方法和原理是可以泛化至整个法律实践活动中的。

其次,可以从科研和实践两个方面理解法律人工智能。法律人工智能虽然定位于给法律职业和法律实践开发一系列的数字产品,不过这不单单是实践工程方面能够解决的,还需要依靠学术理论的支撑。因此,法律人工智能是一个典型的需要科研人员与实务人员相结合的领域,从赋能法律职业和实践的角度,可以认为两者的终极目标是基本一致的,即实现人工智能对法律实践的有效辅助。不过两者间依然存在不少的差别,这也是本书在第二章、第三章打算分别介绍的,比如科研的主要贡献在于提出新的方法,在相同任务中得到更好的模型效果;而实践对待模型开发主要是“拿来主义”,且需综合地考虑技术的可行性和财政支出的成本、组织激励、开发周期等多方面的限制,无法像科研那样进行单一维度思考。

最后,人工智能作为法学科研的工具,还可以被分为偏向于社会科学和偏向于计算机科学两类,即从工具论角度理解人工智能技术,在科研方面有两条利用的路径:一条是从传统法律定量实证研究的角度理解人工智能技术对法学科研的贡献,这条路径重在解释和法有关的现象背后的机制,是典型的社会科学研究方法,另一条则是以开发模型、具体辅助某个法律活动为宗旨,是典型的计算机科学研究方法。对于当前的法律人工智能,从狭义角度理解主要指的是第二个方面,本书也只在该狭义层面理解法律人工智能。下文会重点分析两个方面的区别。我们可以从两个层面认识人工智能技术的工具价值,本书侧重于第二个方面,但是会专题讲解人工智能技术对第一个方面的价值。

其一,从法学理论研究角度来讲,此时是把人工智能技术作为法学学术研究的工具来使用。在法律人工智能这样的词语流行以前,实际上早就有一批学者从事定量的法律实证研究。他们沿用社会科学的研究范式,以统计学原理为基础,就法律领域的现象和问题展开定量的实证分析。大数据、机器学习等数字技术的日益普及,实际上为他们优化了研究的方法，丰富了这类研究可供选择的数据获取和分析的工具。目前国内已经有一批利用大数据样本、机器学习等分析技术形成的研究成果，值得我们特别关注。

其二，就法律实践活动角度讲，此时是把人工智能技术作为重塑既有法律实践方式的工具。传统的司法活动可以完全不依赖于计算机，但是这在当下的司法机关中是不可想象的，全流程无纸化、线上化办案日益成为更加普遍的法律实践方式。未来数字技术为法律实践赋能的方式，还将从信息化进一步迈向智能化，也势必会涌现更多辅助法官、检察官和律师办案的数字工具。以上趋势已经不单是一两个人的口头倡议，而是时代进程中一种不可逆转的趋势，理当引起全体法律人的高度重视。

三、法律人工智能是一种建模和计算思维

（一）建模的必要条件

对一个无信息技术基础的人而言，如何通俗地理解“建模和计算思维”呢？我们可以从人工智能的技术应用条件说起，无论是传统的机器学习，还是生成式大模型，均离不开数据、算法和算力三个要素。数据是知识的来源，算法是处理数据资源的方法，算力则是实现算法的能力，三者往往被称作“智能的三螺旋”。更新的人工智能方法论又进一步提出“领域知识”的概念，即除了向数据要生产力，还需要融合特定领域的专业知识，从而形成“数据驱动 + 知识驱动”的“3 + 1”结构。还有一种更为通俗的理解方式，即把所谓的数字社会演绎为“万物可测量、万物可连接和万物可计算”三个环节。万物可测量，实现了人工智能的数据层面准备，社会科学中的概念往往难以像自然科学中的指标（如重量、温度等）那样容易准确测量，但是随着自然语言处理技术的发展，社会层面的人类数据逐渐变得可记录和保存；万物可连接，是指随着互联网、移动互联网、物联网的迭代，智能终端、传感器等硬件基础设备的发展，万事万物都处于“在线”和联网的状态，数据的

获取更加便捷易得;万物可计算,是指以“深度学习”为代表的一系列算法框架的开发,使万事万物的规律都可以建模,并有较好的计算效率和预测准确性。

(二)建模工作的基本流程

我们可以观察一下建模和计算思维是如何在实践中具体展开的。笔者将法律人工智能的建模过程,归纳为四个作业步骤。

(1)定义特定的场景和任务。笔者目前所浏览的计算机领域权威论文都需要实验,因此定义一个特定场景和任务是首要的,就法律领域而言,现在研究比较多的是罪名、法条、量刑,如今任务正在被拓展。

(2)选用什么数据还原该任务的场景,如何定义模型的输入方式和输出方式,具体解决数据集的来源、数据的训练和测试集划分等问题。

(3)构造新的模型设计思路。开发新的任务不一定是创新(还得看是不是能够用旧的方法妥善解决),但是旧的任务用新的方法能够提升性能的创新,目前光是罪名预测就有不下十几种模型构造方案。这里提一下笔者认为的模型和算法的不同,模型是针对具体任务的、是经过数据训练后的,而算法是通用的,是不仅要调用而且一般是经过改造的。

(4)一套可以衡量方法优劣的可量化方法。计算机科学的成果号称具有突破,不能只是“自卖自夸”,而是要用数据比对说话,一般的做法是找来一些当下前沿的、主流的方法作为“基线”,和本书研究的方法一起测试,通过指标的高低一较高下。另外还要做一些消融实验和泛化能力的实验,以此说明某一设计要素对实验结果的影响以及该实验方案有无能力泛化至其他场景和数据集。

(三)建模和计算思维强调的贡献

对该建模过程进行梳理后,这里将进一步介绍在几种建模和计算思维下进步(或称“贡献”)的方式:第一点,针对某一任务是否提升了模型的性能(准确性),这大概是最为首要的追求;第二点,是否满足某些场景下的可解释性要求,法律就是对可解释性要求极高的领域;第三点,响应的即时性要求,在一些推荐、派单算法模型中,这方面是重要的;第四点,所提出的模型构造方法在其他任务和场景中的泛化能力。以上归纳不一定全面,但可以窥见计算机科学在模型开发中所追求的目标,从中还可以体会到计算机科学和法学的不同。

四、法律人工智能和法律实证研究的异同

在法学的理论科研层面,人工智能的工具价值体现在两个方向,如前所述,一方面从技术可行性的角度摸索更有价值的实践辅助模型,另一方面就是从方法论的层面助力现有的法律实证研究。这里笔者尝试简要说明法律实证研究的特点,以及比较与法律人工智能的异同点。

法律实证研究的特点。笔者将之归纳为以下几点,其一,以统计学理论和方法为基础。其二,以社会科学的研究范式展开学术工作。社会科学的研究范式大致包括问题的提出和学术价值论证、关于该议题的既有理论和学说、研究的假设提出、验证假设的研究设计、数据分析得到的假设验证、数据结论对理论的贡献讨论等社会科学研究传统和典型的研究范式。其三,得到的主要是机制性的结论。所谓的机制性的结论是从实然的角度把握法律有关的现象,得到现象背后的原因、某一现象导致的后果等方面的发现,且这些都属于机制性的研究。这些方面都是现有法律实证研究所遵循的一些常识性共识,也是在该层面探讨人工智能技术引入的价值时的基础。

人工智能技术可能的助益。数字技术对法律实证研究带来的方法贡献。以如上第三个方面为切入点,笔者从以人工智能为代表的数字技术对传统既有的法律定量实证研究的贡献的角度,阐述两者间的关系。法律定量实证研究已经在国内形成一定的规模,这些研究大多

以统计学为方法工具，以社会科学典型的研究范式（典型的包括研究的问题、研究的假设、研究的设计、分析和检验、讨论和启示等成熟的作业步骤）展开研究。对于以机器学习为代表的计算机科学技术，笔者的基本判断是，不太会取代或者颠覆既有的法律实证领域的研究范式。更加可能的路径是吸纳数字技术中可取的方法，以提升法律定量实证研究的能力。具体理由包含以下三方面内容。

1. 数据的获取变得高效、成本低廉。典型的爬虫技术以及开放可购买的数据接口服务，都能够把网络数据变为学术研究所用的数据。

2. 处理数据的能力在增强，过去的统计学工具，主要输入结构化的要素特征。现在的深度学习模型可以输入自然语言文字，以空间词向量的方式表示特征进行模型拟合。这方面对于法律实证研究是有利的，我们很多现有的法律有关数据就是非结构化的文本。

3. "预测"的能力在增强，但"解释"依然是统计学的算法更好用。笔者比较后发现，从算法的角度，我们说的机器学习算法，与统计学的算法体系非常接近。但是最近几年，计算机科学开发了很多统计学所没有的算法类型，如"深度学习""生成大模型"等，它们的能力主要在于显著提升模型的性能，这并不代表过去的传统算法不能完成同样的任务。而就针对模型运算过程进行的解释的能力而言，线性回归、对数回归等传统的简单算法明显优于新出现的算法。因此，笔者认为最近几年出现的算法被应用于对结果的预测是可取的，但对于机制的解释不一定好于传统算法。关于人工智能技术对法律定量实证研究的贡献，笔者将在本书第八章予以专题论述。

五、数字法学和传统法学的规范视角的方法差异

数字法学中的传统法学研究视角和计算机科学视角存在差别。这里主要指的是法学的规范研究视角和法律人工智能模型开发的方法相比的差别。

数字法学规范视角研究的议题。规范的视角思考的是如何把各

类数字领域问题纳入法治化的轨道之中。法学本来就是一门围绕规范展开作业的学科,因此这一视角和法学的主流群体及方法最为贴近。那么,如何对该分支已经关注过的议题作进一步的体系分类?笔者这里尝试从要素、主体和产品三个方面作区分。

第一方面是要素层的法律定性,目前就“数据”“算法”这两个“智能三螺旋”的要素已经在法律规范层面有较多的讨论,未来的研究还可以加强对“算力”的关注,以云计算为代表的新型计算服务模式,使算力的提供者和使用者相分离,关于多重主体之间如何厘清各自的权利义务的问题值得更多关注。另外,区块链也可能是未来重要的计算基础设施,也可纳入这个层面探讨。

第二方面是主体层的法律规则,平台可能是一个合适的切入点,它把数据要素收集起来,是开发算法产品的重要力量,还是云计算服务的主要提供商,因此是上述智能要素的重要组织者。平台由一批互联网企业在运营,如何看待这一更为强大的商业模式和主体的崛起,以及如何正视它们强大的组织能力和经济实力给既有的主体格局带来的冲击,是作为利益分配形式的法律规范不得不面对的重大时代命题。

第三方面是应用层的数字产品法律关系,既包括智能投资顾问这类软件应用,也涵盖自动驾驶汽车这类硬件产品。与要素或主体层不同,这些已经投入商业应用的具体数字产品,可以落实到微观案件和具体法律风险的层面,很多民事纠纷、刑事犯罪中已经有它们的身影,司法判例和相关的学术研究成果比比皆是。

我们可以把数据、算法和平台作为总论的内容,而把自动化汽车、智能金融投资顾问、医疗智能手术刀等各领域智能应用作为分论内容。这些对象论的研究的贡献源于它们及时捕捉到了社会数字化、智能化巨大变革下所产生的新问题,在总结和解决的过程中,积极回应了数字时代应如何保持良好的社会法律秩序这一重大的命题。立法方面,近年来,有关数字领域的法律相继出台,已经出台的有《电子商务法》《数据安全法》《个人信息保护法》，数字立法还将进一步完善。

数字法学的研究在立法出台前积极建言献策提供立法草案，在立法出台后努力解释和澄清规范的真实含义，并且不断完善制度设计的思路。司法方面，杭州互联网法院 2018 年宣判的“比特币挖矿机”纠纷案是数字货币领域直接相关的第一案，京港澳高速公路 2016 年特斯拉车辆追尾事故索赔案是自动驾驶领域发生重大事故较早的案件，在这些涉及数字技术的案件中，司法者和研究者希望通过新型案例的定分止争，厘清这些新型法律行为中当事人的权利与义务。再以数字货币为例，自从国内外市场出现比特币、挖矿机等相关实体和虚拟物的存在，数字法学领域的学者便开始研究它们的法律属性究竟属于商品、数据、证券、货币还是其他，进而夯实该领域的法治理论基础。就此而言，数字法学存在立法动态、司法案例、市场变化等多个发起研究的动力源，为数字技术和产品作出法律定性、提出规制的思路、设置新类型的权利义务等都是此类研究可能作出的社会贡献。

规范视角的研究方法。规范研究的方法基本沿袭的是法学传统的方法，即围绕“规范”展开作业。这里不十分严谨地把围绕规范展开的作业方法区分为解释论和立法论，前者其实就是法教义学的方法，主要是加工和阐释立法者颁布的法律，从而为以法官为代表的司法人员提供可操作性的指引；后者相对而言则更为前置，它的目标成果物是一套可供立法者参考的法律制度建议方案。在当下的数字法学对象论中，主要就是采用以上两种方法之一或者将两者混用。在数字法学的研究中，应当把对数字技术/产品的分析、法律风险的识别作为第一步，接着将之转化为一个规范研究的问题，或者对既有的规范作出与时俱进的解释，或者提出适应数字时代的立法建议方案。这种方法，具体展开可分为四个环节。

1. 议题设置的方式。规范研究路径所具有的共性体现于“问题的提出”方式上，面向数字时代的到来，法学研究者普遍存在某种危机意识。总体上围绕“规范”的方法，与前数字时代研究设置议题的方式基本相近,都是以法律如何实现规制、如何变革压力为出发点来提出问题、设计方案。

2. 以数字技术分析为起点。数字法学真正展开研究,往往以对议题相关的数字技术原理的剖析作为起点,研究者将介绍包括但不限于产品的技术步骤、技术特点、产品的开发流程等,此为数字法学明显区别于传统法学研究方法的特殊所在。在和数字交叉的领域展开法学研究,我们必须具有技术思维,首先需要了解研究议题相关的基本技术原理。

3. 围绕法律的概念、关系和权利义务进行分析。我们可以论证某一数字产品是否构成某一法律的概念,或者在既有的制度框架内对新生事物进行法律性质与责任的认定,又或者是完整还原数字新业态中的法律关系。

4. 落脚到解释或重构法律上。规范研究至此已到最后提出方案、对策的阶段。这里无外乎有两类研究成果,第一类是解释论,往往是针对数字领域有新立法出台时,以及在传统制度规范足以回应数字技术变革时使用该方法;第二类则是立法论,这在数字法学的领域更为常见,原因是传统法律所面对的工业时代已经过去,进入数字时代后传统的法律体系实际已被架空,因此我们应当拿出适应数字时代的新的法律规范方案。

数字法学中存在传统规范视角和计算机建模视角的差异。总结起来,笔者认为主要有三点:其一,从问题意识的角度看,法学的视角是发现数字技术引发的社会失序问题,计算机的视角是利用数字技术解决法律实践中的具体任务;其二,从解决方法的角度看,法学侧重创制新的规范或者重新解释相关既有的规范,计算机则侧重引入新的算法、构造新的数据结构、设计新的模型内部构造等方法完成问题发现中的任务;其三,从解决效果的角度看,法学的视角以立法是否采纳该理论方案以及司法借助该教义学的构造是否能更为妥帖地解决某一类案件为衡量方式,计算机的视角则以模型的性能、可解释性、响应速度、泛化能力等作为衡量的指标。本书将重点放在了计算机的视角，但是这并不意味着法学视角不重要，笔者同样关注这一领域的发展，并有兴趣就这一视角积累成果，并在合适时机单独成书。

小结一下，法律人工智能是法律实践和学术活动希冀插上人工智能科技的翅膀，所产生的领域交叉产物。法律人工智能是数字法学这门法学新兴学科的一部分，数字法学还包括针对数字技术及其产品所带来的社会新问题所构建的规范解决方案。法律人工智能的基本思维方式是计算机科学的典型思维方式，首先是明确模型所服务的任务；其次是引入算法并训练数据得到模型，完成该任务；最后是评价模型，完成情况的指标主要包括模型预测的准确性、可解释性、响应速度、模型设计方案在其他任务上的泛化能力等几个方面。通过前面的介绍，笔者希望能够说明法律人工智能在法学体系中的位置。同时本书所定义的法律人工智能的范畴，包括任务建模方法的理论科研和实践工程两个方面。从与传统法学的亲疏关系方面来说，法律人工智能和定量实证研究在方法上的关系相对较近，和对象论的规范研究相对较远；从对数理基础的要求来看，法律人工智能最高，定量实证研究次之，传统规范方法的研究只需掌握人工智能的基本原理。（见图 1－2）

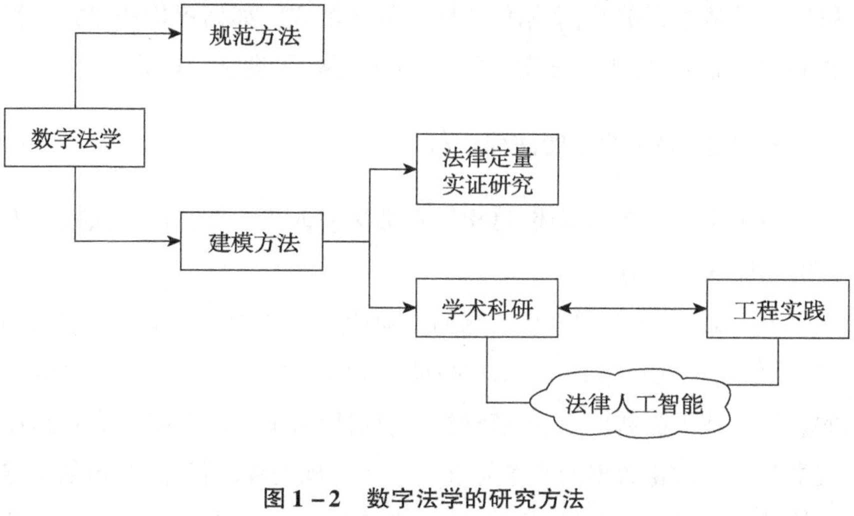

图 1－2　数字法学的研究方法

人工智能工具不仅在法律实践中奏效，还可带来法律实证研究方法的革新，使定量实证研究的网络数据的获取更加易得，实现数据结构化的预处理环节自动化，提供更多的备选算法，增强模型的预测准确性等。法律人工智能虽然属于法学的一部分，却和法学的规范研究方法截然不同，规范的方法重点在于识别涉嫌违法行为的规范供给不足问题，通过重新解释规范解决问题和提供新的制度方案解决问题。法律人工智能的思维方式和法学思维方式的差异，决定了两者存在一定的互补性，也使当前法律专家对机器智能存在一些脱离技术可行性的设想。本书重点在于讲述法律人工智能从科研到工程，从技术到组织的多个侧面，试图以此为基础澄清其中的诸多误区，实现其理论和实践价值的公允定位。

第二节　技术视角是一种建模思维

法律人工智能当前设置了哪些任务，实现了法律实践的哪些方面辅助？从智能三螺旋的角度应该如何理解法律人工智能的建模思维，其中遵循什么样的基本逻辑？从系统模型开发的流程看，产业界和科研层面又是怎么做的，遵循什么样的基本范式？如何评价法律人工智能的建模能力，有哪些维度，可从哪些方面提升建模的效果？

一、当前关注的主要法律任务

基于相关的文献综述，这里笔者把法律人工智能在法律实践中发挥的功能任务区分为三类。

第一类：文本的预处理。我们当前使用的数据主要是法律文书的文本语料，而这些非结构化的数据是能够被深度学习算法直接输入的。但是基于逻辑推理、可解释性、过程性辅助等需要，依然有将这些文本转为结构化数据的业务需求。在文本预处理的任务中，包括法律实体的识别、知识图谱的构建、法律事实的重构、案件时间线的构造等不同的角度和方法。笔者个人认为，这些工作的共性主要是针对非结构化的语料信息，特别是对当事人信息和案件基本事实的结构化整理。传统的法律数据结构化方法主要基于规则，比如正则表达式，是其中比较简单、易于上手的方法，但是因为其人工投入大，提取效率低等不足，才进一步出现开发其他方法的需求。基于分类的算法模型，目前很多技术厂商已经可以更加自动化地提取要素及其关系。值得注意的是，在科研层面上，这个环节虽然属于法律人工智能技术开发的主要任务，某些成果也可直接应用，但在总体结构中它仍处于相对底层的位置，向上可用于支撑个案的裁判预测、法律知识检索，包括现如今大模型微调所需的数据标注。此外，在司法的场景下应用人工智能技术，具有对司法结果可解释性的需求，因此高质量地重构案件的事实，形成更多结构化的法律大数据，未来依然是一个不可或缺的工作。

第二类：法律知识辅助。这种辅助包括类案的推送、法条的推荐、法律知识的问答、案件证据的归类等应用。这一类任务的特点是过程性的，也就是说，它为法律人和非法律人提供案件相关法律知识的筛选服务。法律知识的辅助往往不涉及实体的判断、权利的处分，这是和第三类法律裁判任务相区别的地方。这类任务的精确性取决于第一类预处理工作是否得当、对不同用户的知识需求把握是否全面准确，对此最主要的考核标准是推送的知识是否为用户所需要的知识。过去的类案检索、法条推送是一种典型的法律知识辅助，传统技术背后主要是挂接一系列的知识库，但是这种做法往往需要完备的知识库、精准的检索条件，同时无法组织知识形成答案，也不能对问题进行足够发散的联想。

第三类：裁判结果预测。据多篇综述性文章的统计，从科研的视角出发，这类任务占该领域文献的六成左右，它也是传统法律人或司法判断权的核心地带。法律裁判预测主要包括刑事领域的罪名、量刑的预测，民事领域的赔偿金额预测，行政法领域中的行政许可是否通过等。此外,法官观点生成等新兴定义的任务也在涌现,相信在大模型时代学者对这类任务的关注度会进一步加强。从效果看,罪名等分类任务的准确率已经比较高,而刑期、赔偿金额等回归任务的准确率还有待提高。但这里存在一个问题,罪名类的预测似乎并不具有很切实际的现实需求,真实具有需求的量刑、金额等预测任务,要么是准确率无法满足需求,要么是机器的预测对结果缺乏足够的说明,导致司法从业者不敢和不愿使用。所以这形成一个悖论,计算机学科投入大量精力研发的法律裁判预测类任务,从现阶段国内实践的需求来看却存在不信任、难引入的问题。

以上的分类法和研发过程往往侧重从技术和科研的视角开展工作,而缺乏对实际需求的切实调研。在大模型时代,我们在技术可行性方面的能力正在提升,过去那些因为技术能力不足而停滞的司法辅助任务应该被重启,与此同时,更关键的是应该花更多时间去倾听实践用户的声音,收集更切实的需求。

二、建模的基本逻辑

人工智能领域有一个众人皆知的公式:算法 + 算力 + 数据 = 智能。结合法律场景对这个公式进行阐释,所谓的机器裁判模型构造就是将算法的知识和法律的数据相结合,其中包括三个主要环节:通过数据反映司法裁判的规律、通过算法挖掘数据中的相关性、在测试集内测试模型性能。

第一步:从场景到数据。为了使机器实现结果公正,第一个技术环节是从场景到数据,即是否完整地将司法的场景带入算法模型中。模型所要实现的任务定义了相应的场景,场景又对应于相应的数据集。这里想强调的是,要想将场景中的运转模式和人类判断的经验带入模型中,依赖的就是数据。如果说法律人工智能模型是对司法裁判场景的再现,数据就是模型和场景间建立联系的桥梁,这一步骤要完成两个工作:从语料中获取数据和数据结构化。而在数据准备工作中,影响模型性能的主要包括数据的两个方面:一是完整,指的是数据收集要尽可能全面地获取场景运转的行为记录;二是真实,指的是构造能反映真实场景的标签特征体系。

第二步:从数据到模型。要想实现机器裁判的结果公正,第二个技术环节是从数据到模型,即是否得到了模型的最优解。这一环节要完成选配算法和场景化改造两个工作,因此模型设计影响性能的程度取决于两个方面,一是选取的基础通用算法,二是结合场景的模型设计改造效果。

选择合适的算法,其实是一个不断试错的过程,和后面的测试模型性能的好坏密不可分。实际工程开发过程使用的算法,往往随着技术前沿的发展而更替,同时,机器学习采取的算法类型基本可以在统计学中找寻到身影,直到最近5年才引入深度学习等相对复杂一些的算法。

结合特定的场景对算法改造,这是针对特定司法任务模型进行个性化构建的过程。直接采取通用的算法一般不能取得超常的模型性能,因此有必要根据具体的司法任务设计个性化的模型结构。基本的方法包括任务的拆解、数据的预处理、数据的分流、多个模型的嵌套等。从方法论讲,随着对司法任务理解的不断深化、模型改造方案的不断调优,模型是可以随之逐渐提升性能的,这是机器裁判得以不断接近结果公正的理想状态十分重要的技术环节。

第三步:机器裁判要实现结果公正,第三个技术环节是对模型的质量进行评价,即制定一套衡量模型性能的方法。基本的方法是在模型开发伊始就把获得的数据统一标注,分为训练集和测试集。测试集不参与模型的训练过程,只用训练集得到模型,然后用测试集模拟模型未来要面对的司法环境。测试集因此成为衡量模型性能的重要依据,其规模、选择方式都可能影响模型性能评价的可靠性,其中一些因素的偏差甚至会使模型性能评价面临失真风险,包括两点:一是测试集的规模和选取方式,二是模型测试的方法选择。

三、建模的基本流程

笔者曾经有过短暂的法律软件开发企业的从业经历，部分职责就是收集、反馈一线的客户需求并与研发环节进行对接。在此，笔者结合实践的经验，就如何完成一款法律软件系统项目简要谈一谈。其中主要需经过以下5个步骤。

第一步是确定业务需求。无论是客户主动提出的需求，还是开发商捕捉到了商机，法律人工智能的具体产品开发，笔者认为都是从一个个真实的、有实用价值的用户需求出发的。用户的需求存在三种可能性。第一种可能性，客户根本没有很明确的需求，需要开发者从具体的业务调研做起，发现法律实践活动中的痛点和难点，和真实的用户一同商讨确定需求点；第二种可能性，客户的需求往往是琐碎的、表述并不严谨规范的，需要开发者协助用户进行规范化地表达并体系性地梳理；第三种可能性，随着和客户的深入沟通，可能发现真实的需求内容庞大，受制于开发周期、经费等局限，项目不得不收缩产品的需求范围，分阶段实现客户的需求。基于客户的业务需求，接下来可定义模型的输出任务，确定模型需要解决法律业务场景中的何种需求。虽然从底层来看，目前人工智能的算法大多都是分类任务，但依然可以大致把用户的需求归为分类、回归、生成、检索等类型之一或者兼用。不同的任务考虑使用的智能技术也会不同。以上几个方面，都不是一两次商讨就可以完成的，精准的需求是开发者和真实用户共同智慧的结晶。需求定义的恰当与否，往往决定了该项法律数字产品成败的一大半。偏离真实业务需要、当前技术或者数据不具有可行性、开发经费不足或者响应的周期太短等，存在这些问题的需求，都会使实际开发的产品或者功能被阉割，或者投入实践应用后被闲置，造成人力、财力的徒劳无功。

第二步是定义模型任务。第二步工作是在与客户充分沟通的基础之上，把客户的需求向后端研发部门传递。在一般的软件开发流程中，研发人员前期并不参与客户的需求确定环节，这时便需要产品经理或业务专家这样的角色，整合需求向后传递。因此，第二步的工作实质就是把收集和确定的法律场景的具体需求，转换为一个通过计算机编程、数据算法建模可以解决的问题。这一块工作需要跨学科的知识背景，既能对用户和场景有所共情从而精准把握用户的需求，又要具备人工智能的基本建模思维以便能够用前沿技术回应需求。

第三步是设计模型结构。这一部分勾连起用于预测的输入特征和输出需求。我们考虑的问题是，如何改造通用的基础算法，特别是如何将法律知识有效地融入数据建模，从人工智能领域来看，就是如何将基于数据驱动和基于知识驱动这两种方法有机结合。法律人工智能的产业界，现阶段这方面其实做得并不够好，法律知识不能有效地从法律专家传递给算法建模的团队，单纯使用数据驱动的方法面临很大的性能提升瓶颈，模型可解释性等方面也有实现上的障碍。如何有效地吸收法律领域知识、加强法律业务专家的参与，需要在方法论上进行全面思考（本书将在第八章系统归纳该问题）。从方法论的角度，可能有以下几方面对模型进行改造的思路。

第一个方面是优化模型的输入信息。当下的算法流行直接用文本输入、词嵌入的方式，这种方法具有自然语言处理的便利性，不过这种输入法中存在很多对模型预测没有价值、甚至干扰模型预测的信息。现阶段已经出现优化模型输入环节的众多方法，比如通过预处理模型生成一些重要的结构化信息、以领域知识作为注意力机制突出输入语料中的重点信息、结构化数据和自然语言文本一同作为模型的输入信息等。第二个方面是优化模型的中间处理环节。简单直接的建模方法是将客户的需求定义为模型的输出，然后通过一系列的输入信息对之加以预测。更精细化的做法是将模型的输出需求拆解为多个子任务，对多个子任务或并联或串联地分步骤进行建模，这一方法比较适合司法场景的法律适用过程。第三个方面是优化模型的输出结果。有时候模型并不能直接给出用户想要的结果，因此需要通过基于一定的领域知识构建的规则、概率分布的分类阈值调整等方法对模型的输出结果作纠偏、精细化处理。通过这道处理的模型结果可能更契合用户的真实需求。

第四步是验证建模方法。无论是实验室的学术科研还是实际的项目工程,最终都离不开建模思路和效果的验证。此种验证分多个层次:第一个层面是采用历史的案件数据进行验证,这是对基础层面的模型设计合理性的验证。我们往往采取历史的已决案件,并不刻意区分案件的时空属性,对模型的性能进行评价。此种方法得出的是一种在实验室环境下模型较为理想的性能结论,往往有高估模型真实效果的嫌疑。因此还需要以下其他的检验方式。第二个层面是采用客户的案件数据进行验证,这是算法模型向特定客户投入应用前的必要准备工作。理想的情况下,司法应当追求全国尺度标准的统一,但是更真实的情况是各地的裁判尺度有不小的差异,从追求与客户既有尺度统一的角度,算法模型应当和特定客户的案件数据进行适配,适度调整输入、计算和输出等各个设计的环节。第三个层面是应当注重对未来的未知案件作动态验证。和前面两个层面相比,这个层面的验证是动态的、是面向将来的未知案件。因此模型的适配和优化并不是一次完成的,而应当在真实的司法场景应用中不断调整输入的标签体系、模型的嵌套结构、对模型输出的干预方式。因此,新一代的法律数字产品都会留有针对用户的判断和纠偏的反馈机制,以实现模型基于数据循环的参数动态调整。

第五步是在真实场景中进行测试。在真正的法律人工智能工程开发过程中,系统是给实践活动中的真实法律工作者使用的。用户是数字技术的外行,不能让他们直接面对代码进行模型操作。因此,一个美观、人性化的前端界面,符合法律业务场景实际的交互设计,都有助于提升模型的实际应用效果。因此,要想收到用户良好的使用反馈,工程团队中的美工、交互设计者、前端美工等岗位,都应当既有技术专长,又能熟悉特定的法律业务场景。

四、建模能力如何才算得到提升

从当前法律人工智能的科研和实战案例中，可以归纳出集中提升建模能力的方式，这里的建模能力主要指人工智能等数字技术覆盖和实现法律业务场景的广度、解决业务需求的程度等。具体可粗略归纳为以下几个方面。

第一个方面的优化是覆盖更广的法律任务范围。这一优化站在实践中用户的角度来看是有巨大价值的。当前法律人工智能的发展并未覆盖法律实践场景的全部，事实上，很多领域和用户缺乏来自智能系统的有效的辅助。但这并不一定是科研层面特别关心的，科研层面首先会考察设置的新任务，能否利用通用的算法实现较好的效果，以及能否用已经提出的方法优化它，如果这些就能够解决新的任务，该任务就不值得作为科研的问题继续研究。由此笔者认为，新任务的发起者应该是法律实践中的用户以及产业界，并由此向学术界提出所遇到的模型性能提升的难点。

第二个方面的优化是更好地提升既有法律任务的模型性能。这从科研的角度是有动力去做的，科研人员针对既有的法律任务设计新的解决方案，有完备的既有文献作为比较的基线，在议题设置正当性方面不存在论证的难度。但就实践的用户而言，只有在设置的任务的确为实践迫切需求，且当前的模型性能提升空间还比较大的情况下，优化对其是有价值的。反之，就可能出现科研和实践需求相背离的情况。

第三个方面的优化是能够兼顾多重的法律领域要求。法律场景是一个典型的高风险场景，司法的判断权传统上属于人类，让渡部分的判断权给机器会面临很多的障碍。学术上曾做过很多的努力尝试让机器的计算方式迎合司法裁判的规律。这方面笔者做过一些对照，本书将其放在第四章专题展开，这里说一下结论，让机器的计算方式迎合司法裁判的规律很难做到，人工智能实现推理的方式和司法裁判的推理方式存在巨大的差异,似乎很难在保证人工智能建模优势的情况下契合司法裁判的推理习惯。同时,法律场景的系统依然要努力契合法律场景需要的可解释性,这是一个重大且有价值的议题。

第三节　大模型时代下的法律职业和技能

法律生成大模型已经在国内诞生。在此背景下,未来的法律服务市场将发生怎样的变化?这个问题可拆解为以下视角,纠纷解决的司法者视角,应当如何认识人工智能技术和传统规范研究间的关系?法学研究的学者视角,实证研究方法和规范研究间存在何种关系?司法数字化的工程师视角,法律人的参与又能够给智慧司法工程带来什么样的贡献?无论未来从事传统的还是新兴的法律职业,归根结底都是一种法律素质的养成问题,高校应该怎么培养学生,学生又该如何提高自身法律素养?

一、未来趋势:法律大模型面对的法律需求

(一)法律大模型服务市场的三个层次需求

如果认为针对法律大模型的提问,能够代表客户的法律需求,那么从当前客户问题的初步收集和调研结果看,客户的需求主要分为以下几类。

第一类:寻找法律依据。典型的提问方式如"请问《民法典》第1024条的内容是什么""请问中国女性的最低结婚年龄是多少""如何理解'抢劫罪'中'暴力'一词的含义"。笔者将这类问题归入与法条有关的规范知识范畴,其中第一、二种问题只需要检索法条、根据法条的字面意思即可解答,第三种问题涉及法教义学,需要根据教科书和专著或其他学理解释得到答案。这三类问题的共性特点在于:(1)均属于法条规范的知识;(2)在法律适用中存在于"找法"的环节;(3)这些问题与真实的案件和纠纷相分离;(4)这些问题可以通过检索法条、

教材或专著找到答案，属于法学研究的既有知识成果。此外，法官观点也可为寻找法律观点提供一定参考。

第二类：纠纷法律定性。典型的提问方式如"张三提交转账凭证，主张向李四出借10万元，但未签订借条，李四抗辩称张三投资入股其公司，并非借款，也未提交证据，请问如何认定10万元的性质？有何法律依据？"这类问题是针对实际的纠纷案例进行提问，要求给出法律的定性结论，其中就用到了法律人典型的"三段论"思维，首先，明确案件的事实作为小前提；其次，"找法"得到规范的大前提；最后，对照得到答案。通过此前章节的介绍，法律大模型的推理方式并非依据"三段论"这一推理过程，但法律大模型给出的结论要点与人工保持了一致，它包括：(1)涉及的法律问题；(2)是否违法，如民事上是否构成侵权、违约，刑事上构成何种罪名，行政上行政行为是否合法；(3)具体的处理方式，如民事上的赔偿金额，刑事上的量刑刑期等，以上三个方面从易到难、依次递进。针对这类问题进行回答，需要采用法律思维解决实际问题，无法从教科书等现有的法学知识中得到直接的答案，已经处于个案适用的层面。

第三类：付诸法律行动。典型的提问方式如"2020年1月1日，张三向我借款2万元，每月利息2%，并写了一张借条，现在两年多过去了，我多次向张三催讨，要求他归还本金和利息，但是他一直没有还，能否根据中国法律帮我起草一份起诉状""别人商标侵权，如果我提起诉讼需要什么流程"这两个问题分别侧重于解决方案的实体和程序方面，实体方面主要落于纸面的法律文书，程序方面则着眼于实现维权救济的步骤和方法。这类需求相对而言是靠后的，客户更希望得到的是实际救济方案。（见图1－3）

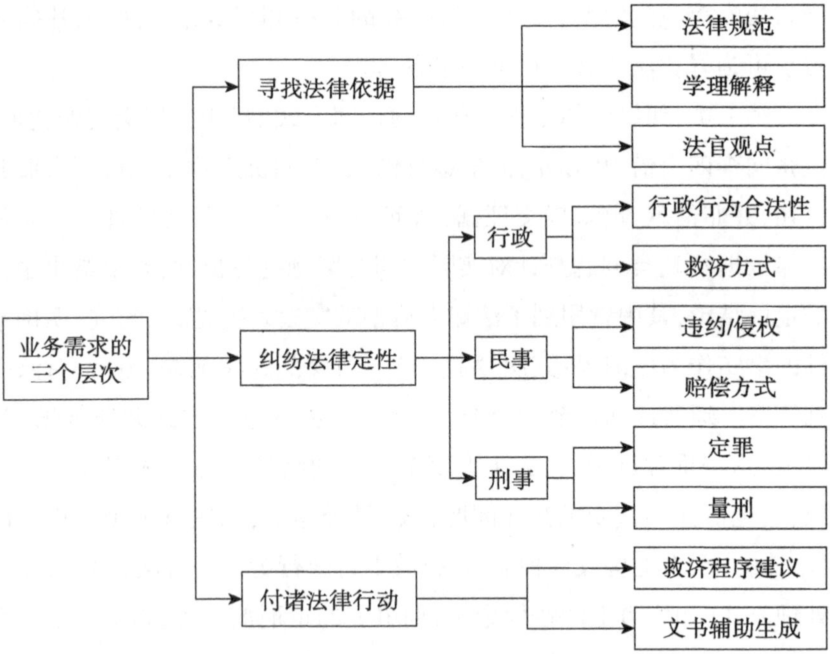

图 1-3　业务需求的三个层次

以上三类需求，实质上处于依次递进的关系，第一类需求是找法释法，目标是找到恰当的规范大前提；第二类需求是纠纷定性，目标是根据纠纷的小前提，得出法律定性的结论；第三类需求是付诸实践，目标是根据案件的定性，给出具体的纠纷解决方案，如需诉讼则给出起诉状等法律文书，如为非诉案件则向客户提供寻求行政机关、私立机关救济的准确步骤。

（二）正在重塑的人机关系

当然法律大模型并不是法律服务市场的全部，接洽客户获得案源、以实际辅助行动出庭应诉的都是法律人。未来法律服务市场的一大特点，一定是人机能够实现充分协同，更好地响应客户需求，因此需要提前解决好未来法律服务市场中的“人机协同”问题。笔者认为，虽然人工智能的辅助功能逐渐增强，甚至可替代法律人完成更多的工作,但法律服务市场不能单纯靠机器完成,最终都需要与人交互完成服务。这也是年轻的法科生未来重点思考的方向,即机器如何更好地辅助和提升自己的能力,自己又应当把精力重点放在什么环节。

一方面要肯定法律人的不可替代性,这是由司法的本质属性决定的。首先,司法是解决人与人之间的纠纷的典型方式,其权威性来自人类法官有温度的裁判,因此出庭主张权利的应当是当事人及其律师,作出裁判的也应当是法官本人。其次,法律服务市场本身是人和人的互动,律师争取案源、当事人委托案件都是人工构建的关系,从技术发展的产品形态来看,当前该特征也是无法撼动的。

另一方面也要认识到法律人工智能技术正在日趋成熟。以法律顾问的工作为例,除了实际救济行动难以由机器完成外,法律规范咨询、纠纷法律定性、法律文书生成等均可依靠机器辅助完成。这意味着,法律服务中的辅助需求将从人类转移至机器,但争取案源、确定诉讼策略、案件定性等工作还仍保留在人类手中。

当然,机器精确地输出结果,也有赖于人类的协助,包括输入恰当的案件信息、整理案件的相关证据、与当事人和法官的沟通及反馈等。机器难以主动获取信息,都需要与机器对话的人类“投喂”。这就是本书所谓的人机关系的具体定义,即指明哪些方面是机器擅长的,哪些依然是需要由人完成的。

当前一个明显的趋势是,人工将输入机器的材料进行收集和整理,信息的结构化和辅助性的判断由机器实现,最终的案件实体判断依然由人定夺。

(三)法律大模型服务市场的趋势

法律大模型未来可能会重新塑造法律服务市场。市场主体只是中国法律供给者的一小部分,最主要的还是公共服务的提供者,包括法院、检察院和司法行政机关等,而我国主要的法律服务市场提供者是律所及律师。萨斯坎通在《法律人的明天会怎样?——法律职业的未来》中,把律师的工作分解为不同的任务,比如“诉讼”包括文件查阅、法律研究等9项任务。这种业务拆解任务的思路有助于理解未来人机的协调关系,即哪些是法律人工智能所擅长的,而哪些将继续由法律人所掌管。法律人工智能的技术发展至今,生成式法律大模型的实质就是关注在这些任务中机器扩张了哪些方面的能力。

在本书出版之际,平心而论,法律人工智能的产业应用并未全面“涌现”,国内已经出现的形式主要包括:(1)信息化的流程系统,这只是类似于线上办公系统,包括事件审批、文件留存、信息公开等功能,实际上与人工智能相去甚远;(2)法律信息的检索功能,包括法条、案件的检索,但是距离真正的找法和释义、精准的类案匹配,笔者认为都还未达到理想的程度;(3)个案裁判的预测,这方面也未见大量的科研成果被真正投入实践应用层面,这与具体司法案件的预测难度大、司法推理和机器推理方式有天壤之别有关(这方面可以参见本书第二章的论述)。

当然,以上并不代表中国法律科技的未来发展趋势。对于生成式法律大模型的未来发展,笔者持乐观态度。未来的法律服务市场将朝着低廉、高效和高质量的方向发展,这将不可避免地引入人工智能技术,以实现批量化、自动化地处理法律问题。根据本书对法律服务市场三个层次需求的归纳来看,法律生成大模型在找法释法层面,将给出充分的规范和解释的资料,在案件定性层面,将给出历史类案的均值水平,在付诸行动层面,将给出具体可行的救济方式建议和起草相应的文书。对于以上三个方面,能够由当前技术进行落实。

二、法律工程师:生成大模型中的法律人角色

由于当前的法律生成大模型已经出现,但解决问题的水准有限,本节提出在法律大模型的训练、优化、输出服务的过程中,法律人应当承担的角色与功能。由于实践依然在迅猛发展,本节的任务清单多属于抛砖引玉,希望能够启发更多的人思考法律领域专家在法律科技产

业界的作用。这里将法律专家的角色任务分列为以下5点。

其一,评估客户需求模型的响应能力。对前端收集的客户法律需求进行归类,有效评估当前法律大模型响应能力的高低。主要的做法就是收集客户提出的重要问题,测试大模型的回答质量,比如现在比较通行的做法是对问题的回答进行打分,由此得出模型响应某类场景和特定客户需求的能力。

其二,“投喂”用于模型训练的高质量知识。作为法律驯化师,法律人应当有能力根据自身经历和知识背景,限缩法律大模型学习的语料范围,向其提供更高质量的法律文献资料。较好地完成该项工作,即可回应第一类“找法”问题的知识需求。

其三,构造常见需求的标准解决方案。针对常见法律需求场景的常见问题,法律人应当参与对问题答案的数据准备。根据当前的生成大模型的数据标注方式,具体可开展以下工作:(1)构造问题的标准回答,作为一名资深的法律服务提供者(如律师)将给出的答案;(2)对法律大模型的回答进行评价,包括对法律大模型回答正误和价值的评价、对多个大模型的回答质量的排序等。

其四,引入业务经验微调模型的结构。对现有的大模型实施法律垂直领域的微调,有关该方面,领域知识能显著改良模型的性能。法律人所梳理的领域知识包括四个方面内容,(1)业务的流程。这能够显著提升第三类“付诸行动”类解决方案的真实可靠性。(2)成因性的社科知识。具体包括犯罪学、社会学的,关于法律有关现象的发生成因知识,这些在小模型的构建中有助于更准确地选取输入的特征标签。(3)法条的关联性知识。我们所理解的“规范”不限于狭义的“法律”,还包含了诸多的下位法,将之组建成体系化的、完整的、行业性的规范网络,很有意义但同时也任重道远。(4)案件的类案判断知识。从法律人工智能的原理来说,英美法系寻找类案的判例制度更具有借鉴性。正如本书后面章节得到的结论那样,机器难以完成最终的三段论对照工作,但是在探寻相似类案、相似案件的裁判观点总结等方面可以做得更多。

其五,复核法律大模型输出结果质量。需要考虑经过优化后的法律大模型,能否满足客户的需求。这种复核工作的必要性,依然以客户的需求为导向,复核的方式与第一步评估客户需求的大模型响应能力是相似的。同时,在某些对法律知识要求高的领域,还可以考虑由人工补充回答,即在后台由大模型辅助法律专家形成答案,推送给客户的是机器和人工相结合的结果。

人工智能技术正不断取得进展,随之而来的法律领域的科技服务能力在增强。法律领域有三大科技辅助的需求,分别是寻找明确规范及其含义、纠纷的法律定性、付诸行动的方案和文书付诸。技术浪潮必将重塑法律职业共同体。首先,一些新的法律职业已经或者即将出现。生成法律大模型服务中“法律驯化师”一类职业将定位于决定投喂给大模型以何种法律知识,确认模型是否理解客户的法律需求,给予相关需求标准的人类解决方案等职业定位;未来的智慧司法工程有望继续深化发展,内部机构内部“技术处”将成为业务处室,法律人将参与其中并发挥更重要的功能,在需求定义、数据准备、模型设计等多个环节都有堪当大任的潜力。其次,传统的法律适用和科研工作者也将被技术所影响。针对纠纷解决任务的法律从业者,将面临大量的数字型纠纷的法律定性难题,具备数字技术原理知识,养成“技术分析在前、法律定性在后”的分析习惯可能将成为他们从业的必备基础;未来的法学研究从业者将更加重视实证分析的方法,不论采取实证的还是规范的方法,都将以更好地理解与解决问题为导向开展研究,两类成果有更多值得交流互鉴的地方。

第二章 法律人工智能的争点分析

第一节 机器能不能测准

迄今为止的刑事司法人工智能研究,并未系统讨论机器裁判的准确性究竟所指何意,以及如何合理地应用结果。专家希望机器做出的裁判结果和人类法官的裁判结果相一致,这实际上有裁判集体经验、法律规范和特殊个案三重不同的要求。从技术视角来看这是机器"测不测得准"的问题,有从场景到数据、再到模型的开发流程,并有一套衡量模型性能的方法。人工智能的原理决定了机器模型还原的是法官集体经验的历史均值,还可以通过模型结构的改造向法律规范的要求靠拢,但是机器很难兼顾好特殊个案的公正需要。以上分析的结论决定了在技术路径上应进一步加强机器拟合集体经验的能力,并在模型开发中结合法律规范的要求;从制度设计方面来看可在刑事类案质量评查工作中考虑合理地应用机器裁判的结果,一方面给予办理个案的司法者以历史均值的参考但不强制其遵照,另一方面要允许司法者偏离历史均值裁判并要求其在偏离均值时承担更重的说理义务。

一、机器是否能够实现结果公正

自以机器学习为代表的人工智能技术被引入刑事司法以来,已有法条推荐、类案推送、量刑预测等诸多实际投入应用的产品。根据最新的最高人民法院相关意见,当下的人工智能系统仅具有辅助司法的能力,而无法替代司法者独自裁判。[1] “辅助裁判”原则究竟是如何确立的?虽然司法人工智能的现有研究和文献已经很多,但似乎还没有从技术原理出发的分析结论。针对该疑问,笔者发现,该原则的发展是从批判机器裁判结果不准确开始的,[2]包括机器裁判难以做到客观性、面对复杂疑难案件时很难实现实质公正、机器决策可能偏离规范的原意、算法决策可能加剧社会的歧视等观点。

这些批判暗含了相似的评价标准,即在算法驱动下机器的决策结果能否像“人类法官”一样实现结果层面的公平正义。这是一种典型的结果导向评价方式,该标准以人类法官的裁判结论为标准,检验机器决策是否也能得出相同的裁判结果。但是迄今为止的该领域研究并未系统地梳理出法官裁判结论的类型,这将影响人们对于机器裁判结果“准确性”的含义的把握。由此来看,回应这些批判之声的关键,在于确定作为参考依据的所谓“人类法官”标准类型,进而才可能确立机器预测结论的理性使用方向。

笔者将“人类法官”的类型归纳为三种:集体经验的法官、依法裁判的法官和特殊个案的法官。批判者虽然同样得出“机器不能替代法官裁判”的结论,但是从技术原理的角度来看,以上三者的技术门槛却是截然不同的。技术上可以通过优化训练数据和算法模型接近“集体经验”的水准,并向“依法裁判”的要求靠拢,却难以兼顾特殊个案的正

[1] 《最高人民法院关于规范和加强人工智能司法应用的意见》是当前司法人工智能领域发展的最新文件,其中首次明确“辅助审判原则”,即无论技术发展到何种水平,人工智能都不得代替法官裁判,人工智能辅助结果仅可作为审判工作或审判监督管理的参考。该文件的精神,可能将在今后一定时期内指导该领域的发展方向以及定位。

[2] 另一条路径是从机器裁判的过程入手,包括过程缺乏解释、不够透明,对过程的解释不符合司法场景的需求,推理的方式不满足司法的习惯等,这方面同样可以得出人工智能永远无法替代人类法官的结论,但是过程视角和结果视角是两个角度,值得另行单独研究。

义需求。这是由算法技术的运转原理和局限性所决定的,当下在"机器能否实现结果公正"的议题争鸣中却忽略了以上不同类型的技术原理差异,没有区分机器所要实现的公正类型,没有基于机器决策的技术运转原理分析,就此判定"机器因为无法实现结果公正,故而只能处于一种辅助地位"略微有些草率。如果说机器裁判的准确性在某些方面具有改良的可能性,那么意味着应从技术层面思考提升的方案;如果说机器裁判在另一些方面不具有技术改良的可行性,就应当从制度层面重新定位机器裁判的结果应用方法。

本书的论述重点将放在机器裁判实现结果公正的技术实质和提升空间两方面,希望借此填补从问题到结论间的技术分析短板。论文主要有三个部分,首先体系性梳理当前学界对准确性的三类不同理解,其次归纳人工智能等技术的实现方法以及技术回应的限度,最后落脚于刑事司法人工智能实践发展路径的选择上。

二、希望机器实现的三种公正

将人工智能技术引入司法领域,法律专家持审慎的态度并非没有道理,司法裁判关乎涉诉当事人的人格尊严和切实利益,司法职业作为专业型职业,长期以来具有"需要专业教育和培训、需要资格认证等高门槛要求"的特点,而人工智能驱动的机器自动化决策,不仅将侵蚀这一原本由法官所独占的权力,并可能与法官独立审判原则冲突,并且将挑战司法的被动性、透明性、仪式性、事后性等固有属性。正因为人工智能的引入对司法重构的根本性,审视机器裁判的能力高低是有必要的,其中一个维度便是机器裁判能否像人类法官一样得出公正裁判的问题,这里的关键又在于确立人类法官公正的标准。对此,本书认为学界已有三种不同的理解,一是代表历史裁判集体平均尺度,本书称为"集体经验的法官";二是代表法律规范和立法目的,本书称为"依法裁判的法官";三是代表能够灵活处理特殊情况和实现个案正义,本书称为"特殊个案的法官"。关于机器裁判结果的准确性的相关研究虽然都聚焦于结果公正,但所指向的准确性标准却不尽相同,故应当将质疑的观点分类讨论。

(一)集体经验的法官

这是一种认为“机器裁判不能反映历史的法官集体经验”的观点,质疑者基于司法裁判经验的复杂性,认为机器裁判不能完整地模拟真实的司法裁判场景。持该种观点的学者一方面认识到机器裁判的本质是经验主义,在于还原历史的集体法官经验;另一方面又考虑到司法裁判的复杂性和当前智慧司法开发中的问题,认为此种拟合不够真实,难以完整地反映法官裁判的真实场景。机器裁判要真实且完整地拟合司法裁判的场景,至少面临以下三个方面难题。

一是模型训练所用的数据采集问题。质疑者认为,目前所依据的暂时还只能是有限时间段内、有限范围内的“样本”。只要对这个“样本”的时间段和范围稍作调整,它所汇集的司法数据情况可能大相径庭。既然机器裁判所依据的是历史经验,而经验的载体是数据,那么一旦数据不具有真实场景的代表性,就难以相信所拟合的模型能够代表法官的历史经验。另外还有数据质量的问题,比如事实认定的建模需要大量先验知识积累,若输入的质量不高,其生成的结论就有可能偏离常识。

二是司法裁判中的某些关键指标难以量化。质疑者认为,在司法裁判中有一些重要的指标可能是无法量化的,质疑不只是司法人工智能开发要面对的,而且也是社会科学所面临的如何实现概念可测量性的普遍难题。〔1〕一个司法任务如果难以相对精确地定义输出的内容和成因的机制,难以将之转化为可测量的机器运算单元,也就无从谈

〔1〕“测不准”的问题,本书认为是以定量实证研究为方法的整个社会科学的基本问题。关于此,有学者认为“社会科学家只能运用一定社会环境下的数据,而观察数据必然受到外来因素的影响”,“如果一个人说,我的数据非常好,要么他在说假话,要么他根本就没有去收集数据”。

起法官集体经验的拟合。

三是机器裁判所依据的要素难以穷尽真实司法裁判中的全部考量要素。质疑者认为，影响司法裁判的因素是很复杂的，比如基于我国的制度属性和历史传统，政治性因素对司法裁判的影响就比较明显〔1〕。当下对法官裁判的一系列实证研究已表明，情感、人格、政策直觉、意识形态、政治、背景以及阅历等因素都在影响法官的裁判。影响因素之复杂、未被发现因素之繁多，都使得“穷尽”司法裁判的考量因素即使可能，也是个十分长远和艰巨的任务。对司法裁判机制的理解又是不可或缺的，这将影响机器裁判模型的输入标签体系的构造，缺乏对所定义任务的社会机制的深刻理解，模型设计的成果往往很难客观地反映某一刑事司法决策的场景真实状况。

（二）依法裁判的法官

这是一类关于“历史的法官经验可能偏离法律规范”的观点，质疑者认为法官真正应当做到的是“依法”裁判〔2〕。持这种观点的学者往往来自成文法国家，强调应当依据法律规范裁判而不是基于过往的司法案例，他们担心两者可能存在不一致的情形。这一观点又有两个方面的理由作为支撑。

其一，当社会形势发生变化并出现新的案件类型时，裁判的历史集体经验可能失效，法条要通过“重新解释”焕发活力。质疑者很清楚机器裁判是基于历史经验，同时看到社会环境剧烈的变化的情形。当静止地看待机器模型时，容易得出类似“历史的模型不能应对新社会环境和案件”的结论。这类质疑者往往是法教义学中坚定的实质解释

---

〔1〕 有学者举例道，“民愤极大”就曾是一种从政治上、道义上来考虑的从重处罚情节，“领导批示”也会对案件的定性和裁判具有重要“指导”作用。

〔2〕 本书所指的“依法”和“法条主义”相近，是在“由构成‘法律’的一套规则，而不是法官的个人因素，确定司法决定”，“理想的法条主义决定是三段论的产品”的含义下理解“依法”。

立场的支持者，在客观立法目的论者的眼里，立法目的是由当下的社会发展需要所决定的。通过对法条的重新解释，可以实现法律的正确适用，从而让法条焕发活力并适应社会形势的变化。这种情况下通过教义学的重新解释的法条含义是动态的，而机器模型却是静止的，最后不能适应社会环境变化的是机器裁判的模型。

其二，裁判的历史经验，可能系统性地偏离法条真正的立法目的。质疑者考虑到一种极端的情形，即一定的错误导向使历史案件裁判集体偏离了相关法律的立法趣旨和条文含义。简言之，就是过去的裁判是错的，并没有依据当时有效的法律规则进行裁判。若机器学习的历史判决中存在偏离法律原意的情形，那么“同案不同判预警”无疑会将历时性的“错误”进一步固化。以上观点均默认了法条含义有准确的含义并且应该作为标准的答案，若继续遵照不恰当的历史经验裁判，会使错误现象极端化和不可逆转，比如“算法的歧视”等问题的加剧。反之，如果司法者能够卸下历史裁判经验的包袱，则有机会通过重新理解法条规范来逐渐扭转上述局面。

（三）特殊个案的法官

这是一类“让人们在每一个案件中体会到公平正义”的实质正义观，同时也在裁判的结果层面提出较前两者更高的要求。这一层面的质疑者往往认为，机器裁判基于历史的集体经验只可能照顾到一般的情形，得出的只是平均的裁判水准。持这种观点的学者比较关心一些特殊的个案是否能够被识别并且被特别对待。若机器裁判的模型无法识别出这类案件的特殊性，则给出接近平均值的裁判结论可能难以实现个案公正。其中原因可以有两种分析视角。

其一，机器模型所针对的是历史案件的典型情况。典型情况指的是大多数案件的情况，即普通案件的特征，也是统计学中“平均值”的含义。但是“大多数”不能代表“全部”，那些极端的、少数案件的特征未被开发者所预知，故而机器模型也就无从学习。同时它们却是重要的,不应当被忽略。正因如此,才有学者认为,案件的特异性会使同案同判的算法完全失效。

其二,机器基于一般情形给出平均裁判的结论,极端的个案和被告人的特征很少被赋予较高的权重依据。就刑事领域而言,这可能和“罪刑相适应”这一基本的法治理念相背离[1],法治精神所要求“相适应”不是平均值意义上的,而是就个案而言的。持这类观点的质疑者因此认为,表面相似的案件亦可能存在被忽略的、重要的案件情节和被告人差异,对这类案件作出偏离均值的裁判结论应当被允许。但是对机器裁判而言,有一种均值回归的倾向,因此很难识别此类罕见但是重要的异常,并基于此生成偏离均值的裁判结论。因此,质疑者担心开发类案类判等相关工具将压缩司法实现个案正义的空间,并非毫无道理。

三、机器实现裁判的技术原理

法律人工智能实现司法裁判的方法,可以从算法开发、平台资源、软件工程等诸多方面展开,具有诸多的技术要点。但就本书的议题而言,主要关注的是法律人工智能如何以及多大程度地实现裁判结果的公正?这一问题用技术的话语表达,是如何提升“模型性能”的问题,这样我们就把机器如何作出和法官一致的裁判的准确性争论,实现了从规范视角到技术视角的切换。基于数据驱动的法律人工智能模型开发,需要完成以下工作步骤:语料获取→特征标注→选配算法→拟合公式→测试集内检验。笔者认为,厘清影响裁判结果准确性的因

[1] 这主要来自刑法中的“罪责刑相适应”的思想,刑罚的确定不仅要和犯罪行为的危害程度相适应,而且还要与行为人的刑事责任相适应。各国采取的都是将犯罪行为所引起的后果和罪犯主观恶性以及人身危险性折中考虑的做法。故而,一个刑事案件最终的裁判结论,不只是要考虑客观行为所侵犯的法益程度,而且要考虑特殊个案中的犯罪人,相同的法益侵害程度的案件完全可能因为个性化的情节而有不同的裁判结果,这就是刑事司法领域引入机器裁判时同样要面临的局面。

素,需要首先提炼出影响裁判结果准确性的主要技术环节,据此分析实现结果正义的重要障碍。

如前所述,人工智能领域有一个众人皆知的公式:算法 + 算力 + 数据 = 智能,结合法律场景进行阐释,所谓的机器裁判模型构造就是将算法的知识和法律的数据相结合的过程,其中有通过数据反映司法裁判的规律、通过算法挖掘数据中的相关性、在测试集内测试模型性能三个主要的环节。

(一)从场景到数据

和机器裁判实现结果公正有关的第一个技术环节为是否完整地将司法的场景带入算法模型中。模型所要实现的任务定义了相应的场景,场景决定了一个对应的数据集。正因如此,以有罪判决样本为基础构建起来的数据库,几乎不可能智能化地预测出无罪判决。如果说法律人工智能模型是对司法裁判场景的再现,数据就是在模型和场景间建立联系的桥梁,这一步骤要完成语料获取、数据结构化两个工作。数据准备工作中,影响模型性能的主要是关于数据的两个方面。

一是完整,指的是数据收集要尽可能全面地获取场景运转的行为记录。选择性遗漏数据,会造成借此构造的模型没有机会学习该司法场景的运转规律,机器预测此类案件时无法有效识别和特别对待。因此,最佳的样本选取方式应该是全样本,比如司法机关内部完整的历史案卷;退而求其次应当是利用公开的数据,并且保证所开发的任务不受不公开理由的干扰,保证文书具有代表性。

二是真实,指的是构造能反映真实场景的标签特征体系。传统的统计学方法和机器学习方法都采取了特征标签输入的方法,这种方式尽可能将和输出任务有相关性的特征都作为输入的特征。深度学习采用"词向量"作为输入内容,这意味着其可以接受文本直接作为输入内容,但即使直接采用非结构化的语料作为模型的输入内容,依然需要判断把哪些文本作为关键输入信息。要实现数据的标签化、结构化,有人工标注、设定规则、机器标注等方法,当下主流的方法为前两种。数据标注工作应当通过统一培训、招募有专业知识背景的标注员、试标注后统一标准、多人标注和修正等方法控制数据标签的质量。

(二)从数据到模型

与机器裁判要实现的结果公正有关的第二个技术环节为是否得到了模型的最优解。如果说数据是对场景的还原,算法的作用就是建立起数据的特征和输出的任务间的联系。从技术的视角,算法是指实现最优模型的解法,但是脱离具体问题空泛地谈论"什么学习算法更好"毫无意义,算法学习的对象是数据,最终得到的是模型。如何设计恰当的模型来充分拟合输入和输出的关系,是影响模型性能的第二个层面。这一环节要完成选配算法、场景化改造两个工作,模型设计影响性能的程度因此取决于两个方面,一是所选取的基础通用算法,二是结合场景的模型设计改造效果。

选择合适的算法,其实是一个不断试错的过程,和后面的测试模型的性能好坏密不可分。实际的工程开发过程使用的算法,往往跟随技术前沿的发展而更替,比如法律人工智能的早期采取规则和逻辑的"符号主义学习"方法,晚近采用了数据驱动的"统计学习""深度学习"方法。同时,机器学习所采取的算法类型基本可以在统计学中找寻到身影,直到最近 5 年才引入深度学习等相对复杂一些的算法。可以说如果不考虑特定场景对模型可解释性等方面的需求,当下的法律人工智能工程应用主要选择文本分类模型(TextCNN)、序列到序列模型(Seq2Seq)等深度学习的算法。

结合特定的场景对算法改造,是构建个性化的针对特定司法任务模型的过程。直接采取通用的算法一般不能取得超常的模型性能。因此有必要根据具体的司法任务设计个性化的模型结构,基本的方法论包括任务的拆解、数据的预处理、数据的分流、多个模型的嵌套等。从方法论讲,模型是可以随着对司法任务的理解不断深化、模型改造方案的调优而逐渐提升性能的，这是机器裁判得以不断接近结果公正的理想状态的十分重要的技术环节。

(三)测试模型性能

和机器裁判要实现结果公正有关的第三个技术环节，是对模型的质量进行评价。既有的一套衡量模型性能的基本方法是在模型开发伊始即把获得的数据统一标注，分为训练集和测试集。测试集不参与模型的训练过程，只用训练集得到模型，然后用测试集模拟模型未来要面对的司法环境。测试集因此成为衡量模型性能的重要依据，其规模、选择方式都将影响对模型性能评价的可靠性，还会有一些因素使对模型性能的评价面临失真风险。

一方面是测试集的规模和选取方式。测试集如果太小，测试结果可能带有偶然性。测试集的选取若不随机，则不具有代表性，将会影响算法类型的确定。还有可能存在输出标签不均衡的问题，而测试集中某类结果标签过少，也会使模型对某类输出标签的评价失真。

另一方面是模型测试的方法选择。在技术视角下，对于刑事司法场景中的罪名、量刑、法官观点的预测分属分类、回归和生成等不同任务类型，有不同的测试方法。比如分类任务往往采用通行的 F1 值的方法，而文本生成的任务则采取文本相似度以及人工评分的方法完成。当前并无对司法领域较为场景化的评价方式，基本采用的是通行的技术评价方法，而这些方法和司法领域的真实效果有无差异值得特别关注。

四、裁判模型开发过程中遇到的难题

以机器学习为代表的人工智能技术，在司法场景中的推广并非一帆风顺，从技术视角就能归纳出诸多的不足。法律人工智能实现结果公正的程度，用技术的话来说即“模型性能有待提高”，具体可以从数据、算法、测试三个层面探寻其中的难题。这里的分析，一方面说明法律人工智能今后还有性能提升的地方,另一方面也回答了机器裁判能否得到和法官裁判相一致的结果。

(一)数据层面对场景还原的程度不足

其一,数据获取过程缺乏质量控制。具体表现为获取过程比较随意,不注重数据的完整性。进一步挖掘背后的原因,又表现为几个方面内容:首先这不是技术视角所关注的重点,计算机学科关注司法领域的模型开发的主要是自然语言处理的专家,他们的研究旨在提升在既有数据集条件下的模型性能问题。而既有的数据是不是能足够代表场景,并不是评价他们工作质量的关键要素,因此在数据获取环节可能缺乏质量上的控制。其次这也是模型开发者和数据占有者相分离所造成的后果,科研机构和技术厂商普遍缺乏数据,而只能利用公开网络上的司法大数据。而据笔者所知,受制于案件保密的要求等原因,司法机关很少能够在司法模型的开发中,有意愿完整地开放自己的司法数据库。

其二,数据的标签特征体系并不完整。批判者的一种担忧观点为"过度形式化会忽略法律命题抽象形式之外的价值因素……情感、道德、伦理、政治等因素都完全被排除在外",该层面批判的技术实质即为数据标注的主观性和不完整性。在司法场景下,当下的训练语料多数为非结构化或者半结构化的法律文书。如何结构化是技术的重大难点,对于提取哪些特征对模型预测有价值的问题的判断需要法律领域的专业知识背景。即使是采取文本输入、词向量表示的方法,选取哪些文本作为模型的输入也是人为决定的,这取决于开发者对输出内容的生成机制理解是否深刻。一般而言,开发者对所要构建的模型有关机制的理解越深刻,就越能采用完整的输入标签体系,就越能够令数据真实地刻画司法运转的规律。

(二)算法的性能和可解释性间的张力

在选定数据和特征后,接下来的任务是如何采用算法、设计模型来联结模型的输出任务和数据的特征。模型设计的难点涉及以下几个方面内容。

其一，通用的模型算法不一定适合处理法律文本，直接适用的效果不佳。法律人工智能主要被归入计算机科学“自然语言处理”分支，该分支既有成熟的文本分类模型，也有文本生成模型，这些模型主要以“词”向量作为特征的最小单元，部分考虑到了词语的逻辑关系，以BERT为代表的更先进算法甚至以“字”作为特征的最小单元。但是该技术路径的发展，并没有考虑以犯罪构成要件、法律事实的叙述习惯等刑事司法规律来理解案件，故而直接照搬以上通用的模型往往效果一般。

其二，不只要考虑模型性能，司法场景还强调希望获得较好的算法可解释性。但是，两者之间往往存在明显的交易关系，首先，追求可解释性会对算法类型构成范围上的限制，即采用结构复杂的算法能够取得较好的模型性能，但往往不具有可解释的技术方式，因此才成为“黑箱”；其次，模型设计中有解释的组件，会干扰模型的预测。以上两点值得进行专门研究，即算法决策如何在尽可能满足司法场景对算法可解释性的需要同时，还能兼顾一定的预测性能，两者其实不可偏废。

（三）集内测试使模型的性能报告失真

对传统的模型性能评价方式是否在司法领域应用进行反思是值得的，我们当下对模型开发的结果评价采用的是同一批数据中划分出的测试子集，这种评价方式可能存在高估模型性能的嫌疑，并不利于模型的动态优化。主要的问题包括两点。

其一，该方法获得的只是集内测试的效果，该性能测试结果的真实性依赖于采集的数据是否有足够的场景代表性，数据集区分训练集和测试集的方式是否得当。因此，可以说这种方法所得到的评价只是一个在实验室环境下产生的结论，完全可能低估了真实司法环境的复杂性，高估了模型的性能。

其二,模型性能的评价是历史的,而司法场景是动态变化的。这依然和评价模型性能所借助的测试集有关,模型来自历史的司法案例,而司法裁判的模型最终是要投入当下及未来的司法场景中使用的,借助历史案件测试得到的模型性能评估结果不一定能代表预测未来案件的能力,保证性能效果稳定的前提是社会环境和裁判依据的基本稳定。

五、人工智能实现裁判目标的风险和限度

(一)可以实现还原集体经验的目标

机器裁判可逼近集体法官的裁判水准,这是由人工智能的工程原理决定的。机器学习、深度学习为代表的主要方法和统计的方法原理十分相似,国内两本流行的人工智能教科书,分别叫作《统计学习方法》和《机器学习》,两者的内容十分相似,而前者的内容和统计学的教材在体例上又很相似,只是在第2版中才加上深度学习等一些最新的算法。

原理上,统计学的方法和机器学习、深度学习等人工智能的方法,都在探寻数据反映出的平均水平。它们在拟合模型的输入和输出的关联公式等基础原理上是相似的,都是为了找出数据定义的输出标签和输入特征之间的最优解。统计学把回归模型解释为"数值型自变量和数值型因变量之间关系的分析方法",是一种变量间关系的度量。人工智能的方法在探寻最优的参数解,公式代表数据的平均水平等这些方面没有太大差别。后者的重大变革主要体现为三点:一是输入的格式上,人工智能的方法可以采用文本作输入内容、以分词后的词向量为输入形式;二是算法的类型上,人工智能的方法有更加多元和复杂化的趋势,以深度学习为代表的方法,其运算的过程多层嵌套十分复杂,从提升数据拟合的效果的角度来讲这是有利的,但是很多的模型因此就很难用简单的公式来表达;三是评价的方式上,以人工智能的方法评价模型是采用数据集进行事先划分,用测试集衡量训练集所

拟合的模型。两者的差异最终落脚于构建模型的目标,统计学侧重于利用模型分析数据之间的内在规律,人工智能方法侧重于对未知数据做预测。

对人工智能原理的亲缘关系进行追溯分析,旨在说明所谓的“法律人工智能”的方法内核并未摆脱相对熟悉的统计学建模方法,均是在各类不同算法中选择一种,拟合出最优的特征组合以及对应参数(代表的是特征权重)的方法。正因如此,这套方法的目标和追求“集体经验的法官”的裁判结果目标能够做到基本一致。

(二)可以努力靠拢依法裁判的目标

在采用机器学习或者统计学方法开发法律人工智能模型时,往往已经暗含了一个重要的前提假设:历史的集体平均裁判水准,能够基本代表法律规范的立法精神。也就是说,在成文法为主要法律渊源的国家,我们只有以默认裁判经验基本上和法律规范的要求相一致作为前提,才能采用数据驱动的算法模型来拟合裁判经验,以此实现机器公正裁判的目标。当然,在一些情形下,历史裁判经验和立法的精神可能存在出入,主要有以下几个方面。

其一,规范和执行尺度出现了重大的调整,使历史的裁判经验失效了。法律规范虽然强调稳定和可预期性,但也仍然不可避免地会出现显性或隐性的重大调整,显性的表现比如立法的修订,隐性的表现比如新的司法解释出台、社会环境的变革导致客观立法目的随之调整。这些情形出现的结果就是基于历史集体经验训练得到的模型和当下的规范之间有可能存在不能完全对应的结论差异。

其二,法律规范的全国统一性和司法裁判尺度的地方性间的差异。在我们这样一个幅员辽阔、各地区社会经济发展水平差异大的国家里,各地的司法裁判存在不一致属于客观存在的司法现象。法律人工智能的模型是基于数据加以拟合的,如果数据是全域性的大样本,而模型应用的地域范围却很窄,则有可能出现畸轻畸重的局面。[1]为了实现模型的因地制宜,当前的做法往往是使训练的数据和模型的使用地区相匹配,此时却可能加剧模型偏离全国保持统一的成文法规范的要求。

(三)难以兼顾特殊个案正义的目标

正可谓"自古万事难两全",人工智能的技术原理决定了模型预测完全兼顾特殊个案是十分困难的。机器模拟司法裁判可以努力逼近集体法官的裁判水准,也能够把经验和规范的要求相结合,却很难完整照顾到个案,因为两方面在技术层面是相冲突的。机器学习、统计学的方法共性在于探寻案件典型的、常见的规律,由最常见的、案件数量占比大的案件确定模型的特征参数。从技术的角度,我们很难奢望机器学习等方法既能拟合出常见和典型的案件和裁判规律,同时又要学习到异常的、个别的案件特征。毕竟,所谓异常案件,一般表现为事实或者当事人的某个方面的特异性。这类案件的数量往往比较少,在历史上就比较罕见,否则就成了普通案件。这使这类训练数据对模型的各个特征的参数的确定作用微乎其微,机器没有学到这类案件的特征。

针对批判观点中相关的"机器不能做价值判断"的见解,笔者认为需要价值判断的主要是这些特殊的、疑难的个案。当机器遇到这类特殊案件时,大概率会将其错判为普通的案件,并且输出相似的普通案件的裁判结果。此种错判主要在于忽略了普通案件所缺乏的特殊情节,或者在于输入特征的权重分布规律具有差异化特点。机器预测难以兼顾特殊个案的正义需求。

---

〔1〕 这要取决于模型所投入使用的地区的裁判尺度在全样本中的分布,如果是极端地分布于裁判结果的两端,就应当警惕这种模型的使用。

六、提高机器裁判质量的技术优化方案

从法律人工智能的当前做法、领域的特点出发，仍然具有一系列使机器裁判接近集体经验法官的方法和提升的空间。

（一）控制语料获取环节的质量

前述关于数据方面的质疑观点其实是十分中肯的，如果数据集无法反映真实的刑事司法场景，那么借此训练的模型只会更加偏离司法场景的现实状况。基于当前训练数据的来源和类型，有两条提升语料获取环节质量的路径。

一是改善产学研合作的政策环境，保障训练语料的完整性。如前所述，数据代表了场景的特点，模型从数据中习得司法场景的规律。"大量的司法活动难以被完全数据化，且各机关或机构的数据处理标准常常不一致，数据交换也有障碍"这样的批判之声反映了一定的现实状况，而随意挑选用于模型训练的案例数据集可能导致模型失真。基于司法场景的数据占有者状况，唯有司法场景的数据占有者主动配合模型的开发者，愿意向其开放真实司法场景中的全部数据，这一难题才可能有解。出于司法信息的保密需求、技术供求双方合作机制不密切等原因，当前司法机关对模型开发工作的介入程度不够深，完整的司法数据传输和应用机制并未建立。根据当下的数据共享情况看，加强数据方面的合作从而向"真实的"集体经验水准逼近，还有很大的作为空间。

二是进一步拓展可用的训练数据类型。当下的国内法律人工智能工程开发和学术研究，采用的往往都是起诉书、判决书等法律文书，这些数据有很大的弊端。把文书中的基本事实段落作为模型的输入特征使用，有背离真实司法场景之嫌。关于法律文书中的基本事实形成经过，更加真实的情况应该是文书的制作者在有罪名和刑期等结论的前提下，再根据法律构成要件组织描述犯罪基本事实和量刑情节的

文字表达。[1] 以上的推断虽然主要来自笔者自身的司法经验，但也得到了法律适用方法论的证实，比如时间上，不是形成作为陈述的案件事实以后，才开始批判案件事实符合或不符合法定构成要件要素……最终的案件事实是思想加工处理后的成果，处理过程已包含法的判断，若以上关于法律文书事实描述的形成过程的推论基本成立的话，采用公开的正式法律文书语料，可以测量刑事司法模型的输出任务（比如罪名、刑期），同时需要进一步拓展法律文书的语料，用其他司法文书来测量案情，作为模型的输入内容。

（二）深入挖掘与任务有关的机制

如果能够引入更多和模型任务相关的机制性知识，可以提升模型的性能表现。[2] 所谓机制性知识，指的是与作为输出任务的"因"有关的内容，它也可以被称为"领域知识"的一部分。[3] 司法领域已经积累出一大批这样的知识，我们以"量刑"为例，最近几年就连续刊发有数篇关于影响量刑因素的机制性分析高质量文章，笔者理解这些就是典型的领域知识。"犯罪学"把刑事犯罪的成因作为研究的内容，这些知识可以被引入模型的构建中。

其一，借助机制型领域知识有助于构建数据的标签。批判者所言及的"政策性、政治性影响因素往往是无形的、不确定的……并不能全部反映到卷宗中"，还原为技术话语就是和特定司法裁判结果有关因素的数据标签体系不完整，从而影响模型预测的性能。借助领域知识

---

[1] 这也是司法现实主义的观点，真实的法官判决过程是先得出判决结果，再想办法用法律规则与主观事实去论证它。

[2] 这里本书所指的基本等同于社会科学中"理论"的概念，无论经济学的理论还是其他社会科学的理论或自然科学的理论，都是一个所要解释的现象背后的各种变量之间的因果关系的一个简单逻辑体系。

[3] 在国内法律人工智能的发展中，多数学者已经意识到领域知识的重要意义，包括构建法学理论知识本体，确定适合特定目标的法律大数据子集和作为法律大数据挖掘结果的解释框架等。

的建设,可以想办法用其他指标反映这些政策性、政治性因素,从而提升数据标签体系的完整度和科学性。在司法场景的既有办案系统中原本就有一套标签体系,只是当前并未将它充分利用。通过人工智能技术的方法,客观上对输入标签的处理方面强调得不够,背后的原因是算法专家对于以投入"人工工时"来增强模型性能表现的做法十分克制。他们认为,大量抽取特征这种通过人工方法提升模型性能的路径很不"科学",更希望优化模型的设计自动地提高模型的性能,因此技术发展至今,直接把自然语言表达的文本信息作为模型的输入也就不足为奇了。这样做最主要的不足是缺乏对与任务有关的社会机制的理解,从而使机器训练模型的过程并无侧重点。

其二,借助机制型的领域知识,可以在模型设计的多个环节发挥作用。首先是在数据的预处理环节,比如现有的方法选取了一些关键句,通过"分层嵌套的注意力机制"加强某些输入词语的空间向量权重,或者将基本事实区分为定罪事实和量刑事实以提高模型输入信息的质量;其次表现在模型的设计中,比如可以把司法裁判的步骤流程用"有向无环"图构造出多子任务的依赖关系,后置任务的模型性能因此受益。以上既有的优化方案的目的在于通过引入机制型的领域知识,提高模型的性能。当前类似这样的尝试不是太多而是很缺乏,也因此轻言模型性能已经达到或者未能达到"集体经验的法官"的水准都为时过早。

(三)在真实的场景中检验性能

如前所述,当下模型的性能测试是数据集内测试,默认了测试集能代表模型真实的使用场景。不过这一假设有时并不能成立。之所以会造成这种局面,是因为从计算机的模型训练视角来看,并不强调数据来源的真实性和完整性。从计算机的理论学术和工程实践的视角来看,只要用实验室的测试集检验模型是否达标,就可以作为模型性能是否优良的证明。

这往往并不一定代表模型能够胜任更为复杂真实的刑事司法场景，有时会出现测试方法失真的情形，多数时候表现为实验数据高估了模型的实际性能。真正的检验应当在实际应用的场景中展开，并提供一线司法者的试用评估报告。任一法律人工智能的模型都应当在法律的真实场景中试用，由一线的办案人填写自己的判断结论并对机器的判断结论进行打分评价，基于这些数据生成的模型性能评估报告才可能更具有现实说服力，也能据此进一步修正和完善模型的设计。

如何结合裁判规范是未来技术优化的重点。集体经验拟合出的司法裁判模型存在滞后性和地方化等问题，但是并非在不改变当前实现法律人工智能的方法的前提下，就毫无优化改良方法。方法论的关键是能够把裁判依据的“规范”和作为裁判经验的载体“数据”融合进模型中，一同作为模型判断和预测的依据。把规范的要求融入模型中，可以从数据、算法和工程三个方面思考具体的方法。

（四）以法律要件构造数据集合

当下的人工智能所依赖的数据集往往并不重视数据集的构造，为了凸显先进算法的性能，甚至在深度学习等技术中作为输入内容的是非结构化的自然语言文本。这些文本缺乏基于法律知识的信息拆解，在模型计算中以词语作为基本单元构造的特征并计算其权重的做法，显然不能体现司法领域组织信息的规律特点。

应当努力加强法律知识图谱的构造。比如某学者曾提出“法律本体库—要件解构与标注—自然语言识别与深度学习—司法人工智能”的思路，就是试图融合法律逻辑构建和深度学习构建两种方法。法律人工智能若要在模型中强调规范的大前提，笔者主张从训练数据的构造层面就应当融入法律规范的知识，以便更精细化地组织模型输入的信息，浅层次的比如直接提取一些重要的、规范对应的结构性特征，和文本一起作为模型输入的内容；深层次的比如尝试采用“词袋”的方法把法律构成要件和描述事实的关键词相对应，从而得以更有效地辨析易混淆的罪名。

知识图谱和新数据库的构建，两者在此可能是规划蓝图和实际成果物的关系。知识图谱实际上能够把法律的知识、裁判的经验进行有逻辑性的组织，但要改造模型的结构和开发的流程，仍然要从模型的输入和输出的内容、方式入手，而以上做法侧重于对模型输入的数据信息进行干预。

（五）用规范要求约束模型训练

我们还可以把法律规范融入模型的设计结构中，在机器给出实体结果的事前、事中、事后的各个环节中实现法律规范对裁判结果的纠偏，从而在数据驱动的同时能够融入法律规范的要求。

一种方法是干预输入信息的分布和权重。这和根据法律要件组织数据的方法不同，这种方法是在输入信息不变的前提下，引入司法解释、法条释义书等规范类型的知识，通过深度学习的注意力机制等手段，改变输入案情信息的原先的分布情况。突出法律规范认为重要的信息。另一种方法是约束裁判的范围。既然要求裁判的结论要依照法律，那么在模型设计中可以先进行法条推送，并根据所推荐的相关法条限缩罪名、量刑等结果，从而能够达到依法裁判的目的。

在模型设计中加入法律规范的要求，核心思路无外乎就是干预模型预测所依据的信息，或者干预模型预测得到的初步结论。前者是通过把规范知识作为增益信息加入模型的输入中，后者是在模型的预测结果中通过法律规范的信息对预测结论加以限缩或纠正，这两条思路近似于把规范作为大前提，同时考虑技术的可行性。

（六）在场景使用中实现模型更新

解决司法裁判模型滞后于社会环境和法律规范动态变化的问题，也许不能寄希望于司法裁判模型的一次性开发和长期有效，而是应当根据现实场景中的使用环境变化及时迭代。这就需要在模型所包装的系统中具有反馈的通道，系统能够及时得到在司法环境变化的情况下的用户反馈，并借此动态地更新裁判的机器模型。概言之，要使机器裁判的模型具有实时更新的能力，就需要在模型进行系统包装时，在交互界面和后台数据库留有相应的设计。

若历史裁判经验和当下的规范要求间脱节，可以通过新的规范和理解裁判的案件数据集、重新训练模型而使该问题得到缓解。智能系统应当设计两个相应的功能：其一，应当让使用者能够反馈被预测案件的真实裁判结果。这是关于输出结果的准确性方面的纠错机制，可以识别案件预测中的假阳性和假阴性案件，进而起到对机器预测不准案件的这部分标签进行纠正的目的。其二，应当具有算法模型定期再学习的机制，其中应当有两个层次，第一个层次是机器模型的自我更新，这是小范围的、模型系统可以自我更新的；第二个层次则是由人工实现模型重新训练，开发者可以根据社会环境、法律规范的变化重构模型的标签体系。

七、机器裁判结果合理使用的相关制度

分析至此，从结果公正的角度看，本章得出的主要结论为法律人工智能可以努力拟合集体裁判经验的水准，并在预测时参考法律规范的要求，但是很难兼顾到特殊个案的实质公正要求。由此值得我们进一步反思，如何应用机器裁判的结果？在刑事司法领域应当侧重于开发哪些机器辅助的任务类型？从当下的实践情况看，比较成熟的是罪名预测、量刑建议等功能任务〔1〕，但从本书的分析结论来看，提供给司法者的似乎不应该是此类终局性的结论，而应当是一些侧重于知识辅助型、跨个案类型的模型辅助，这样才可能更好地回避当下的技术局限。

---

〔1〕 根据一份中国法律人工智能的主要任务综述来看，当下的任务中65%为“法律裁判预测”类任务，就是本书这里提到的个案的终局裁判的预测任务。

如何利用历史集体裁判均值的结果，是刑事司法领域考虑未来开发人工智能辅助系统发展方向时的思考出发点。在刑事司法的业务中，侧重于量刑结果预测的模型至少应当发挥两个方面价值：一是给正在办理未决案件的司法者提供历史集体裁判的均值作为参考；二是作为案件评查依据，评价办案人所办案件的质量。既有的学术探讨主要强调的是前者的功能，而实际上两个方面只有结合起来考虑，才可能有效地调和案件评查的统一性和个案裁量的个性化间的张力。

（一）集体裁判均值的案件评查价值

案件质量评查中引入人工智能技术，价值之一即评查模式的革新，它在诸多方面改变了过去人工抽查的方式。首先，机器智能评查将实现评查范围上的案件全覆盖。只要案件范围的人工定义是科学恰当的，智能化评查系统将有能力评查全部的案件，而不是采用过去传统上的“抽查”方式。其次，评查方式上实现了人机结合，智能化评查系统将有能力实现机器的初步评查、解决人工复核机器所识别的异常问题。最后，评查优劣的标准将会更加以“结果”为导向。传统人工评查的方式相对重视文书的形式规范，虽然也关注办案的结果，但往往是以是否改判、是否最后被认定无罪等后置结果来逆向评价。智能化的机器评查系统则开始注重案件裁判结果的分布情况和一致程度。

传统司法人工智能模型将重点放在了个案办理的视角，而未来的侧重点却不一定要限于此，可以从跨越个案的视角看待结果公正的实现路径。基于以上已经论证过的机器学习方法的原理，机器模型有能力归纳出某一案件类型裁判的平均水准，该方法的实践价值在于能够识别出明显偏离平均水准的案件和办案人。对这些案件，有研究恰当地指出“在量刑自由裁量权的规制中，我们要把目光聚焦于那些量刑畸轻畸重的少数法官，而对量刑结果在集体经验均值附近浮动的大多数法官的自由裁量权采取肯定和尊重的态度”。这里主要应当强调机器识别出的有异常嫌疑的个案，当然不能认为这些案件一定有错，要考虑到因为个案正义的需要而偏离集体经验均值的情形，案件监督的目标应该是先由机器初筛，后再由人工复核案件是否真的具有实现个案正义的需要。

（二）应兼顾裁判的统一性和个性化

在案件的管理和评查工作中引入人工智能技术，其实是一把“双刃剑”。一方面，这将实现对案件监督和质量评查的全自动覆盖；另一方面却又会产生压缩个案法官裁量空间的隐忧。具体的弊端，除了难以实现特殊个案的正义需要外，还可能消除法官的积极性，让法官因为担心职业风险而过度地遵照机器推送的历史裁判均值，最终，机器模型本身也将变得平庸和失准，因为法律人工智能借助的是司法案件数据，机器通过司法案件的裁判尺度变化感知社会环境、司法政策的时间变迁，机器模型需要通过更新语料库、重新训练模型实现与社会和立法的变化保持同步。如果不能，那么裁判集体经验的均值保持一成不变本身可能就有问题。

值得更进一步考虑的是，历史的集体裁判尺度是否应该告知正在审查该案件的司法者。从评查标准事前告知的利弊分析看，仍然应将历史裁判的集体平均尺度告知处于正在审理案件的司法者，进行制度设计时要注意合理地兼顾案件评查标准的统一性和司法者的裁量空间。

制度设计的第一个关键点是应当给予法官均值提示但不强制其遵从。那么法官应当在多大程度上遵从该建议呢？笔者认为，历史均值的这种告知应当是一种“提示”功能，即不一定强制要求法官按照该建议作出决定，这种历史裁判均值的信息实际上已经对正在进行裁判的司法者的自由心证有所干预，至于影响的程度、是否成功干预应当取决于司法者本人。司法者此时会自我权衡究竟是否坚持有所偏离或进行多大程度的偏离，对偏离导致的事后追责风险也会进行预估。从工程开发的角度，模型系统不应当只给出单一的数值，还应当包括基于什么样的案件范围、哪些案件特征给出等历史均值所基于的案件基本信息;在系统的具体功能之间还应该进行有效的整合,比如可以对历史裁判结论的理由进行归纳并和结果一起推送给司法者,以此实现对历史裁判均值进行更有力的说明。

制度设计的第二个关键点是应当赋予较大偏离均值的法官更多的说理义务。对司法裁判的说理是法官作出裁判后的一项重要义务,在传统文书写作过程中释法说理即强调繁简分流的原则,《关于加强和规范裁判文书释法说理的指导意见》第 8 条规定了强化释法说理的几种情形,其中可以看出将裁判结果偏离历史均值较多的案件纳入强化说理的案件情形具备规范上的依据。该类说理应当直接指出偏离均值的理由,具体从两个方面入手,一方面应当陈述在审案件和历史上普通案件在特征方面的差异,指出本案和历史案件的差异体现,该处的说明应当具体到案件的某些要素上,从而便于案件评查者辨认;另一方面应当说明如何通过法条的重新解释、法律构成要件的重塑得出本案的法律适用大前提,从而完成案件偏离历史均值的正当性论证。

制度设计的第三个关键点是案件质量评查时应当着重审查说理的充分程度。案件的评查能够肯定偏离历史均值较多的案件的正当性,关键在于个案裁判法官给出了偏离均值的理由。案件的评查在于识别这些案件,并采用智能化的手段对这些理由按照可接受程度进行分类。短期内机器只可能初筛这些案件和理由并做初步的整理,人工评查的介入必不可少,即只有资深的法官集体才有资格评判某案件偏离均值裁判的理由是否成立、论证是否充分。在智能模型运行一段时间后,机器可学会案件评查者作为集体裁判的批判标准,机器在习得该标准后将有能力独自承担一定的案件评查工作。

八、结语

司法人工智能备受学界质疑的一个关键问题是机器裁判能否实

现和法官一样的准确度,即机器"测不测得准"。深入分析后发现,该命题并不具有唯一的内涵,专家希望机器做出的裁判结果和人类法官的裁判结果相一致,这实际上包含裁判集体经验、法律规范和特殊个案三种不同的要求。法律人工智能实现结果公正的方法能够实现第一个层面即和相似案件的"集体经验"法官平均尺度相近,也能够通过算法技术的改良接近"依法裁判"的结果公正要求,但是限于技术原理的不同很难兼顾"个案正义"的特殊要求。从该技术分析的结论出发,对如何使用机器裁判预测结论的启示是,我们不应当要求法官强制适用该机器预测的结论,而是应当给予其偏离该历史均值以足够空间,并且要求其在案件特异性导致偏离的情形下负有更多的说理义务。

第二节　机器会不会说理

一、机器是否说明裁判的结果

司法人工智能近年来的实践发展虽然迅速,但也引发学界不少的质疑之声,[1]比如裁判难以达到绝对的客观和精确,不能处理复杂疑难案件,机器裁判只是"知其然"做不到"知其所以然"。如果对这些批判观点稍加梳理,它们可以分为两大类:一类针对"结果",即机器能否在类似情境下作出与法官相同的裁判结果;另一类则是针对"过程",即机器是如何得出裁判结果的。这是两种不同的视角,前者关注的是机器裁判的准确性,后者则要求提供过程性的说理以能够让受众信服。以上问题从技术的视角也可归入不同的问题域,前者是模型性能的算法最优解问题,后者则是算法在特定领域的可解释性问题。区分这两种类型,是为了有助于澄清人工智能技术在司法的不同场景下

〔1〕作为一个技术和法理深度交叉的地带,有必要交代一下本书所指的司法人工智能的内涵,司法人工智能仅指由经过数据训练的模型驱动的,虽然是以司法信息化为基础的,但是已经完成了信息化的技术迭代过程。智能化较之于信息化的关键的区别点在于机器能够自主地作出实体上的判断。

应用时遇到的不同困境。

与“结果”能不能测得准的质疑相比，学界似乎更加关注机器裁判能不能给出充分的“过程”说理。旧有法谚“正义不仅要实现，而且要以人们看得见的方式实现”，针对司法人工智能的话题亦有“裁判的精华是裁判理由而不是裁判结论”，“在法律领域中，用户的需求不仅仅是答案，更包括支撑答案的原因”等相似的评语。

过去看待人工智能在司法场景的应用前景时，某些人的潜意识里已经预设了“机器替代法官”的思想。机器既然要替代法官当裁判，法律专家要求机器不仅裁判结论准确，而且要求其给出合乎司法习惯的说理，笔者认为，这是合情合理的。在“机器替代法官”裁判的叙事逻辑中，认清机器裁判的结果是如何作出的这一问题非常重要，故若人工智能的现有技术如果达不到法律专家提到的说理要求，那么该领域的发展将必然会陷入停滞不前的困境。

在笔者看来，陷入以上困境缺乏实际意义。《最高人民法院关于规范和加强人工智能司法应用的意见》是当前司法人工智能领域发展的最新文件，其中首次明确“辅助审判原则”，即无论技术发展到何种水平，人工智能都不得代替法官裁判，人工智能辅助结果仅可作为审判工作或审判监督管理的参考。根据该文件的精神，人工智能在司法全流程中始终是一种辅助审判的定位。出于预测准确性、算法信任等因素，司法裁判短期内由机器独立自主完成，在技术上也是不可行的。因此，在认识论上首先要抛弃机器替代法官的错误心理预设，把“测不测得准”的结果问题和“探寻充足理由支持结论”的过程问题区分讨论。本书将聚焦于机器能否给出“充足理由支持结论”的过程说理，侧重从技术的视角分析学界相关要求的可行性，并基于技术分析得到结论，确定人工智能技术在司法活动“过程”中的合理定位以及实现路径。

二、对机器说理的三类要求和实现难度

自人工智能技术被引入并用于司法裁判的预测任务以来，法律专

家比照法官裁判的标准，提出了要求司法人工智能在说理方面达到的一系列水准。经过梳理，本书可将其分为以下几点：机器裁判的过程要透明公开、机器说理应当还原庭审中当事人参与论辩的场景、机器说理应当遵循经典的三段论框架。但是从现有的人工智能技术发展路径看，即使是最前沿的生成式人工智能技术，似乎也很难满足以上要求，这是本书提出法律生成式大模型应当定位于“裁判辅助”角色的缘由。

（一）解释技术可部分满足推理过程透明的要求

算法“黑箱”问题〔1〕在司法应用领域尤其突出，法律专家指出，在刑事司法人工智能领域中算法“黑箱”早就成为众矢之的，算法的不可解释性是法律预测算法中最为人诟病的问题，“我国的智慧司法建设也应着力消除算法“黑箱”和算法霸权的隐患”等类似观点也屡见不鲜。恰巧的是，技术上为了解决算法“黑箱”问题所开发的算法解释方法，也主要面向司法、医疗等高风险领域。

既有的一系列解决算法“黑箱”问题的解释技术，大体可被分为全局解释和个案解释两大类。最优的解释为全局解释，即提供训练数据所得模型的公式（如线性回归/对数回归等算法）或可视化的流程（如决策树算法）；次优的方案是个案解释，即将个案信息输入模型后映射得到的针对特定个案的解释。一种算法模型能够用全局解释技术的，一般能够获得个案解释（主要是一些简单的机器学习算法），反之则不然（以当下流行的深度学习算法为典型）。两种解释均表现为输入信息和输出结果间有相关性的数值，而现有的一些语言、图片等解释技术和应用则是对上述信息的二次加工和利用。

---

〔1〕 算法的计算过程不透明，即算法“黑箱”问题，是指由于技术本身的复杂性以及媒体机构、技术公司的排他性商业政策，算法犹如一个未知的“黑箱”——用户并不清楚算法的目的和意图，也无从获悉算法设计者、实际控制者以及机器生成内容的责任归属等信息，更谈不上对其进行评判和监督。

算法的解释和传统的法官说理有一些相似之处,更值得强调的是两者间的差异:其一,算法解释所呈现的内容类型更为多元化,算法的解释技术旨在说明一切影响模型输出结果的因素,而法官说理则更聚焦于裁判依据和裁判事实两个方面,其他的因素可能会影响这两个方面的结论,但最终都要内化为这两个方面的相关内容。其二,算法解释所呈现的内容不必然有个案裁判意义上的价值,算法的解释技术希望从输入模型的语料中找到一切蛛丝马迹,然而这样找到的只是数据层面的相关性信息,虽然机器引出的规则可能导致准确的预测,但它们并不涉及人类的专业知识,并且可能无法做到像专业手动构建的规则那样容易让人理解,而真正司法中的说理却是经过法官过滤、筛选、加工后对结论有意义的信息。这里可借法律科学吸纳社会科学发现的结论来说明这一点,即社会科学的发现得以在个案中适用,需要转化为法律规范的教义学解释。

(二)算法推理难以深度对接庭审和辩论

法律专家提出的第二类要求,是机器应当反映司法过程中当事人参与并充分辩论的司法情境。在此,诉讼的过程被描述为是两个竞争对手之间的一种"仪式化"的斗争或对抗,[1]其中法官、律师或当事人等就案件事实与法律进行论辩,追求合理裁判结论的思维过程[2]。

---

[1] 这里涉及诉讼模式的问题,诉讼模式可被粗略分为职权正义模式和当事人主义模式,具体又涉及法官和当事人间的角色、当事人举证的能力和证据上的责任,查明事实的方式,法官裁判受到当事人行为的限制等方面。以上法律辩论的场景更接近当事人主义模式。在民事诉讼模式中,有所谓"诉讼竞技说",即诉讼当事人间的相互对立、相互抗争,在双方之间展开的攻击防御活动构成了诉讼程序的主体部分,其使用的武器是言词和证据。这里要求司法人工智能说理融入法律辩论的场景,似乎与诉讼模式有一定的联系。

[2] 有学者认为,此即法律方法论意义上的法律论证,也是最具典型意义的法律论证。而就审判的本质而言,一方面,当事人必须有公平的机会来举出根据和说明为什么自己的主张才是应该得到承认的;另一方面,法官作出的判断必须建立在合理和客观的事实和规范基础上。

这一要求有坚实的学理基础，比如直接言词原则要求当事人等在法庭上须用言词形式开展质证辩论。诉讼资料必须以言词陈述或问答形式而显现于审判庭，法院始得采为裁判之基础，同时民事诉讼法中的处分权原则的要求之一即由当事人限定法官审理裁判的对象和范围。但是这一图景可能在引入机器裁判后被打破，法律专家在考察现有的司法人工智能系统后，怀疑司法人工智能可能会导致法律议论流于形式，无法实现当事人和职业法律家之间的面对面的论证性对话，相互理解、同频共振与和谐，而是仅强调现象间的来龙去脉和因果关系的理想状态。

司法人工智能的模型在投入应用阶段，需要被包装成软件应用。此时就有人机交互的问题，人机交互的功能有二：其一，作为信息的输入来源，机器由此获得用于预测的信息，此时人工是输出的角色、机器是输入的角色，人工为机器准备定义好的案件信息；其二，作为信息的输出来源，人工由此获得模型预测后的结果信息，此时人工是输入的角色、机器是输出的角色，机器为人工提供所需的预测信息。司法领域人工智能应用的人机交互特点较为明显，首先，由法官单独和机器完成交互，即辅助裁判的系统一般由法官操作完成，当事人等其他主体未直接参与人机交互；其次，交互只有一个来回，即一次案件信息的输入和一次预测结果的输出；最后，人机交互主要以文字为载体，缺乏语音、视频等多元化的可靠交互手段。以上的交互特点主要是由司法人工智能的发展阶段、技术限制等方面造成的，从而影响了机器满足司法裁判说理的要求程度。

笔者在此得出的结论是，当前的司法人工智能系统做不到还原理想的司法辩论场景，其局限性首先体现在人机互动的次数上，传统司法场景中，法官和当事人的沟通贯穿案件审判的全过程，既有在庭前提交文书和证据等书面互动，也包括在庭审中当事人间的辩论和法官的提问等口头交流。而机器的交互目前只能是一次性的，机器在裁判预测的主模型中是一次性地处理所输入的信息。其次体现在人机交互的节点上,传统司法场景中法官和当事人的沟通是动态的时间轴,是过程性的;而机器的交互是法官和机器间发生的静态的点,是结果性的。这一层面的分析,在于强调当前司法人工智能在交互层面上,并不直接涉足法官和当事人间、当事人和当事人间的辩论和沟通过程,只是将这一过程的信息和结论书面化、由法官汇总后作为模型的输入语料。这种人机交互的形式只能部分满足司法说理的辩论场景需要,司法人工智能的说理从技术上暂且无力还原此种多次的、口语化的辩论过程,对于此种依然属于法院和庭审的传统领地,司法人工智能涉足其中的难度比较大。

要使司法人工智能系统更多地和诉讼的辩论过程对接,有一系列技术上的方法引入司法中的当事人辩论原则。然而,目前的技术解决方案很难说已经完美地解决了法律专家在辩论方面的说理要求。虽然当前有一些技术改造的方案,正在尝试开发让庭审的辩论更为影响司法人工智能的模型和系统,理论方案中也出现了一种识别当事人双方陈述中的争议焦点并以此约束法官裁判的技术,实践中浙江的线上庭审中也具备了根据庭审记录同步生成文书的功能。这些尝试使庭审和裁判的关系更为紧密,促使智能裁判系统能够更好地利用当事人辩论的信息。但是目前的差距还很突出,首先目前的司法人工智能主要处理文字,隶属于自然语言处理的范畴,语音、图像等其他格式语料需要经过转录才可作为模型的输入语料;其次目前的司法人工智能系统还不能很好地吸纳当事人的辩论,即借用庭审辩论的信息支持裁判结论依然存在技术的难题;最后目前的司法人工智能系统目前只可能被动地利用庭审的辩论和沟通无法替代法官引导庭审辩论,司法辩论还无法真正进入机器裁判的说理中。以笔者参与的 2023 年新一批国家重大研发项目的攻关方向来看,该项目正在努力融合起诉状、答辩状、庭审笔录等过程性文书和庭审信息,希望模型能够梳理庭审事件、事实冲突检测、矛盾争议焦点等庭审辩论信息,不过这距离还原真正当事人参与辩论的场景依然相去甚远。

(三)算法推理难以改造为司法推理方式

法律专家提出的第三个要求,是基于“法律推理”的逻辑方法。注意这里说的是提供裁判结论的理由时采用的方法,无论用什么方法得出裁判的结果,说理时大家总要回归一般的演绎式形式框架。传统的司法裁判方法一般可归结为推论模式和等置模式两种[1],裁判活动的核心任务就变为如何在法律规范与案件事实之间寻求一种对应关系。这些论述把裁判的说理任务定义为不断寻找素材完善对规范、事实的建构,同时也这样要求机器对裁判的说理应当合乎三段论式的框架。有学者已经注意到了这套法律推理方式和机器裁判的推理过程是不一样的,“司法论证是两步走,司法人工智能其实是将这两个步骤化约为简单的数据关联”。

因为机器实现案件裁判的推理方法在国内的文献中已有过总结,本书这里仅侧重从模型开发的流程角度论述机器实现推理的方法,(1)训练阶段:从已决案件中归纳出一种模式,模型的背后实质是一个尽量可描述的数学公式;(2)预测阶段:在未决案件输入模型中预测结果,表现为将案件的特征代入公式计算得出各种结果分别的概率数值;(3)归类阶段:设置一定的阈值对计算结果进行归类,将计算结果归入某一类最大概率的裁判类型。以上推理框架反映的是较为简单的算法所遵循的推理框架,虽然随着基于深度学习、生成大模型等方法的升级,增强模型性能的同时使模型描述为公式变得困难,但是数据驱动下的机器裁判推理的基础原理并没有发生很大变化。迄今为止,司法人工智能裁判的推理过程依然遵循相似的路径,即如已有学

---

〔1〕 推论模式主要是指法律判断依据三段论的思维模式。等置模式认为,法律判断的形成过程是一个目光在事实与规范之间往返流转,以使案件事实与法律规范不断接近、以相适应的过程。裁判个案所依据的法律规范和案件事实都不是一步到位、一成不变的,法律规范与案件事实都需要进行人为建构。后者可以认为是在前者基础之上的深化。

者归纳的那样,机器裁判是某种概率式关联,算法建模是“将问题理想化,以诸多假定来框定范围,将问题提纯到固定模态上加以演算”。

和法官裁判的推理框架相比较而言,两者在构建推理框架时的侧重点不同,机器裁判所构造的推理框架是以归纳法为核心,而法官裁判的推理逻辑(至少说理方面)以演绎法为核心。机器裁判的关键环节是“准备阶段”,即构建裁判结果的影响因素体系、拆解案件的相关要素实现可测量性、选择最合适的算法构建要素和结果的关系都在这个阶段实现,成果物则是一个涵盖案件输入信息的特征体系以及权重参数的模型。这一模型是一种以数学公式呈现的归纳法成果,后续的未决个案预测只是代入公式求得到一个概率的数值,并根据阈值的设置归入某一分类。而法官裁判的推理形式则是以大小前提的三段论式为基本框架〔1〕,难点在于在规范和事实间的不断对照中充满了法官的价值判断。当下法学界有影响力的观点认为这一对照过程中充满了法官自由裁量和价值判断,故很难被机器替代。

笔者因此得出的结论是,从原理上看,司法的做法和机器推理的方式有很大不同,司法人工智能在技术上很难做到反复对照得出结论。虽然法官的推理形式不限于演绎法,甚至有时归纳和类比的方法也很重要,比如在裁判事实的确立中必然会用到归纳法,在寻找恰当的大前提中也可能用到类比法,但法官说理的基本框架采用三段论式是有所共识的,仅凭这一点就和机器推理的方法产生了根本性的分歧。机器推理虽然最后也用到了演绎法,但是基本的框架却是以模型为载体的数学公式,得出模型公式的方法是对历史案件裁判规律的模式进行归纳总结。法官推理中的规范大前提是开放的、未决的个案要

〔1〕 虽然学界有一些人批判如此归纳裁判的方法过于简化粗糙,但作为司法裁判推理的基础框架,三段论式仍然受到实务界的基本认可。邹碧华法官即认为,要促进法律平等统一适用,促进法律适用结果的可检验性,又要符合我们的法律传统和法律文化要求,我国当事人法律素质和法律职业群体职业素质要求的法律适用方法,其中最为核心的,就是以演绎推理为基础的法律分析方法。

通过教义化的解释具体化,但机器推理中的公式相对于被预测的案件而言是稳定的。机器和法官在推理形式方法上的差异,对司法人工智能实现说理要求的影响可谓重大,算法解释技术实际上复现了模型推理的过程,但是推理方式上两者间的差异决定了简单复现模型推理的过程不一定能够复现司法场景的说理传统。

司法人工智能若要完全贴合传统司法说理的习惯,也许最为彻底的改造方式并不是在算法解释技术上下功夫,而是改造机器推理的方法。但是在笔者看来,这是一种不太可能成功的技术路径。学界曾有过以下几种改造的方案,比如将机器推理改造为"准三段论"式,以"争议焦点"替换"结论",并将"小前提"界定为"基本事实",或者退回至"符号主义"的思路,用规则和符号构造推理程序,实现从知识到知识的推理,已有的典型代表为上海"206 工程"所构造的大量逻辑规则推理。这些方式存在不同方面的问题,"准三段论"结构只关心"大前提—争议焦点—小前提"三个点位的相关性,未见大小前提是如何得到的,所得"结论"也只是争议焦点而非完成裁判的说理;基于规则的推理中很多过程性判断不是机器作出的、依然是由人工判断并录入机器再执行下一步,那么这种方式实际上就不再是当下主流所认识的人工智能的应有之义了〔1〕。换言之,若仍然利用深度学习算法和大数据驱动开发司法人工智能系统,就不可避免地要遵循这套属于归纳推理、不确定性推理和概率推理的方法。机器推理可以参考三段式的框

---

〔1〕 本书的重点虽然不在于回顾法律人工智能的发展历程,但是了解人工智能的发展历程对理解本书的议题是有帮助的。早期的人工智能是脱胎于数理逻辑的符号主义人工智能,而最新一轮人工智能的方法则以数据驱动的机器学习方法,从数据出发,从数据中发现数据所承载语义的内在模式,利用学习得到的内在模式完成识别和分类等任务。深度学习是机器学习的最新发展方向,通过构造逐层抽象的"端到端"机制来学习隐含在数据内部的隐含模式,得到更强表达力和泛化能力的特征表达。传统的编程方法告诉计算机做什么,把大问题分解成许多小问题,明确定义任务,以便计算机执行。神经网络不直接告诉计算机如何解决问题,而让它从可观测数据中学习,让它自己找出解决问题的方法。

架,但完全由机器完成规范和事实的对照和确立,的确有点“强技术所难”了。

三、辅助裁判说理的人工智能定位

(一)为裁判结论寻找充分理由

有一种学术观点认为,判决的形成和判决的证成是两个阶段,前者指法官是如何得到一个判决结果的,后者指如何证明该判决是正当的。第一个环节判决的形成是一个纯内在的思维过程,致力于探索出可予适用的裁判规则,作出适当的判决。更极端的观点甚至认为,结论的产生完全是自觉地、本能地求助于是非感,实践理性,健全的人类理智,专门的研究指明“法律”只是法官借以形成自己决定的一些最广义的材料,除此之外还有许多其他的因素综合作用于裁判结论的形成。正是因为判决形成过程的复杂性和依据的多元化,司法人工智能在做裁判结果预测任务时遇到了极大的质疑声音。其中有几个方面的障碍比较突出,首先是“测不测得准”的问题,影响预测准确性的因素包括样本范围不具有代表性、案外隐形因素的不可测量性、价值判断的不可计算;其次是机器裁判所依据的理由也不能直接作为司法裁判可开示的理由,而是通过适用于个案的规范构造后,裁判事实的归纳才可进入司法的视野中;最后应不应当交由机器做裁判也是一个司法伦理问题,将司法权主动让渡给“算法权力”的做法是否赢得了人类足够的信任、是否能够被人类伦理和情感所接受,当下的答案基本也是否定的。笔者的一项基于问卷的司法人工智能模型用户实验说明了这一点,即在司法这样的高风险场景,算法应用的理解程度和信任基础十分低。

这些观点均表达的是对机器是否能够胜任裁判的隐忧,基于人工智能的技术原理和实务的接受程度,笔者认为,现阶段的共识依然是裁判结论的得出由法官主导,值得讨论的只是如何证成已经得出的裁判结论。笔者认为,司法人工智能的说理辅助价值主要集中于第二个阶段，即为已经得出的裁判结论寻找充分的理由。

第一，由法官主导形成判决结论。判决结果是如何形成的，就本书而言是一个无关结论的话题。换言之，是由法官来得出裁判结论，或是能够由机器辅助得出结论，是另外一个独立的、待论证的话题。能否交由机器对裁判结果进行辅助预测，关键在于机器预测的结论是否“准确”。回答该问题的前提是法律专家对裁判准确性的理解，既有的研究已将之类型化为依据历史裁判规律、依法裁判和照顾个案情形等不同层次的要求，而技术可行性方面的结论为机器能够拟合历史裁判的均值，能够融入法律条款的精神，但无法预见特殊情形故而很难较好预测异常的、特殊的案件裁判结果。

正是基于这条结论，可以预见得出裁判结果的过程基本上仍然应当由法官予以主导，同时可以在机器的历史裁判均值的推荐下校正自己的结论。如果采取的是传统的司法推理方式，这里就不再过多赘述，而是应当就机器为什么不适合给出最终的结论予以适当地展开。笔者认为，基于以上的算法推理和司法推理方式的差别，机器最难以实现的应该是最终的规范和事实“对照”的环节以及由此形成的裁判结果，这似乎是基于“概率”的机器推理方式和“目光在法条和事实间来回游走”的对照模式永远不具有交集之处。因此，机器有能力基于社会科学的机制性发现（比如前文提及的类似于波斯纳关于影响裁判结果的因素分析），对裁判结果进行机制性分析，但是司法裁判的场景并不一定承认诸多的法外因素作为“显性”的依据存在，唯有规范和事实才是司法裁判正当的大小前提。有无可能仅考虑规范和事实两个方面的要素，来构建裁判结果的预测模型？这方面的研究其实并不在少数，但对于预测模型是否能够被引入以及如何引入司法形成判决结果的环节，司法机关并未展开过严肃的思考和讨论。

不妨暂且如此定位，即判决结论的过程有一定的机器辅助空间，但目前尚属于对此较为谨慎的时期，又因为其关乎司法权的核心，因此将该工作交由法官主导并由其定夺。但是得出结论后依然有大量剩余工作需要完成,机器在此之后依然有大量的辅助功能可以实现。

第二,由机器辅助法官实现论证。如前所述,无论机器是否辅助了裁判结论的得出,法官都需要承担裁判的事实和理由的收集、组织和撰写等工作,从而完成裁判说理的义务。《关于加强和规范裁判文书释法说理的指导意见》(以下简称《释法说理》)提出的说理要具备事理、法理、情理、文理"四理"的说理标准,学界则基本认可所谓的说理是法官是带着初步结论的,和判断相比,说理是找到能够证成其决定的理由。根据以《释法说理》为代表的规范依据和相关研究,可得出说理的一些共识性的要求:(1)要求全面回应当事人的主张和诉请,体现为《释法说理》所要求的"针对诉讼主张和诉讼争点"展开说理;(2)区别不同案件安排说理的详略,即需要强调说理的只是一小部分的复杂案件;(3)说理所依据的理由主要是规范依据和裁判事实的双中心上;(4)说理要有场景感,即根据对象的不同,在遣词造句、说理重点安排上都应当是有差异的。

从以上说理的几个要点来看,机器能够辅助法官完成说理义务的地方有很多:比如寻找足够充分的裁判理由[1],《释法说理》中除依据法律法规、司法解释的规定外,其他 7 类论据均属于裁判理由。因此这里的辅助不应当只限于法律解释、漏洞填补和法律修正等广义释法上的功能辅助,还应当具备基于特定案由和法条的其他相关裁判理由的素材组织和推送的能力。再如,裁判事实的有效组织和归纳,作为三段论小前提的裁判事实来自双方当事人所陈述的事实,并对照经认证的证据材料汇总并归纳而成,特别强调当事人间是否有争议(特别是民事案件)以及是否有证据支持且有足够的证明力,这部分工作是在"证据和事实间来回穿梭"中完成的。

---

〔1〕 严格来说裁判理由的范围要广于裁判依据,裁判依据主要指法律规范类裁判理由,而裁判理由则指所有用于支持法官判决的根据。

无论裁判结论是由法官作出还是机器作出，都并非不证自明。这些结论还需找到充分的素材组织成裁判理由，从情理、法理、事理、文理等多个角度彰显结论的正当性以说服当事人，并且接受社会公众和上级法院的监督。好在根据阶段二分理论，裁判结论的得出和对结论的证成是可以分立的两个阶段，加强司法人工智能的裁判预测能力是一个技术领域，得出司法裁判后如何更好地证成该结论可以是相对独立的另一个领域。这意味着，机器的裁判结论可以由法官说理也可以由机器说理，法官的裁判结论亦然。进一步推论开来，裁判结果的得出可能是“经验的”和“非理性的”，但是该结论的论证过程却应当是“理性化”且富有“逻辑性”的。

（二）助力提升文书写作的水准

说理有两种方式。广义理解的司法说理，应当包含从庭审开始到最后下判决文书的全过程[1]，庭审说理和文书说理构成了裁判说理的双核，两者的价值取向和侧重内容皆有不同。[2] 既有的研究已经表明，裁判说理天然是后置性的，是全部司法程序的最后一环。在此之前的许多工作，特别是裁判前的充分沟通，有着更为决定性的意义。因此，有必要在探讨司法人工智能对说理的辅助侧重点时，将说理区分为沟通式说理和文字式说理，前者集中于庭审前后法官和当事人间的语言沟通，后者则主要围绕裁判文书的文字撰写。机器对裁判说理的辅助应当侧重于文书的写作。

---

〔1〕 比如某些审判一线的法官就认为：“事实说理不是始于裁判文书撰写之时，而是始于刑事立案终于案件宣判，并贯穿于案件审理全过程。”法官的工作可区分为庭审和文书写作，一个例证是最高人民法院每年的双百评选，即“百篇优秀裁判文书”“百场优秀庭审”。

〔2〕 有学者专门区分过两者，认为文书说理不同于庭审说理，此时当事人的举证行为已经完成，而文书说理是围绕认定结果展开，其重点是对裁判理由的阐述。裁判理由的阐述是为解释证据结论的形成依据和过程，在全案证据认定结论形成之后进一步增进当事人对裁判结论的理解与认同。

第一，由法官主导庭审说理。庭审前后的沟通，具有一些显著的特点：首先，它是多轮次的，在法官的主持之下，在庭前、庭中和庭后都有这样的沟通机会，表现出何时、何地、以何种方式沟通的灵活性；其次，它综合运用了多种沟通技巧，沟通不只是语言层面的表达，沟通是综合了心理学、语言学等多重技巧的工作，与人为善、察言观色、善于倾听、因人施策等都决定和影响沟通的效果；[1]再次，沟通是综合因素影响下的作用和效果，要把法律的规定和生活经验、社会常识有机融合在一起，让当事人相信法官对法律的解释，进而接受法官的调解乃至判决结果；最后，要看到给法官提供支撑的背后是司法的权威，法律作为一种现代社会的治理技术，践行这些技术的重要角色是法律帝国的帝王——法官。

口头说理的过程若由机器实现，其效果必将大打折扣。综合以上这些特点，可以把“沟通”式说理视作一种“以国家权威为支撑，综合运用各种方法，以灵活方式进行的多次言语交流”，司法人工智能难以实现口头说理辅助的原因是多方面的，其一，受众可以接受法官代表国家行使司法权，但是冷冰冰的机器和当事人沟通不再享有这种权威性；其二，前述的沟通技巧中的某些是人类所独有的，比如手势动作和语言的配合；其三，多次的语言交互对当前的机器识别和反应能力也是不小的考验。只要司法中沟通说理的传统不变，这一环节依然交由法官完成更为合适。当然，这一沟通中当事人主张、法官的说理可以进行全流程书面记录，作为机器模型学习的素材，为后一阶段机器辅助法官文书写作时组织裁判理由所用。

第二，由机器辅助文书说理。缺乏说理的症结无外乎说理环境、说理动机和说理能力三方面，裁判文书说理不足的问题亟待解决，而司法人工智能的辅助重点则集中于第三个方面，即辅助加强个体法官

---

〔1〕 从法官的心得体会看沟通是一个十分复杂的工作内容，首先要端正自己的态度，而且需要针对当事人的特点和心理选择沟通的技巧。

的说理能力。除了《释法说理》提出的“四理”要求外，针对裁判文书说理还有从立意、布局、选题、表达等方面提出的写作技巧和规范要求，可以看出裁判文书写作是有一定共性规范和方法技巧可循的。裁判文书的说理主要是文字形式的说理，这种方式和语言形式的说理有很大的区别。

机器辅助法官说理可以着重提高文书的以下方面：(1)形式上的逻辑性，法学理论中的形式逻辑往往体现为基于大小前提进行的演绎推理，虽然口头沟通中亦可以采取该说理方式，但口头表达很难体现这种表达方式。(2)体系上的完备性，由于文书的撰写和送达都是一次性的，因此文书的写作应当是系统的，从证据到事实，再到法律适用，应当完整地记录案件结论的理由，以实现系统的说理。(3)表达上的严谨性，相较于口头语言表达的弹性特点，文字语言更强调严谨性。特别是裁判文书所具有的正式法律效力，更应当追求遣词造句的法言法语。

四、辅助裁判说理的技术实现路径分析

基于以上司法人工智能辅助说理的价值体现和技术局限性的分析结论，笔者因此主张更具现实意义的问题设置方式，应当是司法人工智能可以为眼下的司法说理任务提供何种帮助。从人机分工的角度，裁判说理的义务主体依旧应当是法官，司法人工智能的定位是辅助法官在得出结论后进行论证，特别是完成文字说理的任务。无论裁判的结果是由机器做出的还是由法官做出的，机器都可以围绕特定的结论展开说理辅助，两个阶段完全可区分开来看待。同时在技术目标上，司法人工智能针对裁判说理的辅助任务，不是直接证明裁判结论

的恰当无误,而是给予法官说理更多实体和形式方面的支持。[1] 虽然机器暂时还无法完整且独立地实现法律专家提出的司法说理要求,不过以上讨论到的定位,在技术实现路径上依然存在一些展开思路。

(一)生成大模型等新技术的契机

近年来,以 ChatGPT 为代表的人工智能路径为重新思考人工智能对司法的价值提供了新一轮的契机,也为思考司法人工智能具体开发什么样的辅助说理功能提供了方法论上的启示[2]。生成式模型算法虽然是在 2023 年成为热点,但其开始时间大致是 2018 年,和以 PyTorch、Tensor Flow[3] 为代表的深度学习框架是两种略有不同的技术路径。该框架的特点是大语料的预先训练、以足够的算力资源支持模型快速迭代,优点是通用领域文本生成能力实现跃升,并且以人机对话的方式实现了更好的体验效果。但是由于 OpenAI 公司并未开源该算法框架,只可调用国外接口,因此要让国内的司法机关能够在内网环境中使用大模型还有很长的路要走。司法人工智能兴许可以加强以下几个方面:首先是从以分类任务的预测为主转为以文本生成任务的模型为主,分类任务有罪名、法条、量刑等,生成任务典型的有本书

---

〔1〕 这一见解在国内可能还未得到很多人的支持,大多数学者依然以形式三段论、法律辩论来要求司法人工智能,而以刘东亮教授为代表的学者则已经恰当地认识到现阶段人工智能的能力不能满足对话式论证,并且主张将论证的要求“降维”成解释。本书虽然经过分析也承认人工智能和司法传统的差距,但在对策思路上与其不同,认为应当把智能辅助裁判和辅助说理分离开来,单独考虑司法人工智能可以为法官主导的说理过程做些什么。

〔2〕 值得注意的是,生成式大模型技术在本书看来,只是一种人工智能领域技术的迭代,它所基于的 transformer 原理、预训练的方法等理论基础早就存在,甚至并不新鲜。因此本书对其的定位是人工智能技术的不同流派之争,现阶段就辅助说理的角度而言,也许生成式大模型的贡献更多一点。

〔3〕 Tensor Flow 是一个基于数据流编程的符号数字系统被广泛应用于各类机器学习算法的编程实现,其前身是谷歌的神经网络算法库 Dist Belief。PyTorch 基于 Torch,用于自然语言处理等应用程序。

构想的草拟裁判事实、组织裁判理由等，这是生成式大模型的革新，以过去的技术方法实现文本生成是困难的[1]。其次是改变了前述分类模型的一次性交互为主的特点，转为“初次生成—用户引导—修改更正”的循环往复，能够实现用户的多次参与和纠偏[2]。这种方式对于司法场景来说更为合理，也更能够体现法官的主导地位，机器处于辅助司法说理内容生成的地位。最后是分别单独多次开发某类任务的思路被统一平台满足全流程办案需求所替代，即由用户向单一交互界面发起多次差异化的需求，平台利用大模型多次响应并将其结果复用。

要在法律的垂直领域落地生成大模型的最新技术，其中还有一些很明显的困难，包括：(1)预训练所要用到的算力需要靠国外高性能的显卡支持；(2)最新一代 GPT 算法并未开源；(3)当前用于预训练的文书数据是否继续上网公开处于不确定的状态；(4)内网环境大模型的部署和运行维护成本巨大等。

(二)提供更为充分的大小前提素材

首先是生成大模型技术的提供素材优势。以数据和算法驱动下的机器智能，在提供更加充分的裁判事实和理由方面有诸多优势：其一，信息结构化存储的优势，体现为能够将当事人的事实和主张分条以及分类，避免裁判事实的归纳遗漏部分信息；其二，信息匹配对照的优势，体现为机器能够将证据和事实进行全面的关联，能够检测原被告关于事实和证据的矛盾点，能够将法官的裁判事实和陈述事实、证据事实相关联，使裁判事实的归纳具有充分的证据支持；其三，海量知

---

[1] 即虽然生成式大模型和深度学习的方法都基于 transformer 技术，但是后者主要能完成自然语言理解的任务，直到 GPT 的出现才实现了文本生成能力的跃升。

[2] 虽然 openAI 并未开源其算法框架，我们对其源代码无从获取。不过完全可利用相似的技术原理，针对法律的垂直领域开发一款人机可多次交互的应用，由用户首先发起需求，接着机器搜索信息并加以初步组织，再由用户确立修正的方向，机器不断完善答案。生成模型和本场景中的裁判事实写作，裁判依据查找等任务较为匹配，对话式的人机交互模式比较契合司法由法官主导、人工智能辅助的场景特点。

识关联和提取的优势,体现为机器通过构造多源异构的裁判理由知识图谱,从而支持特定案件的相关裁判依据和理由的检索,从而满足当下司法裁判理由日趋多元化的司法现状。

其次是实体方面具体的说理辅助方式。司法人工智能在大前提的规范方面,可以更多地辅助法官说理。当前的相关技术任务为"法条推荐",但就司法说理而言,单纯具有法条是不够的,至少应当在生成式大模型技术的支撑下,提供与该法条相关的如下几个方面信息,一是该法条的行政法规、司法解释等下位法或有权解释,以及并不作为法律渊源的其他内容;二是与该法条相关的法院观点,即根据历史的裁判案例中解析出和该法条有关的法官观点;三是提供和该法条有关的学理解释,在德国等大陆法系国家这类针对法条的注释已经形成汇编,而在我国虽然还未见系统的汇编,但是以期刊、教科书为代表的文献,也有专门针对法条的学理解释内容,应当一并推送给需要就大前提进行说理的法官。

在小前提的事实层面,机器应当有能力辅助法官更好地归纳案件事实。从典型的司法裁判推理方式认识事实层面的说理,至少应当包括如下要求:其一,"去粗取精"的过程,是从当事人提供的关于事实的描述材料中"剪辑"出对裁判而言有价值的、值得保留的事实信息,比如,刑事方面应当提取出定罪的事实和量刑的事实,民事方面应当提取出违约/侵权的事实和损害结果程度的事实;其二,"查漏补缺"的过程,就每类案件案由而言,都应当有一个对应于法律构成要件的事实构成要件,机器应当辅助法官判断每个构成要件是否都已经有事实基础,缺乏哪些法律要件所对应的必备事实;其三,"匹配证据"的过程,机器应当辅助裁判者把事实和证据对齐,属于构成要件的事实都应当有证据予以证明,证据都应当有证据能力,证据在证明力上都应当有充分理由。

在对争议焦点的回应层面,机器应当有能力更好地归纳和回应争议焦点。从顺序更为合理的角度,应当是先有大小前提的归纳和说理，而后再回应原被告双方的争议焦点。机器在这里的辅助应当包括：一是“归纳”出争议焦点，即根据原被告的主张和事实，归纳出针对法律大前提、事实小前提等方面的分歧点；二是“回应”争议焦点，这里主要应当根据前面两个层面的作业成果，回应争议焦点。

值得强调的是，这里的“寻找完备的法”“整理案件的事实”“回应争议焦点”三个层面都是建立在已有裁判结论的基础之上，比如刑事上已经确定罪名和刑期，民事上已经确定是否构成违约/侵权和赔偿金额以后的加强论证阶段。因此，还应当考虑对上述三个方面进行一致性校验，让三者较为一致地可以被纳入三段论的框架之中。

最后是该维度下的具体技术实现路径。从技术的实现路径角度，可进一步论证本书提出的素材说理辅助具有的可行性。就人工智能的建模方法而言，虽然包括算法、算力和数据三个维度，但就法律专家的参与价值而言，主要应当考虑如何从模型的输入和输出定义、数据优化的角度思考技术的可行性路径。

对于大前提的规范部分，构造模型预测时的输入内容应当是案件的事实描述，输出内容应当是法条有关信息、对应的法官观点信息和对应的学理解释信息。预训练时，这方面的语料数据来自不同的渠道，建立事实和法条间的联系可以利用判决书语料，其中必然包括完整的裁判规范和对应的事实类型；建立法条和解释的关系时，可以把裁判文书、法学文献、历史典籍、政策文件等尽可能多的有关语料悉数纳入语言大模型训练的语料。这里应当是由一系列的子模型构建成的找法素材推荐过程，即当事人的事实描述→事实类型（应当是一个比案由更细致的分类法）→相关法条体系→相关法院观点和学理解释，后面两类共同作为模型的输出内容，用于辅助法官在大前提层面的说理素材。

对于小前提的事实部分，构造的模型预测时的输入内容应当是未经归纳的原被告事实描述和提交的证据，输出内容应当是法律事实的归纳和经过认证匹配的证据。预训练时，以海量的当事人事实描述和优秀的事实归纳结果作为训练语料,机器将习得归纳案件事实的能力;以案件事实和证据作为输入特征,以匹配关系作为输出内容,机器将习得证据和事实的匹配能力;以证据的信息作为输入内容,以高质量的证据评价结论为输出内容,机器将习得评价证据的能力。

在争议角度的归纳和回应方面,构造的模型在预测时以原被告提交的诉讼请求/控告和被告的答辩/辩护理由为输入内容,以分条的争议焦点及其回答为输出内容。在模型进行预训练时,主要的语料应当是高质量的判决文书,以当事人的主张和理由为输入内容,以争议焦点为输出内容;又以争议焦点、前述大小前提素材、裁判结论为输入内容,以争议焦点的回答为输出内容,构造数据集和对模型进行训练。

(三)提供更规范化的书面说理形式

第一,生成大模型技术的规范形式优势。当前深度学习、生成型的人工智能技术路线,是比较契合司法人工智能辅助司法文书写作定位的。基于"词嵌入"方式进行输入是这轮法律人工智能浪潮的特点[1],它还有以下三个方面特点。

其一,它的输入语料就是裁判文书,而产业界经常说"数据是人工智能的燃料",机器学习的效果和能力取决于输入的语料类型和质量。目前国内外大多数的法律人工智能算法模型的训练语料基本上是法律文书,特别是法院的判决书,这和本书对机器辅助说理侧重于文书阶段的观点是契合的。

其二,它所处理的是文书的文本格式。在计算机科学的细分类

---

[1] 这是深度学习的优势,输入方面的基本方式与基于规则或经典的机器学习(ML)方法不同,直接将文本用词向量的方式作为输入,有别于手工标注的特征作为输入内容,从而驱动了这轮法律人工智能的学术发展。当前法律人工智能主流的方法有两类,分别称作基于符号的方法(symbol – based methods)和基于词嵌入的方法(embedding – based methods)。虽然法律判决预测的早期工作采用了基于规则的方法,但几乎所有最近的工作都采用了基于学习的方法。

中,一般把法律人工智能归入“自然语言处理”的细分领域,并把文本格式规范化的任务置于“预处理”的环节。技术当前的进展对于文本的预处理能力提升很大,已经掌握重要文本的基本组成要件和要素,具备拆解能力意味着具备识别要件和要素是否遗漏、顺序不当等纰漏的能力。

其三,法律人工智能当前所实现的任务与法律文书的写作需要是契合的,当前技术上比较成熟的包括案件要素的结构化、文本的检索以及文本的自动生成等方面,均可用于文书写作的辅助工作,比如证据的体系性整理和呈现、裁判事实的规范化整理、法条的规范化书写等。

第二,形式方面具体的说理辅助方式。司法人工智能能够统一司法说理的“风格”。司法裁判具有鲜明的写作风格,比如相关的研究将之归纳为有关遣词造句的修辞技巧、语法语气的选择、叙事手法的运用、解释论证的方法、政策宣示的态度、价值情感的取向这些方面。这种风格就技术原理角度而言是可以被机器习得并模仿的,特别是在生成式大模型的技术路径下更是一种比较典型的应用场景。这里论及风格,笔者可体现为遣词造句、谋篇布局两个方面,即通过使用具有共识的词语、句式来表现某种语言风格,如果对法律文书说理应当具有的风格是有一定共识的话,机器能够以语言概率模型习得这种说理风格,并对输入的说理文字进行改写,使之向标准化的“风格”靠拢。

司法人工智能还有助于统一司法说理的“格式”。司法裁判具有相对格式化的套路,正因为如此,技术视角的观点认为,法律文书是一种“半结构化”的数据语料,并且使用正则表达式的方法实现文书的要素化。根据笔者的研究,以判决书、起诉书两类最为典型的文书而言,说理内容集中于“本院认为”段,拆解这一段后可以认为这是“一系列实体判断＋模板套话”所组成的“完形填空”。其中的模板套话是完全可以在机器学习经典的表述后自动生成的,以此来统一裁判者的说理格式。

第三,该维度下的具体技术实现路径。从技术的实现路径角度,可进一步论证本节提出的规范形式辅助具有的可行性。技术原理的实质在于就不同的案件场景提供基于经典的说理语言风格和格式的“模式”。

就语言风格方面,以生成大模型技术为例,在这方面具有明显巨大的优势。在现有的通用语言大模型基础之上,可以考虑在法律垂直领域让大模型学习更多的法律语料。就本任务而言,重点应该学习优秀裁判文书,这方面最高人民法院已经举办过数年的评比,沉淀下数百篇优秀文书范例,各地方还有省一级的评比,这些精准的语料将有助于“微调”现有的大模型,使之掌握使用法言法语进行说理的方法。

就说理格式方面,其中的模板是可以由机器自动生成的内容,由此统一说理的基本记录。传统的方法可能是以死板的、不可变更的文书模板来实现这一目标。在大模型技术方法下可以让大模型学习经过“挖空”后的优秀文书模板[1],并可以设置一定的案件分流机制,让某一特定的案由场景和对应的文书说理模板实现更精确的匹配。

五、结语

受制于“机器将替代法官裁判”的错误观念影响,近来司法人工智能陷入“要么达到司法说理传统的标准,要么不被该领域的专家所接受”的处境。然而,从人工智能的算法解释技术原理、人机交互、推理方式等各方面的局限性看,司法人工智能的确不能独立地完成司法推理的形式逻辑推导过程,也不能充分反映当事人间辩论对抗的情境。但是这并不代表司法人工智能在司法说理中毫无作为的空间,如果把

---

[1] 这个工作可能是需要由法律专家参与数据预处理的环节,这也是大模型时代司法人工智能的特点,即依然有大量的数据工作应当由法律人参与,这一过程可能融入法律的领域知识,对于单纯依靠算法专家主导法律人工智能的未来,笔者并不看好。

机器裁判结果的准确性和为结果寻找充分的理由两个问题区分开，司法人工智能可定位于辅助法官完成司法说理，司法人工智能的辅助定位于在已有结论后寻找理由的文书写作阶段，在充实内容和规范形式两个方面都有巨大的辅助有为空间。

第三章 法律人工智能的中国实践

第一节 智 慧 法 院

一、中国发展智慧法院的背景

智慧法院，作为人民法院利用计算机技术提升能力的工程，被置于与司法改革齐头并进、同等重要的地位。作为近年法院工作的亮点，最高人民法院院长在内外多个场合推广介绍了智慧法院的建设进展和成效，其他司法机关对此给予认可并且积极效仿〔1〕，智慧法院从而成为政法机关中积极利用信息技术手段的典范。法院推进智慧工程可谓迅速，"智慧法院"一词大致在2015年首次出现〔2〕，2016年法院即组织发布了关于法院信息化的第三方评估报告，2017年又发布了专门的指导性文件《最高人民法院关于加快建设智慧法院的意见》，并

〔1〕 2016年由中共中央办公厅、国务院办公厅印发的《国家信息化发展战略纲要》将"智慧法院"纳入其中，2018年最高人民检察院印发《关于深化智慧检务建设的意见》，司法部下发《"数字法治、智慧司法"信息化体系建设指导意见》和《"数字法治、智慧司法"信息化体系建设实施方案》，就内容目标而言基本可对标"智慧法院"，但就启动时间、进度而言，则普遍晚于法院的信息化工作。

〔2〕 一般认为，"智慧法院"出现在2015年7月的全国高级法院院长座谈会，该次座谈会由最高人民法院主持，是首次以远程视频的方式召集的全国高级法院院长会议，会议主题为法院的信息化工作。

开始自行设计指标体系进行内部评估，延续至今。

2017 年 4 月 12 日，最高人民法院发布的《关于加快建设智慧法院的意见》中，提到智慧法院有“三全”的目标——全业务网上办理、全流程依法公开、全方位智能服务。本书的研究旨在检验迄今为止智慧工程建设是否全面地落实了“三全”的目标，方法是通过实证地分析全国法院近 5 年的建设方案，阐释“智慧法院”概念的来龙去脉、主要贡献、兴起原因等，从而回答智慧法院是如何成为法院鸟之两翼、车之两轮之一的，其他政法机关又能从中获得何种信息化工作的启示。

二、智慧法院工程的效果评估

（一）评估现状的两个维度

若要对当前各地的智慧法院工程建设成效进行整体性评估，必须找到衡量的标尺。过去的研究始终绕不过法院信息化对司法价值贡献的问题，司法价值又具体分为公正和效率两方面。为体现智慧法院鲜明的技术属性，本书在此基础上再新增另一分析的维度——从技术与案件的联系出发，将智慧法院应用的技术分为个案式和跨案式两类。在基本价值和技术应用的坐标轴下有四个象限，可囊括智慧法院绝大部分的创新点。

自法院启动信息化工作以来，学界的讨论从没有离开过新兴技术给司法价值带来的机遇和挑战等话题[1]。过去的研究对“智慧法院建设能够促进司法的公正和效率”有一定共识，但对应当更注重哪一

---

〔1〕法院信息化的提法早于智慧法院，官方试图区别两者（比如有观点认为法院信息化助力智慧法院的建设），但是区别效果却并不显著。本书认为法院信息化发生早于智慧法院，后者是前者的最新迭代版。从专门的文件资料记载看，最早可追溯至 2009 年制定的《人民法院第三个五年规划（2009—2013）》的第 24 条，提及“加强人民法院信息化建设”。而到 2019 年的第五个改革纲要（《人民法院第五个五年改革纲要（2019—2023）》）中，智慧法院已经取代了信息化的表述，属于人民法院司法体制综合配套改革的一部分。

方面的价值却各有主张，重视公正者认为“司法的最终价值在于‘公正’……技术保障的来源应当促进公正”，重视效率者认为“司法领域对人工智能具有主动的诉求……通过人工智能来提高审判工作效率是一个当然选择”，不过双方均未言明另一价值是无足轻重的。笔者认为，公正和效率二价值不过是光谱的两极，不同的历史时期、特定地区决定了各自的不同优先级，作者的身份差异和代表的立场分歧也能左右其观点。广州市中级人民法院的院长对此就直言不讳：建设智慧法院是实现新时代法院科学发展的破题之举，依靠科技力量发展司法生产力是实现审判能力现代化的重要路径。

既有的研究之所以强行割舍公正和效率，是因为评价智慧法院过分笼统，忽略了智慧法院不是一蹴而就的单项工作，而是数个项目、多年建设所发展起来的集合体。只有把智慧法院实践的案例拆解为单个的细小应用，才能有助于评价智慧法院在各地的发展现状。本书的研究仍沿袭公正、效率的基本价值二分法，创新之处在于把智慧法院拆解为众多细小的单个应用加以考察。

无论价值诉求偏向哪一侧，均要依靠成熟可行的技术方案去实现。正如有人总结的那样，智慧法院近年的突飞猛进归功于光学字符识别（OCR）、语音识别等新技术的突破。在这个意义上，工程发展状况的评估离不开对智慧法院背后技术原理的把握，这将有助于我们理解智慧法院取得的成绩背后的动因及后续发展可能遭遇的“瓶颈”。

本书拟将智慧法院涉及的技术分为聚焦个案和跨越个案两大类。智慧法院具体的应用因此也可分为两种，一种是办案流程的线上化，另一种是案件历史经验的复用。前一种应用是指把办案的流程部分或全部地转移至线上，包括如何从法律文书等各渠道采集信息、处理信息、输出用户需要的信息等步骤。此类技术一般围绕个案展开，获得的经验无助于提升日后案件的办理能力；后一种应用希望超越个案、积累过去案件的办理经验。超越个案的具体方法可进一步区分是基于规则还是基于概率，这两种方法都可实现跨个案的经验复用。前者主要是逻辑学的产物，通过事先人工梳理办案的经验并以完整的逻辑链予以固化；后者则更多地体现为统计学的思维，通过构建数据模型等机器学习的方法完成预测、推送等任务。两者的差异表现为规则是静态的还是动态的、数据模型的权重能否自动调整、机器能否更新办案人的历史经验等。同时两者的目标是接近的，即通过历史案件的规律提炼预测和指导新案件的办理。

（二）基于上述维度的统计组合出四种形态

按照法律科技企业的分类法，法院信息化的架构自上而下分为平台、模块、系统、工具等四个层次。本书借用该分类法，说明智慧法院属于最高的平台级，往下划分为不同的功能模块，并由各系统负责运转，而系统又被具体的应用工具所支撑。本书将智慧法院拆解为最细的工具级应用，以便于说明智慧法院的具体内涵。（见表3－1）

表3－1　应用开发的四种模式所属应用示例

目标价值	作用对象	
	单个案件S	案件之间M
公正F	①法条指引 ②文书公开	①量刑辅助 ②智能检索
效率E	①电子卷宗 ②文书生成	①案管监督 ②风险预警

类型一：个案技术－关注公正（以下简称S－F）形态。这是指在每个案件中，采取信息化的手段促进个案的公正处理。统计中把提供办案各流程的法条指引、保障当事人知情权的裁判文书公开等归入该类，前者主要是一个知识工程，后者则可纳入司法公开的范畴。该类技术将案件视为孤立的个体存在，比如每一次裁判文书的公开或法条的精准指引都是独立的，单独调用工具。

类型二:跨案技术 – 关注公正(以下简称 M – F)形态。关于 M – F 形态和 S – F 形态,个案办理是两者共同可能遇到的场景,区别主要在于是否复用过去案件的经验。根据前述的逻辑规则、数据模型的二分法,又可对实际的建设方案进一步分类。例如,贵州开发的证据分析系统、上海的“206 系统”等是基于逻辑规则的建设方案,而市场中较为成熟的量刑辅助、案件检索产品属于数据模型的方法,可实现量刑预测结果的动态调整(伴随现实中裁判尺度的变化)、相似案件的智能排序(根据检索意图而不是关键词)等功能。

类型三:个案技术 – 关注效率(以下简称 S – E)形态。S – E 形态和 S – F 形态都是围绕个案提供支持,区别是 S – E 形态更侧重于办案效率的提升。比如加快案件各环节传递效率的案卷电子化,节约重复、机械书写的文书自动生成等产品,皆旨在通过机器替代部分的人工环节,降低时间成本是此类技术的主要目标。

类型四:跨案技术 – 关注效率(以下简称 M – E)形态。对于 M – E 形态所追求的效率可有两种理解,一种旨在复用历史案件的经验但仍用于个案办理,另一种是提升案件管理和社会治理的效率。各地的实际建设方案中,前者比如某些地区利用机器学习提升案卷签章的识别准确度(以过去的案件作为训练的语料);后者的典型是一些案件的管理、统计和监测系统,比如新疆的“三股势力”的数据分析、广州的经济形势指数等工具应用,起到辅助各地方党政机关决策的功能。

研究将采用上述两个维度、四种形态的分类体系,对各地的实际建设方案进行统计,以发现目前智慧法院的发展逻辑。值得注意的是,上述四种类型为学术上的抽象划分,而实践中的案例不可能如此泾渭分明,法院的某个特定项目仍可能同时属于多个不同的形态,对此本书的处理方式是进行多次的累加统计。

（三）四种形态的统计

研究为此收集自2017年以来各地的智慧法院建设有关方案材料，其中主要的文本来源是中国社会科学院开展的中国法院信息化发展评估活动的报告。该评估报告共已出版4次，包括共计87个地区的案例样本[1]，这是目前国内最具权威性、系统性地介绍智慧法院的公开资料。该评估报告1年出版一册，汇集了当年各地智慧法院建设的突出亮点，分别介绍方案的技术原理、成绩亮点、未来展望等。本书以该第三方机构的评估资料为依据，以前述标准对具体的应用项目作归类，各类型的统计结果如下。（见表3－2）

表3－2　四种模式的实证结果

单位：件

目标价值	作用对象（案件数量）	
	单个案件S	案件之间M
公正F	23	13
效率E	44	7

该统计有助于澄清当前一些关于智慧法院的模糊认识：一是纠正了当前对发展进程过于乐观的态度。有个别观点对人工智能进入司法的程度和速度都十分看好，实证的结果却反证了这一点，我们当前所适用的技术实则还属于弱人工智能的阶段。二是改变对机器替代法官裁判的悲观认识。这是近年来由于受其他领域人工智能应用效果的心理影响后所形成的观点——在不远的将来司法领域也将受机器的支配。但是从实证分析的结果中，并没有发现存在短期替代的任何迹象。统计的结论表明，诸如人工智能、大数据等技术适用于司法

---

〔1〕 一年一度的第三方评估后，不只是有全国四级法院的整体情况综述，还有各地法院建设中的亮点具体介绍，以法院为单位分章节，恰好便利本书将其作为分析的基本单元进行研究。

的场景还处在十分初级的阶段,凡是过于冒进或悲观的情绪都毫无现实根据。

研究基于上述 87 例各地方实际的建设方案,并兼顾最高人民法院的评估报告、媒体宣传和厂商技术方案等语料,得出的基本分析结论为:智慧法院当前的发展处于“个案技术为主、偏重效率价值”的阶段。这是一个值得进一步阐释的现象,即为什么近 3 年的智慧法院建设存在结构比例上的失衡——半数以上的信息工程以个案效率为导向?这些应用又究竟实现了什么样的具体功能?

三、中国如何迅速推进智慧法院工程

关于智慧法院工程推进的机制,本书重点关注工程的推进流程、参与工程各方的关系等问题。从主体上看,法院无疑是智慧法院建设的主导者,但并不是唯一的推动者,智慧法院在从无到有的日趋完善的过程中还有企业的市场参与。过去的研究正是忽略了智慧法院建设中某些潜在的力量,导致对该领域的推进机制、建设成效缺乏足够的解释力。本部分将以法院为核心,阐释工程如何在法院内外的共同推进下实现突破、各方主体间有什么样的利益共识等问题。

(一)工程推进的具体步骤

就推进的步骤看,智慧法院工程是在作为需求方的法院和作为承建方的企业的配合下完成的。这里所述的智慧法院仍是集合的概念,它涵盖了法院在信息化方面现阶段的成就,因此是一个渐进迭代、长期优化的过程。在工程推进中,法院作为软件系统的需求发起方,提出自己的需要,以用户角色使用企业开发的系统,并对效果作出评价和反馈;各法律科技公司则是技术的提供商,软件系统的承建方。和法院其他能力建设(如干部队伍、业务能力)最大的不同是,智慧法院的构建无法单纯依靠法院内部的动员完成,而需借助外力,法院和法律科技公司所形成的“默契”是该工程的推进比较顺利的原因之一。

本书通过归纳北京、江苏等建设经验丰富地区的做法，将智慧法院的工程推进模式提炼为以下步骤。

1. 个别法院提出首创性需求。最早一批有开拓精神的法院，率先尝试解决业务上的某一短板，并委托厂商提供解决方案。比如海淀区法院是国内率先做出信息化尝试的基层法院，早在1996年即提出“依托地缘优势，实施计算机联网，走科技强院之路”的口号，当时的第一个局域网和案件管理系统受到时任最高人民法院院长肖扬的到场观摩。在这一步骤中，某一新兴技术还未进入法院视野、个别极具创新精神的法院“敢为天下先”。

2. 技术厂商提供个性化定制。响应法院信息化需求的主要是专营电子政务的软件公司[1]，这一步骤处于国内无竞品可模仿、无成功案例可借鉴的市场空白阶段。此类个性化的定制还处于较为初级的定制阶段，因此客户的预期一般不高，产品处于边开发、边试用、边改进的时期。同时，这个阶段的行业处于“先占者有利”的阶段，即率先开发出此类产品的企业就有先发优势，一般软件行业的新应用总要基于原有系统基础进行迭代。

3. 其他法院复用成果。率先做出探索的信息化项目，可分为成功和失败两类案例[2]，取得成功的法院将有机会向兄弟法院推广他们的先进经验。当事法院之所以宣传、其他法院之所以模仿：一方面是因为法院内部有业绩考核、彼此交流工作经验的需要。另一方面也是因为厂商有摊薄创新项目高额成本的需要，技术厂商的新技术初次应用于一般项目时的收益不高，没有先例可循、创新的成本较高，这促使

〔1〕响应智慧法院建设需要的厂商，有以下几类不同的背景，第一类是始终专注于司法信息化的软件厂商；第二类是过去做政府部门信息化的厂商；第三类是在近年来人工智能热下新成立的厂商。以上厂商在获得定制客户法院、建设风格等各方面都有显著差别。

〔2〕在和某些法院工作时间较长的法官访谈中，了解到经费较为充裕的地区的法院，在信息化历史上曾有许多款软件系统，但多数已弃用，或被其他软件系统替代，或被整合进功能更全面的系统中。

技术厂商根据用户反馈,将那些使用效果不错的产品到别处推广。别处复用时技术厂商只要在原有系统的基础上,结合客户个性化的定制需求,略作改动调整即可。项目的复制推广,是在法院和企业的共同利益驱动下实现的。

4. 技术厂商进一步的改进和整合。软件厂商在系统交付一段时间后,将收到一些用户的反馈,厂商将根据使用反馈对系统进行升级。在落地初期难免会出现不少的漏洞,需要经过系统的升级迭代不断完善。同时,厂商将努力打造出产品,通过整合自己现有的应用,以成规模建制的平台形式投向市场,典型比如北京法院的“睿法官”即是经过整合了的多功能平台。技术厂商在这一阶段将根据法院客户的信息化程度(包括在用的软件系统、现有的硬件设备)、经费预算等,为客户在产品清单中挑选出不同的组合方案及不同的报价,供客户选择。

5. 法院由单项应用升级为统一平台。构建统一平台标志着智慧法院走向了成熟,统一平台能将多点的应用加以整合、串联成完整的办案平台。对此可参考现有的三家互联网法院的信息化程度,他们堪称是智慧法院的“集大成者”,其所实现的全流程线上办案即得益于多年来的智慧法院的工程经验。如果地方法院处于互联网法院的“智慧”水平,可视为已基本完成智慧法院的现阶段任务。

上述推进的步骤,是在法院和技术提供商的分工和互动中完成的,并可作如下的流程归纳(见图 3-1)。下面两节将分别从法院内部和技术提供商作剖析,进一步拓展各自的工作细节、动力机制等内容。

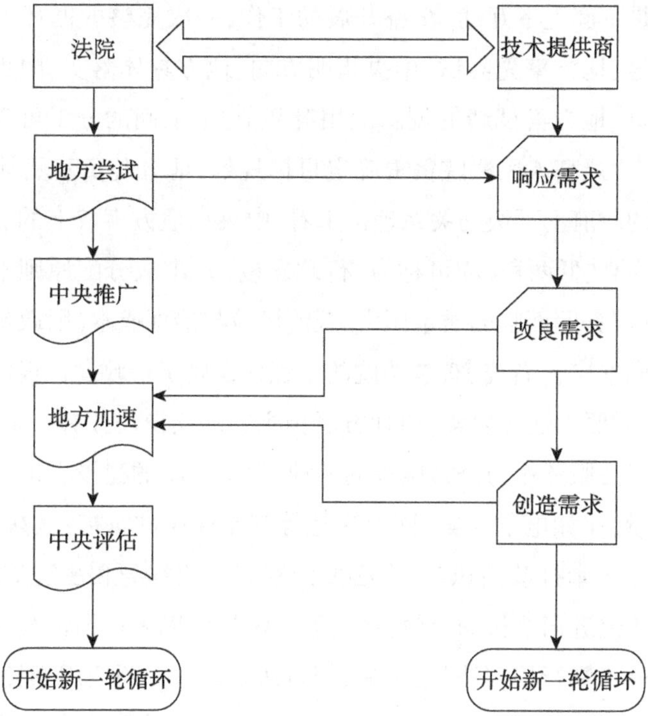

图 3-1 智慧法院工程推进的流程步骤

(二)法院向科技要生产力

1. 法院上下级间互动配合

在法院内部,具有成熟的工程推进的分工和流程。法院内部的工作机制为:(1)各地法院基于自身需要在法院信息化的过程中有所摸索与尝试;(2)待条件成熟,最高人民法院将以召开会议、发布文件等形式将实践已有的方案进行总结并指明下一步方向,比如 2017 年的《关于加快建设智慧法院的意见》中正式提出"智慧法院"的口号、每 5 年编撰一次信息化建设的工作发展纲要、定期召开专题会议等;(3)各地法院在此基础上进行执行和落实,尤其是原先滞后的法院将会加快建设部署的步伐;(4)最高人民法院组织对各地的建设情况进行定期评估,方式包括邀请第三方中立评估、组织内部的评选排名等。

这是一套上下互动、交替开展的工作，一次完整的循环包括中央释放信号、地方率先尝试、中央指明方向、地方具体落实、中央考核并表彰先进、地方尝试新的创新应用等环节，上下间的分工可凝练为一句话——“最高人民法院负责确定目标规划，地方院负责具体承建”。以经典的政府上下级的关系理论来看，中央和地方事权上的纵向分配程度分为高、低两种（亦可称为“行政发包”），事权分配原则上考虑的是“公共服务所面临的质量压力、统治风险与治理成本（财政约束和行政监督成本）”。首先，智慧法院的工程建设属于行政发包程度比较高的事项，对照上述三要素，由地方承担主要的建设任务有一定合理性，原因是司法服务作为公共服务的一种，智慧法院的建设有助于提升服务的质量，比如电子立案、网上送达等都是便民的举措；其次，法院信息化往往不牵扯政治风险，有必要区别司法权本身和法院信息化，法院信息化促进司法权的有效行使，但法院长期以来依据传统方式办案照样也能正常行使司法权；最后，智慧法院的每一项应用都耗资巨大，面临财政的强约束也决定了智慧法院属于法院内部发包程度比较高的事项。比如以新建的广州互联网法院为例，公开的招标书显示第一期建设即需要投入1559万元预算[1]。互联网法院作为智慧法院特定时期的集大成者，值得注意的是这只是单个法院部署一套高配版智慧法院所需要的成本，后续的系统迭代成本远远不止这些。最高人民法院以及中央财政无力承担地方三级法院的信息化建设成本，“中央请客、地方买单”的地方财政承担模式显然更实际可取。

2. 解决案多人少的主要矛盾

只有注意到智慧法院构建的初始背景，才可能恰当地解释上述法院内部分工高效的深层次原因。笔者认为，此轮智慧法院工程是为缓解法院的办案压力而发起，是希望以技术手段提高办案效率的举措。案多人少是中国法院长期面临的矛盾，这一点学术界和实务界是有共

---

〔1〕 参见广州互联网法院第一期信息化建设项目书（CZ2018－1947）。

识的，只是在解决路径上有不同的见解，有观点主张是诉讼的成本过低导致了司法需求激增，应提高诉讼收费，比如某观点认为“导致当下我国法院面临的‘案多人少’问题的一个重要因素是诉讼成本过低”；另有人主张则应扩大司法编制、优化法官队伍以提高办案能力，比如有人主张“法院除了采用增人、加班等传统方式外，亦采取了诸如强化审判管理、简化程序、转移非审判事务等措施，并取得了相当效果”。这两种思路都意识到了“案多人少”的本质是供需矛盾，只是主张“需求过多”的学者着眼于通过提高费用、其他渠道分流降低社会对诉讼的需求，主张“供给不足”的学者则寄希望于供给侧的进一步优化，增强案件的吸纳能力。从立案登记制度的改革情况看，实际已经否决了压缩诉讼需求的方案，“保障当事人诉权”[1]被决策者置于更优先的地位。这一方案直接的后果是各地案件数的有增无减、难以控制。以几个案件大省为例，2019 年江苏法院共受理案件数量同比上升 4.34%，2019 年山东全省法院收案数量同比上升 11.9%。

新一轮司法改革中的立案登记制改革存在抬高社会诉讼需求的风险，谋求司法供给侧与之匹配的确困难重重。传统的做法——增加办案编制、优化办案组织结构均难见破局的成效，特别是同步进行的法官员额改革使有办案资格的法官不增反降，司法编制亦无法持续性扩张，实际上政法编制在过去 20 年已经增加了不少，但仍无法匹配案件数量增加所带来的工作压力。有研究指出“中国法院编制从 1978—2008 扩展了 5.5 倍”。从上述形势中可看出新一轮司法改革的举措非但没有降低反而增加了“案多人少”的解决难度，从供需上看立案登记制有提高司法需求之嫌，而法官员额制改革对办案编制数量的约束又使供给侧的司法办案力量难以无限扩张。上述两项改革举措各有不同的目标，而对于其同步出现在此轮司法改革中的原因并不是本书论

---

[1] 标志性的文件为党的十八届四中全会出台的《关于全面推进依法治国若干重大问题的决定》，其中提到“改革法院案件受理制度，变立案审查制为立案登记制，对人民法院依法应该受理的案件，做到有案必立、有诉必理，保障当事人诉权”。

述的重点,但其后果之一是法院只能寻求其他办法来应对新增的办案压力。法院的主业当然是发挥好审判职能以服务社会,而如今所面临的供需间矛盾,也许是智慧法院被迅速提上日程、加快实施的最深层次原因。基于司法的中央事权属性,又使解决该问题不单是某个地方法院的责任,且具有中央和地方利益的一致性。因此,在智慧法院的工程推进过程中,最高人民法院和各地方各级法院间就工程的推进频繁互动,这是从利益动机上对法院行动一致性的解释。

考虑到法院所面临的时代背景,“侧重个案效率型的智慧法院工程”的实证结果,基本可以在机制层面得到合理的阐释。本书认为,智慧法院本质是,法院希望通过发挥技术优势提高司法的生产力。就司法和新兴技术的关系看,笔者认为不是因为司法机关中法院最具技术变革的精神,而是法院身处在困境中难以破局,而较之其他机关更有积极性去寻求各种方案。至于智慧法院工程在后期为什么不断加速、资源投入为什么持续加大,最合乎逻辑的解释是初期的信息化尝试取得了不错的效果,决策者认为仍有提高的空间。以信息化替代人力扩张的路线得以确立下来,法院信息化才逐步成为“车之两轮,鸟之两翼”之一的局面。这一特殊的使命在过去的研究中往往被忽略,才会出现学界关注信息化对司法价值的影响,而法院却一致地朝着“新兴科技最大限度减轻重复、机械的工作”方向看齐并且也愿意为此投入资源的现象。更是因为上述的本质原因,才会出现同样是发展法院信息化,各地却存在差异的现象。这根源于我国经济社会发展的不平衡导致各地存在的办案压力也相去甚远,因此在信息化方面的投入意愿、能力也是大有不同。

(三)企业的外部行为助推

1. 技术提供商的回应

智慧法院工程推进的另一股力量,来自一些厂商的市场响应。法律科技公司主要以软件开发的作业模式推动智慧法院的建设,具体工作包括咨询(市场部门)、策划(产品部门)、开发(研发部门)、驻地(运维部门)等环节。软件项目关键是要围绕客户的需求展开作业,因此是一个初步商谈、不断细化需求、逐步实现目标的过程。以客户的需要为切入点,可具体揭示开发厂商推动工程的作业方式。

(1)响应需求。此一环节主要是在发展的早期以及系统整体更新换代的时期出现。一般是法院客户先有需求,可能存在某个业务上的难点希望寻求信息化的方式化解。此时由软件厂商的市场部门入场将该业务层级的需求予以固定,转译为技术可行性的方案,并在确认需求和进行完招投标协议等程序后交由后台研发人员实施。这是软件开发的常见工作形式——客户先发起,软件厂商后响应——在智慧法院的工程中也是如此,不难发现各地当前真正具有亮点的工程项目都是客户拥有真实、明确的需求,工程开发的信息系统才得以真正发挥实践功效。

(2)复制需求。软件厂商有了某个完整的软件项目开发的经验,并在市场推广过程中发现其他地方客户也有相近的市场需求时,就会考虑将项目完成的系统重新包装,改造出一套具有普适性的产品解决方案。产品因此脱胎于项目,在由市场销售部门向外推介中迅速地在其他法院复制传播开来。此种销售模式小到单个工具、大到整个系统,都可能有先期项目原型、逐渐完善成产品,优势是可吸取过往开发的不足之处,短板就是各地所使用的产品容易出现雷同。上述“先有项目,后有产品”是软件行业控制风险、分散成本的做法,作为智慧法院的工程的推动机制,这就不难解释智慧法院能够在全国范围迅速铺开、而各地智慧建设的内容又十分相似的原因。

(3)创造需求。这种形式和前两种有本质的不同,区别是客户的需求和厂商的供给到底谁在先、谁在后。在一些开发经验丰富、规模较大的公司内部,决策者如果发现某领域在未来有足够市场潜力,就会在无订单下提前部署,从法院客户的角度进行超前思考,投入研发力量探索新的应用场景,同时联系一些试点法院合作,边开发边试用,推动全新一代产品面世。上述“无订单下设计产品,在试用中完善”的做法是一种有别于传统软件开发模式的创新。此种开发模式在智慧法院构建的中后期经常出现,缘由是技术厂商经过前期项目的积累有了一定的业务理解和资金储备,并试图创造新的市场空间。

归纳法律科技企业是如何具体地响应法院的需求,有助于学界进一步还原各地法院信息化方案的实质,认清各地产品功能趋同、创新只能渐进发生等现象及背后规律。

2. 企业的逐利本质

软件厂商在智慧法院的构建中之所以配合,是因为其中有利可图。他们遵循了企业运营的普遍逻辑,围绕如何实现企业利润最大化设计行动指南。在与法院共同开发的过程中获取利润有以下行业特点。

一是通过项目升级为产品,在经验的复制推广中取得超额利润。在响应项目需求阶段,由于客户需求的不成熟、开发过程缺乏业务经验等障碍,软件开发商的首个项目通常利润不多。为弥补项目开发先期的投入,软件开发商只有在项目中挑选一些有潜力的系统,以成熟产品的形式重新多次销售,才可能获利。

二是项目机会有限,但是单个项目标的金额大。全国总共仅有3000多个法院单元,加之很多地区由省级或市级统一采购,实际的法院数量更加少之又少。智慧法院的工程因此被拆分成了多个细分的子项目,单个项目分别招投标确定承建厂商。即便如此,全国潜在市场客户数量也仍然很有限,和其他行业、其他客户类型而言,智慧法院工程业务呈现项目数量较少、单个项目标的较高的特点。

三是法院信息化的市场呈现地方割据的格局,各地方法院和某一些特定的法律科技公司形成长期合作的关系。该现象在软件行业很难避免,因为法院信息化是一个渐进式发展的过程,后期开发的应用系统强烈依赖于之前开发的应用系统,法院若要变更软件开发厂商就须法院、前厂商、后厂商协同,前厂商配合提供数据交换接口,不同厂商间统一数据传输、存储的格式都并非易事。一家法院因此倾向于和特定的厂商长期合作,这有利于构筑信任的基础。

四、智慧法院如何增加智能元素

在智慧法院的过去研究中,经常有人把智慧法院和人工智能相联系,甚至有研究直接把智慧法院今后的发展方向定位为“智能法院”。以人工智能的一般理解来看,学界当前关于“智能”的理解大致对应于本书前述四分法中采取跨越个案技术下的两种类型。再结合实证统计的结论,有必要进一步讨论的是智慧法院有无可能从以个案效率为导向的思路转向以跨越个案技术为主的“智能法院”时代?实事求是讲当前的智慧法院还难言智能,而今后能否迈向智能化时代,取决于是否满足“技术、资金和现实需要”三因素。

(一)相应技术是否成熟可靠

前述的实证分析把技术原理区分为针对个案还是跨越个案。为了说明作为智慧法院进化过程中所必需的技术,这里进一步把所应用的技术分为数字化、数据化以及智能化三种类型。从实证分析的结论看,当前法院已经处于基本实现数字化技术的应用,正在努力提高数据化的广度和精度,并尝试应用智能化技术的阶段。作为必要条件之一,技术因素只能解释建设方案是否具有现实可行性的某方面。就通用的技术发展阶段来看,上述三项技术都已经是很普通的技术,但在智慧法院的工程中没有看见太多智能化身影的产品出现。因此研究有必要关注的是智慧法院的技术应用为什么落后于技术发展的最前沿?

首先,缺少智能化产品不是全行业领域普遍的现象,据笔者的了解,金融、医疗、新闻推送等领域已有大量智能化应用的成熟产品;其次,是否为司法的裁判特殊性造成,对此过去大量的研究结论认为司法所具有的特殊性导致其不可被机器所替代。在有限的篇幅中笔者不试图深入讨论该问题，只能给出简要的判断——就数据建模的技术原理而言，司法并不具备什么特殊之处，司法行为同样可构建数据模型，只是在输入数据项的选取、预测的精度提升方面难度较大。在这个问题上，技术只是作为必要而非充分的条件存在，智慧法院工程中难以智能化应用的根本原因是缺少质量较好的结构化数据，单纯寄希望于数据化技术的完善来提高数据质量，短期内来看是杯水车薪的。

笔者认为当下的出路在于相关配套制度的突破，比如由中央统一规范案件办理流程，对数据的填录、文书的制作规定更为严格的统一操作指引。当然有人可能提醒道，法院一直来就有信息化数据标准。笔者也注意到法院的确存在《人民法院案件信息业务标准(2015)》，但实际情况却是裁判文书的格式统一情况十分不容乐观，同一案由、同一文书类型的各地裁判文书都做不到格式的整齐划一，规范化程度最高的判决书尚且如此，更何况其他文书种类。缺少惩戒机制、缺乏数据治理的资源投入都是上述乱象的背后原因。如此强调文书的格式统一的原因是现有的数据化技术的提取质量高度依赖于文书格式的统一程度，继而影响智能化技术是否真正落地。而法院是否在未来下定决心从规范办案中的文书制作、案卡填写入手提升智能化应用的效果，还取决于成本与收益的衡量，这将在本书继续予以探讨。

(二)财政资金支持是否到位

智慧法院推进的第二个条件是财政资金的有限性。前面的章节阐释工程推进的机制时分别从法院和企业两个方面展开，而连接两个主体关系的是财政经费问题。对此本书关心地方政府为何给予法院信息化如此大的支持力度，而各地为何又存在显著的资金力度上的差异？笔者认为地方政府之所以愿意支持所在地区法院的智慧化建设，是因为把法院纳入其地方治理的一部分。虽难以在与地方间的竞争中直接发挥作用，但在吸纳地方纠纷、维护市场秩序等方面起到为经济保驾护航的角色。各地智慧法院构建的进度不一和地方财政的投入直接有关,财政支持的力度又与案多人少的迫切性以及司法作为一种公共服务的短缺性挂钩。因此,东部地区普遍建设脚步快于西部的现象就能得到合理解释,现象背后的直接原因是经济发展水平和财力的差距,深层次原因是对提升司法效能的迫切性不同。

目前司法预算的现状贯彻的是大行政理念,只有司法经费一说,是内嵌于行政预算中的。因此,智慧法院的每一项建设经费,都需要经过政府预算。在工程开发中,法院需要提前规划新项目,项目的实际进度快于财政拨款的到位时间,即当年拟实现的某一智能应用,可以先期提出需求,甚至签订预售合同,但真正落实款项最早只能到次年。从全国在智慧法院的投入情况来看各地差异也十分大,比如江苏省的各地级市均有建设的主动性,苏州市用于庭审的全景语音终端项目即花费 1350 万元左右的经费,而江苏省高级人民法院为全省搭建的“平台”服务预算更是达到 3800 万元之巨。智慧法院的建设成果可谓“一分投入,一分成绩”,在最高人民法院对全国 31 个省份(市/自治区)的评估中,江苏省各项指标均在 90—100 区间,处于全国的第一梯队。而中西部省份普遍在建设上落后,西藏、甘肃等省份不足总分的 60%。为什么有些省份在法院信息化中更舍得下血本,而有些省份却甘于落后呢?仍然应当从资源约束下的最核心目标实现最大化的原则解释,毫无疑问各地财政资源的分配应遵循轻重缓急,因此只有那些办案压力更大的地方,才会把财政资源优先投入法院的信息化工作中。同时一个地区的办案压力一般又和社会经济发达程度挂钩。如果鸟瞰全国的智慧法院工程建设情况,能够明显地发现办案压力、财政能力、法院信息化建设水平、地区的经济发展水平四者间具有高度同步性。

在已经基本实现智慧法院个案效率导向型的第一阶段目标之后,各地财政是否还有继续保持投入的动力?这取决于是否法院有无继续发展智能化应用的迫切需求,同时应考虑当年的财政收入情况,并通盘考虑其他财政支出项目的紧迫性。该要素在分析框架内具有重要的现实意义，考虑到2020年年初新冠疫情导致的经济停摆，中央将适当提高财政赤字，减税降费支持实体经济发展。以上财政收入的减少、加大新旧基建投资以及扩大赤字等财政宏观背景，是否将给智慧法院有关的财政投入带来冲击，十分值得关注。

（三）法院有无现实的新需求

智慧法院有无升级的必要，最主要取决于顶层设计者为此设定何种目标。从法院信息化已经走过的路进行分析，智慧法院的第一阶段围绕个案提升效率，旨在缓解“案多人少”给法院带来的工作压力。智慧法院有无进阶的需要，是否将深度利用司法大数据，或是否开始强调司法公正的价值，均取决于有无理由充足的新需求。在实证分析时所划分的智慧法院四种模式中，跨越个案实现公正和效率所满足的实际是两种不同的实践需求。

1. 从案件效率迈向案件公正的现实需要。从侧重于提高效率转为关注公正价值的实现，是智慧法院后续发展的备选路径之一。国内学界对于法院信息化普遍持支持态度，但更多地将其视为工具，且十分警惕该工具将对诉讼传统价值带来的挑战，尤其是过程和结果的公正。期待机器辅助法官公正裁判，实际上是希望能做到同案同判。这对人类法官而言都是颇具挑战的任务，典型比如在什么是相同的两个案件上就很难判断。机器学习是记录、复制并预测人类行为的工具，有经验的法官都感到棘手的任务对机器而言更是困难。这又从另一角度解释了为什么智慧法院的实践者偏爱于效率类应用，不是因为保障公正不重要，而是难以通过机器较快实现公正。机器学习本质上是一种数据模型的思维，只有在对评价案件异同、衡量刑罚轻重的指标有体系性的认识，输入指标能够得到准确测量时，所设计的数据模型才能较好完成任务。而当前的困难正是对该套指标体系缺乏足够的理论研究，学术积累的匮乏导致数据模型的开发工作停滞不前。笔者因此建议可优先关注相对容易量化的程序方面的问题，后再考虑实体层面。程序公正包括程序完整、当事人的程序权利保障到位、法官充分参与庭审等具体内容,典型比如河北省在2018年集中力量所实现的庭审自动巡查系统,用于规范庭审中的法官言行举止,该项应用虽然还处于初级阶段,但有望通过加深应用图像识别等机器学习技术来实现程序正义。通过学习过去庭审中标注为规范、优秀的庭审图像,数据模型能够学习到"一个标准的庭审过程",并用于检查其余的庭审视频,以机器评查的形式实现庭审监督的任务。推进智能化技术应当遵循先易后难的理念,比如在案件裁判的最终结果由机器直接输出还难以保证准确度时,可优先开发智能检索、类案推送等起到知识辅助功能的产品。

2. 从个案的需求转为社会治理的现实需要。在本书对智慧法院应用的四种划分中,有一种是跨个案、提升效率方式,含义之一是着眼于对全体案件的监测,尤其是提高社会治理层面的效率。笔者预计社会治理的方法将成为智慧法院的下一个目标,司法案件的数量、类型均可被视为社会运行状况的"晴雨表",社会治理者可从案件各统计指标的变动中洞悉社会安防的重点。对此需求较为迫切的地区早已经有所探索,比如新疆法院对"三股势力"案件数的汇总分析,与最高人民法院合作开展的危害国家安全案件犯罪情况的信息化课题均有为社会安防决策作出辅助的作用。从社会治理层面理解智慧法院的未来智能化趋势,是把案件事实视为社会行为看待而不再单纯就法律讨论案件,是在个案中发现社会运行的规律。需求的主体也不再只是法院的需求,而是各级主政者的需求,这是法院未来继续寻求地方财政支持的理由之一。若要实现智慧向智能的升级,还离不开企业、法院间更紧密的合作。现阶段的智慧法院工程还不需要法律科技企业深度地介入法院的业务,科技公司也并不直接掌握法院的业务信息。但在智能化应用的阶段,无法避开数据问题。数据的挖掘和分析都离不开法院的案件数据的支持,法院大量案件数据不可避免地要和企业共享。这离不开彼此的互惠和信任、保密的配套制度。这些方面目前的缺少与不足，使当前司法大数据的真正持有者和开发者是分离的状态，而主体分离的状态使法律智能化的应用难产、法律科技行业陷入“是先有数据再有智能、还是先有智能再给数据”的循环论证的困境。

五、对其他政法机关数字化的启示

当前各党政部门纷纷把智慧法院视作电子政务的典型，“政务信息化的先进当属司法机关，智慧司法的先进看法院”逐渐获得共识。作为对已初具影响的智慧法院工程简史的研究，本书的研究价值不只局限于历史性地回顾法院的这一浩大工程，而是前瞻性地给予和法院近似的其他政法机关一定的启示。从信息化启动的时间来看，法院利用上述新兴技术最早，中共中央政法委委员会、国家监察机关、检察机关、司法行政机关都或多或少地受益于智慧法院的前期摸索。经过法院信息化的工程实践，其他政法部门改造、借鉴法院的项目也进入快速发展的历史时期。各政法机关近年来的信息化发展，呈现以下特点：第一，立足于自身的职能，个案效率导向仅是智慧法院的特点。不是所有机关都像法院那样案件类型全面覆盖，比如检察机关就以刑事案件为主，系统开发给予了刑事类案由更高的优先级。各政法机关最为明显的差异体现为各单位在法律实践中的角色，比如政法委员会主要起协同、宏观指导的作用，因此更关注的是个案间的趋势变化。从各单位的最新动态来看，各机关的信息化发展方向也不是千篇一律的，而是各有侧重，智慧法院的经验虽可借鉴、但难以照搬。第二，多种建设模式可以并存，不一定采取地方各自为政的模式。检察系统从2018 年 12 月开始启动统一业务系统 2.0 的建设部署，建设模式显然有别于智慧法院各地法院分别建设的方式，而是继续采取办案流程系统由最高人民检察院统一建设的方式，基于流程系统的智能化应用则由中央测评和推荐、地方任选采购。在这些政法单位的信息化、智能化工程中同样面临主体分工的问题，特别是在中央和地方之间如何分工,如何调动下级单位的积极性,又如何确保各地有大致统一的建设目标等,和智慧法院工程的推进有异曲同工之处,故上述对智慧法院生成机制的结论归纳很多都适用于其他政法机关的数字化建设。第三,政法机关间将逐步实现数据的互联互通。在其他政法机关的信息化硬件设施逐步完善后,就可能打通各单位间的数据隔阂,通过信息的跨部门流通实现司法数据的更大价值。比如在刑事程序中,公安、检察院、法院三家的办案数据中仅很少一部分以案卷形式在刑事办案中跨部门流转,大部分都在各自的单位中保存。然而打破信息的孤岛却并不容易,原因是各单位的数据价值不同、互联互通对单位利益的损益不同,使案件数据的互联互通缺乏利益共识的基础。该工作的推动必须由党的政法部门协调、推动才可行,作为组织统筹部门——党的政法部门有动力协调案件信息的跨部门流通,通过公开信息促进规范办案,最终夯实政法机关间相互监督的数据基础。其他政法单位在利用新兴技术开展工作的过程中,面临的很多问题是在智慧法院工程中曾经出现过的,而正是此种推进机制、决定发展因素的相似性,使本书有关智慧法院的研究对其他政法单位而言是有价值的。

第二节　数字检察

人工智能、大数据等数字技术正在以势不可当的力度进入法律场景,司法数字化已经成为显著的未来趋势。近些年不只是法学领域相关的评述和文献数量显著增长,而且许多知名法学院参与到司法数字化的国家重大研发项目,并由法学学者担任首席科学家的角色。然而,法律专家在司法数字化中的地位,客观来看,仍以扮演用户、批判者为主,未能实质性地参与需求定义、模型设计等关键环节。这也造成了当前的司法数字化产品无法贴近实践需要、数字工程重复建设耗费财政资源、数字化未来发展方向模糊不清等积弊。时至今日,法律专家已经不能浅尝辄止,停留于评价、反思和批判的层面已经难以适应司法数字化深化发展的要求。这种外部的、被动接受的视角必须改变,只有法律人以更加积极的角色参与司法数字化的进程,技术和司法的结合才可能迈向更高的台阶,技术的工具价值潜力才可能被更大地激发。

本书将以检察机关的数字化为例,具体讨论法律专家的地位和参与方法论研究的情况。检察数字化和检察权在新时代的职能重塑紧密相连,这一变局起始于 2018 年的职务犯罪自侦权的权属变更[1],之后就“检察机关何去何从”经历了三年争鸣[2]。2021 年 6 月中共中央出台的《关于加强新时代检察机关法律监督工作的意见》(以下简称《检察机关监督意见》)强调了检察机关的地位。《检察机关监督意见》认为“检察机关法律监督职能作用发挥还不够充分”,在《最高人民检察院负责人就学习贯彻〈中共中央关于加强新时代检察机关法律监督工作的意见〉答记者问》(以下简称《最高检负责人答记者问》)中,详细地阐述了当前存在的问题[3]。

如何实现上述使命角色?检察机关开始寄希望于数字技术。《检察机关监督意见》第 19 点强调要“加强检察机关信息化、智能化建设”,《最高检负责人答记者问》进一步明确大数据是助力监督的“科技翅膀”。实务界已经充分认识到“必须深化研究运用大数据促进执法司法公正、助力国家治理,提高运用大数据的意识和能力,以‘数字革命’赋能新时代法律监督”,然而过去的数字技术仅作用于提高办案的效率,并不能完全发挥数字技术辅助业务实质判断的作用。检察数字

---

〔1〕 最高人民检察院原副检察长朱孝清认为“2018 年是中国检察制度面临严峻挑战的一年”。刑诉法学者魏晓娜则在同一年指出“中国检察制度又一次走到了历史的十字路口”。足见近几年关于检察权定位的学术和实务关切。

〔2〕 围绕检察权的监督对象、特征等的有关讨论引起了学术界和实务界共同的研究兴趣,学界就此提出两个维度的五大关系论,实务界把检察权提炼为“检察审查”,并视为支撑法律监督职能的关键。

〔3〕 所指的问题有外因也有内因,外因是一些执法司法人员检察监督的刻板偏见和不配合,内因则有不敢、不愿、能力不足和监督不善等问题。

化如果希望有别于"智慧检务"等先前的做法,[1]就有必要强调法律专家的作用和参与。本书希望以既有的实践经验为基础,建构一套由法律专家主导的检察数字化进程的方法论体系,并尝试在具体业务场景中检验这套理论的指导力。[2]

一、检察权新时代定位及对其实现手段的制约

(一)围绕法律监督开展具体业务

《检察机关监督意见》虽然开宗明义强调检察机关是"国家的法律监督机关",但是正如最高人民检察院原副检察长指出的,"要坚持检察机关作为法律监督机关的宪法定位,防止这一定位因诉讼监督进一步软化、弱化而名不副实"。如何落实法律监督这一使命担当,应从监督的载体、目标和职权方式等多方面具体展开。

首先,从监督的载体看,相对一致的观点认为,应当是一种"在监督中办案,在办案中监督"的状态。曾有观点认为"诉讼职能与诉讼监督职能的分离,可能就会推导出在内设机构设置方面把诉讼监督部门单独设立的结论"。当前的主流看法则认为"必须把监督寓于办案,把办案作为监督履责的过程和基本手段",理由是"在办案中监督、在监督中办案,发现问题更及时、监督纠错更直接"。

其次,从监督的目标看,法律监督可具体化为权力的制约和权利的保障两个方面。对权力的监督是检察权的题中应有之义,监督的对象包括行政权、侦查权、调查权、审判权等,构成了《检察机关监督意见》第5条至第13条的内容;权利的保障一直以来被视为权力制约的

---

〔1〕"数字检察"的概念较早是由浙江省检察机关提出的,明确"'数字检察'是在2019年'智慧检务'工程、2020年'智慧检察'建设成果上的迭代深化,是理念、机制、领域的新发展新提升,标志着浙江检察正式迈入全面推进数字化改革的新阶段"。

〔2〕在司法大数据如何运用的议题上已有较好的研究基础,包括关于司法大数据要结合法律领域特点、司法大数据在法院业务场景中的已有应用、大数据技术如何引入法学研究等方面的讨论。

结果,在公益诉讼中,保障权利甚至成为直接目标,有学者认为这是发挥法律监督职能近景可期的目标。可得出结论,数字检察的功能在于提高权力监督和权利保障的双重目标。

最后,监督的职权方式。一种是有研究从内设机构的角度把法律监督的职权分为刑事检察、民事检察、行政检察与公益诉讼"四大检察"并行的法律监督格局;另一种是根据职能中权力性质的差异所作的类型划分,分为"裁量型处分权""审批型处分权""监督型处分权"三种类型。这些划分将有利于明晰数字检察技术赋能的方向、展开监督的具体路径。

上述三方面构成了一个完整的法律监督运转体系,新时代检察机关围绕法律监督开展工作,载体是案件办理,目标是实现权力制约和权利保障,方法则依赖于一系列职权的行使。这为引入以大数据建模为代表的数字技术,预置了基本的业务框架。具体而言,数字技术为检察机关的法律监督工作提供了辅助,以案件为数据价值的基本单元,模型设计要有助于权力监督和私权保障,并把数字技术和具体的职能场景结合起来。

(二)优化职能的方法分为内外两线

检察机关加强职能的方法分为内外两线。第一,对内主要通过调整内设机构,增强法律监督履行能力的手段。调整后的内设机构以"四大检察""十大业务"为架构。"四大检察"即刑事、民事、行政和公益检察单独设置的意图包括:单独设置行政检察有利于对行政机关违法行使职权或者不行使职权的行为进行监督;单独设置公益诉讼检察意在保护国家利益、社会公共利益,特别是行政公益诉讼主要通过监督行政机关来促使其依法履职;刑事检察的调整思路则围绕"案件类型划分、捕诉合一"展开,意在增强办案效率、提高专业化程度。内设机构的不同设置逻辑体现了对不同时期的检察权运行逻辑的认识。

第二,对外主要依靠寻找更大范围的权力支持。在"修炼内功"的同时,检察机关意在寻求更大范围的外部支持,以扩大法律监督的实际效果。《检察机关监督意见》出台后,各省检察机关均向省委主要领导作了汇报,各省党委给予了不同形式的积极表态,支持形式有上海宝山区的行政检察协调小组模式、浙江省的府检联席会议模式等。在具体制度上,一方面体现为信息共享、案情通报、案件移送制度等合作;另一方面也体现为检察建议、提起诉讼等监督手段。

有效的监督建立在监督者比被监督者掌握更充分的信息之上。信息优势体现为能否更及时地发现违法犯罪的嫌疑线索,能否更充分地认识所监督事务的运行规律,能否率先对某一具有处分权的事项作出结果的预测。当前无论是对内组织整合以提高业务能力,还是对外争取更大的履职影响力,都在于提高获取和利用信息的能力,争取在监督时机上获得优势。数字技术作为助力法律监督目标实现的工具被引入,也主要是因为现存手段的信息优势不明显、手段效果受限,此时才有探讨新技术、新方法的迫切性和必要性。

(三)手段和目标间难以弥合的张力

熟悉检察业务的学者曾直言不讳道:"如何增强检察机关的法律监督权力一直是检察理论研究的难题,为此进行的相关研究成果也可谓汗牛充栋,但仍难以提供非常切实有效的解决方案。"既有的方法无论是对内整合,还是对外扩权,都在沿袭过去的传统方法。在实现法律监督职能这一新时代使命中,这套方法体系不能被继续原封不动地沿用。

第一,既有的业务资源欠缺大范围的整合。在其现有的加强职能的改革方案中,已有一部分工作针对的是对各种资源进行整合:包括人力资源,比如捕诉一体的改革,就使不同承办人变成同一个;案件资源,比如刑事案件中发现的民事、行政和公益诉讼线索的跨部门移送;专业资源,将刑事案件以案由为依据进行划分有助于提高类案办理的专业水准,提高对案件规律的研究深度。上述的资源整合是基于对既有做法的理解,我们需要向前一步思考如何更加有效地利用一些新的资源,以及对既有的资源如何实现更大范围的整合,即把办案人、案件、专业知识等要素联系起来。在万物皆可量化的时代,数据有机会成为一切资源的统一载体,某些地方司法机关提出的"全域数字"的规划正是出于此意。检察机关尤其应思考,如何利用数字技术"修炼内功",把上述的各种资源均统一为数据资源,方便在检察系统内收集、处理和利用,生成更多信息知识成果。

第二,既有的手段工具过度依赖外力。自从《检察机关监督意见》确立法律监督的新时代中心目标以来,按最新的动态来看,各地方检察机关纷纷寻求地方党委、政法委的支持,希望以联席会议、共享信息平台等方式和外部组织建立沟通。有的司法机关把"全省民事检察部门已逐步形成与法院点对点沟通案件、座谈交流、联合发文等常态化沟通机制"作为推进工作的方法。如一些司法机关早在数年前即提出关于一些监督点较多案件的数据共享机制,只是考虑到部门利益而不了了之。这些完全符合《检察机关监督意见》第 17 条提出的检察机关请示报告的工作制度,党委指导、支持、督促的要求也充分契合我国行政机关的权责分配模式。只是本书并不看好这么做的效果,因为除同级党委外,其余的审判机关、侦查机关、行政机关均在检察权的监督范围。检察机关无论建立何种联系沟通的机制,都只能起到和被监督对象建立最基本的联系的作用,却无法苛责被监督者主动请求和接受来自外部的监督。[1] 从实践运转的情况看,对其他公权力进行监督的最直接的障碍是识别监督线索的能力不足,体现为监督线索来源的单一和匮乏,从海量信息中低成本地识别违法嫌疑线索的能力欠缺。一般认为,新时代数字技术较以往的技术手段的最大优势在于数据的计算能力,检察数字化工程,在此有望通过机器实现线索的初筛从而体

〔1〕 这是从理性选择的角度所作的推论,如果被监督的对象已经发现自身工作的疏漏,更理性的做法应该是其发现问题后自己及时纠错,而不是寻求外部监督。

现效用。

第三，寄希望于制度扩权，要经历漫长的周期。既有的研究就如何加强检察机关监督提供了很多方案，比如有权调阅侦查机关更多资料、补充侦查权提前至批准逮捕阶段行使、审判环节的诉中监督权等，以上方案的共性是推动制度变革，赋予检察机关更大的权力，包括权力类型、范围。通过这些制度变革推动检察机关扩权不失为提高职权行使效果的有效手段，但仍要考虑国家权力间的调整属于重大的制度变革，酝酿和出台的周期一般比较长。就法律监督职能的行使而言，落实中央《检察机关监督意见》的精神是一项急迫、亟须工作亮点、体现检察工作效率的事项，关乎检察机关的未来。因此，除继续寻求制度层面的支持以外，必须考虑有无其他立竿见影的新方法。

数字技术的引入不是另辟蹊径创造新的业务场景，而是以现有的法律监督业务需求为导向开发数字产品。《检察机关监督意见》中所谓"科技的翅膀"，根据笔者调研，可表现为拓展法律监督的线索，充分掌握被监督对象的行为规律，并对未来提供预判三类赋能的形态。以上方式意在加强内部资源的整合，依靠自身的积极作为就可以在短期内提升法律监督的能力。

二、检察专家参与数字检察的前提条件

（一）处于数字知识生产的历史时期

检察机关和数字技术的结合经历过多个时期，而只有处于知识生产的阶段时，法律专家的深度参与才具备必要基础。《检察机关监督意见》第 19 条提到要让检察业务和大数据、人工智能等技术结合的规定不是凭空而来的，数字技术有机会赋能法律监督的具体业务，是建立在已经具备检察信息化条件的基础之上。数字技术能够实现从数据准备到知识生产的阶段跨越，是建立在具备了信息数据化的基础硬件，掌握了海量的司法大数据资源，并形成符合法律场景的相关理论这三个条件的基础上，进而才使当下探讨数字检察知识生产的议题成

为可能。

首先是已经建成的信息化基础设施。回顾检察机关利用数字技术的历程,可将其划分为检察办公自动化、检察机关网络化、检察业务信息化、检察工作智慧化等多个阶段,标志性的业务工具分别是线上办公、检察内网,统一业务办案系统和数据辅助决策。从现阶段的既有发展成果看,检察机关已经具备了硬件和软件的基础,而这只是知识生产的必要条件,并不代表数字技术可以直接输出知识,数字技术输出知识还需要具备本书提及的其他要素条件。对此,理论界和实务界都有清醒的认识,实务界认为当前"在关涉效率与公正等司法决策的真正难题上仍是浅尝辄止",同时学者也认为"以节省'非必要时间损耗'为主,并未产生经过计算机自主思考的'额外知识'",以上论述均已能够说明检察数字化进程所处的阶段。

其次是已经初步掌握司法大数据。从法院的角度来看,司法大数据已包括全国3500多家人民法院、1万多个人民法庭在司法工作中产生的审判流程、执行信息、法律文书、庭审活动信息、司法政务、司法人事、外部协查等数据的总和及其关联关系。在检察机关的场景中,还包括一些检察业务产生的内部数据,由于法院的大数据公开相对充分,其数据大多也可以为检察机关所利用。知识生产首先离不开海量的原始数据输入,数据模型进行知识生产的源头是司法大数据,这离不开裁判文书上网、数据结构化技术发展这两大基础条件。

最后是正在努力构建的数字检察理论。所谓数字检察理论,是一套希望结合检察业务场景和数据驱动建模的理论。最近的研究提出"领域理论"的概念,即指向法律大数据的知识发现过程,要结合法学理论,构建"领域知识壁垒"。这基本直面实务中"通用技术进行的外围研发并未触及检察活动的核心业务,忽视了司法活动的多样性与差异性"的诘难。理论支撑和业务知识的缺乏使开发数据系统应用的效果大打折扣,这点在学术界和实务界都已达成共识,只是对于如何改善该局面仍欠缺完整的、可操作性的方法指引。

由算力、算法、数据组成的“智能三螺旋”，构成了公共部门推行数字工程的三大要素，亦被包含在检察数字化的发展进程中。从检察机关数字化的发展现状看，检察数字化已经具备硬件基础、统一业务办案系统的软件基础、以案件数据为主的司法大数据、逐渐形成的数字检察理论。在笔者看来，这些都为实现数字知识辅助型时代筑牢了基础。

（二）同时具备数字思维和法学思维

首先需要概括一下典型的法学思维特征。资深的实务工作者将之归结为“能够找到联系规范与事实的桥梁或方法”，并认为这是最基本的工作方法。这倒不是我国司法活动的创新，而是一脉相承于“在法条和事实之间穿梭”这类经典的法学论述。“纯粹的法律模型中，法官只想尽可能好地解释法律”，即法律人思维的核心在于解释法条，并以确定个案中应当适用的规范含义为要务。同时，确定法条的规范含义离不开案件事实，有学者恰当地指出“现实的生活事实成为推动解释者反复斟酌刑法用语真实含义的最大动因”。上述两方面可以归结为是一种规范与事实的对照思维，这不是简单的三段论，而是反复通过案件的事实确定法条的含义，通过法条的含义确立案件事实的恰当表述之作业流程。

不妨看一看和数字思维的差异。大数据建模是数字技术知识生产的主要方式，它由输入特征、算法结构和输出知识三个部分构成。首先，对事物某些方面的特点进行刻画的数字或者属性称为特征，需要构建一个特征的标签体系作为生产的输入原料。其次，需要考虑用什么样的算法求解最优模型，基础的算法多数是已知的，需要把基础算法予以适配、组合出最适合该业务场景和数据集的模型。最后，通过和基线模型进行比较得到最优的模型设计方案，即数据模型为知识生产的最终载体。[1] 基于机器学习的模型构建,是一种从未知规则的应用例子中归纳出未知规则的方法。因此笔者认为,数字思维就是一种输入与输出的模型思维,即把经验转化为数据特征作为输入原料,把业务需要的知识作为输出内容。

法律思维下的检察业务,一方面被切割成刑事检察、民事检察、行政检察和公益诉讼;另一方面又被细化为逮捕、起诉、抗诉等业务模块。数字思维有另一种任务分类的思路,有学者把法律场景下的人工智能应用归结为文本分类、法律检索、要素提取等主要任务。法律思维下的业务分类法,只有同数字思维下的任务分类法建立起联系,才算完成两者的有效融合。

这是两套十分迥异的思维方法,法学思维本质是一种演绎式思维,而数字思维本质是一种归纳式思维。[2] 这使法律场景要接受数字化的改造并不容易:首先是人的因素,法律业务人员缺乏数字思维训练,他们大部分是法科生,缺乏统计学、计算机科学等其他学科的基础知识;其次是知识传统的问题,法学领域缺乏数理论证的传统,理论的核心部分"法教义学"主要的目标是解释法条规范。比较而言,医疗、金融等其他领域的数字化进展得相对顺利,原因是这些场景本身即建立在量化研究的基础之上,具有较好的数据建模传统。

如何结合法学思维与数字思维,成为法律场景中引入数字技术棘手的难题。笔者在后文进行了思考和论述:引入数字技术时,法律业

〔1〕 汤姆·米切尔对机器学习构造数据模型的表述最为经典,即一个程序能在T中体现,通过P来衡量,并通过经验E来提升,那么可以认为该程序能针对一些任务类型T和性能衡量P从经验E中进行学习。参见[美]伊恩·古德费洛、[加]约书亚·本吉奥、[加]亚伦·库维尔:《深度学习》,赵申剑等译,人民邮电出版社2017年版。

〔2〕 司法之所以需要演绎,是因为面对个案时,法条规范的含义需要具体化,生活事实需要剪辑为案件事实。司法裁判经历了从原始的法条和生活事实中得到裁判结论的过程,规范含义和案件事实都经历了从抽象到具体的过程。数字思维之所以是归纳思维,是因为其从历史经验到形成计算机可处理的数据,从数据中训练模型,借助模型输出需要的知识,是一个从具体到抽象的过程,成果物即为数据训练所得的模型。

务专家在熟谙数字思维的特点下,把业务经验方面的知识融入数字思维的模型中,这是一个法律数据模型建构必备的多要素框架。

(三)懂得法律模型开发的基本原理

法律人参与检察数字化进程,一方面要熟谙数字思维的特点,另一方面要将司法办案、数据建模所应考虑的多方面因素整合进数据建模的要素框架当中。法律人在参与构建法律场景下的数据模型时,可带来以下法律知识。

1. 法律规范的依据。司法场景中奉行法条优先,即法律规范在司法判断中作为被优先考虑的因素。作为法学基础的法教义学,所产生的也正是经过加工的立法规范等经验材料。可见,在司法业务中涉及的判断,均会被法条作为重要的依据。在数字思维体系中,特别应当思考的是如何将法条纳入数字建模中。将规范的依据和数据建模进行结合完全是可能的,在过去的研究中已经尝试把有关法条、司法解释,乃至罪名的名词解释等知识作为输入信息以提升模型的性能,计算机科学将其视为"注意力机制",意在通过法条信息识别出输入的事实要素中哪些为重点信息。诸如注意力机制等提高模型性能的方法,为法律思维中作为"大前提"的法条纳入数据模型提供了空间,并且成为模型设计创新的重要方向。当然,法律业务的场景也不只是依据法条作判断,还需要引入更贴近司法实践的判断流程和逻辑。

2. 司法的业务知识。这是实务法律专家参与框架构建的最主要贡献,即归纳提炼办案的经验,包括办案的逻辑顺序(先考虑什么,后考虑什么)、业务之间的依赖关系(之前的业务判断对之后业务的影响)、司法判断所考虑的实际因素(特别是规范以外的司法政策、社会背景、案外干预等因素)。这些要素只要实际影响到司法结论的形成,都可称之为"业务经验"。这些经验的初始状态也许是零散的、缺乏系统整理的信息,法律专家介入的价值就是把这些业务层面的经验予以抽象化、体系化成为知识,进而可供数据模型利用以提升性能。

3. 法学的相关理论。离开学科理论的支撑,通用的大数据分析技术采用固定的分析维度和模型,充其量只是一种初始的、浅层次的知识成果,很难给法律业务带来显著的质量提升。学科理论在数据建模中具有多重价值:(1)确立值得数据建模分析的价值,比如关于公益诉讼的理论认为"检察行政公益诉讼制度的实施有助于促进传统工业污染物的减排"。(2)在海量的备选项中选取有较强相关性的数据标签体系,比如未成年人犯罪成因的既有理论体系,已经检验并构建出丰富的数据项标签体系[1]。(3)通过数据建模分析,要么验证、要么证伪某理论既有的结论,数字检察理论也能从中得到迭代发展。和数字检察建模有关的学科理论一方面重点聚焦于犯罪学、法社会学等和法学交叉且理论成果深厚的学科;另一方面其视野还应扩大至整个社会科学,把司法或案件视为一个社会现象来考虑,网络科学、社会心理学等学科的前沿成果都有可能成为法律场景数据建模的依据。

三、检察专家可参与的主要环节

检察机关是数字检察工程最终的受益者,也是贡献方之一。智慧司法是法律科技公司、检察机关内外部合力的结果,受技术发展、财政资源、需求牵引等多方面的制约。在过去的数字系统开发中,往往"真正使用系统的一线办案人员则很少参与研发",这不是一时一域的现象,而是由过去系统开发侧重于业务的线上化、提高效率型系统开发导向所决定。这难以适应引入数字技术进而为检察业务提供更多辅助知识的目标。关于法律人应当如何介入参与、参与检察数字化中的哪一环节的问题,属于数字检察方法论的核心内容。

(一)法律业务场景的定义

由具有一线办案经验的法律专家定义检察业务的场景和知识的

[1] 经过对一份未成年人犯罪综述进行整理,我们梳理出 12 个关于未成年人犯罪成因的理论,并对应 15 个预防未成年人犯罪的数据项标签体系。

需求,这将决定法律数字模型最终的业务价值。模型的开发源于业务的需求,业务人员在开发初始,要把办案场景中的难点转化为拟开发的模型任务。在该环节应当:(1)总结办案的难点,没有疑难则无须模型提供知识辅助。难点表现为需要耗费大量时间精力、存在一定的主观裁量、办案人的判断工作需要借助大量信息支持。(2)思考办案存在疑难的原因,组织机制、职权范围等方面的困难要依靠其他改革,难以通过检察数字化解决。只有那些缺乏信息、数据和知识导致业务办理质量不高的情形,才可能通过数字技术驱动实现辅助,比如审查逮捕的难点在于对实体三要件之一的"逮捕必要性"缺乏判断的信息,瓶颈是社会风险的不可知性;公益诉讼业务办理的难点之一是立案困难,瓶颈是案件线索缺乏渠道。以上难点及其原因均属于作出业务判断的依据不足,能够以数字技术扩充知识的方式实现一定的辅助作用。(3)要以解决业务难点为目标,法律专家要明确提出在业务层面能有效化解难点所需要的辅助信息,即希望数据模型给出何种信息才能够满足业务的需要。比如当前的量刑模型给出的刑期预测,案例检索系统给出的相似案例,只有一线办案的法律专家才有能力定义是否满足业务场景的需求。

(二)设计模型的内部构造

法律专家要积极参与模型方案的设计工作,并尝试理解计算机视角下的模型开发目标。计算机专家追求某一任务的模型性能优化提升,然后通过软件工程开发供普通用户使用的操作系统[1]。法律人参与模型设计的理论方法包含以下三种。

一是通过同个业务场景的多项子任务依赖关系实现模型性能优化。在一项法官裁判辅助模型方案设计中,模型设计者通过先预测案

---

〔1〕 笔者认为算法开发和工程开发之间的分工是,算法开发基于业务场景和数据特征(数据是业务的反映),而工程开发则着力把已有的模型方案在面向普通用户的操作系统中进行落实。

件相关的法条、涉及的罪名，再把案件事实和这两者结合共同预测刑期，实现模型性能的提升。呈现该依赖关系的是一张办案流程的拓扑图，分别梳理了法官裁判的大小前提。对此类业务逻辑的梳理为法律专家所擅长。

二是通过优化模型的输入特征体系，提高模型的效果。在一些罪名预测等经典任务中，通过在模型中融入精确的结构化数据等额外信息来提升模型的性能。这里的额外信息，是指除案件基本事实以外的可提高模型预测性能的信息。法律专家将感性的业务经验，落地为可量化的某一指标，是将专家知识融入模型方案设计的重要路径。

三是增强模型的可解释性。复杂的深度学习模型确实优化了模型的性能，代价是牺牲了法律场景十分在意的算法可解释性。模型的不可解释体现为两个方面，一方面是模型的输入特征不可解释[1]，另一方面是输入特征如何与输出结果形成关联不可解释。由于深度学习等高阶算法的内部机制过于复杂，当前有一些方式能够提升算法过程的可解释性，但是对于其中哪些算法信息需要向用户说明的决定权属于办案人。法律专家应当以用户的视角介入，判断对结果的解释是否恰当和充分。

（三）收集和标注语料数据

数据是业务场景的另一种呈现方式，决定了依此训练的模型是否能契合业务的需要。法律专家在该环节的介入的主要作用是为数字技术的知识生产构建一个契合业务场景的数据集并丰富数据的特征。在对过往法律模型开发的整体回顾中，有综述文献较为完整地归纳了数据层面存在的七大问题以及优化方法，其中法律专家可重点参与优

---

〔1〕 这和算法对输入信息门槛的降低有关，过去的统计学构建模型依赖结构化数据，输入模型的特征一目了然。如今的深度学习算法，可以直接输入自然语言文本（经过向量化、格式化处理后，即可用于训练模型），导致的结果就是连模型的设计者也无法确定模型输入的具体特征。

化的有三个问题:(1)数据不平衡问题,即不同类型案件在数据库的占比结构可能失衡的问题。这需要法律专家介入分析该问题是出于自然办案的原因,还是主观疏漏,或是某一时期的政策调控的结果等,对不同原因将采取不同的对策予以解决。(2)数据特征不足问题,这体现在数据集反映业务场景的广度不够,一些新的业务场景需要结合业务各自的规律设计标签体系。在某离婚案件结果预测的模型设计中发现,"孩子个数""是否存在不良习惯"等特征项具有模型性能提升的价值有助于该类案件的结果预测,这正是该领域法律业务专家所擅长的。法律专家在介入后须判断所设定的特征是否符合办案时得出结论的过程和逻辑,采取这些数据集的特征是否已反映业务的全貌。(3)数据特征属性的粗疏问题,是指某一特征的属性值测量得够不够精细。以"是否存在不良习惯"数据项为例,可将属性确定为"是""否",也可进一步细化至"吸毒""赌博"等具体的不良习惯类型。数据项属性越细致地划分,越能提升数据项的建模精度。法律场景中的模型训练,同样讲求尽可能细化特征的属性分类。比如量刑预测所依据的"法益"特征,设计者将该数据集中的特征属性细化分为七个子类,由此得到的量刑预测模型取得了更好的性能。

不可否认,当下的法律科技市场偏向于卖方主导,即法律科技公司是在假设客户需求的情况下开发相关系统,再向检察机关等司法机关推销其产品。这难免造成系统功能和业务场景的需求脱节,甚至预期的效果根本没有实现。这既有检察机关技术和业务两类部门缺乏协同的原因,更缺乏法律实务专家系统参与数字开发的方法论指引。归纳前述具体表现,主要有三个方面的能力欠缺:一是缺乏沟通转化的技巧,要把法律话语体系转化为技术话语体系,比如法律中的确定罪名是一个技术中的分类任务,法律中的制作文书则是一个文本摘要的任务。二是缺乏提炼业务知识的技巧,法官裁量的依据、办案的流程技巧等,只有经过系统性梳理,并以诸如前文提及过的拓扑图等方法来表达,才有办法在模型设计中充分体现。换言之,零散的经验判断并不足以支撑模型的优化工作。三是缺乏业务特征的量化技巧,虽然当前的技术可直接处理文本自然语言,但丰富的结构化数据更能够提升结果的可解释性。检察机关既有的数据库结构(比如当下的案卡数据,就未被充分地挖掘价值)足以支持更多的结构化数据,作为模型的输入信息。同时,法律业务专家介入后应当根据模型开发的需要,迭代业务系统中人工填录的数据项系统,促使形成一个能全面反映业务现状的成熟标签体系。

四、检察专家参与后输出的成果

数据模型驱动下的输出成果,是自司法大数据中抽取、经由机器学习产生的模型输出、对加强法律监督有价值的信息,此类信息要有助于提升检察机关人员的业务判断能力。本书把数字技术生产的知识成果,细分为三类进行讨论。

(一)法律监督的线索来源

案件线索是法律监督的开端,往往决定着侦查监督、审判监督以及公益诉讼等外部监督能否启动。检察机关往往在掌握案件线索后,才能锁定嫌疑人并进一步收集证据,启动正式的立案程序。影响检察机关法律监督环节启动的最大障碍即难以从海量的社会信息中高效筛选出有立案价值的线索。根据当下的司法实践,检察机关无法获取全量的外部数据(特别是公安机关、审判机关的案件信息),只有在锁定个案后才能依职权要求其他机关配合。[1]

数字技术的引入能够实现对海量信息的有效初筛,输出的成果为具有高度嫌疑的案件监督线索。该模型框架被初步构想为三个层次,第一层次是信息的筛选,输入可能构成案件线索的多源异构信息,输

---

〔1〕 根据对检察机关调研的反馈,他们发起的监督目前只能是个案式的,就某个"指名道姓"的案件,要求侦查机关、审判机关等配合,一般能够获得监督对象的配合。但是筛选嫌疑案件的线索的任务,必须在外部完成。

出存在违法线索的文本；第二层次为信息的摘要，输入构成线索的文本，输出该线索的摘要；第三层次是信息的分类，输入相关的案件线索摘要，输出法律监督的具体类型。有价值的信息将被呈现给办案人员复核，对于是否真正构成立案线索的最终判断权属于办案人。该模型框架在业务层面的启动，有几个要点，首先，线索的源头应尽可能广泛；其次，专家知识要构建出各类"法律监督线索"的黄金标准；最后，法律监督类型的标签体系应由法律专家定义。对于具体的海量信息清洗、摘要和分类应当选配何种算法等，可由技术提供方负责分工。

(二)法律监督的类案规律

"数字检察"发起的初衷，便是希望利用数字技术实现"由个案办理式监督向类案治理式监督的转变"。类案的规律具有多种表现的形态，比如：案发规律，犯罪类型与地理位置、年份季节等时空的关系；疑难规律，定义何谓疑难案件，并挖掘疑难存在的成因机制；诉讼规律，比如定义何谓优秀的法律监督案例并对海量案件样本进行测评比较。类案的规律在检察机关的业务场景中具有诸多价值.(1)作为案件质量测评的工具，曾有关于规范化量刑文件落实情况的实证研究，思路即通过关于海量案件的实证研究挖掘量刑依据的文件中的要求哪些已得到落实以及落实的程度。(2)作为检察理论的突破口，检察理论与时俱进所应"跟踪"的锚即为司法实践的动态，不断总结案件疑难的原因才能切实推动理论创新。(3)作为参与社会治理的工具，如既有的地理信息系统(GIS)等可视化软件和技术，能实现对犯罪信息和地理信息的实时、精确匹配，国内曾有研究尝试测算盗窃密度与各种空间因素的相关性。

(三)法律监督的辅助判断

根据法律监督职权的体系梳理，检察机关主导的处分权包括裁量型处分权、审批型处分权、监督型处分权。处分权意味着需要业务上的实体判断。凡是涉及实体判断的,一般不能只考虑单个变量,而是需要综合考量多个因素。以机器学习建模为代表的数字技术,正好擅长根据过去多个变量来综合判断某一事项。数字技术有助于辅助裁量的价值包括三点:(1)提高判断的精准度。比如认罪认罚案件所要求的量刑建议,要求不过多地偏离历史类案的均值,检察机关的判断能和法官的预期基本协调一致。(2)降低错判的风险。以逮捕和羁押必要性审查为例,审查的关键在于社会风险评价,可以通过将历史发生社会实害的案件作为训练数据,用于预测新案件的社会风险程度。(3)作为证据材料使用。某些预测的最终结果是次要的,能够匹配历史上的相似案件并予以推送,才是辅助作用的应有之义。假设已开发出一款判断是否构成起诉条件的辅助系统,单纯得出是否构成起诉的意义并不大,但如果能在给出"不起诉"的预测结果同时,推送历史上起诉后被判无罪的案件,则对于承担案件的检察官来说更具有参考的价值。

五、检察专家参与的可行性检验

数字技术在不同的法律监督业务场景中,应有不同的价值侧重。比如在公益诉讼中主要是线索发现,在参与国家社会治理中则侧重类案规律,在羁押必要性审查中侧重的是辅助社会风险的判断。本书将以几个法律监督的具体业务场景为例,并以业务场景定义、模型设计思路、数据集建构为分析框架,检验法律专家参与检察数字化的可行性。

(一)信息的初筛和归类,输出公益诉讼线索

公益诉讼作为加强法律监督职能的重要抓手,适合作为数字知识生产的场景进行率先尝试。官方对于此有十分明确的认识,即"以问题为导向,缺什么,靠数据补什么;以刚需为引领,哪里弱,靠智能强哪里"。在数字技术赋能的诸方面中,案件线索是提起行政公益诉讼的

前提和基础,没有线索就不会有后续各项程序。

法律专家要首先定义出公益诉讼的业务难点,比如在于“发现有价值的案件线索”。在公益诉讼的试点期间即已经显示出案件线索的发现依赖内部刑事案件,线索的来源渠道十分匮乏的问题。作为入口,案件线索是提起行政公益诉讼的前提和基础。当前的实践情况有以下局限:(1)线索来源少。从一些地方检察院的发现线索的经验归纳中,可发现线索来源于机关内部信息共享、行政机关信息共享、专项监督工作、群众举报线索和新闻媒体线索等五类,其中又以第一类占据主导。(2)线索成案难。根据统计,实践中案件线索、诉前建议与公益诉讼之间大致存在 100∶50∶1 的比例关系,反映的是案件线索稀缺,成案比例低的现实情况。(3)耗费人力大。主流的线索发现渠道主要依赖人工,即从可能立案的线索出发,人工筛查、调查取证后确定是否构成公益诉讼的案源。这套方法在初期就要投入大量人力,而诉前建议后纠正等措施分流导致成案率低,因而这套方式整体效率不高。

法律专家参与优化模型的结构设计,可以设计一个“文本摘要和分类任务嵌套”的模型方案。法律专家应当提出公益诉讼线索挖掘模型中各子模型要求具备的功能,比如首先利用主题模型、文本摘要等自动化技术对线索做初筛,从海量信息中提炼出有价值的精华;其次是人工查验、复核线索,办案人员应将精力聚焦于计算机初筛后的信息,发现有价值的线索后予以深度挖掘。在该模型中,法律专家需要充分考虑到机器和人工间的关系,在本场景下两者合适的分工为“机器自动初筛 + 办案人员复核”。

法律专家应主导数据集的筛选和特征选取。数字技术在公益诉讼线索方面的作用是加强线索发现的能力,体现为拓宽、汇集、初筛线索。法律专家在数据方面的功能体现为两方面:(1)精选有价值的线索来源,尤其注重对互联网渠道的线索的初筛、精选。无锡市人民检察院在这一领域的初期尝试中,遇到“推送出来的线索仍比较粗放,精准度不高”的问题，原因便是欠缺法律业务专家参与前期筛选工作，导致网络舆情的线索不够精准。法律专家通过充分调研的方式介入，找到对公益诉讼线索有充分价值的线索源。具体的方法，如通过充分调研挖掘出和当地居民线上互动频繁、和公益诉讼案由密切的相关话题的网络社区及博主。(2)聚合多渠道的线索来源，特别是把不同渠道的信息整合到一个平台上。当前的信息源包括行政执法移送、内部刑事办案部门移送、公民举报、网络舆情等，要把这些线索予以汇聚，把某些相似信息聚类，对某些无关信息进行清洗。

(二)能动参与社会治理，输出数字法治成果

“能动检察”见诸检察机关的近期言论中，这贯彻了《检察机关监督意见》的精神——“推进国家治理体系和治理能力现代化不断作出新贡献”的总体要求、“积极参与社会治安防控体系建设，促进提高社会治理法治化水平”的分论内容。推动在检察数字化进程中应用技术手段具体落实上述重要目标，是法律实务专家介入数字检察的理由。

法律专家应将“能动参与社会治理”落实至具体的业务，比如将能动参与社会治理归结为积极“输出数字法治成果”。首先是根据对业务的理解将其落实至重点的案件中，学者在解读“能动司法”时指出“在民营企业保护、扫黑除恶专项行动等重点领域主动作为”，这体现了司法检察权的政治性。法律专家在此起到划定案件范围的作用，即明确在哪些案件类型中最能体现“能动参与社会治理”，把积极参与社会治理的目标转移至保护民营企业、扫黑除恶等具体的案件类型。其次应清晰定位法律专家在社会治安防控体系中的地位，除法律条文所赋予的传统职能之外，契合检察机关数字化进程的定位应当是平安中国的主导者。最后是进一步将数字法治成果定义为利用数字化手段挖掘并呈现某一社会问题发生的成因和治理经验，即对社会治安防控体系的其他机关有所贡献的智识成果，应是这类基于数据建模得到的规律性知识。

法律专家参与检察社会治理模型的开发，要注重数据驱动下模型挖掘社会治安防控的规律。比如将模型的输出定义为“犯罪现象和多维视角的关联”，具体可设计的模型；又如，(1)时空的规律，这是地理学的视角。结合地理信息系统挖掘犯罪发生的规律的做法已有深厚的理论基础可资利用，比如案件分布的不均匀性，发现高发案件的密集地区为降低案件预防成本提供契机；又如季节、月份和犯罪类型和犯罪率的相关性。(2)社会关系的规律，这是社会学的视角。从罪犯个体的社会关系视角，发现和归纳犯罪发生的规律。当前，这方面虽然具备基本的分析框架，但在国内仍停留于理论的层面，没有尝试采用数据模型检验社会关系分析犯罪规律的可行性。(3)经济发展阶段下的规律，这是经济学的视角，即超越个案、可视化地呈现犯罪现象和某一区域的经济结构、发展阶段之间的关联。上述属于典型的由专家知识主导的模型开发，和工程技术思维主导的模型的最大差别在于数据呈现的规律具有相关理论的支撑，能够为实践中社会治安防控提供知识性的规律和对策性的建议。

法律专家应主导社会治理领域的特有案件数据集构建，形成专门面向社会治理的数据库。由检察机关输出前述的数字化、规律性的成果物比较合适是因为检察机关所处的特殊位置，即处于整个诉讼过程的中间环节，可以向诉讼“前段”和“末梢”双向延伸，成为沟通侦查和审判的桥梁。法律专家应当根据第一个环节对“能动参与社会治理”的案件定义，从针对的社会治理问题出发，新增一类社会对象就新构建一个子数据集。以下几个方面均体现法律专家介入的价值：首先每个子数据集和其数据特征应精准体现该行业的规律，具体的路径要以检察机关办理的案件为单元，通过由法律专家主导的、针对该领域的参与者展开访谈和问卷，确立对社会治理有参考价值的、有待检验的命题；其次是社会治理的目标、问题和已采取措施的“可操作化”，前述有关社会治理的命题要能实现量化检验，法律专家要参与数据项的设计和测量；最后应积极采用数字技术的新方法采集更多源的数据，一项针对累犯的成因机制研究做了相关的创新和示范——通过给刑满释放的研究对象发放智能手机，大数据采集平台可每天向研究对象发送问卷收集数据。

（三）评估犯罪嫌疑人的风险，降低不必要的羁押

对逮捕和羁押必要性的审查是检察机关的重要活动场景之一，同时关乎犯罪嫌疑人在庭审前的人身自由权，因此是一项重大的实体处分权。最高人民检察院要求"可捕可不捕的，不捕"，难点在于如何厘清"捕"和"不捕"的界限，基于大数据模型的辅助判断，能够对羁押必要性的判断有所帮助。

法律专家应定义出批准逮捕和羁押必要性审查的难点，比如"难以确定犯罪嫌疑人的社会风险程度"。在决定是否给予逮捕的审查中，检察机关依据的是《刑事诉讼法》第 81 条，"三要件"中相比于"刑罚要件""证据要件"，具有较大裁量空间和难度的主要是"社会风险性要件"。原因是前两个要件根据案卷中的事实证据，对照实体法规范基本能够得出恰当的结论，但第三个要件却难以用"对照式"思维得出结论，因为风险缺乏规范的明确要件指引，同时风险属于难以量化的、未发生的概率事件，当前的侦查环节亦缺乏对个案社会风险的专门调查。因此对决定是否采取强制措施的场景而言，法律专家需要尽可能地整理业务中判断犯罪嫌疑人风险的依据，在模型设计中归纳出社会风险的表现规律，以此辅助办案人作出合理的判断。

法律专家参与具体风险评估的模型设计的，应当提出归纳风险的具体创新思路，如可通过推送"风险到实害的历史案件"实现对该业务场景的辅助。法律专家可参与具体的模型设计，比如将业务中的繁简分流思想体现在模型设计中。理由是在实际的办案中也将案件分为两类，承办人会将那些法条中明确规定为"应当逮捕"情形的犯罪嫌疑人直接归入羁押的类别，剩余的部分案件才需要结合多要素加以审查。再比如把业务中应多加关注的风险予以具体提示，不只单纯输出

强制措施的结论，还将在设计中融入相似类案的推送、机器判断结论所依据的关键信息等作为风险依据提示。

法律专家在构建数据集时，可充分挖掘其他非公开文书的数据层面价值。当前利用裁判文书、起诉书等公开法律文书的措施存在重大缺陷，即文书反映的信息量太有限。评估犯罪嫌疑人的社会风险，从类型上可划分为人的维度、事的维度和社会的维度三个层次。人的维度包括个人的职业、家庭、社会关系等背景信息；事的维度主要围绕案件事实展开；社会维度包含当地的社会经济发展状况。当前的刑事追诉过程产生的文书信息有内外卷之分，在逮捕和羁押的必要性审查的业务开展中，包括侦查案卷、逮捕/取保候审理由说明书、逮捕审查报告等在内信息均未公开，而内卷中包含有大量对社会风险评估有价值的信息。法律专家作为内部工作人员，更便于查阅和整理内卷，这部分信息将会显著提高模型的性能。

如何更加有效、安全地用数字技术治理经济社会，是当下公共服务部门普遍面临的一道必答题。数字技术给治理能力提升带来了有力的新工具、新机遇，同时社会治理部门同样也面临如何有效驾驭新工具的重大挑战。作为关于数字技术的工具价值的研究，本书探讨了检察机关如何有效地利用数字技术的方法论，虽以检察机关为切入点研究了法律专家参与的方式，但这套方法论将为其他公共部门利用数字技术提供借鉴，比如紧密结合具体场景开发数字模型，突出业务专家在其中参与的价值；数字化技术的深化应用，输出的产物是有辅助治理价值的知识；业务专家的参与，体现在业务场景定义、模型方案设计、数据集构建等多个环节。

第四章

法律人工智能的模型案例

第一节　逮捕审查判断模型:繁简分流思想的应用

一、如何还原中国的逮捕判断方式

近年来,法律人工智能已成为减少法律领域繁重工作的重要工具。通过利用人工智能技术,法律人工智能可以协助完成各种法律任务,包括判决预测、法律问题回答等。例如,之前的研究已经探讨了使用法律人工智能进行判决预测的可能性,并探索了法律问题回答的可能性。这些努力表明,法律人工智能具有提高法律流程效率和准确性的潜力。

强制措施预测(Compulsory Measure Prediction,CMP)作为法律人工智能的一项关键任务,它旨在协助检察官(或法官,视国家而定)确定是否应拘留或提前释放犯罪嫌疑人。拘留是可以对犯罪嫌疑人施加的最严厉的强制措施之一,它可能导致未经审判就严重侵犯犯罪嫌疑人人身自由。为了保障犯罪嫌疑人的基本人权,当前已经进行了一些人工智能模型开发研究的工作。然而,由于法律制度的差异,强制措施预测任务在不同国家会遇到不同的案件信息结构。因此,为一个国家设计的方法不能轻易地被应用于另一个国家,这突出了为每个国家量身定制方法的必要性。

中国是一个人口稠密的国家,法律案件众多,通过人工智能模型协助检察机关确定适当的强制措施势在必行。然而,基于中国法律数据集的强制措施预测相关研究数量有限。因此,本书旨在填补这一空白。确定适当的强制措施要求检察官既要考虑犯罪嫌疑人的基本信息,也要考虑案件的事实。(见表4-1)犯罪嫌疑人的基本信息通常包括犯罪历史和犯罪后的行为。例如,如果有证据表明犯罪嫌疑人有进一步犯罪或逃跑的意图,检察官可能会选择对其进行拘留。在犯罪情节较轻的情况下,采取假释等非羁押措施可能更适合对犯罪嫌疑人进行监控。相比之下,在法律人工智能的另一个重要任务——指控预测任务中,犯罪嫌疑人的基本信息通常会被忽略。

表4-1　强制措施预测的某个实例

基本信息	事实描述	强制措施
被不起诉人AA,女,1976年1月××日出生,汉族,初中文化程度,无职业……	经本院依法审查查明:2020年8月以来,被不起诉人AA……,供他人以麻将形式赌博并从中抽头渔利,……	取保候审

注:根据基本信息和事实描述,检察官应确定强制性措施,这三个组成部分可以客观地从一个带有规则的法律文件中提取出来。

强制措施预测任务可以抽象为文本分类任务,是自然语言处理(Nature Language Processing,NLP)中的经典问题。然而至关重要的是,强制措施预测的结果是可解释的,因为对犯罪嫌疑人采取强制措施需要对所涉个人和一般公众而言的充分的理由。首先,采取如拘留等限制人身自由的强制措施,有可能侵犯犯罪嫌疑人的基本人权。因此,在作出有关此类措施的决定时,必须谨慎行事。其次,在预测强制措施的类型时,对犯罪嫌疑人存在的社会风险的考虑至关重要,这需要保证所采取的措施是适当的,是保障公共安全的必要措施。

事实上,法律判决对人权有重大影响,因此越来越需要提升法律人工智能的可解释性。为此,研究人员现在专注于开发有效的解决方案来解释这些系统的预测,而不是仅仅实现预测精度的最大化。然而,在解释质量和预测精度之间存在权衡。因此,在设计强制措施预测模型时面临两个主要挑战:(1)如何开发出适合中国数据集的高精度预测模型;(2)如何在不牺牲太多精度的情况下提高模型的可解释性。

在司法实践中,在做出法律决策之前,检察官通常会将案件分为简单或复杂案件。检察官根据几个标准来评估案件的简单性,如事实是否清楚,是否有可能在没有广泛专业知识的情况下依法直接判决。简单的案件可以迅速侦破,而复杂的案件则需要仔细分析。通过区分简单案件和复杂案件并分别处理,办案人员可以提高效率,将注意力集中在复杂案件上。

受既有模型中模型组合和检察官决策过程的启发,为了解决上述挑战,我们设计了一个新的混合框架 LK – IB(Legal Knowledge and combining Interpretable and Black – box models),通过纳入法律知识,结合可解释和“黑盒”模型,以平衡强制措施预测中的准确性和模型可解释性。为了表示法律知识,我们使用一阶逻辑(First Order Logic, FOL);为了结合可解释模型和黑箱模型,我们使用案例分配器对案件是“简单”还是“复杂”进行分类。具体来说,我们构建的框架由三个步骤组成:(1)如果一阶逻辑规则可以进行预测,则直接输出结果。(2)如果不能,则案例分发器会将案例发送到可解释模型或“黑箱”模型。如果该案例被确定为“简单案例”,则将被发送至可解释模型;否则,该案例将被确定为“复杂案例”,并将被发送到“黑箱”模型。(3)被选择的模型将进行预测。

同时,我们收集了中国最高人民检察院官方网站上公布的起诉书法律文件,并构建了一个真实世界的数据集来验证这项工作。本实验中使用的语料库由中国官方机关发布,必要时已进行了匿名化处理,因此,我们的数据集不涉及任何个人隐私。在这个真实数据集上的实验结果显示,与最先进的预测模型相比,LK – IB 具有出色的准确性,同时获得了更好的可解释性。此外,法律决策的智能预测仍然是一项关乎切身权利处分的技术,因此值得研究某些伦理考虑。目前在中国法律人工智能领域提出的各种方法旨在减少法律专业人员的工作量，提高他们的工作效率，而不是取代人类。我们的主要贡献总结如下三方面内容。

1. 本书从可解释性的角度对中国的强制措施预测问题进行了研究，并在强制措施预测中引入了模型组合的思想。据我们所知，在中国的数据集中，此前没有任何工作解决该问题。

2. 通过模拟检察官的决策过程，提出了一种具有法律知识注入的新型混合框架即 LK－IB 框架。LK－IB 框架首先检查一阶逻辑规则是否能够对一个案例做出决策，如果不能，则使用案例分配器对案例进行“简单”或“复杂”分类，并分别将案例发送到可解释模型或黑盒模型。最后，由被选中的模型进行预测。

3. 我们构建了一个新的数据集，其内容由中国检察机关制作。在数据集上的实验验证了我们提出的方法在自动度量和人工评估方面的有效性。

二、既有的实现方案

（一）法律人工智能

法律人工智能已经成为法律工作的重要组成部分，旨在为法律专业人员和公众带来便利。许多研究者为推动法律人工智能的发展做出了相当多的努力，法律人工智能的任务包括：法律判决预测、法院观点生成、法律问答等。法律人工智能旨在根据描述案件事实的给定文本预测法律案件的判决，其中法律判决预测任务起着关键作用。

（二）强制措施预测

强制措施预测旨在协助检察官（某些国家的法官）确定犯罪嫌疑人是否应被拘留或假释。虽然也属于文本分类任务，但与法律判决预测任务通常只将事实描述作为输入信息不同，强制措施预测任务还需要将犯罪嫌疑人的基本信息和犯罪历史作为输入信息。

自20世纪80年代以来,世界范围内对犯罪嫌疑人的社会危险性进行了定量评估研究。在欧洲和美洲各国,风险评估工具作为审前决策的重要依据已逐渐被广泛使用,并可被视为一种特殊类型的强制措施预测任务。例如,在美国,对犯罪嫌疑人实施审前羁押的决定是由法官做出的,而强制措施预测系统可以通过预测犯罪嫌疑人再次犯罪的概率来协助法官做出审前决策。然而,中国的审前羁押制度与欧美国家的审前羁押制度在几个方面存在显著差异。在中国,强制措施由检察院批准,法官作为拘留合法性的审查者。而且,中国没有成熟的量化评估体系。因此,强制措施预测任务是一项基于中国独特司法背景的创新,不能直接与其他国家的现有方法进行比较。

强制措施预测是法律判决预测的预审任务,审前羁押有可能侵犯犯罪嫌疑人的基本人权,因此预审的可解释性变得更加重要。

(三)法律人工智能的可解释性

如今,人工智能正在加速向更方便、更智能的方向转变。然而,许多基于人工智能的系统具有"黑箱"特性,这意味着它们的预测不容易解释。这个问题开辟了一个新的研究领域,称为可解释的人工智能,其目的是使人工智能系统预测的结果更容易被人类理解。现有的可解释性方法大致可以分为两种类型:内在的和事后的,这取决于可解释性方法是否可以追溯或主动应用。内在方法对人类来说具有固有的可理解性,具有内在可解释性的模型通常被称为"可解释模型"或"白盒模型"。可解释的人工智能有可能为迫切需要可解释性的广泛领域带来显著益处。例如,风险评估工具已被用于预测罪犯是否存在未来犯罪行为的风险。然而,这些工具往往依赖算法和数据驱动的决策,这显著提高了公众对其缺乏可解释性和可靠性的担忧。

在最近发表学术论文中,有学者努力使法律人工智能更具可解释性。一种方法将一阶逻辑规则(可理解且通常来自领域知识)纳入模型,另一种方法是使用产生注意权重的注意力机制,为神经网络预测背后的推理提供洞见。这些方法通常与黑盒模型相结合,以提高可解释性。例如将法律知识表示为一阶逻辑规则集合,并将其整合到一个共同关注网络中,使判决预测模型更具可解释性。有学者提出了一种基于注意力的神经模型,该模型使用从相关文章中计算出的注意力矩阵来过滤掉无关的事实描述信息。还有学者提出了一种新的提取关键特征的注意力机制,以仔细区分容易混淆的法律条款。目前,“知识驱动和数据驱动”的概念已经出现,上述工作表明,注入法律知识可以显著提高法律人工智能系统的性能。

(四)混合模型

尽管已经提出了许多方法来增强我们对“黑箱”模型的理解,但它们往往会导致预测精度不同程度的下降。事实上,智能系统仍然面临平衡可解释性和预测性能的挑战,特别是准确性。然而,有一些成果专注于结合多个模型来解决这一困境。混合模型的核心思想是将一个可解释的模型与一个预先训练好的“黑箱”模型相结合以发挥它们的优势。有学者通过考虑其他模型在决策过程中的影响,提出了一个联合决策框架。该框架已被证明可以显著提高整个系统的准确性和公平性。有学者提出了一种混合预测模型,并设计了训练算法来识别数据空间的一个子集,其中可解释模型可以替代“黑箱”模型,从而在预测性能方面以可接受的成本实现可解释性。这些工作举例说明了如何结合可解释性模型和“黑盒”模型,可以产生在减少可解释性和预测精度之间的交易方面的潜在结果。在这一领域的进一步研究是有必要的,可以推进混合模型的发展及其在现实世界智能系统中的潜在应用。

在现实场景中,在有些情况下,可以很容易地判断必要措施的类型,并将其视为具有明显特征的“简单案例”并适用于案例转移程序。我们的 LK - IB 框架也部分地受到混合动力模型概念的启发。

三、LK - IB 框架方法

在本节中,我们将介绍名为 LK - IB 的新型混合框架,它代表了一种注入法律知识的框架,并将可解释模型与“黑盒”模型相结合(见图4-1)。LK-IB框架旨在解决强制措施预测任务中的难题。在司法实践中,在做出法律决定之前,检察官通常会将案件分为简单和复杂案件。我们的方法就是基于这种观察,通过区分简单和复杂的案件,在不牺牲预测准确性的情况下提高可解释性。可解释的模型足以达到高精度预测简单情况。利用可解释模型预测简单案例还可以增强预测结果的可解释性;相反,预测复杂案例的更具挑战性,因此需要使用具有更复杂算法的模型来提高预测精度。

我们使用犯罪嫌疑人的基本信息和案例描述作为输入内容,它是一个单词序列 $x=[x_1,x_2\cdots x_n]$,强制措施标签 $y(y\in\{0,1\})$ 是一个非负整数。给定 x,我们的目标是预测 y,其中 $y=0$ 代表假释,$y=1$ 代表拘留。

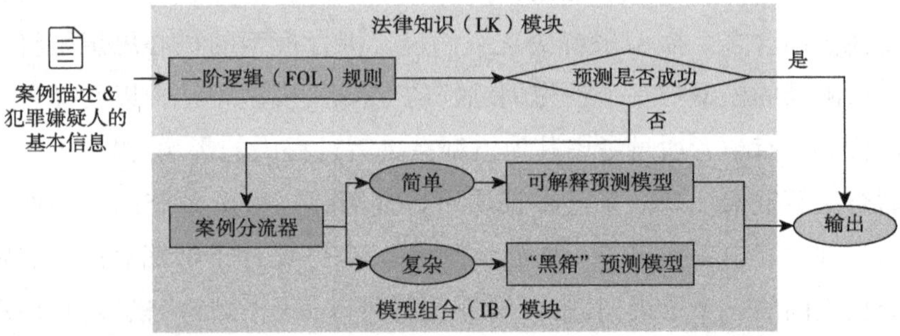

图4-1 LK-IB框架:法律知识模块和模型组合模块

我们的方法包括LK和IB两个模块,分别代表法律知识注入和模型组合。对于第一个LK模块,我们使用一阶逻辑(FOL)规则来表示法律专家的法律知识(如决策经验)。LK模块的优点是预测是基于规则的,所以预测结果是准确的和可解释的。设计一阶逻辑规则的成本很高,因此不可能涵盖所有可能的情况。在本章中,我们选取最频繁的两种指控作为尝试。对于不适合LK模块的情况,我们使用第二个IB模块进行预测。IB模块由一个案例分流器和两个预测模型组成,一个是可解释模型(如逻辑回归),另一个是“黑箱”模型(如深度神经网络)。

总体而言,预测流程由三个阶段组成。(1)将案例发送给 LK 模块,如果一阶逻辑规则集能够进行预测,则生成结果。(2)将案例发送到 IB 模块。案例分配器根据案例的概率分布,将案例分为“简单”和“复杂”两类。如果将案例为简单案例,则将其导向可解释模型;对于被认为复杂的案例,则被直接指向“黑箱”模型。(3)在最后一步中,选定的模型将进行预测。

(一)法律知识模块

我们工作中的关键创新之一是将法律知识融入 LK 模块。法律专业人员拥有广泛的法律知识,这些知识是他们在处理各种案件的过程中积累起来的。例如,犯罪嫌疑人有稳定的住所和工作,但被指控犯有轻罪,可能会被检察官假释。

为了向机器表示这些法律知识,我们使用一阶逻辑规则。我们利用一阶逻辑中的条件语句来获取准确预测所需的关键法律知识。条件语句表示为 $X \to Y$,其中 X 表示前提条件,Y 表示结果。前提条件可以表示为变量的连词或析取,如 $X_1 \wedge X_2 \wedge \cdots \wedge X_N \to Y$。这些一阶逻辑规则中的所有先决条件都是从相关法律条文中抽象出来的基本要素。

根据《刑事诉讼法》第 81 条的规定,犯罪嫌疑人在以下三种情形下应当被逮捕:(1)有证据证明犯罪事实和犯罪嫌疑人;(2)犯罪嫌疑人可能被判处有期徒刑或者较重的刑罚;(3)犯罪嫌疑人具有社会危害性。犯罪嫌疑人对社会不构成重大危害的,则予以假释。由于为所有案件设计一阶逻辑规则的成本较高,我们选择了两种最常见的罪名进行实验:谋杀和酒驾,然后将法律知识设定为以下一阶逻辑规则 K1 和 K2:

$$K1: \neg X_{REP} \wedge X_{JOB} \wedge X_{DRINK} \wedge X_{DRIVE} \to \neg Y$$

其中,X_{REP} 表示犯罪嫌疑人是否为惯犯,X_{JOB} 表示犯罪嫌疑人是否有稳定的工作,X_{DRINK} 和 X_{DRIVE} 分别表示犯罪嫌疑人是否有饮酒或驾车行为。

$$K2: X_{MUR} \wedge (X_{INJ} \vee X_{REP} \vee \neg X_{FIX}) \rightarrow Y$$

其中，X_{MUR}表示犯罪嫌疑人是否犯了谋杀罪，X_{INJ}表示受害者是否受伤，X_{FIX}表示他是否有固定居所。

如图4-2所示，我们利用设计好的正则表达式来识别文档中以上的构成犯罪要素。如果案例满足一阶逻辑规则中规定的条件，则可以直接推导出其强制措施预测结果，自然可以实现可解释性。

然而，尽管LK模块基于法律知识，并且输出可以由一阶逻辑规则解释，但值得注意的是，即使满足了所有的前提条件，预测也不总是精确的。预测需要经过人类检察官的审查，才能做出最终决定。对此我们在“五、歧视性风险讨论”中增加了更详细的讨论。

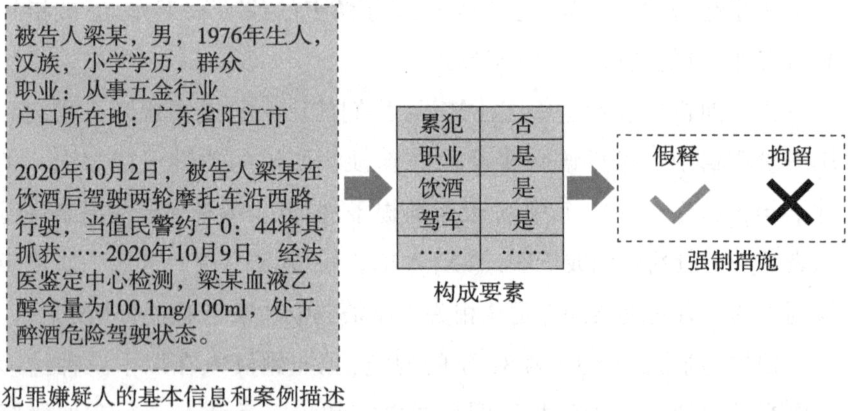

图4-2 LK模块示意

（二）模型组合模块

组件1：案例分流器

由于可解释性和预测准确性的目标往往是相互竞争的，IB模块并不力求在模型预测中实现完全透明。相反，它的目标是在可解释模型和“黑箱”模型之间建立一种协作方法，以利用它们在不同数据子集中的优势。为了实现这一目标，我们设计了一个案例分流器，帮助划分数据空间,允许可解释模型和"黑箱"模型专注于特定的数据子集,以进行后续的训练和推理。通过这种方式,可解释模型和"黑箱"模型可以成为不同数据空间的专家,在那里他们可以获得各种成就。

图4-3展示了案例分流器的概念。如果我们只使用一个可解释的模型,如逻辑回归(LR)进行预测,双线表示逻辑回归学习的决策边界。远离双线的案例可以被可解释模型准确地预测,它们的预测也可以被可解释算法解释。然而,位于双线附近的案例的准确性可能无法得到保证,因为可解释模型学习到的决策边界对于复杂的案例可能不那么准确。考虑到"黑箱"模型强大的学习能力,它们更适合处理这些案例,因为它们可以学习到更准确的、适合复杂特征的决策边界。因此,需要可解释模型和"黑箱"模型之间相互合作。这种协作方法使我们能够利用两种模型的优势,并在不同的数据子集中实现更高的准确性和可解释性。

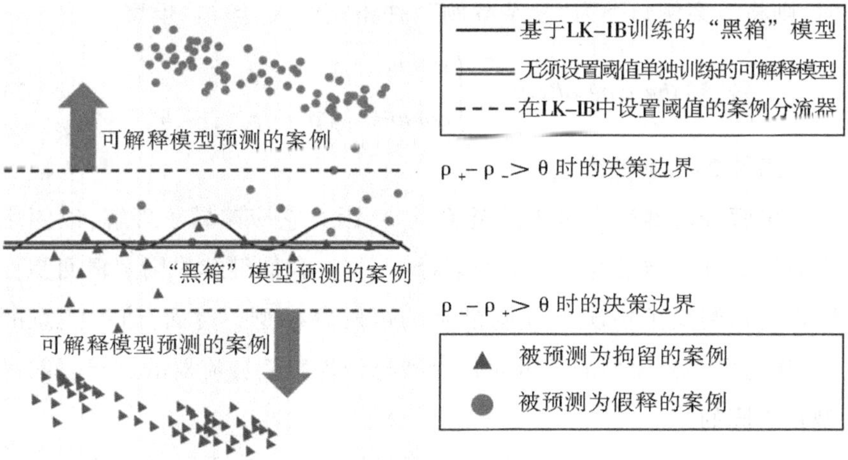

图4-3　模块数据空间分区示意

由案例分流器计算案例在不同类别中的概率,以确定该案例属于哪个类别。案例分流器通过将犯罪嫌疑人的基本信息和案件描述作为输入信息,对每个案件进行分类。如果这些概率值非常接近,我们可以假设案件过于复杂,无法仅通过可解释的模型进行判断。因此,我们可以通过使用具有设置阈值的可解释模型来划分数据空间。“黑箱”模型可以关注分流效果不佳的情况。值得注意的是,可解释模型在我们的框架中有两种用途,一种用于确定案例分布,另一种用于预测结果。我们应用了两个可解释模型来实现这些不同的用途,前一个被视为“案例分流器”,因为它的预测结果不被用作最终输出结果,而是被用于区分一个案例是“简单”还是“复杂”。然后,我们使用另一个可解释模型对简单的案例进行预测。此外,用户可以选择任何可解释的模型作为案例分流器来识别简单案例。在本章中,我们选择逻辑回归模型作为案例分流器。

假设[ρ_+,ρ_-]表示这两种强制措施的概率分布,由逻辑回归模型计算。我们设置一个阈值 θ 划分数据空间并决定样本属于哪一种类型。当 $\|\rho_+ - \rho_-\|$ 大于且等于 θ 时,将该案例分类为“简单案例”,并将其发送到可解释模型进行下一步处理。反之,当 $\|\rho_+ - \rho_-\|$ 小于 θ 时,则将该案例归类为“复杂案例”,并将其输入“黑箱”模型。

$$the\ type\ of\ case = \begin{cases} simple & \|\rho_+ - \rho_-\| \geqslant \theta \\ complex & \|\rho_+ - \rho_-\| < \theta \end{cases} \tag{1}$$

组件 2:可解释模型

可解释模型算法的选择至关重要,因为它应该易于理解,以便用户获得对预测结果的有意义的解释。因此,我们继续采用逻辑回归算法作为预测简单情况下强制措施的可解释模型。然而,值得注意的是,作为可解释模型的逻辑回归模型与作为案例分流器的逻辑回归模型是不同的。

如前述表 4-1 所示,输入包含事实描述和犯罪嫌疑人的基本信息。我们将其视为一个词序列,LR 模型的目的是预测其相应的强制措施 y。输入训练数据集 $D = \{(x_1, y_1), (x_2, y_2) \cdots (x_n, y_n)\}$,其中 $x_n = \{a_{i1}, a_{i2}, a_{i3} \cdots a_{ik}\}$ 是由 k 个单词组成的第 i 个情况的单词序列,a_{ik} 表示第 i 个单词序列 x_i 中的第 k 个单词,而 $y_i \in \{0,1\}$ 是第 i 个样本的强制性测量预测结果(0 代表犯罪嫌疑人被假释,1 代表拘留)。利用

term frequency – inverse document frequency(TF – IDF)向量化从单词序列中提取特征,假设 v_i 是第 i 个样本的表示。强制措施的概率为:

$$v_i = TF - IDF(x_i) \tag{2}$$

$$P(y_i = 1 \parallel v_i) = \frac{\exp(w^T v_i)}{1 + \exp(w^T v_i)} \tag{3}$$

$$P(y_i = 0 \parallel v_i) = \frac{1}{1 + \exp(w^T v_i)} \tag{4}$$

其中,ω 表示 LR 模型中的权重向量。

通过梯度下降算法,我们最大化似然函数 $L(\omega)$ 来获得最优参数:

$$L(w) = \sum_{i=1}^{n} [y_i(w^T v_i) - log(1 + exp(w^T v_i))] \tag{5}$$

$$\hat{w} = arg\ \max\left(\sum_{i=1}^{n} L(w)\right) \tag{6}$$

组件 3:“黑箱”模型

鉴于 BERT 在各种自然语言处理任务中显著推进了最新技术,包括在法律人工智能领域的应用,一些研究人员已经采用 BERT 实现有效的性能。在我们的模块中,我们也利用 BERT 模型作为“黑箱”模型来预测复杂的情况。

利用变压器的 BERT 是一种专注的模型,能够通过一个用于输入的编码器和一个用于输出的解码器建立单词之间的关系。与传统的一次处理一个单词的自然语言处理模型不同,BERT 一次处理整个句子,以捕获隐藏在单词之间的语言意义。在我们提出的模型中,我们不直接使用 BERT,而是使用一个微调版本,其中所有参数都是在我们自己的数据集上训练的。输入信息由包含事实描述和犯罪嫌疑人基本信息的句子组成,并利用基本中文预训练模型将这些句子转换成标记序列和相应的填充掩码向量。随后,将标记序列和填充掩码向量输入 BERT 进行预测。在表示法中,h 表示输入的最终隐藏状态,W 表示模型训练过程中的可训练参数。在 BERT 上增加一个合并模块和一个线性模块来进行二进制分类。

$$P(y \| \mathrm{h}) = sigmoid(W\mathrm{h}) \tag{7}$$

损失函数为交叉熵损失：

$$Loss = -[y\log(p) + (1-y)\log(1-p)] \tag{8}$$

组件4：训练策略

训练策略在算法1中进行了说明。首先，使用所有的训练数据来训练一个案例分流器。其次，我们使用一阶规则过滤掉那些预测结果可以直接从法律知识中推断出来的案例。再次，将训练数据集中剩余的案例输入案例分流器中，其中输出强制措施的概率分布。被归类为“简单案例”的案例将被收集到一个简单案例子集中，用于训练IB模块中的可解释模型。同时，被案例分发器识别为“复杂案例的案例”将被收集到一个复杂案例子集中，用于训练“黑箱”模型。最后，可解释模型和“黑箱”模型在各自的训练集上完成各自的训练过程。

四、实验结果分析

在本节中，我们将提供关于我们实验构建的数据集的详细描述，以及我们模型中使用的必要参数。然后，我们将把我们构建的框架的性能与基线方法进行比较，并对我们框架中每个模块的效果进行分析。

（一）数据集

我们数据集中的案例源于最高人民检察院官网。我们按照以下步骤处理数据集中的所有样本：（1）过滤掉无效的文档（如缺少基本信息的文档）。（2）从数据集中删除敏感信息，如姓名和其他个人身份信息，以保护隐私。（3）通过关键词客观地将剩余的文档分成三部分（如基本信息、事实描述和强制措施）。经过这些处理步骤，我们总共获得了119 744个可用条目。在我们的实验中，本文使用的所有基线都是在同一数据集上进行训练和测试的。训练集由11万个样本组成，而测试集包含18 744个样本。平均来看，数据集中的每个案例在事实描述中包含 168 个句子，在基本信息中包含 163 个句子。

数据集主要来自北京、广东、浙江和云南四个具有代表性的省份（地区），分别代表中国的北部、南部、东部和西部地区。我们的数据集反映了中国的总体情况，因为这些地区具有鲜明的地理、经济和政治特征。例如，浙江是司法改革的前沿省份，广东是 GDP 最高的省份，而云南经济发展速度相对较慢，北京是中国的首都。见图 4－4。

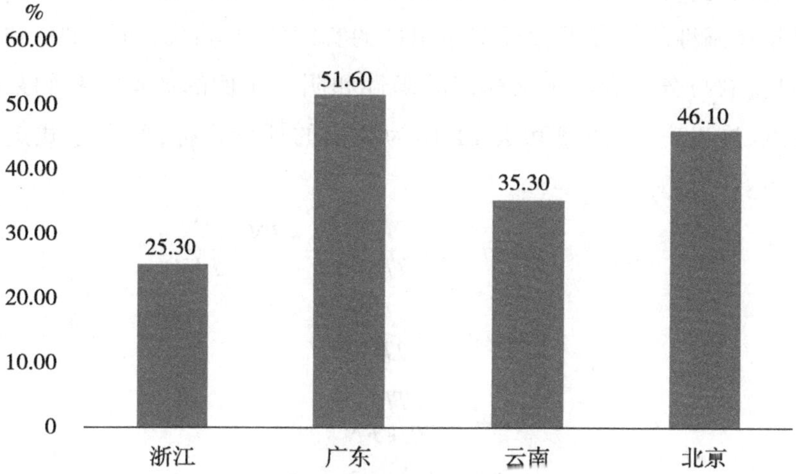

（a）数据集中不同地区的拘留率

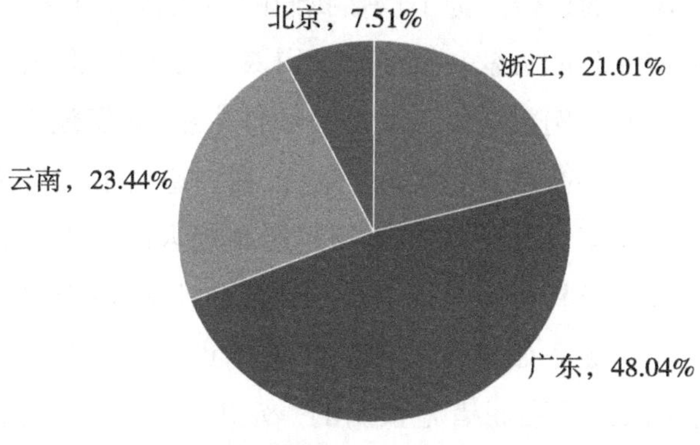

（b）数据集中不同地区的比例

图 4－4　四个地区的拘留率和比例

(二)指标和基准线

强制措施预测任务的性能通过分类精度(ACC)、准确率(P)、召回率(R)和宏F1来衡量。考虑到准确率和召回率都是根据只代表局部效应的特定类别计算的,我们在宏观层面上对它们进行平均,以评估我们模型在全局方面的性能。计算基于四个指标:假阳性(FP)表示它们为阴性时被标记为阳性的实例的数量;相应地,假阴性(FN)是指在阳性的情况下被标记为阴性的实例的数量;真阳性(TP)和真阴性(TN)分别表示正确标记的阳性和阴性实例的数量。我们采用精度、准确率、召回率和宏F1作为我们的评价指标,所有公式定义如下:

$$Accuracy = \frac{TP + TN}{TP + TN + FP + FN}$$

$$Precision = \frac{TP}{TP + FP}$$

$$Recall = \frac{TP}{TP + FN}$$

$$F1 = \frac{2 \times Precision \times Recall}{Precision + Recall}$$

案例分流器的评价。为了评估我们的案例转换方法的有效性,我们采用了专家评分的方法。我们使用LK-IB中的案例分流器来生成简单和复杂的病例数据集。从每个数据集中,我们随机选择200个案例,形成一个新的评估数据集。然后,我们邀请了三位法律领域的专家来阅读这些案件的事实描述和犯罪嫌疑人的基本信息。他们对每个案件的决策难易程度进行了0—10分的评估,并对最终的强制措施决定做出了判断。如果人工评估结果与我们的框架得到的最终结果一致,同时保证了强制措施预测的一定准确性,则说明案件分流器是相对有效的。

为了评估我们的LK-IB框架的预测性能和可解释性,我们实验了几个基准线来比较这两个方面。

• 朴素贝叶斯：朴素贝叶斯分类器通过假设特征是独立的给定类，极大地简化了学习。我们创建了一个具有词级 TF－IDF 特征的朴素贝叶斯文本分类器。

• 决策树：决策树分类器最重要的特征是它们能够将复杂的决策过程分解为一系列更简单的决策，从而提供通常更容易解释的解决方式。

• KNN：K 最近邻（KNN）分类是在未知或难以确定可靠的概率密度参数估计时基于进行判别分析的需要发展而来的。

• 逻辑回归：逻辑回归是一种广泛使用的统计建模技术，具有很高的可解释性，我们构建了一个具有词级 TF－IDF 特征的逻辑回归分类器。

• FastText：FastText 被定义为轻量级模型，它通过简单的将单词向量添加为文本特征来进行分类。

• Att－BiLSTM：Att－BiLSTM（基于注意力机制的双向长短期记忆网络）利用具有注意力机制的 BiLSTM，该机制可以自动关注对分类有决定性影响的单词以捕获句子中最重要的语义信息。

• DPCNN：DPCNN（深金字塔卷积神经网络）是一种用于词级深度文本分类的广泛而有效的卷积神经网络，它主要由区域嵌入层和卷积块组成。

• BERT：BERT（来自变压器的双向编码器表示）是以自我监督的方式在大型数据语料库上预训练的变压器模型，我们还进行了以下设置的消融研究：

（1）LK－IB w/o FOL，w/o FOL 意味着我们删除了 FOL 规则，只保留了可解释模型和带有案例分配器的黑箱模型的模型组合；

（2）不同值的 LK－IB，我们为案例分流器设置了不同的阈值，分别命名为 LK－IB0.999、LK－IB0.99 和 LK－IB0.9，分别代表 0.999、0.99和 0.9 的值。

（三）实验细节

为了处理无空格的中文案例文档，我们利用 jieba 工具进行中文分词。分词后我们应用 TF－IDF 算法将分词映射到向量矩阵中，作用于分词器和可解释模型。具体来说，我们使用了来自 scikit－learn 库的 TfidfVec－torizer 来实现这种方法。

在我们的实验中，我们使用 BERT 预训练模型作为黑箱模型，并将输入文本分割成字符单元。我们将最大句子长度设置为 256 个字符，并删除多余的字符。对于训练，我们使用 Adam 优化器，学习率为 $3e^{-5}$，我们将所有"黑箱"模型的批处理大小设置为 16。我们将每个"黑箱"模型训练 3 期。为了评估我们的 LK－IB 框架的预测性能和可解释性，我们实验了几个基线。基线模型中所有可解释的模型和"黑箱"模型的参数设置与上述一致。

（四）实验结果

结果 1：强制措施预测的精度

对于强制措施预测任务，表 4－2 总结了我们的 LK－IB 框架和数据集上的其他基线的总体性能。我们还检查了不同成分的准确性，并通过消融研究考察案例分流器设置的不同值对准确率的影响。一些机器学习模型具有更大的简单性和可理解性的特点，因此它们被认为是本质上可解释的模型，包括朴素贝叶斯、决策树、KNN 和逻辑回归。相反，大多数神经网络模型具有出色的预测性能，但也具有较大的复杂性，因此被识别为"黑箱"模型，包括 FastText、BiLSTM，DPCNN 和 BERT。总的来说，LK－IB 的预测性能，其阈值在我们的数据集上达到了最好的性能，所有的评估指标都表明了这一点。

表 4 – 2 数据集的强制措施预测结果

单位:%

		ACC	P	R	F1
Interpretable models	Naive bayes	87.02	86.75	87.85	86.91
(可解释的模型)	Decision tree	94.26	94.17	93.97	94.07
	KNN	85.44	85.35	84.41	84.79
	Logistic regression	95.61	95.36	95.61	95.48
Black – box models	FastText	97.66	97.56	97.62	97.59
(黑箱模型)	Att – BiLSTM	97.87	97.77	97.82	97.80
	DPCNN	97.77	97.66	97.74	97.70
	BERT	98.00	**98.00**	97.87	97.93
Hybrid framework	LK – IB	**98.09**	**98.00**	**98.06**	**98.03**
(混合框架)	LK – IB w/o FOL	96.52	96.24	95.68	95.95

注:粗体值代表所有模型在实验中表现出的最佳性能,即 ACC、P、R 和 F1 在所有模型中的最大值。

具体来说,我们有以下几个观察结果。

- 我们提出的 LK – IB 框架在强制措施预测任务上达到了最佳性能,准确率为 98.09%,与相比四个可解释模型的平均表现提高了 7.51%,相较于四个"黑箱"模型的平均表现提高了 0.265%。其他评估指标(如准确率、召回率和 F1 值)的结果也证明了我们提出的框架的有效性。

- 很明显,与可解释模型相比,"黑箱"模型表现出优越的预测性能,尽管它们缺乏可解释性。此外,BERT 作为所有基线中表现最好的模型脱颖而出,其最高精度为 98.00%,精度仅略低于我们的框架。在可解释模型中,逻辑回归比朴素贝叶斯、决策树和 KNN 表现出更好的性能。在接下来的消融研究中,我们在 LK – IB 框架中分别采用 BERT 和逻辑回归作为"黑箱"和可解释的预测模型。

上述所有实验都表明,法律知识的注入在可解释性和预测准确性方面都有利于我们的框架。此外,IM 和 BM 的结合可以在不显著牺牲准确性的情况下产生可解释性更高的预测结果。

结果 2:案例分流器的评价

表 4 – 3 显示了针对我们的框架,根据三名法律专家提供的评分,

判断的简单和复杂案件的专家评分。简单案件的平均得分为 2.05 分,复杂案件的平均得分为 8.03 分。这表明我们的案例分流方法在区分简单案件和复杂案件方面是有效的,因为它的分类结果与专家在法律领域的认知理解是一致的。

表 4-3 评估案例分流效果的专家评分

单位:分

	Difficult Level (难易程度)	
	Simple cases subset (简单案件集)	Complex cases subset (复杂案件集)
Expert 1(专家 1)	1.98	8.45
Expert 2(专家 2)	2.14	7.42
Expert 3(专家 3)	2.02	8.23
Average(平均)	2.05	8.03

结果 3:消融实验

在我们提出的 LK-IB 框架中,我们分别进行了消融实验来证明一阶逻辑和混合模型的有效性。

首先,如表 4-2 所示,LK-IB 的准确率比 LK-IB w/o FOL 高 1.57%。这个比较中唯一的变量是是否引入了一阶逻辑。因此,结果表明一阶逻辑在案例分流和推理方面的有效性。

其次,如表 4-2 所示,LK-IB w/o FOL 的准确率为 96.52%,比单 BERT 模型的准确率低 1.48%。这一观察证实了混合模型的设计可以在不牺牲太多精度的情况下提高可解释性,使其成为在强制措施预测任务中实现准确性和可解释性的平衡的富有前景的方法。

最后,我们打算探讨不同阈值对 LK-IB 预测性能的影响。我们将 LK-IB 的分流阈值分别设置为 0.999、0.99 和 0.9。当在保持总训练样本量不变的情况下,对案例分流器的阈值设置不同时,训练集的划分也会发生变化。值越高,意味着样本被分类为简单案例的标准越高。因此,LK-IB 中"黑箱"模型的训练数据集会更大,LK-IB 中可解释模型的训练数据集会更小,如表 4-4 所示。一方面,我们可以看到，阈值为0.999的LK－IB预测精度最高，预测精度说明随着阈值提高而提高。另一方面，一旦阈值设置越高，案例分流的简单案例数量就会减少，这意味着可解释案例的数量就会减少。

表4－4　不同阈值下的训练数据划分

The thresh－old value（d）（阈值）	Size of simple case set（简单数据集规模）	Size of complex case set（复杂数据集规模）	ACC（准确率）	Size of cases predicted by LK module（LK模型预计集合规模）	Total size（整体规模）
0.9	57 914	13 371	97.59%	38 715	1 100 000
0.99	32 547	38 738	98.03%		
0.999	19 403	51 882	98.09%		

结果4：超参数的影响

我们的框架有一个重要的超参数：案例分流器中的设置阈值。在这里，我们研究了这个超参数对我们模型性能的影响。根据既有的方法，我们将混合模型 D_{total} 的透明度 $f = \langle f_l, f_b \rangle$ 定义为f处理的数据的百分比（其中 D_{total} 表示数据集中数据样本的总数，f_l 和 f_b 分别表示可解释模型和“黑箱”模型）。值得一提的是，在我们的框架中，有一些样本是由一阶逻辑推断出来的，一阶逻辑也可以看作一个可解释的模型。因此，在我们的框架中，可解释性体现为一阶逻辑和逻辑回归模型。透明度通过以下方式计算：

$$transparency = \frac{D_{FOL} + D_{LR}}{D_{total}}$$

其中，D_{FOL} 表示一阶逻辑推断的样本子集，D_{LR} 表示LR模型预测的样本子集。

图4－5显示了我们实验中在所有混合模型的透明度和预测精度之间的权衡。当案例分流器中设置的阈值接近1时，LK－IB的精度增加，而透明度降低。这可能是因为更高的阈值会导致更多的样本被“黑箱”模型处理。因此，找到一个部分透明度和良好预测性能共存的

中间地带是可能的,用户可以根据他们期望的透明度水平和对预测精度损失的容忍度来调整案例分流器中的值。在我们的实验中,我们将值设置为 0.999,因为它为我们的框架带来了最佳的准确性,同时仍然保持了可接受的可解释性水平,这使我们可以将我们的框架与基线进行比较。

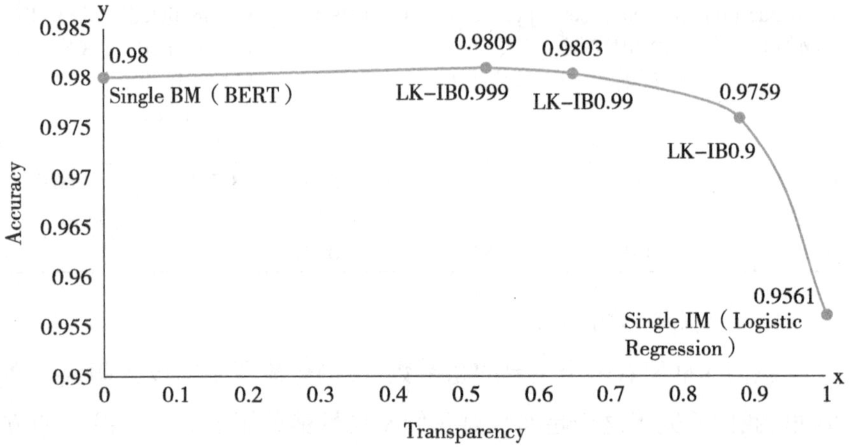

图 4-5　在混合模型的透明度和准确性的权衡

注:X 轴表示透明度,Y 轴表示测试集上的精度。

结果 5:不同地区的实验结果

为了检验我们为训练模型而构建的数据库的适用性,我们对测试数据中不同省份或地区的数据的预测精度进行了分析,结果如表 4-5 所示。可以看到,虽然各地区的滞留率不同,但不同地区的准确率达到 96% 以上,证明我们的数据集可以训练出具有较高泛化能力的模型。

表 4-5　不同地区数据的预测精度

地区	精度/%
浙江省	96.94
广东省	98.48
北京市	96.72
云南省	98.75

结果 6：案例研究

在本节中，我们从实验中选择一个简单案例的代表性示例，以便直观地说明 LK－IB 中的可解释模型如何用于强制措施预测。如图 4－6 所示，文本的颜色深浅直接反映了可解释模型中训练的每个单词的权重值。背景颜色越深的单词表示的权重越高。

案件的内容表明，尽管犯罪嫌疑人违反交通法规导致了受害者的死亡，但犯罪嫌疑人有固定的居住地，认罪并自愿接受惩罚。根据法律规定，本案不符合拘留条件，可解释模型给出的预测结果为假释。从图 4－6 中我们可以观察到，可解释模型能够捕捉到嫌疑人的关键事实和相关信息，这对于确定最终的强制措施至关重要。基于此，我们有理由相信可解释模型获得的预测结果是可解释的，因为可解释模型提供的基本原理和预测结果与真实的法律场景是一致的。

被不起诉人 豆某某 ， 男 ， 1983 年 ×× 月 ×× 日 出生 ，
身份证 号码 ： 41275451983××××××××× ， 汉族 ， 文
化程度 初中 ， 户籍地 为 河南省 周口市 鹿邑县 ×× 乡 ××
村 ××庄 。 2020 年 6 月 12 日 9 时许 ， 被不起诉人 豆某
某 [redacted] 豫 PX××××× 号 [redacted] ， [redacted] 至 本市
白云区 广从 七路 出钟 落潭镇 福龙 路西 28 米 （ 广从 七路
福龙 路口 ） 处时 ， 因 豆某某 [redacted] 按 操作 规范 安全 驾驶 ，
与 [redacted] 号牌 两轮 轻便 摩托车 的 周某某 发生 [redacted] 致其
[redacted] ， 后 周某某 于 2020 年 10 月 24 日 不治 [redacted] 。 经
鉴定 ， 周某某 系因 冠状动脉 粥样 硬化性 心脏病 急性 发作
而 [redacted] ， [redacted] 系 导致 [redacted] 的 根本原因 ， 外伤 及
其 并发症 系 导致 [redacted] 的 轻微 因素 。 经 [redacted] 认定 ，
豆某某 承担 此 [redacted] 的 [redacted] ， 周某某 [redacted] 此 [redacted]
的 [redacted] 。 被不起诉人 豆某某 对 指控 的 犯罪事实 和
证据 [redacted] ， 并 [redacted] 。

图 4－6　某个简单案例中单词权重的可视化

五、歧视性风险讨论

由于强制措施与犯罪嫌疑人的基本人权息息相关，任何细微的误判都可能引发严重后果。例如，一阶逻辑规则并不是对所有情况的预测都精确，即使满足了所有先决条件，现实世界中的犯罪嫌疑人仍然有被检察官假释的可能。因此,特别是其中的歧视问题需要进一步研究。

我们要强调的是,提出模型的目的不是取代人类,而是为检察官的决策过程提供信息和增强检察官判断能力。检察官在确保公平和正义方面的作用仍然至关重要,因为他们将审查算法生成的结果作为最终保障。因此,模型中潜在的偏见问题(如工作偏见和居住地偏见)最终可以由人类检察官来解决。事实上,在此之前,法律人工智能领域提出的许多模型大多旨在为人类提供参考,而不是取代人类的判断。

未来,我们将努力通过从训练数据中删除潜在的歧视性数据项,并用中性替代方案进行替代,或者利用因果推理机制来识别和减轻混杂变量,从而训练出更公正的计算模型。这些措施将减少模型中潜在的偏差。

六、未来展望

本章从可解释性的角度对中国的强制措施预测任务进行研究。我们为强制措施预测任务提出了一种新的混合框架,称为LK－IB,它利用了法律知识和模型组合的优势。具体来说,我们首先将法律知识转化为一阶逻辑规则。其次,如果一阶逻辑规则无法预测强制措施,LK－IB 将使用案例分配器对案件依据是否"简单"或"复杂"进行分类。最后,一个可解释的模型将预测简单情况下的结果,一个"黑盒"模型将预测复杂情况下的结果。我们从中国最高人民检察院的网站上收集法律文件,并构建一个新的数据集来进行实验。实验结果表明,LK－IB 在不牺牲太多精度的情况下提高了预测结果的可解释性。最终结论是,我们的框架在真实的法律场景中具有实用价值。

在未来的研究中,我们的目标是通过四种方式改进我们提出的框架。首先,我们将全面考虑通过仔细选择案例分流器和调查不同类型的分发者如何影响案例预测结果,使案例分流更加精确。我们计划设计更详细的法律知识图谱来优化案例分流,使其更适合现实世界的司法场景。其次,我们将探索如何利用注意力机制和因果推理等工具来增强复杂案件的可解释性,这将使我们能够为我们的模型所做的预测提供更透明和可理解的解释。再次,我们建议将本章提出的案件转移思路扩展到更广泛的司法场景,包括民事案件判决,这构成了简单案件中的很大一部分。此外,我们的方法并不局限于司法预测任务:它也可以应用于法院对简单案件的观点生成,而将复杂案件的审判理由留给法官或更复杂的计算模型,从而显著提高审判效率。最后,我们将专注于通过纳入更复杂的案件来改进我们的数据库,例如涉及多名嫌疑人的案件和不同强制措施的一并适用。这些案件在预测准确性和可解释性方面对法律人工智能提出了更大的挑战。此外,我们将从训练数据中删除潜在的歧视性数据项,并用中性的替代方案替代,然后努力训练更公正的计算模型。这些改进将进一步增强我们的框架在现实法律场景中的有效性、可解释性和适用性。

第二节 法律文书中的"本院认为段"生成模型:多子任务依赖关系的应用

摘要:在法律人工智能领域,关于生成司法观点的研究相对较薄弱。司法观点通常包括关于案情的判决信息,如罪名、法律条款和量刑情况。使用通用算法生成文本有几个问题,例如缺乏法律文书所需的专业表达方式,以及缺少或不正确的案情实体判断信息。司法观点往往涉及关于案情的实体判断信息,而不是总结和摘录已知的信息。这可能就是传统的文本生成算法的应用未必能产生令人满意的结果的原因。在实际的司法场景中,法官会一步一步地推导出他们的观点。首先,在司法观点中识别出多个关于案件的实体判断信息,然后将其与法律模板联系起来,以实现司法观点的产生。本节提出了一种基于模板的法律信息生成(TBLIG)框架,该框架基于法官使用的真实司法推理方法可以产生更高质量的司法观点。该方法包括两个步骤：第一步是确定司法观点中的案情的实体判断信息，第二步是基于案件同步生成法律模板。我们对起诉书和非起诉书的数据集进行了大量的实验。通过与其他模型和消融实验的比较，证明了所提方法的有效性。

一、司法说理如何辅助自动生成

深度学习技术的应用，特别是自然语言处理，通过法律援助系统的发展使法律领域受益。在过去，法律援助主要涉及预测与法律判决相关的结果，如罪名、法律条款和量刑情况。我们将它们称为司法观点中关于案情的实体判断信息。据统计，这类任务占法律人工智能领域文献的60%以上。与此同时，现实生活中的司法场景也强调了司法程序背后的推理。为了提高机器预测的司法决策对司法领域的用户可信度，必须提供充分的推理。这是两种不同类型的自然语言处理任务，前者侧重于分类算法，而后者属于生成算法。当前的法律人工智能更强调前者，而忽略了司法场景也强调对司法推理的解释这一事实。

在产生司法观点的任务中，我们面临的问题是，由通用算法生成的文本缺乏法律术语的专业表达，会缺失信息或出现不正确的案情实体判断信息以及其他问题。在合法的背景下，司法观点往往涉及关于案情的实体判断信息，而不仅仅是总结和提取已知的信息，这可能就是传统的文本生成算法的应用未必能产生令人满意的结果的原因。此外，事实和相关法律条款所需要的复杂逻辑推理使产生司法观点具有挑战性，而且这方面的技术解决方案也很少。在实际的司法场景中，法官会一步一步地产生他们的观点。首先，法官完成了关于案情的多重实体判断信息。其次，法官为每种类型的案件准备了独特的模板，然后使用法律术语将有关案情的实体判断信息填充在该模板当中，以构建司法观点。

为了模拟法官在现实世界中构建司法观点的过程,我们提出了一个基于模板的法律信息生成(TBLIG)框架来生成更高质量的司法观点。该方法包括两个步骤:第一步是确定司法观点中的案情的实体判断信息,第二步是根据案件类型同步生成法律模板。然后将这两个步骤结合起来,形成最终的司法观点。具体来说,它由关于案情的实体判断信息和一个模板组成。案情实体判断信息是指需要由法官判断的信息点,类似于传统的法律判断预测(legal judgment prediction)模型中的罪名预测和量刑预测任务。除了有关案情的实体判断信息外,司法观点还包括对有关案件的基本资料的简要摘要。不同的司法观点既具有个案的特点,又有相似之处。我们所提出的框架的优点是,它充分考虑法律文书的"本院认为段"充满了实体的判断信息,这可以显著提高预测精度的实体判断信息在法律观点文本,并适当调整模板根据不同类型的情况。

我们在一个真实的起诉文件数据集中验证了上述方法。大量的实验表明,我们的 TBLIG 框架显著地提高了司法观点生成任务的质量。

综上所述,前述实验的三个主要贡献如下。

• 重新定义了法律场景中的文本生成任务,它由对案情的实体判断信息和一个模板组成。它是一个判断信息的多分类子任务和一个模板生成任务的组合。我们将"实体实体判断信息"识别为分类子任务,并以生成"模板"作为生成任务,从而以"填空"的风格构建司法观点的文本段落。

• 提出了一个增强的子任务依赖性预测模型,它包含了一个更复杂的设计。我们引入了一个拓扑结构,用于捕获子任务之间的关系,有效地区分显式和隐式子任务。此外,我们利用任务生成为任务分类提供了有价值的信息,从而丰富了拓扑结构的信息内容。

• 使用包括起诉书和非起诉书在内的数据集进行了广泛的实验。通过与其他模型和消融实验的比较,我们验证了我们所提方法的有效性。虽然本章特别关注刑事案件的审查和起诉过程中的司法推理,但需要注意的是,其他司法背景往往具有相似的结构特征。因此,本章提出的方法具有能在各种司法场景中进行推广的潜力。

二、既有的实现方案

(一)司法观点生成

在司法裁决的程序性任务中,司法观点的产生在法律舞台上具有重要意义。这个任务可以归因于生成合法文本的任务。这项任务涉及生成法律上有效的文本,而早期的方法没有对此进行充分强调,忽视了司法观点中固有的推理方面,而且还没有很好的机制来解释这些结果。使用机器学习方法的局限性在于其解释机制不够先进,并且已经对人工智能发展中的解释关键点进行了研究。为了提高产生司法观点的模型的有效性,我们探讨了两种主要的方法。一种方法是改进模型的输入内容。例如,有人将过去完全输入的案件归类为与判决情况和与量刑情况相关的事实;有人强调了原告主张事实对产生司法观点的重要意义。另一种方法是改进模型的输出模式。例如某个分类模型在推理过程中分别处理罪名结论。

这些改进方法的共性是从法律场景规律的角度来修改模型的输入和输出信息或模型本身的结构。在此基础上,司法观点的产生模式仍有很大的改进空间。本章将司法推理部分的文本生成理解为关于各子任务和模板生成的多重实体判断信息的组合。只有司法推理的一般模板可以总结,预测实体判断信息时会使用一个更好的、更成熟的分类模型,然后生成的模型可以用来预测类似的推理技术,最后将预测结果结合起来形成司法观点。

(二)法律判断预测

当前的自然语言处理领域所涉及的司法场景领域,主要是与法律判断的预测相关的任务。典型的法律判断预测包括对一系列判决结果的预测,如罪名、法律条款和判决。据统计,这类文件占自然语言处理领域法律任务的近60%。这类预测任务属于当前法律人工智能发展中相对成熟的领域。人工智能和法律领域已经发展了45年,机器学习和自然语言处理方法不仅可以用于预测法律判断等任务,而且还涉及对案例的多维预测。

同时,研究者注意到司法场景中的判断预测任务具有依赖性、渐进性、顺序性,因此可以在多个子任务之间使用相关的学习方法来设计模型。之前提出该思想的作者依据有向无环拓扑图构造了法官之间各种子任务之间的关系。之后有学者设计了一个多角度的前向预测和后向验证框架来利用多个子任务之间的依赖性,并通过法律条款与罪名之间的依赖关系序列产生结果;有学者从因果推理的角度来看逻辑依赖的任务,试图估计任务的因果效应,并利用其来提高模型的性能;还有学者利用全局一致性图将法律判断预测任务建模为图上的节点检索任务,并提出了一种进一步的生成方法来优化司法场景下多个依赖子任务的联合学习。这些方法有助于提高某些子任务的预测性能。

值得一提的是,一些研究旨在通过应用生成模型的方法来提高多标签分类的性能。相比之下,我们的方法恰恰相反;我们利用分类模型的高精度来提高生成任务的性能。在本章中,我们的模型还利用了各种实体判断信息判断子任务之间的依赖关系。与之前的工作不同,考虑到多个子任务之间的依赖关系更为复杂,我们区分了显性子任务和非显性子任务,显性子任务指的是关于是非曲直的实体判断信息,而非显性子任务(如强制措施)作为辅助任务,但可能不会反映在司法观点中。此外,我们引入了具有拓扑依赖性的生成子任务(如量刑情节),进一步提高了模型的性能。

三、TBLIG 框架方法

模型设计的方法基于司法观点的文本段落的特点。通过分析,我们发现了以下三个方面特点。

1. 司法观点是一种半结构化的文本。在中国司法的背景下,包括法院、检察院和其他司法当局提供的法律文书,有关司法观点的段落都是相同的,并且都从司法推理部分开始。

2. 进一步的分析表明,司法观点的产生是一个多步骤的过程,每一步都能产生关于是非曲直的实体判断信息,而司法推理部分则是关于是非曲直的实体判断信息的集合。

3. 剔除以上"实体判断信息"后,司法观点的段落可以视为一个在案件之间可以复用的、可学习的模板。

通过上述分析,司法观点段落的文本生成目标研究转化为多个分类子任务和类似的模板,通过结合优点判断信息的分类模型和模板的生成模型,这样可以完善司法观点的文本生成。我们分析了这段文章的文本特征,总结了关于案件的实体判断信息,并将剔除实体判断信息之后的内容作为一个模板。

具体来说,我们使用具有较好预测性能的分类模型来预测关于案件的实体判断信息,使用文本生成模型生成模板,最后将其合并。因此,我们的司法观点生成模型包括三个模块:分类生成信息融合编码器、多角度拓扑结构实体判断信息生成(提取)器和司法观点生成器。

(一)分类生成信息融合编码器

信息融合编码器模块包括两个核心组件:分类任务编码器和生成任务编码器。我们注意到模板和量刑情节中存在对分类任务有用的信息,如模板中包含的事实描述会包含很多和罪名、法条密切相关的词语。自然地,我们把模板生成和量刑情节生成这两个子任务共用的生成任务的结果和分类任务的结果融合之后用于分类任务。信息融合编码器可以帮助模型从不同角度理解事实描述和量刑说明,学习到更加全面的表示。

1. CNN 编码器

对于分类任务,我们引入了由自然语言处理预训练的单词向量并使用 CNN 提取文本特征。CNN 编码器主要包括以下三个组成部分。

(1)Word2vec,事实描述和量刑指令再处理和表示为单词序列,通过检索 Word2vec,我们可以得到每个单词对应的向量,每个单词 w_i 转换为相应的向量词嵌入 $x_i, i \in [1, l]$,其中 l 是量刑情节长度,$\oplus$ 为向量拼接操作符。单词向量的计算公式如下:

$$X_C = x_{1:l} = x_1 \oplus x_2 \oplus \cdots \oplus x_l$$

(2)卷积:我们可以将一个量刑情节向量作为一个一维图像,并通过一个线性滤波器进行卷积,其中滤波器的宽度等于单词嵌入的维数。然后修改滤波器的窗口大小 h,从不同的角度获得局部特征。在这里,窗口大小是指需要联合考虑的单词数,这是通过在窗口中拼接 h 个单词而形成的向量。卷积运算可以通过一个卷积矩阵和一个偏差向量 b 来实现。它可以用以下公式计算出来。式中 · 为点积运算,n 为滤波器的个数,c_i 为第 i 个窗口卷积的输出向量。我们重复这个卷积运算。一个单词序列可以表示为 $c = \{c_1 \cdots c_{n-h+1}\}$。

$$c_i = Convolution(x_{i:i+h-1}) = W \cdot x_{i:i+h-1} + b$$

(3)激活和池化:对于 t 窗口,用非线性激活函数 RELU 对卷积后得到的向量 c_t 进行处理,可以减少过拟合,减少参数计算;由于使用的卷积窗口大小不同,最终序列向量长度不同。我们取长度维数中向量的最大值,其计算公式如下。最后,单词序列通过 CNN 编码器,变成 $H_C = \{v_1 \cdots v_n\}$。

$$v_t = max(RELU(c_{1,t} \cdots c_{n-h+1,t})), \forall t \in [1, n]$$

2. transformer 编码器

对于生成任务,我们使用 transformer 编码器。transformer 是一种基于注意机制的序列网络。它可以并行计算,并且不会随着输入长度的增加而忘记重要的信息。它在处理合法的长文本和生成任务方面具有更大的优势。

(1)位置编码:由于 transformer 编码器完全基于自附着机制,因此该模型不具有像循环神经网络那样捕获序列的能力。我们使用 *sin* 和 *cos* 的属性来计算位置代码,它可以保存参数的数量,并考虑到绝对位置和相对位置信息。以下公式可以计算序列中的第 i 个位置编码。其中 d_{model} 为单词嵌入的维数, 2_j 和 2_{j+1} 分别表示偶数和奇数。对于每个单词嵌入 x_i ,通过添加相应位置的位置编码,得到最终的单词向量表示,如下式所示。最后的单词序列表示为 $X_T = \{p_1, p_2 \cdots p_l\}$ 。

$$PE_{(i,2j)} = \sin\left(\frac{1}{10000^{\frac{2j}{d_{model}}}}\right)$$

$$PE_{(i,2j+1)} = \cos\left(\frac{1}{10000^{\frac{2j}{d_{model}}}}\right)$$

$$p_i = x_i + PE_i$$

(2)多头注意力:多头注意力通过自我注意在多个不同的投影空间中构建不同的投影信息。编码器分配三个权重 W_Q、W_K、w_V 来获得字 - 词关系。W_Q 查找当前单词与其他输入之间的关系, W_K 查找其他输入与当前单词之间的关系, W_V 表示该值,并且它们的维度保持一致。经过线性映射后,将三个权值 W_Q、W_K、W_V 转换为矩阵 Q、K、V ,表示如下。

$$Q = Linear(X_T) = X_T W_Q$$

$$K = Linear(X_T) = X_T W_K$$

$$V = Linear(X_T) = X_T W_V$$

其中, $W_Q, W_K, W_V \in \mathbb{R}^{d_{model} \times d_{model}}$ 。假设 h 为多头注意机制中的头部数,将矩阵 Q,K,V 分成 h 部分,变化的维数为 d_k ,满足 $d_k \cdot h = d_{model}$,第 i 个头部的自注意公式 H_i 如下。而多头注意后的输入向量 X_T 则如下式所示,式中 W_O 表示不同头部获得的注意力的权重矩阵,并结合 h 结果的权重矩阵, $W_O \in \mathbb{R}^{d_{model} \times d_{model}}$ 。

$$H_i = Attention(Q_i, K_i, V_i) = softmax\left(\frac{Q_i K_i^T}{\sqrt{d_k}}\right)$$

$$X_{attn} = MultiHead(Q,K,V) = [H_1, H_2 \cdots H_h]W_O$$

(3) Layer Normalization and Add. 和残差连接：残差连接将输出表述为输入和输入的一个非线性变换的线性叠加，使用残差连接可以解决梯度消散和梯度爆炸的问题，维持有效的反向传播。LayerNorm 在神经网网络中隐藏层归一化为标准正态分布，以加快训练速度，加速收敛。用公式表述如下：

$$X_{attn} = X_T + X_{attn}$$

$$X_{attn} = LayerNorm(X_{attn})$$

(4) 前馈：前馈由两层线性映射和一层组成，只有第一层具有 RELU 非线性激活函数。前馈层的操作可以用以下公式来表示：

$$H_T = Activate(Linear(Linear(X_{attn})))$$

$$= \max(0, X_{attn} W_1 + b_1) W_2 + b_2$$

其中，$W_1 \in \mathbb{R}^{d_{model} \times d_{model}}$，$W_2 \in \mathbb{R}^{d_{model} \times d_{model}}$ 是权重矩阵，$b_1 \in \mathbb{R}^{d_{model}}$，$b_2 \in \mathbb{R}^{d_{model}}$ 是偏差。

3. 编码信息融合

事实描述和量刑描述通过 CNN 编码器作为输入后成为向量 H_{CNN}，输入通过 transformer 编码器后成为向量 H_T。它包含了序列中每个标记的信息，因此不能直接与 CNN 的输出向量融合。我们通过对 H_T 的长度维数进行最大运算，得到与 H_{CNN} 相同的大小，然后将两者相加得到融合信息，表示如下：

$$H_f = H_C + max(H_T)$$

(二) 多角度拓扑结构实体判断信息生成器

现有的研究利用子任务结果之间的拓扑依赖性来解决法律中的多任务问题，如拓扑判断，它利用了法律、罪名和量刑情节这三个子任务之间的依赖性。但是，由于忽略了子任务类型的复杂性和多样性，其多任务框架只能用于从端到端解决多个分类任务。在本章中，我们引入了一个利用多个子任务的特征及其相互关系的多角度拓扑网络。

我们根据这些子任务是显式的还是隐式的,以及它们是分类的还是生成的来区分这些子任务。通过使用这个框架,我们使子任务能够从复杂多样的依赖关系中获益,从而获得更全面的信息。

1. 构造多子任务拓扑图

通过利用领域知识,从司法推理段落中得出分析性结论,我们可以系统地组织每个实体判断信息片段的信息属性。

(1) 区分显性任务和内隐性任务。根据从司法领域获得的见解,发现司法情景的决策过程并没有被充分反映在司法推理的内容中。然而,在司法推理中没有出现的案情实体判断信息,可以增强对案情判断的实体判断。因此,在实体判断信息中区分外显性信息和隐性信息是至关重要的。显性信息是指可直接用于填充模板中空白的实体判断信息,隐性任务是指有助于改进显性任务的信息。

(2) 区分分类和生成任务。基于对司法推理段落的分析,法律文书包括对事实描述和量刑情况的总结。这些提取的信息片段是合理的,可以帮助预测实体判断信息的价值。这些元素与分类任务的关键元素相比,表现出更大的灵活性和长度。因此,不适合使用分类任务来对这些信息进行分类。相反,更适合将它们视为生成的子任务。一旦定义了子任务属性,就可以根据逻辑顺序和从司法角度获得的信息来确定不同子任务之间的数据流,从而构建多子任务拓扑。

2. 相互约束性学习

受到其他文献的启发,我们使用了长短期记忆神经网络(Long Short - Term Memory,LSTM)来完成不同子任务之间的信息交互。每个子任务使用一个 LSTM 单元,并根据拓扑顺序依次更新 LSTM 单元。由于法律子任务之间存在单向拓扑关系,双向 LSTM 不适用于此任务。为了引入生成子任务并使其对分类子任务有用,我们使用一个转换器来提取重要信息,并将其添加到拓扑映射的拓扑顺序中。具体过程如下:根据所构造的拓扑结构和拓扑结构的顺序,我们可以得到一个具有有序子任务数为 n 的任务列表 $T = t_1, t_2 \cdots t_n$，第 j 个子任务 t_j 的预测结果由输入表示 H_f 和由依赖子任务组成的任务集 T' 作为条件，其中 $T' \in T$ 和任何子任务 t_i。

(1)如果 t_i 是一个分类子任务，则 t_i 对第 j 个子任务 t_j 对应的 LSTM 单元格的影响 E_{t_i} 表示为：

$$E_{t_i} = W_{i,j}\begin{bmatrix} h_i \\ c_i \end{bmatrix} + b_{i,j}$$

其中，h_i, c_i 为任务 t_i 的隐藏状态和记忆单元，h_j, c_j 为任务 t_j 初始化的隐藏状态和记忆单元，$W_{i,j}, b_{i,j}$ 表示从任务 t_i 到任务 t_j 的转换过程中的权重矩阵和偏差。

(2)如果 t_i 是一个生成子任务，则由编码器获得的输入表示将 H_T 专门用于 t_i 子任务的输入表示，但不能用于后续的子任务。我们使用一个 transformer 解码器来同时生成子任务表示。解码器的计算方法与 transformer 编码器相似。然而，查询是由生成目标的令牌生成的，以执行类似于 transformer 编码器中的多头注意和层正常操作。

$$H_g = MultiHead(X_g W'_Q, X_g W'_K, X_g W'_V)$$

$$H_g = MultiHead(H_g W''_Q, H_T W''_K, H_T W''_V)$$

其中，X_g 表示生成子任务的目标标记的嵌入，W'_Q, W'_K, W'_V 和 W''_Q, W''_K, W''_V 表示两个多头注意操作中使用的 Q, K, V 的权值矩阵，上述公式中省略了层范数和前馈操作。最大操作后，使用 H_g 获得单元初始化对第 j 个子任务 t_j 的影响。这里我们只更新了与 t_j 子任务对应的 LSTM 单元的隐藏状态，而没有更新记忆单元：

$$E_{t_i} = W_{i,j} \cdot max(H_g) + b_{i,j}$$

考虑依赖子任务集 T' 的影响后，第 j 个子任务 t_j 的 LSTM 单元初始化更新如下：

$$\begin{bmatrix} h_j \\ c_j \end{bmatrix} = \begin{bmatrix} h_j^{\circ} \\ c_j^{\circ} \end{bmatrix} + \sum_{t_i \in T'} (E_{t_i})$$

其中，h_j°，c_j° 表示随机初始化的隐藏状态和第 j 个子任务的记忆单元。

3. 子任务独立表示及多子任务预测

（1）如果 t_j 是一个分类子任务，我们使用 LSTM 来处理输入和初始化的隐藏状态和内存单元。我们使用最终的隐藏状态 h_j 作为任务 t_j 的表示，如公式所示：

$$\begin{bmatrix} h_j \\ c_j \end{bmatrix} = LSTM\left(H_f, \begin{bmatrix} h_j \\ c_j \end{bmatrix}\right)$$

首先，我们应用一个全连接的层来获取关于这个子任务的信息。然后，我们使用一个 s 型函数来学习预测的概率分布：

$$\hat{y}_j = sigmoid(W_j h_j + b_j)$$

（2）如果 t_j 是一个生成子任务，我们使用 transformer 解码器来处理输入，并使用输出 H_g^j 作为子任务 t_j 的特定任务的表示。在归一化指数函数之后，它被映射到词汇表上的日志，以表示生成的序列的概率分布：

$$\hat{y}_j = softmax(W_j H_g^j)$$

其中，W_j，b_j 为可学习的权重矩阵和子任务 t_j 的偏差。

（三）司法观点生成器

司法视角生成器主要包括模板生成和案情填充实体判断信息两个模块。通过生成模型，可以获得司法观点中较不灵活、较通用的部分，它可以视为一个模板，无须提供案情实体判断信息。通过上述观点生成器的多角度拓扑实体判断信息，得到更具体、更准确的信息，填充到合适的位置，然后得到最终的司法视角。这一过程如图 4－7 所示。

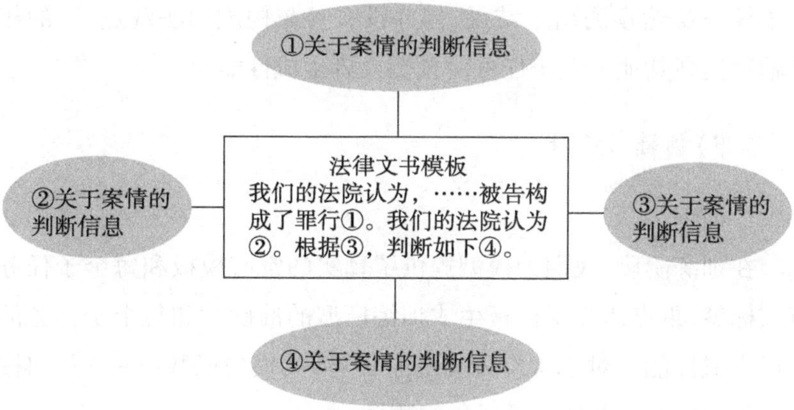

图 4-7　法律文书第一段所包含的案情和模板的实体判断信息

1. 模板生成

在从司法观点中删除了有关案情的判决信息后，我们保留了模板。具体来说，每个关于案情的实体判断信息都被指定了一个特定的词，然后用这个词来替换相应的关于案情的实体判断信息。模板生成器模型的目的是学习如何构造这些模板。利用上述案件判断信息生成器上的多角度拓扑对实体判断信息进行预测，而后由模板生成模型生成模板。然后，我们将两者结合起来，形成司法观点。

类似上一代的子任务。我们使用转换器模型来生成模板。使用相同的 transformer 编码器作为生成子任务，但使用不同的 transformer 解码器来获得模板生成任务 H_g^{temp} 的具体表示。这使模板生成和子任务预测能够相互促进，提高司法观点的质量。模型生成模板的概率分布计算方法如下：

$$\hat{y}_{temp} = softmax(W_{temp} H_g^{temp})$$

其中，W_{temp} 是用于模板生成的可学习的权重矩阵。

2. 话术模板生成

将事实描述和量刑描述输入模型中，经过多角度拓扑结构关键信息生成和话术模板生成后，得到关键信息和话术模板。把关键信息中的显性分类子任务和显性生成子任务回填至话术模板的挖空处，而隐性子任务虽然预测出了结果，但并没有参与构成司法观点，它的作用是辅助提高其他显性子任务的预测或者生成性能。

（四）训练与推理

1. 训练

在训练阶段，我们为模型提供了真实的空心模板和每个子任务的真实标签，重点研究了模板生成训练模型的准确性和每个子任务的预测或生成性能。对于所有分类的子任务，其损失函数（loss）总和按公式计算，其中 n_c 为分类子任务的数量：

$$L_c = -\sum_{i=1}^{n_c}(y_i \log(\hat{y}_i) + (1 - y_i)\log(1 - \hat{y}_i))$$

对于所有的生成子任务，其 loss 总和按公式计算，其中 n_g 为生成子任务的数量，l 为真实子任务生成的目标的长度：

$$L_g = -\frac{1}{l}\sum_{i=1}^{n_g}\sum_{t=1}^{l}(y_{i,t}\log(\hat{y}_{i,t}) - (1 - y_{i,t})\log(1 - \hat{y}_{i,t}))$$

对于模板生成，loss 计算如下，其中 l_{temp} 为真实模板的长度：

$$L_{temp} = -\frac{1}{l_{temp}}\sum_{t=1}^{l_{temp}}(y_t \log(\hat{y}_t) - (1 - y_t)\log(1 - \hat{y}_t))$$

所以，总体损失是：

$$L_{all} = L_c + L_g + L_{temp}$$

2. 推理

在推理阶段，我们不提供模型子任务标签和真实模板，而是向训练后的模型输入事实描述和量刑场景，让模型生成模板，并预测每个实体判断信息的结果。最后，通过在模板中填充关键元素来获得最终的司法观点。

四、实验设计

（一）数据集收集

我们在检察机关的审查起诉环节检验以上实验方法的可行性。

在司法的广义理解上，它包括检察院的审查起诉以及法院的判决活动。与目前大多数主要研究法庭数据和实验的法律观点预测不同，我们主要根据现有数据库来检验“审查起诉”阶段的效果。我们的实验数据来自最高人民检察院网站上发布的文件。我们从网站上获得了两种文件：起诉书和非起诉书。该数据集主要来自北京、广东、浙江和云南四个代表性省份，分别代表了中国的东部、西部、南部和北部地区。我们的数据集反映了中国的各种情况，因为这些地区具有独特的地理、经济和政治特征。例如，浙江省处于司法改革的前沿，广东省生产总值最高，云南省经济发展相对较低，北京是中国的首都。

我们从北京、广东、浙江、天津和云南五个不同的地区下载了90 386份起诉书，然后对文件进行清理，提取了检察文件的“案件基本信息”部分，完整描述了行为人的行为以及可能影响其犯罪或量刑严重程度的各种因素。同时，我们还提取了起诉书中司法推理部分的内容，其中包括诉讼摘要、适用的罪名、法律、是否起诉的量刑情况等。“案例的基本信息”部分主要用于实验模型的输入信息，而司法推理部分主要用于实验模型的输出信息。我们已经删除了那些缺乏完整的“关于该案件的基本信息”和司法推理部分的文件。我们以 8:1:1 的比例将它们随机分为训练、验证和测试集，即训练集中使用 72 308 个案例，9039 个案例用于验证，9039 个案例用于测试。

（二）构建一个司法观点推理的模板

实验的第二步是在司法推理部分构建检察院的“司法观点”。我们邀请法律领域的专家整理实体判断信息，发现有四个明确的信息，包括罪名、法律条文、量刑情况、是否起诉以及一个隐式信息的“强制措施”[1]。我们从司法推理部分和“诉讼程序”段落中手动提取了上

〔1〕 虽然“强制措施”没有在司法推理部分直接陈述，但对这些信息的判断有助于预测其他关于案情的实体判断信息。

述五种类型的信息。表4－6显示了我们的数据集的统计结果,有62种指控,56种法律条款,2种强制措施,2种起诉状态,其中58%的量刑情况被指定。在这些类型的信息中,罪名与法律条款之间的相互约束使具体罪名与相应的法律条款相符,量刑情况将影响是否起诉的最终结果,而强制措施也有可能影响其他子任务。

表4－6 数据集中的各种数据数量

单位:种

名称	数量
总量	90 386
训练集	72 308
验证集	9039
测试集	9039
指控	62
法律条款	56
强制措施	2
起诉	2
没有量刑情况	38 301
没有量刑描述	47 473

在司法观的推理模板中,不同的司法主体在不同的推理场合中存在差异。就检察院的司法推理而言,删除上述判决信息后,司法推理部分的内容对案情的影响如图4－8所示。由于起诉书和非起诉书的结构不同,模板风格也被分为两种类型。结论中的1－4序列主要通过生成的实体判断信息进行预测,图的文本部分通过司法观点生成模块中的模板生成链接产生。

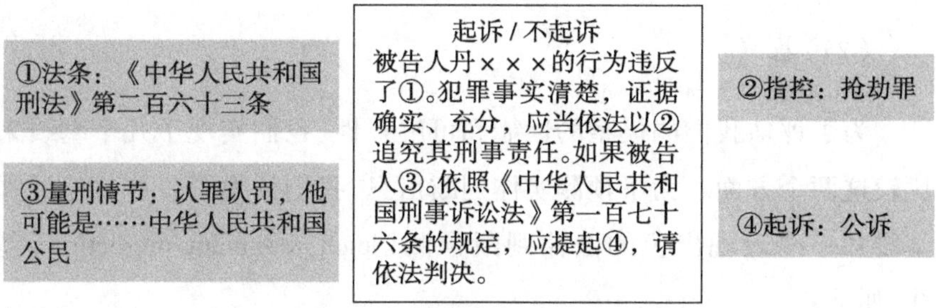

图 4－8　起诉书中法院意见部分所载的案情和固有模板的判决信息的实例

（三）构建针对特定场景的实体判断信息的拓扑图

在构建完图后，下一个重要的工作是如何比直接生成模型更好的预测实体判断信息。我们的实验主要利用该实体判断信息之间的判断依赖性，以拓扑图的形式将该实体判断信息连接起来，并基于该图构建模型，如图 4－9 所示。一般来说，在真实场景中，司法人员根据事实作出判断，确定罪名和法律，然后根据行为人是否认罪、是否累犯、是否自首等情况综合考虑是否起诉。我们根据检察院的起诉程序来确定结构图。

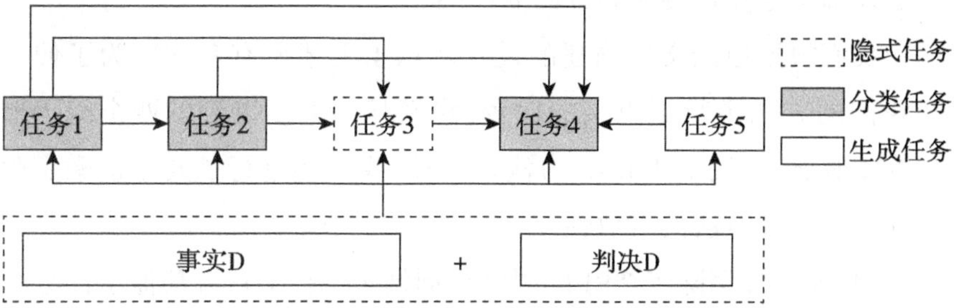

图 4－9　子任务之间的拓扑结构

与以往在司法中使用多个子任务之间关系的方法相比，本实验的创新之处在于充分考虑了潜在的隐式子任务（强制措施），同时交叉使用了分类算法和生成算法。关于强制措施的隐式实体判断信息和量刑情节的产生，将有助于提高本实验中关于相关子任务的实体判断信息的预测性能。

（四）基线

为了评估我们的模型的性能和可解释性，我们实现了几个基线来比较这两个方面。为了预测实体判断信息，我们开发了一些普遍的强基线和一些表现出色的法律判断预测（legal judgment prediction）基线，如下：

1. CNN 是一种传统的用于文本分类的卷积神经网络模型；

2. Bert 是一个经过中文调整的预先训练的模型。

对于法律文本生成，我们构建的通用生成基线和刑事司法观点生成基线如下：

1. transformer 是在几个文本生成任务中的一个最先进的模型；

2. Topjudge 是一种拓扑多任务学习模型，它捕获了法律判断预测中子任务之间的依赖关系；

3. LADAN 使用一个图形来提取有区别的特征；

4. NeurJudge 将事实描述分为两部分，并分别对它们进行编码；

5. C3VG 是一个遵循从提取到生成的两阶段体系结构的模型，我们还评估了它在预测罪名方面的性能。

我们根据原论文中描述的设置测试了上述所有基线。为了便于与我们的方法进行更直接的比较，我们基于上面提到的两个编码器（CNN、Bert）开发了 TBLIG 方法。此外，我们还进行了几个消融实验来证明我们的方法的有效性：

（1）SC－I 消除了 TBLIG 中"量刑情节"子任务与其他子任务之间的相互依赖关系，本质上是独立地生成了"量刑情节"；

（2）SC－NS 直接消除了 TBLIG 中的"量刑情节"子任务。

（五）指标

1. 生成度量

在评价最终生成的司法文本的质量时，我们使用了广泛使用的评价指标,ROUGE 和 BLEU。它们从不同的角度评估生成的文本和实际文本之间的相似性。

ROUGE 是 NLP 中一组常用的评价指标。在本章中,我们使用了 ROUGE－1(R－1)、ROUGE－2(R－2)和 ROUGE－L(R－L)。R－1 和 R－2 分别是指生成的文献和参考文献之间的单字符和双字符的重叠。R－L 是一个基于最长公共子序列(LCS)的统计量。

BLEU 是一种与人工评价高度相关的自动文本生成评价方法。我们在实验中使用 NLTK 工具包来计算这些指标。我们使用 BLEU－1(B－1)和 BLEU－2(B－2)从统一组和二元模型的角度进行评价。BLEU－N(B－N)是 B－1、B－2、B－3、B－4 法人均值。

2. 信息准确性度量

生成度量只能反映目标文本和生成的文本之间的相似性。有些模型能够生成法律模板,但关于实体判断信息的预测可能是错误的。因此,我们通过准确性、宏观精度、宏观召回率和宏观 F1 来评估实体判断信息的性能。

五、实验结果分析

(一)实体判断信息对案情预测的结果

虽然本章的最终目标是文本生成,但从过程序列的角度来看,第一步是实现实体判断信息的高精度预测。因此,从分析实验结果的角度来看,我们应该首先检验实体判断信息预测的实验效果。我们比较了我们的方法,TBLIG 与三个对照组的实体判断信息的预测。这三个控制组包括一种不反映子任务之间的依赖关系的方法,一种直接产生和提取案情实体判断信息的方法以及一种在量刑情况下不产生获取信息的方法。

1. 与不利用子任务之间依赖关系的方法进行比较

如表 4－7 所示,我们得出以下结论:(1)与所有基线相比,TBLIG 取得了最好的性能,表明我们的方法能够预测司法文本中的实体判断信息;(2)基于两种编码器的 TBLIG 的性能显著超过了原始模型,表明建立预测任务之间的依赖关系是有益的;(3)TBLIG 在不同的任务中表现出了不同的改进,与最强基线(Bert)相比,"罪名"任务增加了 2.66,"法律条款"任务增加了 2.29,"强制措施"任务增加了 0.93,"起诉"任务增加了 0.69。这表明处于拓扑顺序较晚的任务逐渐从之前的任务中获益。

表 4-7 预测实体判断信息的性能比较

单位:%

Model(模型)	Charge(指控)				Law article(法条)				Compulsory measure(强制措施)				Prosecution(起诉)			
	Acc	MaP	MaR	MaF	Acc	MaP	MaR	MaF	Acc	MaP	MaR	MaF	Ace	MaP	MaR	MaF
C3VG	93.02	77.19	76.43	74.94	–	–	–	–	–	–	–	–	–	.	–	–
Topjudge	92.82	77.31	75.91	76.11	93.77	79.00	76.12	77.00	–	–	–	–	–	–	–	–
LADAN	93.60	83.10	73.31	76.32	92.94	82.23	74.78	77.09	–	–	–	–	–	–	–	–
Neurjudge	92.89	78.82	73.63	74.83	93.98	80.14	76.23	77.23	–	–	–	–	–	–	–	–
CNN	93.47	82.46	76.75	78.56	94.16	83.82	76.76	78.99	87.56	87.45	87.68	87.51	97.94	96.82	95.37	96.08
Bert	94.74	81.61	80.08	79.87	95.46	83.95	80.56	81.32	89.14	89.89	89.48	89.27	99.12	99.44	99.13	99.25
TBLIG(CNN)	93.53	82.86	78.31	79.60	94.38	82.94	78.30	79.85	88.30	88.17	88.38	88.24	99.97	99.95	99.92	99.94
TBLIG(Bert)	94.96	83.71	82.91	82.53	95.41	85.32	83.05	83.61	91.86	90.34	90.51	90.20	99.89	99.92	99.95	99.94

2. 和直接生成模型的填空内容比较

在这个比较实验中,我们采用了一个 transformer 网络来直接生成整个司法观点。然后,从生成的结果中提取实体判断信息,并与我们的模型进行比较,如表 4-8 所示。我们得出以下结论:(1)与直接产生结果的方法相比,TBLIG 明显具有更好的性能。这表明,与从直接生成的结果中提取准确性相比,首先构建任务,然后使用分类模型来预测实体判断信息,会获得更高的准确性。(2)与直接生成模型相比,我们的 TBLIG 模型在不同的任务中显示出了改进。在公制标准方面,"罪名"任务提高了 7.89,"法律条款"任务提高了 25.33,"起诉"任务提高了 14.18。(3)利用分类模型对实体判断信息进行预测,显著提高了"法律条文"的预测准确性。这可能是由于任务在拓扑顺序中的位置,允许它获得更多的信息。

表4-8 比较TBLIG(CNN)模型与直接生成模型(transformer)

单位:%

Model(模型)	Charge(指控)				Law article(法条)				Prosecution(起诉)			
	Acc	MaP	MaR	MaF	Acc	MaP	MaR	MaF	Acc	MaP	MaR	MaF
TBLIG	93.53	82.86	78.31	79.60	94.38	82.94	78.30	79.85	99.97	99.95	99.92	99.94
Generating	88.31	74.70	71.27	71.71	87.37	58.17	52.03	54.52	92.63	92.22	81.71	85.76

3. 与和无量刑情节增益信息比较

在这个比较实验中,模型没有获取量刑情节信息意味着量刑情节任务不是拓扑顺序的一部分,而是作为一个独立的子任务来处理。如表4-9所示。我们得出以下结论:(1)与不考虑"量刑情况"作为获取信息的结果相比,TBLIG表现出更好的整体表现,表明以"量刑情况"作为考虑因素有利于对案情的实体判断信息进行预测。(2)将"量刑情况"视为获取信息(TBLIG)优于不将"量刑情况"视为获取信息(SC-I)。(3)与不考虑"量刑情况"相比,TBLIG在大多数任务中都有了改进。其中,"强制措施"任务提高了1.1%,"起诉"任务提高了3.66%。这说明,结合"量刑情况"作为获取信息,可以提高预测其他任务的准确性。

表4-9 比较TBLIG(CNN)与独立产生量刑情节的(SC-I)消融设置

单位:%

Model(模型)	Charge(指控)				Law article(法条)				Compulsory measure(强制措施)				Prosecution(起诉)			
	Acc	MaP	MaR	MaF	Acc	MaP	MaR	MaF	Acc	MaP	MaR	MaF	Acc	MaP	MaR	MaF
TBLIG	93.53	82.86	78.31	79.60	94.38	82.94	78.30	79.85	88.30	88.17	88.38	88.24	99.97	99.95	99.92	99.94
SC-I	94.38	84.47	78.22	80.37	94.70	83.06	76.54	78.94	87.21	87.07	87.33	87.14	98.11	97.47	95.18	96.28

(二)生成任务实验结果

我们研究的最终目标是实现司法推理段落的文本生成。因此,实验数据分析的第二个层次是从文本生成效果的角度来分析该实验方法的实际效果。本实验通过与直接文本生成方法和非增益信息方法进行比较,说明了本实验方法的创新效果。

1. 司法观点生成性能的比较

如表 4 – 10 所示。我们得到了以下结论：(1) TBLIG，用两种编码器实现，优于 C3VG 和 transformer，表明我们的方法能够产生更高质量的法院意见。具体来说，与 C3VG 相比，TBLIG(BERT) 在 B – N 上提高了 2.75%，在 R – L 上提高了 2.66%。(2) 当比较 TBLIG(CNN) 和 TBLIG(BERT) 时，使用 BERT 作为编码器可以观察到更好的性能，这表明 TBLIG 受益于编码器内更强大的学习能力。

表 4 – 10　司法观点生成性能的比较

单位：%

Model(模型)	Court view generation(法庭观点生成)					
	B – 1	B – 2	B – N	R – 1	R – 2	R – L
Transformer	77.58	74.07	73.21	85.20	78.70	83.62
C3VG	78.35	74.70	73.30	86.60	78.29	83.71
TBLIG(CNN)	78.39	75.83	75.02	86.98	80.80	85.67
TBLIG(BERT)	79.32	76.41	76.05	87.53	81.61	86.37

2. 模板生成与量刑情节生成的比较

对于 TBLIG 框架中的两个生成任务，我们首先比较了它们的性能。在该实验方法的框架下，使用了两种文本生成模型。从生成性能的角度来看，如表 4 – 11 所示。在司法观点生成编码器中，量刑情节生成子任务比模板生成任务更困难。与量刑情节代相比，司法观产生的 B – N 和 R – L 指标分别高 24.92% 和 23.53%。

表 4 – 11　TBLIG(CNN) 中模板生成与量刑情节生成的比较

单位：%

Generation(代)	B – 1	B – 2	B – N	R – 1	R – 2	R – L
Template(模版生成)	84.36	81.42	80.86	89.69	84.73	89.81
Sentencing circumstance(量刑情节)	59.52	56.95	55.94	68.97	62.33	66.28

3. 与不从量刑情况中获取信息的方法进行比较

如表 4 – 12 所示，我们得出以下结论：(1) 与没有“量刑情节”的实验相比，TBLIG 具有更好的性能，有助于提高文本生成能力。这说明,关于“量刑情况”的信息可以通过影响对实体判断信息对案情的预测,从而间接影响司法观点的产生。(2)与不将“量刑情节”作为子任务(SC－NS)相比,我们的TBLIG方法在文本生成效果方面有所提高;与“量刑情节”(SC－I)相比,我们的方法也提高了文本生成的有效性。(3)使用“量刑情境”预测比没有这个子任务更好,使用这个子任务预测其他价值实体判断信息比作为独立任务更好。

表4－12　将量刑情况作为获取信息(SC－GI),量刑情况独立出现(SC－I),量刑情况不作为子任务(SC－NS)

单位:%

Model(模型)	Generation(代)	B－1	B－2	B－N	R－1	R－2	R－L
TBLIG(CNN)	Template	84.63	81.42	80.86	89.69	84.73	89.81
	SC	59.52	56.95	55.94	68.97	62.33	66.28
	Judicial view	78.39	75.83	75.02	86.98	80.80	85.67
SC－NS	Template	79.04	75.63	74.86	87.08	80.47	85.39
	Judicial view	78.57	75.24	74.33	86.05	79.60	84.29
SC－I	Template	84.34	82.01	81.37	90.19	84.69	89.32
	SC	58.12	55.61	54.68	67.49	61.27	64.82
	Judicial view	78.29	75.72	74.90	86.93	80.66	85.59

六、结论和展望

目前的法律人工智能研究在产生司法观点方面面临挑战。司法观点非常强调推理,推理过程在法律文书中作为一个独特的段落提出。司法观点旨在澄清法院最终决定背后的基本原理,包括各种关键的信息和推理技巧。我们的TBLIG框架显著提高了司法推理中预测的实体判断信息的质量。该方法符合当前法律人工智能发展的趋势,重点关注领域知识和数据算法之间的协同作用。同时,在对司法推理生成任务的一些特征和规律的理解上,反思任务的模型效果评价方法,不能简单地依赖于生成评价方法。原因可能是司法推理文本是由“多重实体判断信息和推理模板”组成的。关于案情的实体判断信息的文字数量并不多,但它对司法推理文本的准确性至关重要。因此,对该任务的评估应该单独进行。对实体判断信息采用分类评价方法，对模板采用生成评价方法。

在本章中，我们提出了产生司法观点的挑战性任务，这在法律人工智能领域相对缺乏探索。我们认识到，传统的文本生成算法可能无法提供准确和专业的法律表达，以及正确地代表实体判断信息。为了弥补这一差距，我们提出了基于模板的法律信息生成（TBLIG）框架，从法官逐步构建他们的观点的过程中中汲取灵感。我们的方法包括两个基本步骤：首先，识别对司法观点至关重要的多个实体判断信息片段；其次，根据具体的案件同步生成一个法律模板。通过对起诉书和非起诉数据集的广泛实验，通过与其他现有模型进行消融实验，验证了我们的方法的有效性。

在这一领域的未来工作应集中于扩大 TBLIG 框架的范围，以涵盖更多的法律情况，并探索将更广泛的法律知识纳入生成过程的方法。此外，完善框架以处理复杂和微妙的法律推理将是未来研究的一个有价值的方向。

第五章 数据的双重价值

本章主要讨论智能三螺旋之二的“数据”。当我们说人类正处于数字时代、大数据时代的时候，所指的“数据”“数字”究竟是什么？个人以为，主要是指国家和社会的运转、人类的言谈举止、机构的决策和运转过程等一切万事万物变得可以数字形式记录，可通过自然语言处理等技术实现结构化存储。这在过去不是这样的，人类历史上依次采用过会意的图形、口口相传、文字印刷等多种信息和知识传承的方式。所谓数字社会，就是人类活动的各个层面信息、知识都能以数据的方式表达、流通、存储、计算和利用的社会，这很明显有利于信息的精确传递、知识的高效生产。以上是有利于经济和社会文明的一面，但是与此同时，作为社会的个体，其独立性、自主性是否将遭遇一次重创呢？对此我抱有很深的悲观情绪，当个体的一言一行都被精确地数据化记录并用于分析时，也许我们一直来十分珍视的隐私、人格尊严等传统价值正在濒临灰飞烟灭的危险。以上两方面，构成了法学视角下数据之上所关心的两个基本维度价值。

第一节 从法学视角如何理解“数据”

从法学规范研究的视角，可以从两个维度对“数据”上的价值加以理解，一方面是由于大量的数据收集自个人，数据中所含有的个人信息都关乎人格尊严、隐私权等人格利益，当下在“个人信息”这一名词之下展开法学的规范研究；另一方面，作为驱动人工智能发展的智能三螺旋之一，数据是一种数字经济中的生产资料，具有极高的经济价值，被称为21世纪的“石油”，我们可以采用“大数据”这一概念表达对其流转和利用的一面。因此，数据之上同时有人格方面的利益和经济方面的利益，这也是认识数据的两个基本的维度。

一、个人信息

个人信息的定义已有明确的成文法，《个人信息保护法》第4条规定，个人信息是以电子或者其他方式记录的与已识别或者可识别的自然人有关的各种信息。“已/可识别”是其中的关键词，之所以值得对个人信息予以特别关注和重视，是由于个人信息具有敏感性，承载了信息主体的人格权，其不一定愿意公之于众，背后是个人的隐私、人格尊严、被遗忘等法律价值和理论的支撑。

二、大数据

这一概念的开始流行至少可以追溯到2013年前后。舍恩伯格和库克耶合著的《大数据时代》一书在国内的面世对该概念的推广起到很大的推动作用，其中“量化一切，数据化的核心”“预测，大数据的核心”“不是因果关系，而是相关关系”等提法逐渐深入人心，特别是“一场生活、工作和思维的大变革”等带有激励性的话语引起人们对大数据时代的向往。虽然这只是一本通俗读物，但是从“世间万物的数据化”理解大数据的来源，从“纷繁的数据越多越好”“混杂性”中知晓了大数据不能用二维表单式理解，从“数据、技术和思维的三足鼎立”理解大数据的方法论，基本能够说明数据的市场和商业维度的价值。

第二节　数据领域的既有规范体系

从立法层面看，较之于前一讲的算法，数据方面的国内立法效率明显要高得多。在信息主体有关的权益保障方面，我国已经出台有《个人信息保护法》，并在《民法典》中也有关于个人信息侵权责任的相关规定。在促进数据流通利用方面，2020 年 3 月 30 日，中共中央、国务院发布实施的《关于构建更加完善的要素市场化配置体制机制的意见》，其中第六部分提到要加快培育数据要素市场。各地也在通过制定地方性法规，加快数据资源的流通和利用。早在 2016 年，贵州省就颁布《贵州省大数据发展应用促进条例》，而 2021—2022 年是密集出台相关地方法规的时期，值得重视的是浙江省于 2022 年 3 月开始施行《浙江省公共数据条例》，使浙江省成为全国首个专门针对"公共数据"立法的省份，该部法规专门规定了浙江省行政区域内有关公共数据收集、归集、存储、加工、传输、共享、开放、利用等数据处理活动的要求。因此可以说，在数据层面的信息主体权益、数据流通利益两方面都相继出台了很多相关的立法。

一、保障信息主体的人格权益

第一个信息主体的人格权益是隐私权。个体的隐私权，属于传统社会既已受法律保护的人格权利。保护隐私背后有更为基本的价值，比如自由和人格尊严等，当然，隐私权的保护不是毫无代价的，一般与隐私权对立的就是社会其他个体的言论自由或知情权，同时还需要权衡国家安全、社会创新、经济发展等宏观因素。

数字时代的个人隐私往往以数据为载体，隐私保护遇到了许多挑战。数据泄露本身即侵犯了隐私，数据挖掘的不当商用容易造成歧视、监控和消费诱导，甚至被应用于下游诈骗等其他犯罪活动中。2018 年曾有一项相关案件类型的统计，发现关于个人信息常见的纠纷首先是利用个人金融信息进行盗窃、诈骗，其次是人格权侵权。就法律认定侵权以及责任承担而言，被侵权人是否知晓以上行为存在、财产损失能否证明、非财产损失缺乏法律的明文规定等都使数据隐私侵权的维权困难。就侵权责任认定而言，有研究将维权难题归纳为难以证明被告存在侵权、难以证明损害结果以及索赔金额的合理性。

是否仍然需要保护隐私权？答案毫无疑问是肯定的。毕竟无论数字社会如何发达，个人对人格尊严、自由自主决定个人生活的美好向往不会变。因此就数字时代的隐私权保障而言，不是“要不要”的问题，而是如何构建适应数字时代的规范保护体系。当前的认识包括：其一，隐私权在数字时代仍然具有宝贵价值，值得法律捍卫；其二，隐私权侵权不应和个人信息保护立法混同，适宜在《民法典》侵权责任编的体系内重构；其三，即使创设其他的个人信息有关的权利类型，似乎也没有人否定隐私权在保护个人信息方面的价值。

信息主体的人格权包括个人信息权。2021 年 8 月通过并已实施的《个人信息保护法》，成为数字时代关于个人信息保护的基本法，就信息主体的角度规定了一系列的权利。《个人信息保护法》规定了包括同意权、撤回权、知情权、决定权、请求删除权、要求解释说明权等在内的一系列权利类型，并确立了基本的“告知—同意”模式。

其中的部分权利已给出相对具体的成立标准，比如和请求删除权类似的“遗忘权”，可否“旧事重提”要看事件的公共属性、时效性、对当事人的影响程度和报道的类型和方式等；有研究认为同意撤回权是一种人格权体系下的撤销权，属于形成权，行使不以受到损害为前提、不具有溯及力、不受诉讼时效限制等性质。由于基本法的定位，《个人信息保护法》难以将某项权利行使的要件规定得十分详细，因此有必要通过司法判决、理论提炼将上述的每一项权利更为具体的认定标准进行拓展。

如何认识这些权利的属性和定位，当前存在两套并存、有一定竞争性的理论路径，一套是以私法的信息权利构建为主，另一套则是侧重公法的信息保护的国家义务。有研究将前者归纳为“个人信息民事权—个人信息处理者义务”，后者则是“个人信息受保护权—国家保护义务”，该二分的框架成为理解当前在个人信息保护方面的相关立法之重要思维。关于前者的范式,研究将之归纳为“在价值层面将个人对个人信息的自主控制作为基本立场;在保护手段上依靠对个人赋权及其自我保护;在救济途径上以事后的民事侵权责任为主展开”;关于后者,研究认为个人信息权利束是基于调整权力不对称结构的需要,赋予个人各种“手段和工具”,在个人与信息处理者之间形成工具理性的制衡结构与行为模式,进而保障个人免受数据权力的支配、减少数据处理风险。在《个人信息保护法》既成立法事实的背景下,如何对该法新创设的权利进行教义学上恰当的解释并尽快引入司法适用,很大程度上取决于如何理解该法的立法目的,以上的二分框架提供了两条不一样的思维路径。

二、促进数据的流通和利用

进入数字社会后,人们逐渐意识到,个人信息不再为个人所垄断。大数据只有在确定权属分配的基础上充分地流通起来,其市场经济价值和公共管理价值才可能得到释放。因此,从法学规范理论上,还需要认真考虑如何论证其公共和社会属性的一面。社会全体成员要能受益于数据所驱动的技术福利,一方面需要否定个人对数据的独占控制和支配,另一方面也要肯定其他主体对个人信息适度收集和利用的正当性,因此要设置相关的法律权利以支持市场主体合法地利用信息获取价值。这一思想如果得以确立,个人信息及其数据就不再只是承载前述提及的人格尊严、自由等个体价值,同时还要通过制度设计为数据的利用提供便利条件,这是从数据的生产要素价值、国家治理价值的视角出发的考量。

这里我们首先梳理一下当前数据流通中司法提供的保护方式。如何充分发挥数据的经济价值潜力?就法律规范层面,最亟须的是通过对数据的收集、处理和流转的行为规范化以及恰当地分配各主体间的利益,好鼓励数据的处理者、市场的从业者有足够的激励以利用数据。当前有几种既有的保障模式,分别存在不同程度的缺陷。

其一，作为商业秘密，引用《反不正当竞争法》予以保护。这是中国当前的司法保护的模式，然而商业秘密必须具有秘密性、实用性，大数据时代的数据来源很多是公开数据源，单个数据不具有秘密性是否影响大数据集合的秘密性？该模式是否可能促成数据存在孤岛，并不鼓励数据的自由流通？这些都是值得思考的该模式局限。

其二，通过合同，以作为交易的客体将数据文件有偿让渡给受让人。该模式通过一方委托另一方利用其所掌握的数据信息提供相关咨询或服务，类似于技术咨询和技术服务合同。合同模式本质是通过契约自由设定债权，当然其权利义务的确定更多通过是意思自治下的约定。

其三，作为著作权的作品予以保护。这要求数据集的构造体现独创性，才可引用《著作权法》予以保护。在传统著作权法思想和表达二分的思维下，数据被视为属于客观的事实，强调其公共属性而不被加以产权的排他性保护。因此权利人负有论证数据的选择或编排中体现了独创性的义务，且无法阻止单纯复制数据且对外提供的行为。因此，该种模式所能保护的数据财产权十分有限。

对财产权的保护强度，从低到高依次是反不正当竞争的行为模式、权益保护和确立权利。有研究对数据缺乏财产权的弊端有过系统整理，包括侵权论证负担重、占有保护不足、破产时取回他人处保存的数据困难、强制执行依据不足、无法在数据资产上设定担保等不足。这些障碍基本都可以归咎于未明确数据之上的财产权益性质、内容和归属。《民法典》第 127 条虽然基本肯定了数据具有财产权益，但是究竟何种财产权益、能否成立权利、具体的权利内容是什么这些问题都还悬而未决。对于在信息从业者之间、信息从业者和信息主体间如何分配数据的权属的问题，需要考虑数据收集的成本投入能否取得足够的市场回报、对数据集的保护是否会造成后来者的创作和表达受限、言论自由和表达自由是否受到阻碍等问题，在促进数据的利用上所要实现的良法应当是突破“商业秘密 + 著作权”的既有保障模式，为数据设置财产权利，从而为数据的流通利用提供更为强大的法律支撑。

这里列举几种学界提出的促进数据流通的思路。自2020年中共中央、国务院提出“加快培育要素市场”以来，关于“根据数据性质完善产权性质”就成为法学研究和法律规范落实的重点任务。学界基于以上保护方式的不足，提出了一些新的数据财产权法律建构思路。

一是从知识产权角度入手，有学者发现了公开状态的非独创性大规模数据集合的保护不足问题，提出提供有限排他权保护，阻止他人未经许可向公众传播收集者付出实质性投入收集的实质数量的数据内容的权利，权利包括《著作权法》中的发行权、广播权、信息网络传播权等，在未来的立法体系中建议归入特殊立法或《著作权法》下的邻接权中。

二是从数据文件的所有权角度入手，有学者提出符号层面的数据文件应当和内容层面的数据信息相区别。数据文件可以成为权利客体，应在数据文件上设定绝对权即数据文件所有权，包括占有、使用、收益和处分等权能。

三是从用益物权法角度入手，有学者提出借鉴财产法上的权利分割思想，在传统物权法框架中，通过“数据所有权＋数据用益权”的两权分立模式协调多方利益诉求，数据用益权的内容包括数据控制权、数据开发权、数据许可权、数据转让权等。

确立数据财产权是一项复杂的立法工程，涉及赋予权利人多大的权能，权利的属性如何，嫁接在既有法律体系的哪一位置，如何处理权利的取得、处分等方方面面，当前这方面的讨论明显成为继个人信息的人格权保护之后的该领域第二曲线，相信相关明确的立法的出台指日可待。（见图5－1）

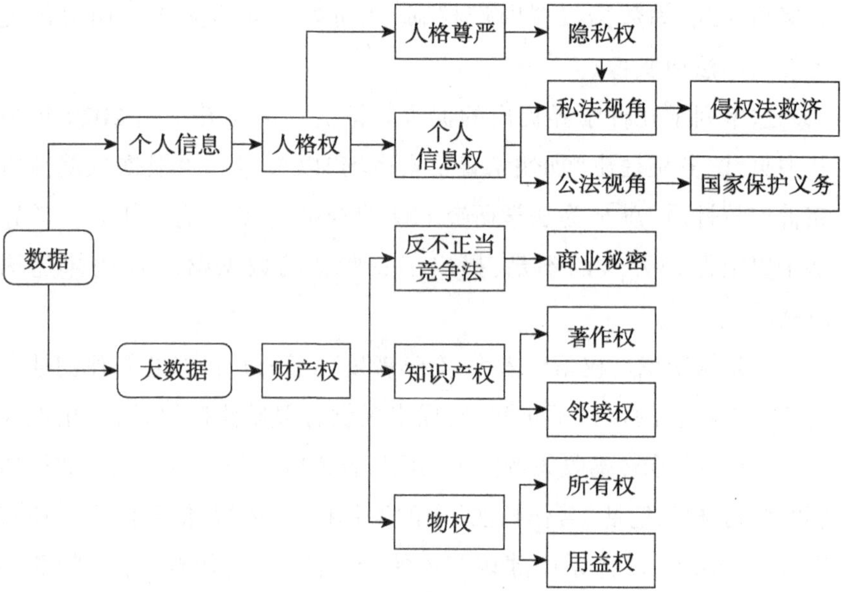

图5-1　数据有关的权利体系

第三节　信息处理者的合规义务体系

信息主体有关的人格权益,典型的比如隐私权和个人信息权,对应的是信息处理者的一系列义务,实际上主要通过具体义务和责任的方式对信息主体的有关权益予以落实。在本节,我们对基于《个人信息保护法》有关的义务做一下系统性的梳理。

一、信息处理环节的基本原则

合法性原则,是指个人信息处理者在对个人信息进行处理活动时,应当严格遵循法律的规定,采取合法的方式,不得违法处理个人信息。

正当性原则,是指处理个人信息不应当通过不公正的方法,禁止通过欺骗或者在信息主体完全不知情的情况下处理个人信息。

比例原则,是指目的性、必要性和最小侵害,目的性原则即目的限制原则、目的拘束原则,其包含两层内容:一是目的特定,处理个人信息应当具有明确、合理的目的;二是直接相关,处理个人信息行为必须与处理目的直接相关。必要性原则是指个人信息处理活动应当限定在必要限度内,凡是对于处理目的而言不必要的处理活动都不应当开展。最小侵害原则是指个人信息处理行为应尽可能对个人权益影响最小、收集个人信息范围最小。

保障个人权益原则,是个人信息处理行为,应以保障信息主体的合法权益为行为准则,一方面要保证个人信息的准确性、完整性、高质量;另一方面个人信息处理者为保障信息主体合法权益的义务主体,具有采取必要措施保障信息安全的义务。

二、数据处理的相关合规义务

告知并取得信息主体同意的义务,也即是告知同意规则。告知的时间:处理个人信息前。告知的内容:(1)个人信息处理者的名称或者姓名和联系方式;(2)个人信息的处理目的、处理方式;(3)处理的个人信息种类、保存期限;(4)个人行使本法规定权利的方式和程序;(5)法律、行政法规规定应当告知的其他事项。例如,《个人信息保护法》第23条规定的向其他处理者提供个人信息时应当告知的事项,第30条规定的处理敏感个人信息前应当告知的事项,第39条规定的向境外提供个人信息时应当告知的事项。告知的要求:以显著的方式,清晰易懂的语言,真实、准确、完整地告知。免于告知的情形:法律、行政法规规定应当保密的情形,不需要告知的情形(作为信息主体的个人已经知悉了告知的内容,处理已经合法公开的个人信息),告知将妨碍国家机关履行法定职责。

数据安全保障义务。包括(1)规范内部人员操作管理,防止未经授权的访问以及个人信息泄露、篡改、丢失,包括规范内部管理制度和操作规程,设置处理操作权限,配备专门负责人员,推进安全教育培训,执行内部合规审计;(2)强化数据安全技术手段,包括采取安全技术措施,落实信息分类管理制度,建立投诉举报制度;(3)建立全链路的安全事故预防与应对措施,包括安全事件应急预案,执行事前影响评估,落实事故补救应对措施。

敏感信息的特殊处理义务。处理敏感信息需要具备以下要件:(1)具有特定的目的;(2)充分的必要性;(3)采取严格的保护措施;(4)已经履行特别告知并取得信息主体的单独同意或单独书面同意。

处理特殊个人信息的特别义务。法律规定特殊个人信息处理者需要同时满足以下三项条件:一是提供重要互联网平台服务,二是用户数量巨大,三是业务类型复杂,简言之就是大型互联网平台经营者。对于这些特殊的信息处理主体,法律规定了额外的义务要求,包括:(1)成立主要由外部成员组成的独立机构;(2)制定平台规则,明确平台内产品或者服务提供者处理个人信息的规范和保护个人信息的义务;(3)若严重违法会被要求停止提供服务;(4)定期发布并公开个人信息保护社会责任报告。

委托处理的监督义务。委托处理中,对委托人有以下要求:(1)处理者应当与受托方订立委托合同,且合同应当具备个人信息保护相关法律规定的必要条款;(2)监督受托人信息处理活动的义务,监督内容包括是否按照约定的目的和方式等处理个人信息、是否有转委托的情形、受托人若造成个人信息侵害结果需要采取补救措施等。

三、数据收集环节的合规义务

公开明示并取得同意的义务。个人信息处理者在收集行为中负有以下义务:(1)个人信息收集前,应当向被收集的个人信息主体公开收集、使用规则,明示收集、使用信息的目的、方式和范围等信息;(2)应取得个人信息主体的同意和授权,不应收集与其提供的服务无关的个人信息,不应通过捆绑产品或服务各项业务功能等方式强迫收集个人信息。

有限收集义务。个人信息处理者的有限收集义务,体现了目的性原则、必要性原则和最小侵害原则在信息收集活动中的要求，主要包含以下三方面要求：(1)收集的个人信息与其提供的服务直接相关；(2)个人信息收集应执行收集前签署的约定和协议，在约定范围内收集；(3)国家机关履行法定职责，需在其职责范围内收集。

安全保障义务。个人信息处理者负有义务保障信息收集的安全性、尽可能对个人权益影响最小并保障个人合法权益，包括以下内容：(1)确保收集过程的安全性，有以下要求：①具备身份认证安全机制；②信息传输加密保护；③收集系统落实网络安全等级保护；④具备安全检测和过滤机制。(2)对于个人生物识别信息仅收集摘要信息，避免收集原始信息。(3)禁止大规模收集敏感数据，敏感数据包括种族、民族、政治观点、宗教信仰等数据。(4)公共场所收集个人信息，应满足以下特殊要求：①为维护公共安全所必需；②遵守国家有关规定；③设置显著的提示标识；④收集的个人信息只能用于维护公共安全目的，不得用于其他目的，除非取得个人单独同意。(5)履行保密义务。

四、数据存储环节的合规义务

时空限制义务：(1)最短时间要求指个人信息的保存期限应当为实现处理目的所必要的最短时间；(2)境内空间要求指在境内运营中收集和产生的个人信息应在境内存储。

加密备份义务：(1)个人信息保存应采取相应的安全加密存储等安全措施；(2)应对个人信息数据提供备份和恢复功能，确保数据备份的频率和时间间隔。

主动删除义务：删除是指在实现日常业务功能所涉及的系统中去除个人信息的行为，使其保持不可被检索、访问的状态。如从存储角度理解删除，删除行为即是储存走到时间与空间的尽头，数据的删除合规包括以下内容：(1)处理者应当履行主动删除义务的情形有：①处理目的已实现、无法实现或者对实现处理目的不再有必要；②个人信息处理者停止提供产品或者服务；③保存期限已届满；④个人撤回同意;⑤人信息处理者违反法律、行政法规或者违反约定处理个人信息;⑥法律、行政法规规定的其他情形。(2)处理者在删除数据时应履行安全保障义务,具体包括:①将存储的个人信息数据进行删除之后应采取措施防止通过技术手段恢复;②对存储过个人信息的设备在进行新信息的存储时,应将之前的内容全部予以删除;③废弃存储设备,应在进行删除后再做处理。(3)处理者应履行保障信息主体删除权的义务,具体包括:①提供删除个人信息的功能、渠道或途径,不得设置不合理条件;②信息主体行使删除权的情形,当发生处理者应履行删除义务的情形而处理者未履行删除义务时,信息主体可以行使删除权;③信息主体不得行使删除权的情形有两种,一是法律上不能,即法律、行政法规规定的保存期限未届满;二是客观上不能,即删除个人信息从技术上难以实现。

五、数据外部提供环节的合规义务

对外提供包括提供、公开、披露、共享、转让等“对外”处理活动。具体存在以下义务。

事前的评估报告与告知同意义务。对外提供前的评估报告与告知同意义务,包括以下具体要求:(1)事先开展合法性、必要性与个人信息安全影响评估,可以自行评估、也可以聘请专业机构。(2)事前需要履行告知同意义务,具体内容包括:①向个人信息主体告知对外提供个人信息的接收方的名称或者姓名、联系方式与处理目的、方式、规模、公开范围,并事先征得个人信息主体明示、单独的同意;②对外提供个人敏感信息的特殊要求是除告知上述内容外,还应向个人信息主体告知涉及的个人敏感信息的类型、数据接收方的身份和数据安全能力;③告知同意的豁免有两种情形,一是与国家安全、国防安全、公共安全、公共卫生、重大公共利益或与犯罪侦查、起诉、审判和判决执行等直接相关的情形;二是经过加工无法识别特定个人且不能复原。(3)不得公开个人生物识别信息、个人生理信息(基因、疾病等)与我国公民的敏感数据分析结果(种族、民族、政治观点、宗教信仰等)。

事中的安全保障与记录登记义务。对外提供过程中安全保障与记录登记义务,包括以下具体要求:(1)依据个人信息安全影响评估结果采取有效的保护个人信息主体的措施;(2)通过合同等方式规定数据接收方的责任和义务;(3)准确记录和保存个人信息的对外提供的情况,包括日期、规模、目的、数据接收方的基本情况等,并将以上情况进行登记。

事后的跟进监督与责任承担义务。对外提供完成后的跟进监督与责任承担义务包括以下几方面具体要求:(1)提供方需要不断跟进接收方的数据处理活动情况,并监督接收方的行为,具体包括:①对外提供后了解接收方对个人信息的保存、使用情况和个人信息主体的权利;②若发现数据接收方违反法律法规要求或双方约定处理个人信息,应立即要求数据接收方停止相关行为,且采取或要求数据接收方采取有效补救措施(如更改口令、回收权限、断开网络连接等)控制或消除个人信息面临的安全风险,必要时个人信息控制者应解除与数据接收方的业务关系,并要求数据接收方及时删除从个人信息控制者处获得的个人信息。(2)承担因公开披露个人信息对个人信息主体合法权益造成损害的相应责任。

公共数据共享与开放的特殊义务。对于公共数据,地方立法整体上已达成“以共享为原则,不共享为例外”的共识。公共数据共享指公共数据在公共管理机构和服务机构之间的共享。对于被纳入公共数据共享目录的公共数据,应当按照申请及时、准确地进行共享。公共数据开放,指公共管理和服务机构向社会提供可机器读取的公共数据的活动。对于公共数据的开放,一般认为应当遵循分类分级、需求导向的原则,除涉及国家安全、商业秘密和个人隐私外,可以依法向公民公开,即公民可以通过申请获得授权以使用这一部分公共数据。

跨境提供的安全评估与必要协助义务。为保障国家数据安全与个人信息安全,向境外提供数据有着特别的要求,具体包括:(1)向境外提供应当进行安全评估，安全评估可以要求有关部门提供支持与协助；(2)限制或禁止向“黑名单”中的境外组织、个人提供，“黑名单”指国家网信部门公告的限制或者禁止个人信息提供清单；(3)经主管机关批准，协助外国司法或者执法机构提供存储于中国境内的数据。

第四节　公共数据的开放和流通

本节内容主要是关于多个省份推行的公共数据开放问题。该问题包括了数据开放的范围、开放前的处理、开放的程序等多个内容，这里主要是介绍一下笔者和笔者的课题团队近年的一些研究结论。中央及地方近年来愈加重视数据资源的开发，尤其是对公共数据资源的开发，作为数字经济建设“排头兵”的浙江省尤其走在前列，2020年，《浙江省公共数据开放与安全管理暂行办法》，对政府机关以及具有公共管理和服务职能的事业单位所产生的数据的开放进行了规定。2022年1月21日，浙江省第十三届人民代表大会第六次会议通过《浙江省公共数据条例》，该文件自2022年3月1日起施行，这是全国首部公共数据领域的地方性法规，具有重要意义。我们的研究主要围绕该部地方立法展开。

一、确定公共数据的范围

《浙江省公共数据条例》所规制的客体是“公共数据”，不同于单纯的数据，亦区别于个人信息与隐私。该条例第3条对公共数据的界定，可以从“特定主体+特定目的+特定行为”获得的数据资源角度进行理解，即通过目的要素、主体要素和行为要素划定公共数据的内涵与外延。目的要素体现为“履行职责”“提供公共服务过程”。主体要素从三个层次进行考虑：一是从公共管理服务职能出发，即国家机关、具有公共事务管理职能的企事业单位、社会团体为履行职责所控制的数据；二是指公共机构（全部或者部分使用财政性资金的国家机关、事业单位和团体组织）在提供公共服务过程中所控制的数据；三是社会其他主体所控制的与公共利益密切相关的数据。

要件一：主体要件。强调对数据的掌握，其范围划定以“是否从事公共管理与服务”为指引，进而可区分为依法具有公共管理与服务职能、实际从事公共服务（具有公共服务的能力）、仅从事私人事务三种情形。根据现行规范和理论，从公共数据治理的目标出发，对公共数据的界定是为了更好地利用公共数据，以实现公共管理与服务的目标，公共数据的主体要素应当指实际从事公共服务（具有公共服务的能力）的主体。根据《浙江省公共数据条例》第 3 条的规定，适格的收集、产生公共数据的主体共有三类，第一类为国家机关，第二类为法律法规规章授权的具有管理公共事务职能的组织，第三类为供水、供电、供气、公共交通等公共服务运营单位。

要件二：时间要件。要求数据是在依法履行职责或者提供公共服务过程之中所控制的，公共数据若是在提供公共服务过程之前的准备时期或之后的跟进时期所控制则不属于公共数据。公共数据据此可分为三类，一是在提供公共服务过程之中收集产生，如用户用电数据，该类数据属于公共数据范畴；二是在提供公共服务过程前收集产生，如公司基本情况、公司领导基本信息等为履行公共服务准备统计的数据；三是在提供公共服务之后收集产生，如对公共服务情况进行进一步分析的数据，后两类不属于公共数据范畴，可以不予开放。

要件三：对象要件。要求数据是与公共服务密切相关，要求是为不特定的多数人的基本生产生活需要而收集、产生。公共数据的收集、产生若是与不特定的多数人的基本生产生活无关，则不属于公共数据。基本公共服务的理解，可以从以下三个方面展开：一是保障人类的基本生存权（或生存的基本需要），为了实现这个目标，需要政府及社会为每个人都提供基本就业保障、基本养老保障、基本生活保障等；二是满足基本尊严（或体面）和基本能力的需要，需要政府及社会为每个人都提供基本的教育和文化服务；三是满足基本健康的需要，需要政府及社会为每个人提供基本的健康保障。随着经济的发展和人民生活的水平的提高，一个社会基本公共服务的范围会逐步扩展，服务的水平也会逐步提高。对象要件可以排除非因提供公共服务即不是为不特定的多数人的基本生产生活需求而收集、产生的数据，例如：电网企业为大型用电企业专门建设专用供电设施的电网建设数据，电网企业通过大型用电企业在自己厂区内自行投资建设设施为其供电而收集、产生的客户数据，因为以上数据的收集、产生是在为企业单独提供的过程之中，与公共数据无关，因此都不属于公共数据。

二、数据的分类标准

对政府、企业等可能构成上述公共数据的数据种类，是否就必然需要公开、是否无条件公开，是设计数据分类标准的意义所在。我们认为，满足前面的公共数据构成要件只是数据对外提供的必要条件，但还不是充分条件。换言之，还有部分的数据虽然满足上述公共数据的构成要件，但依然无法对外提供或者需要经过处理后才能对外提供。

分类一：是否涉及国家秘密。根据《浙江省公共数据条例》第 2 条规定，涉及国家秘密的数据不受该法调整。因此，有必要对公共数据中是否包含国家秘密的内容进行审查，当有包含国家秘密的情形，经过权威认定后，可以直接不用考虑后续问题，不作为依据该条例公开的情形。国家秘密以不开放为原则。若含有国家秘密的数据，原则上不开放，除法院、检察院、公安机关和监察委员会进行刑事调查取证的需要、法院在民事和行政诉讼中调取证据的需要，且要履行保密程序。

如果是国家秘密，则受特别法的规制。一方面是在数据安全层面，根据《数据安全法》第 53 条规定，开展涉及国家秘密的数据处理活动，适用《保守国家秘密法》等法律、行政法规的规定；另一方面是在网络运行安全层面，存储、处理涉及国家秘密信息的网络的运行安全保护，除要遵守《网络安全法》规定，还应当遵守相关保密法律、行政法规的规定。

分类二:是否危及国家安全/公共利益。根据《浙江省公共数据条例》等相关规定,当公共数据中含有可能危及国家安全/公共利益的信息时,应当禁止公开。因此,对公共数据的具体数据项进行判别、从严审查,审查是否可能含有以上信息的嫌疑,作出适当的分别处理。对是否包含以上信息的可能性作审查,把公共数据区分为含有危及国家安全、公共利益嫌疑的特殊数据和普通数据,对包含以上信息的特殊数据作不予开放处理。国家安全,是指国家政权、主权、统一和领土完整、人民福祉、经济社会可持续发展和国家其他重大利益相对处于没有危险和不受内外威胁的状态,以及保障持续安全状态的能力。公共安全,是指不特定或者多数人的生命、身体的安全以及公众生活的平稳与安宁。

分类三:是否包含个人信息。根据《浙江省公共数据条例》第30条规定,当公共数据中包含个人信息,经匿名化处理或取得授权同意后可以受限制地开放或无条件开放,否则禁止开放。因此,需要对公共数据的具体数据项进行判别、从严审查,审查是否含有个人信息并作出适当的分别处理。首先对是否包含个人信息的可能性进行审查,把公共数据区分为含有个人信息的特殊数据和普通数据;其次是对特殊数据,进一步区分是否已经取得或者有机会取得信息主体授权同意,对于不能取得信息主体授权同意的数据,分析是否能够能实现匿名化技术处理,经过处理后是否还具有开放流通的价值;最后将含有个人信息的公共数据,认定为经过授权同意后开放的数据、经过匿名化处理后开放的数据和不予开放的数据三种情形。

分类四:是否包含敏感信息。处理敏感信息在公开的门槛与预处理方式的要求方面相比个人信息更加严苛。敏感信息是个人信息的下位概念,除了要满足个人信息处理的要求外,还要符合敏感信息处理的更加严格的要求,需要具备以下四个要件:(1)具有特定的目的;(2)充分的必要性;(3)采取严格的保护措施;(4)已经履行特别告知并取得信息主体的单独同意或单独书面同意。同样,包含敏感信息的公共数据在开放上相比仅包含个人信息的数据而言应更为严格,应以禁止开放为原则,涉敏感信息的公共数据禁止开放,经匿名化处理或取得授权同意后可以受限开放,绝不得无条件开放。因此,包含个人信息中敏感信息的公共数据,需要采取更严格的匿名化处理,要求具备专门处理敏感信息的处理技术。建议同时采取技术处理之外仍取得同意授权,案例表明没有绝对匿名化的数据,匿名化数据可被反推,因此敏感数据对匿名化程度要求更高。可以将包含个人信息的公共数据进一步区分为包含敏感信息和普通个人信息两类,对于前者要么通过专门的敏感信息匿名化技术处理且最好取得信息主体授权同意后开放,要么禁止开放。

分类五:是否包含商业秘密。根据《浙江省公共数据条例》第 30 条规定,若公共数据中包含商业秘密,经脱敏、脱密处理或取得授权同意后可以受限开放或无条件开放,否则禁止开放。因此,需要对公共数据的具体数据项进行判别、从严审查,审查是否含有商业秘密并作出适当的分别处理。首先对于是否包含商业秘密可能性的审查,把公共数据区分为含有商业秘密的特殊数据和普通数据;其次是对于特殊数据,进一步区分是否已经取得或者有机会取得利益相关主体的授权同意;对于不能取得授权同意的数据,分析是否能够能实现脱敏、脱密的技术处理,经过处理后是否还具有开放流通的价值;最后将含有商业秘密的公共数据,认定为经过授权同意后开放的数据、经过脱敏脱密后开放的数据和不予开放的数据三种情形。商业秘密有特定的认定标准。对于是否包含商业秘密,应从商业秘密的特性进行理解,即秘密性、价值性与独特性。其一,商业秘密必须具有秘密性。为其所属领域的相关人员容易获得(包括可以通过公开渠道获得)的信息不构成商业秘密。其二,商业秘密要求相关信息具有经济价值,具有实用性,能够为其权利人带来实际的或潜在的经济利益和竞争优势。其三,商业秘密还要具有独特性。独特性是商业秘密在“质量”上的特征,即法律保护的商业秘密必须具备达到一定水平的新颖性和非显而易见性,在较长的时期内不易被他人总结、研究而被知晓。

分类六:是否包含保密商务信息。根据《浙江省公共数据条例》第30条规定,若公共数据中包含保密商务信息,经脱敏、脱密处理或取得授权同意后可以受限开放或无条件开放。因此,需要对公共数据的具体数据项进行判别、从严审查,审查是否含有保密商务信息并作出适当的分别处理。首先是对于是否包含保密商务信息的可能性的审查,把公共数据区分为含有保密商务信息的特殊数据和普通数据;其次是对于特殊数据,进一步审查是否已经取得或者有机会取得利益相关主体的授权同意,对于不能取得授权同意的数据,分析是否能够能实现脱敏、脱密的技术处理,经过处理后是否还具有开放流通的价值;最后将含有保密商务信息的数据,认定为经过授权同意后开放的数据、经过脱敏脱密后开放的数据和不予开放的数据三种情形。对于保密商务信息的认定,一般认为要同时符合以下两个要求,一是经双方同意;二是涉及或与如下情况相关的信息:任何自然人或法人的商业秘密、流程、经营、作品风格或设备,生产、商业交易,或物流、客户信息、库存,收入、利润、损失或费用的金额或来源,其他具备商业价值的信息,且披露上述信息可能对持有该信息的自然人或法人的竞争地位造成极大损害。

三、数据公开前的处理方法

有部分公共数据处于黑白中间地带,经过技术处理或取得授权同意等预处理后可以予以开放,即我们称为"灰名单"的数据。这部分归入"灰名单"之中的数据,需要通过以下方法进行处理。

匿名化处理。根据《浙江省公共数据条例》第30条第2款要求,涉及个人信息的公共数据经匿名化处理可以列入受限开放或者无条件开放数据。匿名化的定义:根据《个人信息保护法》第73条第4项规定,匿名化是指个人信息经过处理无法识别特定自然人且不能复原的过程。根据相关法律的规定，个人信息匿名化至少满足以下要求：一是个人信息必须经过技术处理存储，二是被处理后的个人相关数据无法识别到特定个人，三是不能通过处理后的数据复原原始个人信息。另外，《信息安全技术个人信息安全规范》（征求意见稿）再次明确了匿名化的“不可复原性”，并明确了匿名化后的信息将不再属于个人信息范畴，如将具体年龄属性值“20”“22”等值匿名化为区间值“20—30”，具体地址位置匿名化为“××市××区”，具体薪资或纳税额值2118、19 080等匿名化为“1000—1万元”“1万—10万元”等。匿名化的程度：匿名化处理有精度、程度之分，如具体地址位置原始数据为“浙江省杭州市西湖区黄龙路8号”，根据匿名化处理精度不同从低至高的结果可输出为“浙江省杭州市西湖区黄龙路×××号”“浙江省杭州市西湖区×××路×××号”“浙江省杭州市×××区×××路×××号”“浙江省×××市×××区×××路×××号”“×××省×××市×××区×××路×××号”，不同匿名化精度的数据价值含量不同、可满足的需求不同。匿名化的方式：常见的匿名加工方法大致可以分为随机化和一般化两类。随机化匿名加工是指通过随机化技术修改原始数据的真实值，打乱不同主体之间的属性，打破数据和数据主体之间的链接，使数据本身的属性不能准确反映特定个体，但保留数据属性值的整体分布。一般化（也称“泛化”）匿名加工是通过泛化技术改变数据属性的规模或数量级，如从个体到群组，从而实现对数据主体的泛化隐匿，这些泛化技术包括K-匿名（k-anonymity）、L-多样性（l-diversity）、T-相近（t-closeness）、差分隐私等。

脱敏脱密处理。根据《浙江省公共数据条例》第30条第2款要求，涉及商业秘密、保密商务信息的公共数据经脱敏、脱密处理可以列入受限开放或者无条件开放数据。随着公共数据应用的不断深入，有许多应用需要和外部系统对接，数据需要对外提供服务才能体现出它的价值，大数据时代是数据融合的时代，如何在数据融合的过程中保证数据在开发、测试、生产、应用等各个环节的安全，成为信息安全部门的重要任务。数据脱敏需求包括:通过数据抽取、数据漂白、数据混淆等处理过程,用来满足测试、开发、培训、数据共享和数据融合场景下的敏感数据保护需求,并使得数据处理过程满足我国的敏感数据防护的政策规定。

征求相关主体授权同意的处理方式。根据《浙江省公共数据条例》第 30 条第 2 款要求,涉及个人信息、商业秘密、保密商务信息的公共数据经过利益相关主体授权同意开放的可以列入受限开放或者无条件开放数据。根据《民法典》第 1038 条第 1 款、《个人信息保护法》第 23 条、《浙江省公共数据条例》第 30 条第 2 款的规定,若要对外提供(包括作为公共数据开放)涉及个人信息、商业秘密、保密商务信息的数据,需要获得指向的特定自然人、法人或者非法人组织(利益相关方)依法授权同意,也即履行对外提供中的"告知同意"义务。同意授权的基本要求有:(1)作出同意或授权的个人应当具有同意能力,是否具有同意能力关键在于其是否能认识后行为后果;(2)在充分知情的前提下作出,这是公开透明规则的要求,也与告知义务相联结,在不知情或不充分知情的情况下所作的同意或授权是无效的;(3)自愿作出,在受到威胁、欺诈或胁迫的情况下所作的同意或授权是无效的;(4)明确作出,这要求以清晰、明白而非含糊、模棱两可的方式表示同意。同意授权的形式要件:(1)必须明示,明示是指利益相关主体通过书面声明或主动做出肯定性动作,对其个人信息进行特定处理做出明确授权的行为,肯定性动作包括主动声明(电子或纸质形式)、主动勾选、主动点击"同意"等,不允许采用默示、预选方框或者不作为方式进行授权;(2)建议采取书面方式,以授权书或合同中授权条款加签字盖章的形式取得授权同意。同意授权的具体流程:(1)数据主管部门研判确认数据包含个人信息、敏感信息、商业秘密、保密商务信息,有可能取得利益相关主体的授权同意;(2)主管部门工作人员与利益相关主体取得联系,真实、准确、完整地告知对外提供数据的接收方的名称或者姓名、联系方式与处理目的、方式、规模、公开范围,不得具有误导、诱导、强迫等不当内容,最好能增加"告知摘要",即在完整告知的基础上增加简短、显著、清晰、易懂的概要提示;(3)在利益相关主体充分知情的基础上,最好以授权书或合同中授权条款加签字盖章的形式取得授权同意,也可以主动勾选、主动点击"同意"等形式取得授权同意;(4)若利益相关主体拒绝授权同意,则需要进行匿名化、脱敏、脱密等预处理措施,才能对外提供。

聚合的处理方式。聚合后的数据属于非原始数据,是针对分析单元的操作产生的数据,不同于匿名化与脱敏、脱密,聚合是对具体数据项的操作,比如以求和、平均值等数据统计方法或根据时间、地区、行业等维度方法进行聚合,也能够一定程度上满足数据需求方的要求,同时经过此种处理后无须提供原始的数据表单。聚合的程度:聚合的颗粒度可粗可细,有程度之分,如对于具体地址位置,原始数据根据聚合颗粒度不同从细至粗的结果可以街道、区县、地区、省份为标准,不同聚合的颗粒度蕴含数据的价值含量不同、可满足的需求不同。

四、数据开放的程序

首先,我们需要明确企业针对谁开放,即开放的对象。浙江省大数据发展管理局根据《浙江省公共数据条例》有关规定,为加快推进公共数据开放和应用创新,挖掘数据价值,赋能经济社会发展,公布年度公共数据开放重点清单。以企业为例,根据个人信息与数据安全相关法律法规要求,大数据发展管理局作为数据接收方需要履行以下职责:①提供要求企业配合公共数据开放的相关文件;②订立相关协议,明确对数据需求的目的、范围、处理方式、数据安全保障措施等,明确双方的数据安全责任义务;③采取数据安全保障措施,包括但不限于数据加密存储、分类分级管理、操作留痕等;④制定全流程的安全事故预防与应对措施,包括但不限于安全事件应急预案、事故补救应对措施等。

其次,我们需要明确具体开放的形式。有以下三种方式可供参考:①通过数据接口提供。在企业与大数据发展管理局形成常态化的公共数据开放机制后,以数据调用接口的形式提供数据,根据前述分级与“黑白灰”名单,确定数据项,统一数据结构、数据类型、接口标准,确定更新频次,通过网络提供数据对接传输服务或访问权限,以满足及时更新的需求。这种方式更为便捷高效,且能做到信息的即时更新,但需要防范网络安全风险。②离线电子单独提供。通过下载到U盘、光盘和移动硬盘等离线存储设备的方式,将用电数据从企业以离线物理载体的方式,提供给大数据发展管理局。这种方式的网络安全相对有保障,但是数据可复制性和扩散能力强,中间流通环节有一定数据泄露风险但相对可控。③离线电子网络传输提供。企业将需要提供的数据脱离企业本身的数据网络之后,通过电子邮箱、网络会议、聊天工具等即时网络传输工具,在互联网上进行提供或送达给大数据发展管理局。这种方式特点是便捷高效,但是存在巨大的信息泄露风险。

最后,要形成开放的一些具体流程。如①建立工作班子、形成工作机制。双方明确工作小组,确定接洽具体部门,形成工作机制。②审查数据类型归属。企业内部数据主管部门确定被需求数据不涉及国家秘密,数据确实于提供公共服务的过程中获取、产生即属于公共数据,再考察数据危及国家安全和公共利益的可能性,考察数据是否包含个人信息、敏感信息、商业秘密、保密商务信息。③对特殊数据作特殊处理。若经内部数据管理部门判断公共数据中包含个人信息、敏感信息、商业秘密、保密商务信息,需要由专业技术部门对数据作相应的预处理,包括匿名化、脱敏、脱密、取得相关主体授权同意、聚合等预处理措施。例如,客户名称、用户名称、增值税名、纳税人电话、增值税银行、增值税号、注册地址,若信息主体是自然人则信息属于个人信息,需要进行匿名化处理、脱敏处理或取得信息主体授权同意;若信息主体是法人,则需要进行内部判断是否属于商业秘密或商务保密信息,若属于,则需要进行脱密处理或取得利益相关方授权同意。④双方订立书面文件。企业应与大数据发展管理局订立书面文件,明确大数据局对数据需求的目的、范围、处理方式、数据安全保障措施等,明确双方的数据安全责任义务。⑤建立数据异常处理机制。企业在提供公共数据后,仍有必要跟进了解数据的后续使用情况,并建立对数据异常情况的应急处理机制;若发现数据泄露、数据项丢失、未及时脱敏等异常情况时,应立即与公共数据主管部门取得联系,且采取或要求公共数据主管部门采取有效补救措施(如更改口令、回收权限、断开网络连接等),以控制或消除数据面临的安全风险,必要时可以要求公共数据主管部门及时删除异常数据。

第五节 企业数据流通的几种模式

一、基本的分析框架:常见市场模式

数据是行业的重要资产,它可以反映系统的运行状态、市场的供需关系、用户的用电行为等多方面的信息。数据的价值在于它可以为企业、政府部门、社会公众等提供决策支持、服务优化、效率提升等多种价值。为了实现数据的价值最大化,需要将数据进行有效的流通和利用,使之成为市场上的有价商品。

根据数据进入市场时的状态和形式,可以将其分为两大类:以数据形式流通和以产品形式流通。前者是指数据以原始或初加工后的数据集的形式直接转让或共享给其他主体,后者是指数据经过深度处理和分析后,以数据产品(模型或算法为核心)的形式提供给其他主体。这两种模式下,涉及不同类型的主体,数据链条长短不一,数据安全和隐私保护的要求和难度也不同。下面分别对这两种模式进行介绍和分析。

(一)以数据形式流通

该种模式是指数据以原始或初加工后的数据集的形式直接转让

或共享给其他主体，让其他主体自行开发和利用。该种模式下，企业只负责采集和存储数据，并不进行深度处理和分析，也不提供任何附加服务或价值。该种模式可以进一步细分为以下两种子模式：

第一，原始数据未经加工直接流通。该种子模式是指数据经过采集和原始记录后，没有经过任何处理，直接转授给其他主体予以开发。这种方式最简单，但也最低效，因为原始数据往往存在大量的噪声、错误、缺失、冗余等问题，需要其他主体花费大量的时间和成本进行清洗和整理。此外，原始数据也存在较高的安全风险，因为它可能包含敏感信息，如用户身份、用电地址等，如果泄露或被滥用，可能会对用户造成损害。因此，该种子模式一般只适用于以下几种情况：有偿或无偿转让给子公司、有偿转让给其他企业（需签署保密协议）、无偿满足政府机关个别需求（需符合法律法规）、无偿的公共数据共享开放（需进行脱敏处理）。

第二，数据经过初加工后流通。该种子模式是指数据在采集后，企业相关部门经过了数据清洗、去重、去噪、融合以及数据结构化等初步处理后，将其授权给企业以外的主体使用从而实现数据的市场流通。这种方式相对于原始数据未经加工直接流通而言，具有以下优势：一是提高了数据质量和可用性，减少了其他主体开发和利用数据时所需的时间和成本；二是降低了数据安全风险，因为经过初加工后的数据可以去除或隐藏敏感信息，或者采用加密、授权、审计等技术手段保护数据的安全和隐私；三是增加了数据价值和收益，因为经过初加工后的数据可以提供更多的信息和维度，满足更多的需求和场景，从而提高数据的市场价值和竞争力。

（二）以产品形式流通

该种模式是指针对某一特定的场景和需求，提取具体特定的数据特征，定义该任务下的模型输出内容，以模型或算法作为数据产品的内核进入市场流通。这种数据状态下的数据已经进行了深度处理和分析,并且被打包成了可供使用的产品。

该种模式下,企业不仅负责采集和存储数据,还负责对数据进行挖掘、分析、建模、优化等高级处理,从而提取出数据的特征、规律、趋势、预测等价值,并将其封装成可供使用的数据产品。企业可以根据不同的场景和需求,设计和开发不同类型和功能的数据产品包括以下几种:

金融征信类数据产品。该类数据产品是指利用数据来评估用户的信用状况和风险水平,为金融机构提供信贷、保险、投资等服务的参考依据。例如,利用用户的用电量、用电时间、用电稳定性、用电异常等指标,构建用户的信用评分模型,为用户提供信用报告和信用评级;利用用户的用电行为、用电偏好、用电需求等指标,构建用户的风险评估模型,为用户提供风险提示和风险防范;利用用户的用电历史、用电趋势、用电预测等指标,构建用户的财务分析模型,为用户提供财务规划和财务建议等。

生产经营管理类数据产品。该类数据产品是指利用数据来优化生产经营过程中的各个环节,为生产经营主体提供效率提升、成本节约、质量保证等服务。例如,利用生产设备的用电量、用电频率、用电效率等指标,构建设备运行状态监测和诊断模型,为生产设备提供运维管理和故障预警;利用生产过程中的各项能耗指标,构建能耗分析和优化模型,为生产过程提供能效管理和节能措施;利用生产成果的各项质量指标,构建质量检测和评估模型,为生产成果提供质量保障和改进方案等。

企业能效咨询类数据产品。该类数据产品是指利用数据来分析企业的能源消耗状况和能源效率水平,为企业提供能效诊断、能效改进、能效评估等服务。例如,利用企业的总体能耗指标、各部门能耗指标、各项目能耗指标等,构建企业能耗结构分析模型,为企业提供能耗结构诊断和优化建议;利用企业的能源消费行为、能源消费效率、能源消费预测等指标,构建企业能效分析和评估模型,为企业提供能效水平诊断和评价报告;利用企业的能源消费目标、能源消费计划、能源消费措施等指标,构建企业能效改进和优化模型,为企业提供能效改进方案和优化建议等。

新能源、储能推广类数据产品。该类数据产品是指利用数据来分析新能源和储能的发展潜力和市场需求,为新能源和储能的生产、销售、使用等提供支持和服务。例如,利用系统的负荷曲线、负荷波动、负荷预测等指标,构建新能源和储能的匹配度分析模型,为新能源和储能的接入和并网提供技术支持和方案设计;利用市场的价格波动、价格预测、价格弹性等指标,构建新能源和储能的经济性分析模型,为新能源和储能的投资、运营、交易提供经济支持和策略制定;利用用户的用电需求、用电偏好、用电意愿等指标,构建新能源和储能的用户画像模型,为新能源和储能的推广和营销提供用户支持和服务定制等。

绿色金融类数据产品。该类数据产品是指利用数据来评估行业及相关行业的环境影响和社会责任,为绿色金融的发展提供依据和支持。例如,利用行业及相关行业的碳排放量、碳排放强度、碳排放成本等指标,构建碳排放量化和核算模型,为碳排放交易和碳税征收提供数据支持和管理服务;利用行业及相关行业的环境污染物排放量、环境污染物排放强度、环境污染物排放成本等指标,构建环境污染物量化和核算模型,为环境污染物交易和环境税征收提供数据支持和管理服务;利用行业及相关行业的绿色投资额、绿色投资回报率、绿色投资风险等指标,构建绿色投资评估和优化模型,为绿色投资决策和绿色金融产品设计提供数据支持和咨询服务等。

政务服务类数据产品。该类数据产品是指利用数据来提升政府部门的公共服务水平和管理效率,为政府部门提供政策制定、监督执行、绩效评估等服务。例如,利用系统的运行状态、运行异常、运行风险等指标,构建系统安全监测和预警模型,为政府部门提供系统安全保障和应急处置服务;利用市场的供需关系、价格形成机制、市场竞争程度等指标,构建市场监管和优化模型,为政府部门提供市场规范和发展服务。

公共服务类数据产品。该类数据产品是指利用数据来提高社会公众的生活质量和社会福利，为社会公众提供便捷、高效、优质的公共服务。例如，利用用户的用电行为、用电习惯、用电节约等指标，构建用户节能教育和引导模型，为社会公众提供节能知识和节能建议服务；利用用户的用电需求、用电偏好、用电意愿等指标，构建用户个性化和定制化服务模型，为社会公众提供个性化和定制化的服务；利用用户的用电情况、用电影响、用电贡献等指标，构建用户激励和奖励模型，为社会公众提供激励和奖励的服务等。

二、分析的几个维度

以上方式是从数据的链条出发进行的归纳，从数据的生命周期来看，数据由采集、存储、清洗、结构化、建模利用等多个环节组成，电网企业作为数据的采集和保管者，在流通和利用过程中可以在数据链的早期即向市场主体开放相关数据，亦可向纵深延伸至数据的建模环节。数据链条延伸的长度不同，决定了数据来源的多元性、加工方式的差异，更重要的是涉及的主体种类、建模的场景多样化不一。

（一）数据的来源

来源一：企业自身经营产生的数据。企业自身的经营管理活动产生的数据，是企业最直接、最真实、最有价值的数据来源。这类数据可以反映企业的财务状况、市场表现、生产效率、客户满意度等重要指标，有助于企业进行内部管理和外部竞争。但是，这类数据也有一些局限性，比如数据量有限、数据质量参差不齐、数据安全风险高等。

来源二：用户直接提供的个人数据。个人用户、企业用户主动提供数据是为了使用某个平台或服务，比如注册账号、填写信息、上传资料等，那么这些数据就是企业自身的经营管理活动产生的数据，属于企业的自有数据，企业可以根据相关法律法规和用户协议对这些数据进行收集、处理、利用等操作。

来源三：政府机关机构公开的数据。政府或机构公开的行业数据，是企业获取宏观环境和行业趋势的重要数据来源。这类数据通常具有权威性、公信力、规范性等优点，可以帮助企业了解政策法规、市场需求、竞争对手等信息，为企业制定战略和决策提供参考。但是，这类数据也存在一些问题，比如数据更新频率低、数据维度单一、数据获取成本高等。

来源四：通过交易有偿获取的数据。数据管理咨询公司或数据交易平台购买的数据，是企业拓展数据资源和增强数据能力的有效途径。这类数据通常具有多样性、专业性、实时性等特点，可以为企业提供更丰富、更深入、更灵活的数据服务，帮助企业解决特定的问题或挑战。但是，这类数据也有一些风险，比如数据来源合法性难以保证、数据质量难以评估、数据使用权利难以界定等。

其中，如果个人用户、企业用户主动提供的数据是为了出售或交换某种利益，比如参与调查、分享经验、提供反馈等，那么这些数据就是数据管理咨询公司或数据交易平台购买的数据，属于第三方的数据资源，第三方可以根据相关法律法规和合同约定对这些数据进行购买、分析、应用等活动。

来源五：通过技术手段抓取的数据。通过爬虫工具等在网络上抓取的数据，是企业获取海量信息和洞察用户行为的常用手段。这类数据具有广泛性、动态性、低成本性等优势，可以为企业提供大量的用户反馈、舆情分析、行业动态等信息，帮助企业把握市场变化和用户需求。但是，这类数据也面临一些挑战，比如数据合规性难以保障、数据处理难度大、数据安全难以控制等。

（二）数据的加工

如前所述，企业在数据上主要有采集、清洗、结构化和建模等几个关键的加工动作，这些行为应当关注的关键法律问题有所不同。

方式1:采集。数据的采集,是指搜集符合数据挖掘研究要求的原始数据。既可以从现有、可用的无尽数据中收集提取你想要的二手数据,也可以经过问卷调查、采访、沟通等方式获得一手资料。数据采集的关键技术包括:爬虫技术、API 接口技术、数据抓取技术等。数据采集的目的是获取数据,为后续的数据分析和挖掘提供基础。该环节的关键在于《民法典》关于隐私权等民事权利的规定,《个人信息保护法》关于个人信息权的有关规定,都应当在该环节履行到位,确保后续的数据流通环节不被信息主体的有关权利所牵制。

方式2:清洗。数据的清洗,是将数据库精简以除去重复记录,并使剩余部分转换成符合标准的过程;狭义上的数据清洗特指在构建数据仓库和实现数据挖掘前对数据源进行处理,使数据实现准确性、完整性、一致性、适时性、有效性,以适应后续操作的过程。数据清洗的关键技术包括:选择子集、列名重命名、删除重复值、缺失值处理、一致化处理、数据排序处理、异常值处理等。数据清洗的目的是提高数据质量,使得后续分析和挖掘更加准确可靠。该环节需要付出大量的业务成本,企业需要事先规划有价值的数据体系,需要汇总并投入人力区分其中有价值的语料信息,这些成本投入,根据传统产权取得的"劳动说"理论,是取得数据经济价值的重要依据,因此该环节的内部成本记录工作是重要的,是后续数据价值计量的重要依据。

方式3:结构化。结构化数据,是由二维表结构来逻辑表达和实现的数据,严格地遵循数据格式与长度规范,主要通过关系型数据库进行存储和管理。结构化数据也被称为定量数据,是能够用数据或统一的结构加以表示的信息,如数字、符号。结构化数据的关键技术包括:关系型数据库设计技术、SQL 语言技术等。结构化数据主要用于存储和管理企业中大量的业务信息,如客户信息、订单信息等。数据中部分原本采集自记电器等机器设备,本来就是结构化数据。同时,业务中还有一些语音、视频、文本等其他语料也可被视为原始的数据来源,这些语料的技术本质也是数据,经过结构化的处理就能够成为类似于

"用电量"的数据形态。结构化的方式包括人工标注、机器学习分类等。该过程亦应当属于数据的生产环节,是提升数据价值的做法。

方式4:建模。数据的建模,是一个用于定义和分析在组织的信息系统范围内支持商业流程所需的数据要求的过程。它是基于对业务数据的理解和数据分析的需要,将各类数据进行整合和关联,使得数据可以最终以可视化的方式呈现,让使用者能够快速地、高效地获取到数据中有价值的信息,从而作出准确有效的决策。主要是针对各种不同场景和具体的用户需求,开发具体的产品。数据的用途十分广泛,不只是对公司的传统业务有价值,还对金融、医疗、交通、工业、公共管理等外部各行各业有用。企业在针对其他行业设计和开发模型时,可以集团内部企业开发,也可以将数据授权给其他市场主体开发,其中的法律关系和面临的法律风险是不同的。

(三)涉及的主体

主体一:数据提供方。指将数据本身或数据产品提供给数据需求方的一方,可以是数据的原始产生者、收集者、加工者或者代理者。数据提供方需要保证数据的合法性、安全性和质量,尊重和保护数据权益人的合法权益,明确数据交易标的的类型、内容、范围、规模、来源、格式等,以及对数据产品的使用限制、转让条件、更新频次等。

主体二:数据需求方。指从数据提供方处获取数据本身或数据产品的一方,可以是数据的使用者、分析者、挖掘者或者再次提供者。数据需求方需要具备相应的资质和能力,符合法律法规和行业规范的要求,合理使用和处理数据,保障数据产品的价值和效益,遵守数据提供方对数据产品的约定,不得将数据用于违法目的或损害他人利益。

主体三:数据交易机构。指为数据提供方和数据需求方提供数据交易平台或服务的一方,可以是专业的数据交易所、中介机构或者第三方服务商。数据交易机构需要建立健全的数据交易规则、流程、标准和监督机制,为交易双方提供便捷、安全、高效的交易环境,保护交易双方和第三方的合法权益,配合相关监管部门进行监督管理。现有的数据交易机构包括贵阳大数据交易所、北京国际大数据交易所、上海数据交易所、深圳数据交易中心等。

主体四:相关监管部门。指对数据交易行为进行监督管理的国家机关或社会组织,可以是国家网信部门、市场监管部门或者行业协会等。相关监管部门需要执行相关的法律法规和政策措施,规范和引导数据交易市场的发展,维护国家利益、社会公共利益和市场秩序,处理和处罚违法违规的数据交易行为。

(四)交易的方式

方式一:企业自己进行数据交易。企业自己进行数据交易,即以自身为数据提供方或需求方,直接与其他数据主体进行数据交易。企业自己进行数据交易的优势在于可以直接掌控和利用自己拥有或控制的数据资源,提高数据资源的使用效率和价值转化能力,同时也可以减少中间环节的成本和风险。但是,这种方式也存在一些劣势,如需要承担更多的法律责任和监管要求,需要投入更多的人力、物力、财力来管理和维护数据资源,需要面对更多的竞争对手和市场变化等。

方式二:通过分公司、子公司进行数据交易。通过分公司、子公司进行数据交易,即以分公司或子公司为数据提供方或需求方,通过其与其他数据主体进行数据交易。通过分公司、子公司进行数据交易的优势在于可以利用分公司或子公司的专业化和灵活性,针对不同的行业和领域提供更适合的数据产品和服务,同时也可以规避一些法律风险和监管压力。但是,这种方式也存在一些劣势,如需要与分公司或子公司进行协调和沟通,需要承担更多的管理成本和内部摩擦,需要注意保护自身的核心竞争力和商业秘密等。

数据交易的效益分析需要综合考虑多个因素,如数据资源的类型、规模、价值、合规性、安全性等,以及数据交易的目的、方式、成本、收益等。一般来说,企业自己进行数据交易和通过分公司、子公司进行数据交易各有优劣。

第六节　数据爬虫的法律风险分析

最后一个专题，讨论一下数据流通的一种重要手段——数据爬虫。数据爬虫是当前重要的数据流通方式，和公共数据的主动对外提供正好相反，数据爬虫往往对被爬取方而言是被动的。这里简要介绍下数据爬虫的主要原理、既有的学理分析和我个人的一些初步认识。

一、数据爬虫的原理

数据爬虫是基于网页的请求和响应两个步骤展开的。崔庆才在《网络爬虫开发实战》一书中将其分为发起请求、获取响应内容、解析内容和保存数据 4 个环节，其中，数据爬虫的难点在于获得特定请求下所需要的完整网页内容。数据被爬取方的反爬虫措施有：(1)设置同一 IP 访问限制，对应的反反爬虫措施是设置一个 IP 池或代理；(2)要求使用验证码（包括数字计算、勾选图片、校验验证码等），对应的反反爬虫措施为图像识别系统等；(3)要求登录，对应的反反爬虫措施是构造 cookie 登录；(4)数据直接加密，对应的反反爬虫措施是对其加密规律进行破解。

二、数据爬虫的法律风险分析

数据爬虫从法律的规范视角分析，是一种未经数据占有者同意的数据获取行为，当前学界对其中各方的利益作了类型化梳理，包括企业、政府、个人三类数据，各自承载着爬取方、被爬取方的多重权益。

有一系列值得深入思考的方面：其一，未经允许和支付对价，大规模获得数据，正当性的基础是什么；其二，持续的数据请求行为，占用了数据被爬取一方的服务器带宽资源，如何对此作出法律评价；其三，在设置了访问次数限制的声明时，能否不顾该声明继续大批量获取，如何对该行为作法律定性？其四，突破反爬虫的措施类型，是否影响爬虫行为的定性？其五，数据的类型，是否影响爬虫行为的定性；其六，数据的“爬取”和“侵入”他人服务器之间是否具有本质的差别，如何分别对两者定性。

三、关于爬虫的一些初步见解

在此笔者先说一些笔者个人的初步见解，随着认识的发展我将完善这部分的想法：

第一，应当狭义地理解“爬取”，特别是应当和“入侵”他人服务器的行为区分开。爬虫程序爬取的是被爬取方已经公开的数据，这些是通过正常浏览器就能够查询到的信息，爬虫程序只是自动化地、批量化地获取了这些数据。至于“入侵”至少是指访问了他人的服务器，获取了他人本未希望公开的信息，这些行为好像不应当在“数据的爬取”的议题下讨论。

第二，对爬虫的原理、步骤、各环节策略应予以类型化分析，结合反爬虫的不同策略（前面提到了几种），判断其不同的风险级别。从前述的爬虫四步法分类而言，可能最大的风险集中在爬虫程序的第二步。

第三，对数据的类型分类的意义在哪。所爬取的数据中有没有公开了的政府数据涉及国家安全和秘密，有没有个人信息，特别是敏感的个人信息。所爬取的数据不同，似乎对这种数据的流通手段也可能导致不同的结果。

规范视角看待爬虫问题，主要的结论应该是对不同的爬虫行为类型认定其合法性。国外有学者提出以下四条应当被免于起诉的情况：（1）网络爬虫的活动像一个良好公民在网络上的行为一样，并且并不意图造成目标网站的过度负担；（2）被复制的信息是公开可获取的，而且没有被密码等访问壁垒措施所保护；（3）被复制的信息主要是真实的信息，而且不损害包括版权法在内的其他法律上的权利；（4）被复制的信息是用来创造其他转化产品，并且没有被用来通过诱导用户或生成实质相似产品的方式窃取目标网站的市场份额。通过这些条件的限定，法院可以区分网络爬虫行为的好与坏，并且在个案中判断网络公司是基于反竞争的不正当目的还是正当、良好的目的而提起诉讼。国内学者尝试从网络爬虫技术的对象、手段和目的三个条件判断网络爬虫合法性。在网络爬虫这个问题上，背后依然不是一个技术问题，而是在被爬取方的利益、爬取者的利益、信息主体的利益、公共利益和国家安全等多方面间的一种艰难平衡。

第六章 算法解释的规制意义和效果

第一节 算法解释的规制意义

一、算法的可解释性对法学有何意义

人类社会正步入数字智能时代，算法所驱动的自动化决策终将成为社会不可或缺的基础设施。[1] 网络空间中已高频地使用算法，互联网产业的方法论也从用户检索升级为被动推荐，比如推送广告、分配外卖订单、匹配社交对象等场景，已经全面应用算法推荐工具。[2] 算法应用的场景还从线上延伸至线下，医疗诊断、司法裁判等过去依赖人类判断的专业领域，也正在被机器算法渗透。原因可能有两方面，一方面是人类社会越来越离不开算法，另一方面是自动化决策对既有社会秩序构成了风险。对算法予以规制、赋权、治理逐渐成为法学理论的共识，在可预见的未来，算法领域的法学研究都将围绕在拓

---

〔1〕 关于此，算法专家佩德罗·多明戈斯说，未来将以机器学习为全球经济中心；数学家大卫·萨普特感慨道，算法无处不在，我们却对它一无所知；算法科普作家吴军则指出，未来将是迄今为止人类文明史上最好的智能时代。

〔2〕 以字节跳动快速崛起为独角兽企业为例，其所开发的"抖音""今日头条"等手机软件，在方法论上完成了从主动搜索、订阅到被动的机器推荐的代际跨越，背后就是一种算法技术的典型应用。

展应用和合理规制之间摇摆取舍。[1]

既有的算法规制理论体系，由算法的风险、工具和目标三大部分组成。首先是识别出了自动化决策带来的一系列风险，比如算法黑箱、算法歧视等；其次从目标层面提出算法规制所希望达到的效果，比如算法透明、算法可信等；最后是连接两者的一系列算法规制工具，包括行政监管、赋予私权和企业自查等。算法解释相关概念在既有体系中一般被作为算法的规制工具，但这明显低估了“算法的可解释性”这一概念，正如有学者所言，“法学界此前相关研究提及可解释性者较多，但真正说明何为‘可解释性’者寥寥无几，并且相关认识失之偏颇”。

对于这一概念的忽略，导致算法规制理论的多个方面存在模糊地带，比如在算法风险的识别中，所有的算法问题归结于“算法的不可解释”是不恰当的；就算法规制的工具体系而言，究竟算法的解释技术和其他制度工具间是一种什么关系，尚待进一步澄清；而在规制的目标设置中，算法可解释性究竟如何有助于算法规制的效果实现，也需要结合用户和场景具体分析。严格来讲，算法可解释性是一个计算机科学的术语，暗含着近年来算法领域的技术发展。算法专家经历了从过去单纯强调模型的性能提升，到近来希望兼顾模型可解释性的历程。[2] 那么这一原属计算机学科的概念，究竟对当前的规范研究有什么样的价值，限度又在哪？

---

〔1〕 特别予以说明的是，从技术视角，笔者并不十分认同“算法规制”“算法解释”这些概念和用法，恰当的规范对象应当是“模型”。算法和模型具有一般和特殊、抽象和具体的关系，未经场景化落地的算法只是一个数学公式，并不具有规范化的价值。只有经过具体场景的数据训练、实际作出结果判断的模型，才是法学理论所应真正研究和关注的对象。考虑到当前国内学界已经广泛使用“算法”一词，笔者为方便学术交流也使用“算法”一词，但真正指的是“模型”。

〔2〕 以深度学习为代表的前沿技术，客观上推动了人工智能在真实场景的落地，同时也带来过程不可见、在高风险领域得不到认可等弊病，算法专家因此开始着力研发算法可解释的相关技术，希冀纠正一味追求模型性能的趋势，做到尽量兼顾二者。

该问题能否得到及时回应,直接关系到规范研究是否精准锁定问题,能否匹配合适的制度工具,以及出台的制度效果如何。换言之,若没有合适的解释技术,规范层面的多数制度设计都将无从谈起。本书将首先从技术视角出发,介绍算法解释技术的原理和类型、贡献和局限、动力机制等;接着分别从算法的风险识别、规制的工具体系、规制目标的设置三个方面,展开论述算法可解释性这一技术概念对算法规范理论的研究价值。

二、算法可解释的技术视角展开

算法的可解释性,本质上是一个实现人类对机器决策监督的技术方案。当前的算法规制理论中有"算法解释""算法解释权"等各种不同提法,"算法可解释性"和它们既有联系,又有更高的独立价值。算法的可解释性,应被定位于人类与自动化决策系统之间的接口(interface),通过该接口把机器的自动化决策纳入人类的监督视野。

(一)可解释的原理:两种差异化的技术类型

关于算法解释的技术,其经典的分类法为内部解释和证明解释,或称为"全局解释"和"局部解释",或划分为"透明化"和"事后归因"。三种类型划分方式实则大同小异,通俗的阐释就是两种思路:

第一种技术类型为解释算法本身,即前述的内部视角。这是一种对模型全局性的解释,旨在实现算法运算过程的透明化,使算法的整体运作逻辑能够为人们所理解。其基本的思想是尽可能说明模型的输入特征和输出结论间的相关性。具体建立相关性的方法比如采用简单的线性回归公式,或者基于规则的方法,或者再造一个模型或一套规则,用于说明该复杂"黑箱"模型的结构。这一方面已有场景化的应用,比如设计规则抽取器,为神经网络的每一层结构构建对应的决策树并生成中间规则,最后将这些中间规则合并为全局规则,这些全局规则描述了神经网络的内部决策逻辑,为人们提供了窥视算法运作过程的“透明窗口”。

第二种技术类型为解释输出的结果,即前述的证明视角。这是一种事后归因的解释路径,是对输出结果采取具有针对性的个别化、具体化解释,因而相较于全局解释来说,这种类型属于局部解释,即无意于揭示整个算法的黑箱。其基本的思想是在生成模型预测结果的同时,同步设计一个模型生成对该结果的说明。说明的方式可以是一段自然语言描述、输入特征的热力图像、最相近似的案例等。这方面场景化的应用,比如对一张雪地的图片“提问”是画面中的人在干什么,“回答”是滑雪,“说明”是他在雪山上并且穿着滑雪服。

以上两种解释方式各有侧重,在原理上两者迥异,内部视角能更好地理解模型网络的决策过程,证明视角则无涉算法构造的本身;从用户体验看,证明视角也许更容易理解,对终端用户可能更为清晰和友好。新近的做法与以上默认采用复杂模型、追求性能预测的思路不同,部分摒弃复杂模型而采用简单模型。这预设了一个前提,像对数回归、线性回归这些简单的算法,天然就具有可解释性而不需要特殊的解释技术,因此在关乎人身权益的医疗和司法等领域,宁可牺牲部分的模型性能,也应采取简单算法。

(二)可解释的贡献:尽量完整还原机器决策

从技术贡献角度进一步分析,算法的可解释性究竟能够为制度设计和法学理论带来什么样的内容?从这个角度看,算法可解释性可以视为一种解释能力的极限状态,即尽力还原自动化决策的内容全貌,还原的程度则取决于算法解释技术的最前沿。以下主要探讨能够还原的自动化决策信息范围,过去的规范论关注到的主要是算法开发结果的可解释性,笔者将其扩大至算法开发的结果和过程两个环节。

其一,开发的结果。当前对算法解释内容的理解集中于这一层面,即对开发的模型结果进行解释。这一层面的解释是对既存模型各方面的说明,既存模型是算法经由数据训练得到的模型。就算法开发的结果所作的解释，有几个方面可以反映该相对静止的状态：(1)数据集。开发者可以解释训练和测试所用的数据集来源，如何划分训练集和测试集，如何对数据作预处理，如何清洗相关数据，清洗掉了哪些数据等。(2)输入和输出的标签特征。开发者可以解释采用何种数据形态(要素化数字、自然语言文本、图像、视频)作为模型的输入输出标签，标签的体系包括哪些信息，如何对数据进行编码，如何对输入标签进行向量空间表达。(3)模型所用的算法。开发者可以解释模型所用的算法，经过数据训练后的输入特征参数。(4)个案预测的结果。开发者可以解释针对个案的判断理由，其中又至少有两种解释方法，要么是就某个案的自变量的权重所作解释；要么是在设计主预测模型的同时设计一款解释器，用规则、概率等方法生成一段文字、图像等形式呈现的对主预测结论的具体解释。

其二，开发的过程。当前对算法解释的内容说明忽略了过程性一面。模型开发是多个环节协作完成的，后文将提到的算法引发的"黑箱"等风险，很多发生于模型开发的过程，缺失该部分信息就很难以规范分析认定是否构成歧视、侵权等问题。模型开发的一般流程包括：首先是需求和任务的定义，一般是用户的需求决定了开发的任务以及模型的输出；其次是数据标签的体系化，模型的输出内容是输入内容经过计算得出的，输入标签是否符合业务的客观实际、是否完整决定了所开发的模型性能；再次是算法模型的设计，真实的模型开发一般很少直接采取通用算法，要想获得良好的模型性能就需要根据具体的业务场景改造、嵌套既有的算法，形成针对某一具体任务的算法结构；最后是模型训练的过程，这是在已有输入和输出的数据集、初步采取的算法基础上数据和算法的结合过程，包括如何调参、如何测试模型的性能等。所设计的算法、输入特征体系等一般要使该模型在具体的业务场景中比采取通用算法获得更好的性能时才会使用该模型。

在规范研究中算法解释技术被寄予了厚望，被视为化解算法风险的重要工具，甚至人们怀有一种对算法解释能力不切实际的期待。对此，笔者认为，算法解释技术最核心的贡献是“提供了一套还原模型开发、机器决策的过程和结果的事实材料”。这些模型开发的信息若能得到完整记录，将为规范研究进一步的价值判断、制度设计和责任判定提供事实依据。许可或禁止某一行为、对某一主体免责或追责等涉及价值判断的地方，都属于规范研究的范畴。

（三）可解释的局限：难以完全满足规范需求

算法解释技术的开发，对规范研究而言是技术的提供方，两者是供需的关系。但是解释技术有其局限性，不一定能够完全满足算法规制的需求。由于技术开发和规范设计具有不同的目标，因此两者在算法解释是否可行、是否已经到位、是否有必要解释等具体问题上有不同的看法。认识的分歧大致分为三类。

其一，技术视角认为已经解释到位，不代表规范视角理解到位。算法的解释技术和解释所达成的用户效果之间并不一定能画等号，还需综合考虑用户的能力。而是否达成用户的理解是一个十分主观的问题，规范论的观点担心较为抽象的、公式性的全局解释无法提升用户的理解程度。在实践中可能会出现的一种情形是，技术上认为可以实现解释的算法模型，规范视角（其实是一种普通用户的视角）却难以理解。举例来说，规范论者一般根据算法解释的程度将算法解释分为系统解释和个案解释，并且认为后者的解释程度更深；然而技术上并不见得如此，这两者基本对应于前述的全局解释和局部解释，全局解释中有算法模型的特征和参数，从技术视角已经基本完全掌握了该模型，所谓局部解释只是个案适用算法模型的例子呈现，技术开发难度反而更小。

其二，对于技术视角认为难以解释的情形，可能在规范视角并未引起重视或承认该客观障碍。真实的应用场景中存在大量的深度学习算法，就连算法专家也不完全掌握模型内部的嵌套结构、子模型的输入输出。因此，这些模型的性能优化在工程中甚至被戏称为“玄学”,开发精确的解释技术特别是围绕已经完成开发的模型作解释更是极具挑战。也正是因为解释技术开发的受挫,才有回归至采用简单模型的所谓“第三条道路”一说。与之对照,规范论研究并未对此详加区别,把“算法的解释”认为一概可行,默认其是制度设计中理所当然存在的工具。

其三,技术视角认为无须过多解释的地方,规范视角却可能认为没有算法不需要解释。换言之,技术视角下认为需要解释的标准,和规范视角有所不同,比如对于线性回归、对数回归这些简单的算法,技术专家一般认为是内部结构简单、无须过多解释的算法类型。但是,对于毫无统计学、计算机科学基础的用户而言,这些算法的透明性不能不证自明。例如,为某位缺乏数理基础的用户提供逻辑回归模型计算权重,以解释自动化决策的过程,但他很可能因为不理解逻辑回归的算法思想,而依然认为该模型属于“黑箱”模型。综上,技术视角将部分算法视为无须特别开发解释器的情形,规范视角则认为不存在例外,一概需要解释。比如技术层面关于第三条道路的讨论,即采用直接简单模型以彻底解决算法解释难的问题时,规范论者不一定能够全盘认可,他们会问道,简单模型难道就无须解释了吗?不解释能够让用户理解和信任吗?对于这些问题,他们也许基于自身的认知背景会有自己的答案。此种情形下,技术视角所认为不需要解释的算法,规范视角也许仍然希望给出具体的模型细节。

(四)可解释的动力:推动智能产品应用落地

从算法解释的技术开发动力分析,有助于理解为什么解释技术不能完全满足算法规制的需要。这是因为,算法解释技术的开发历程,具有自身的演化逻辑。技术视角所考虑的是满足特定场景产品使用的用户需求,而规范视角惯常做的是价值衡量,在私权保障、监管便利性、产业发展之间寻求平衡。两者虽然都是工具理性下的取舍,但根本的利益诉求是有本质差别的。

先从技术视角看,解释技术的发展动力在于如何兼顾模型性能和落地需求。模型性能是指机器的预测和事实真相间的相似度,提升模型性能就在于缩小两者间的差距。典型的分类任务一般采用求精确率和召回率两者平均值的 F1 数值衡量模型性能,其他文本生成任务中还可以采取文本相似度、人工评分等方式衡量模型性能。算法专家的工作主要是在同一任务中设计性能指标最优秀的模型。近年来,算法技术在诸多领域都得到了广泛的接受和认可,但是在医疗、司法等领域却不被人看好,这些领域高度专业化,且关乎个体生命和健康等重要权利的处分,算法技术仅追求模型性能是难以被接受的,这是促使算法专家开始关注和开发一系列算法解释技术的原动力。通过算法解释技术的应用,某些特定领域的用户才更加信任算法技术驱动下的自动化决策。但是归根结底,技术视角不可回避模型性能和可解释性间的"交易关系"(trade – off),很难既要模型性能又要可解释性。最真实的情况是,在特定场景用户允许的情况下,技术专家更倾向于追求模型的性能。

再与规范视角比较看,规范论希望在技术利用和私权保障间寻求平衡点。算法利用的背后代表着商业利益、高新科技发展、社会运转效率提升等方面的驱动,而私权保障则更多着眼于个体,特别是制度设计中被视为"弱者"的群体得到了特别的关注。某种程度而言,对算法的规制动力都落脚至保护私权的目标上。因此,迄今为止,算法领域的规范研究更多的是站在私权侵犯风险之上的规制方案设计。不足的是,当前在动议采取算法的解释工具时,并没有真正意识到解释技术的以上局限,给予算法解释过多的希望,又缺乏多元化的制度工具配合。

从动力机制的比较中,我们可以看出两者对解释技术有明显定位上的认知差异。技术视角的解释目标本质上是更好地满足算法用户的需求,模型性能和模型可解释性都可以视为广义的模型表现,区别仅仅是不同领域的用户所强调的侧面维度不同。规范视角的目标是在自动化决策日益成为新的生产生活方式时，通过算法解释的工具捍卫人类社会长期坚守的平等、自主等传统价值。而算法专家则并不会特意考虑这些价值观念，就像法学专家也经常忽略所需要的解释工具是否具有技术上的可行性一样，这是两者工作动力差异化的结果。

三、可解释对精准识别算法风险的价值

（一）已识别的算法风险类型

侧重于立法论的规范研究，一般从识别算法自动决策所带来的社会风险着手构建自身的学术体系。对风险的进一步抽象可以发现，算法的风险是该新生事物的虚拟化、抽象性、理解门槛高所导致的，即算法技术及其产品的内在运行机制不容易被识别，所谓“算法的可解释性”概念指的是该现象的另一面。既有的理论归纳出以下三类典型的风险。

其一，与“算法黑箱”有关的风险。这指的是数据使用和算法运行过程中的不透明性。算法透明性的缺乏导致算法决策的“黑箱”效应，并最终危及算法决策的可归责性。而“算法黑箱”，技术上可进一步区分是“开发者有意为之”还是“对技术外行来说的不透明”，抑或由技术水平客观造成的。算法的解释，被认为有助于打消公众对决策自主性丧失的忧虑。就“黑箱”问题值得追问的是算法解释技术能实现的透明程度是多大？为什么“黑箱”化有多种类型？其分别应该如何化解？

其二，与“算法歧视”有关的风险。这指的是算法决策中考虑了不应当考虑的因素，造成了不公平的对待。在该语境下，解释的目的在于展开包裹在算法中的决策过程，为数据主体、司法机关等判断是否存在区别对待或造成区别影响提供具有法律意义的信息。从这个角度看，对算法进行解释在解决算法公平性问题中起到提供事实证据的作用。就歧视问题值得追问的是算法解释技术可从哪些方面识别歧视？哪些需要价值判断和规范取舍？还需要其他哪些工具配合？

其三,与"算法权力"有关的风险。这指的是机器对人类决策权力的剥夺,因此早有"人类与算法,谁拥有最终话语权"的反思和发问。算法权力的本质是从单纯的技术工具逐步升级为复杂的自主性体系,从而带来挤压用户意思自治空间等问题。理论上依然将化解"算法权力"风险寄希望于算法的解释,通过赋予个人对算法决策的解释权进而实现对"算法权力"滥用的适度制约。值得进一步思考的是算法剥夺人类决策权问题的本质是什么?算法解释技术的作用限度在哪?

以上三点构成把自动化决策纳入法治化轨道的主要理由。在本书看来,算法风险层面的研究还可以加强,特别是对于算法风险和可解释性间的关系还没有恰当的阐释:一方面,是对这些梳理出来的算法风险的内部缺乏体系性认识。以前述三类风险为例,他们看似不同,实则具有一定的逻辑关系,比如"算法黑箱造成的透明度缺失共同触发了算法歧视",本书认为,"算法黑箱"明显是其他算法风险的根源。另一方面,有把全部算法风险归结为算法的不可解释性的嫌疑。从前文的算法可解释技术视角分析来看,所提出的这些算法风险并不能完全由算法的解释技术化解,算法的不可解释性也并不是某些算法风险的主要原因。

(二)解释技术只能消除部分风险

识别算法领域存在的隐患风险,是算法的法治理论构建的基础。著述一般以"算法从几个方面挑战了法律的一些基本原则","通过何种途径防范算法应用的风险、消除算法所带来的种种负面影响"等作为起点开始构建自身的学术体系,其中算法的解释被视为防范算法风险最重要的技术。本书以下对应上述几个有代表性的算法风险类型,说明算法的可解释性,主要且直接针对的只有"算法黑箱"这一风险。

算法解释,能够揭示"算法歧视"风险的成因,但无法消除歧视。既有的研究发现,算法的风险主要源于内隐偏见和社会层面的结构性不平等两个方面。这说明算法中的歧视,主要来自社会既已存在的不公平对待的现象。歧视是一种刻板印象,源自人类的主体交互能力,人们对世界的了解往往是局部性的,而且不可避免地围绕某种身份建构对世界的认知,即“标签化”。以上关于人类认知的研究远早于“算法歧视”问题的提出,算法歧视本质上是社会歧视通过问题建构、数据理解、特征选择、个人信息等方式传导至机器自动化决策中。算法的解释技术,有助于最大限度地揭示算法开发的过程、结果和应用的经过,从而为揭开自动化决策内部群体不平等的面纱提供支持。至于自动化决策中有哪些群体性歧视为传统价值观所难以接受、哪些可以由法律规范予以纠正就不再是技术问题了,而应当结合传统社会歧视的理论体系,作出适合数字智能时代的价值判断。[1]

算法解释,可以说明“算法权力”的运行过程,但无法直接打破既已形成的权力格局。“算法权力”方面的风险隐忧,主要是对利用算法决策者权力膨胀的负面评价,认为这将挤压用户的意思自治空间,人类用户将成为算法支配调控的客体和攫取高额商业利益的工具。算法的解释技术外加相关利用者的义务,可以对私权力行使的过程加以全面留痕,这些算法决策的日志将全面记录权力行使的依据、时空以及影响。这能够反映算法权力风险即权力的增量要大于权利的增量这一失衡的事实真相,算法权力背后是经济模式转型中网络平台替代“管道式”生产模式,互联网企业成为市场重要主体的数字智能时代趋势。[2] 互联网平台企业在既有的公权力、私权利格局下异军突起为

[1] 恰巧的是,对算法歧视研究较为深入的学者,同时也是过去社会歧视研究的重要学者(比如李成教授),通过算法解释,可以将算法歧视问题还原至传统社会歧视的理论框架中,同时挖掘载体不同所带来的些许变化。

[2] 管道模式意为在公司传统的组织模式中,首先设计产品或服务,制造产品,然后投入市场或交付服务。这种一步步地创造、传递价值的过程可以被看作一种管道。平台模式则与此不同,讲求网络效应,能使外部供应商和顾客之间创造价值互动的业务。市场的很大一部分已经被平台型企业占据,甚至很多的管道型企业也正在转型为平台型企业。

“私权力”新一极的背景下，制度设计者如何看待和平衡互联网产业发展和私权保障之间的关系，其中需要谨慎地进行价值权衡和位阶排序。

最为主要的是，算法解释能够有力化解“算法黑箱”危机，消除由此带来的焦虑、恐惧等不良情绪，这是算法解释技术所能发挥的最大功效。“算法黑箱”一直以来被视为算法歧视、算法权力等风险的源头，比如“算法的黑箱属性在赋予算法使用者算法权力的同时也威胁着算法相对人的合法权益”，“算法设计的效率导向、作为算法运行基础的数据之偏差与‘算法黑箱’造成的透明度缺失共同触发了算法歧视”等。我们通过采取合理的解释手段，至少能实现大部分模型、大多数环节的信息留痕，在技术视角中就能够实现算法的去黑箱化。

由以上分析可知，三种风险中算法解释技术主要作用于算法黑箱的风险，通过公开透明化间接有助于算法歧视和算法权力问题的解决，但是否有违群体间公平、是否涉嫌权力格局失衡等属于价值判断，不再是算法可解释性考虑的内容，而是进入典型的规范研究范畴。有学者曾指出“法律系统对自动决策算法的规范，就应克服科技系统与经济系统的弊端，将风险识别与防范内化于算法的研发和应用之中”。这是一种把算法的技术研发和风险识别结合起来的深刻见解，值得引起规范研究者的重视。

四、可解释对厘清规制工具关系的价值

（一）既有的算法规制工具体系

如何化解所识别的算法风险，是算法规制理论中最为重要，同时也是最为困难的部分。既有的规范研究对此作了体系化的梳理，针对算法黑箱设计的工具有两类，形式的工具包括算法公开、算法备案，实质的工具包括算法审查、算法治理、第三方监管等；针对算法歧视提出了主体赋权、代码监督、行为规范；针对整个算法领域规制一般性地提炼出算法公开、个人数据赋权、反算法歧视。具体到规制工具的最小单元已有谱系式归纳，包括算法标准、算法审查、算法解释、算法查验、

算法认证、缺陷检测、风险监测、违规举报奖励、算法应用登记及监管便利条件等。

凡此种种的既有工具论归纳，虽然各有侧重，但是呈现出以下共性：第一，整体沿袭了传统的法律规制方法论，比如从主体上将公私两立，包括行政执法机关、私人用户；从二级部门法角度则涉及行政法的监管、民事的权利；从权利义务角度设置了算法解释权、算法说明义务等。第二，技术的可行性与规范的制度工具没有作区分，对算法的风险进行防范是算法规制理论建构的共识，其中的制度设计的方案选择和所采取的技术工具其实是两个层面，前者是在制度上是否予以规范的价值判断，后者是技术上有没有可行的方法。

在算法规制的工具箱中虽然多次提到"算法解释"，在个人赋权中还把"算法解释权"视为算法治理制度的核心，它们和本书围绕的"算法可解释性"有相关性，但是不能直接画等号。正是算法可解释性具有以下特征，使其有别于算法的规制工具：其一，算法可解释性属于技术范畴，即它首先是一个技术名词，值得规范研究关注的是其能够还原自动化决策事实的最大范围和局限。其二，算法解释技术是算法领域的特殊工具，是其他算法规制工具行之有效的基础。无论是算法审查还是算法解释权的创设都须有实质的内容，算法解释技术为其提供具体的素材。其三，算法可解释性是技术中立的，其他的算法工具多少已经带有价值判断。权利义务的宽严、执法的尺度都是制度创设的结果，而算法可解释性不是制度设计出来的，是由技术发展的前沿所决定的。正是以上几点，使可以把算法解释作为算法规制的工具，但是算法的可解释性，作为一个技术概念，具有贯穿规范研究始终的独立价值。

（二）解释能力是规制工具的基础

在既有的规范工具中，算法解释是重要的一环。但是这里有必要厘清的是，算法的可解释性和其他算法工具之间的关系和地位。

在监管型工具中,算法的可解释为判断监管对象是否合法合规提供事实依据。监管型工具包括算法备案、算法审查、缺陷检查等,根据主体不同还可进一步区分为自我监管和外部监管:前者主要是自查,所谓缺陷和风险监测的对象是算法解释记录的日志文档;后者主要是外部复核,是在既有算法模型、日志文档、自查结果之上的监督。从正常的监督流程看,算法解释可以视为是日常的日志备案和自查的一部分,然后成为外部监管者判断算法开发和应用者履行义务是否到位的依据。行政机关在审查基础上的算法认证、登记等工具,具有权威确认算法开发过程和结果合法性的功能,它们是对传统执法工具的改造,以适应监管对象的虚拟性和数字化,算法的可解释性有助于“算法”这一监管客体脱虚向实。

在立法型工具中,算法的可解释为规则创设提供可行性和成本利益分配的正当性论据。立法型工具的典型是算法标准,它被称作较之于规则或指令更有效率的“软法”,此外还包括依据我国个人信息保护法解释出的相关主体算法义务等。立法型工具是创设一般规则的立法思路,制度设计要化解算法风险,同时还须平衡相关主体的负担、算法失效、知识产权保护等方面。算法可解释除了直接有助于化解“算法黑箱”风险外,还有助于确定算法公开的范围。算法主体的义务强度、算法失效的可能性、知识产权的保护力度等都与算法公开的范围有关,公开的范围需要论证两个方面,一是算法解释技术的可行性,二是算法解释技术的成本。算法的可解释性因此成为立法型工具创设是否可行、成本风险收益分配是否恰当的关键变量。

在赋权型工具中,算法解释技术创设了算法解释权行使的最大空间。赋权型工具侧重于从私法的角度赋予用户一定的民事权利,以实现算法领域的主体间关系平衡。例如反算法歧视其实是一个工具的组合,其中就包括赋予数据主体算法解释权,与之并列的还包括理解权和知情权等。赋予的解释权在权利的内容、程度、时间和方式等方面虽然还有一些争议,但是算法的可解释性无疑提供了解释权行使的最大可能空间。一些其他的赋权型工具是具有解释方式的差异,比如算法查验是用户自行的查验渠道,算法公开则是算法应用者的主动之举。从技术原理看,算法解释的能力伴随着设计开发完毕即已成型,可以解释的内容总量在算法开发完成后就基本是稳定的。是否公开、告知的方式、解释的时机是权利设计的内容,并且取决于算法赋权的目标。提升信任、给予救济、平衡各参与方利益等不同的赋权目标决定了解释权的内容。

算法解释技术应当作为一切其他制度工具的前提而存在,但难以成为算法风险化解的唯一力量。算法解释技术起到的功能是基础性的,主要表现为"价值无涉地还原了机器决策的全过程事实,为个案执法、创设制度、赋予权利提供了内容、素材和可行性的依据"。规范论中所创设的其他工具,是算法可解释基础上的进一步作业,是一系列价值判断结果的贯彻手段。

五、可解释对合理设置规制目标的价值

(一)当前所追求的规制目标

算法规制理论在完成算法风险的识别工作后,还进一步回答了算法规制的目标问题。这可以从一系列理念原则的确立开始,比如对算法愿景的"公平、可责和透明"(fair, accountability, transparency, FAT)的抽象概括,也可以是在立法实践中的摸索尝试。[1] 本书认为,算法的规制有三个具有递进关系的阶段性目标,分别是透明度、可理解和可信任。

第一层次目标,是提升"算法的透明度"。透明要求包括代码、公式、参数等内部信息,也包括理由、结果等外部信息。算法透明的规制进路强调对算法的"穿透式"监管,尽可能捋顺隐藏在"黑箱"中的决

---

〔1〕 以我国《个人信息保护法》第 24 条关于自动化决策的条文为代表的新近立法,虽然涉及了算法的规定,但诸多方面还有争议,距离完善的规范体系还有差距。

策规则和因果关系,从而减少算法造成的法律复杂性。引入算法解释技术,试图解决的是自动化的决策不透明对公民权利的危害,其共识是提高自动化决策算法的透明度。技术上,算法变得不够透明的原因是,为了追求模型的预测性能,开发中引入了深度学习等多层嵌套的复杂算法。

第二层次目标,是使"算法可理解",即发展算法解释技术的主要目标是让算法为人类所理解。有学者曾指出"相对于透明性,可理解性才是目的";还有学者认为,只要增强人们对算法决策过程的掌控感,算法厌恶情绪就会得到明显缓解。技术上,人类的理解步伐没有跟上算法的复杂化节奏,其表现为特征的交错和特征数量的增多。人类可理解的"表征"不同于算法所实际利用的特征,表征比如文本分类中某个词语的有无,而特征则更加复杂。因此,增强可理解性就需要简化实际模型中采用的特征,以少量的、简单的方式呈现给用户。

第三层次目标,是赢得用户的"算法可信任"。从社会角度,算法规制是解决算法信任危机的需要。法学理论对可信算法作过阐述,三分法为可理解性、可靠性和可控性三方面。从技术角度则可二分为对某个模型的信任和对某个预测的信任,分别对应于上文提到的两种基本的算法解释技术。正是因为用户对算法信任十分的关键,一些强监管、高风险的模型虽然有良好的预测性能,但是仍然无法被专家用户所采用。

就算法的规制预期效果而言,算法的可解释性似乎贯穿于以上梳理的效果三层次,但实则在不同层次间的影响力是有差距的。在不同目标上算法可解释性的技术实现路径和目标设置,未来应当区分不同的用户、场景、用途加以案例化的讨论,实证分析各自目标实现的作用机制,做到不轻视算法解释技术的效果,同时也不妄自夸大其作用。

(二)解释技术差异影响规制目标

所追求的算法规制效果和算法风险其实是正反面关系,算法规制的效果以识别并化解算法风险为目标。在此有必要强调，算法规制的目标因用户、用途以及场景有别，对于不同的情形采取的是不同的解释技术，这将影响规制目标的达成。因此，笼统地讲算法的可解释性，无助于技术产生最大化的正面效果，唯有落实到具体情形，才可能明确算法可解释可预期的效果。

其一，区别不同的用户。知识背景、工作经验、用户预期均可能给对算法的理解和信任程度造成干扰。那些有人工智能、大数据知识基础的主体，对算法的理解程度较好；对算法场景有经验的主体，容易形成对模型输出结论的前见，当和模型结论不一致时更容易否定算法的决策。算法开发者、专业用户、普通用户、监管者兼有以上的几种情形。不同的主体对算法解释的理解能力差异很大，此种理解能力差距导致对解释工具的价值理解不同，因此面向不同主体强调算法解释的不同内容，是提升解释效果的必然选择。那些在解释的技术上被视为不彻底的方法，比如规则型解释器、可视化的图片解释法，对于缺乏技术背景的用户反而更有可能提升其理解的效果。那些精确反映算法开发过程和结果的方法，比如模型的算法公式、深度学习的优化方法和注意力机制、模型判断的依据权重等，因为理解起来要求具有一定的技术基础，适合于专业用户、算法专家用来判断自动化决策是否正当。

其二，区别不同的场景。根据算法应用场景涉及的私权类型、风险高低、监管程度等，技术视角认为重监管产业、私权侵犯高风险的决策应当匹配更强的可解释性。最近的规范论研究也将风险高低、机器自主性高低作为类型化的根据。之所以要依据场景区别可解释性的含义，实际上还是一种技术层面的取舍，目前的技术发展仍然难以兼顾模型的预测性能和追求自动化决策过程结果的全面留痕，即在两者存在非此即彼关系的假设依然成立的情况下，追求算法解释的程度越高则模型的性能越差。在那些普遍具有高风险、重监管的场景，比如司法、医疗等场景下，算法规制中可以强制要求宁可牺牲模型性能也要强调可解释性，甚至采用前述提及的“第三条路线”，即直接用简单易解释或不需要解释的模型。

其三，区别不同的用途。算法解释的范围还要和用途匹配，为不同用途提供差异化的解释结果。比如区分以下情形：(1)作为日常算法产品推广时，解释要有助于提升用户的信任感。面向商业用户的解释，此时不在于让用户完全通晓模型的内容，而是应当有助于提升用户的主观理解力以及由此决定的信任感。(2)作为监管和执法的依据时，解释要达到成功证明开发工作正当合法的效果。诸如《关于加强互联网信息服务算法综合治理的指导意见》《互联网信息服务算法推荐管理规定》等，以及中国网络社会组织联合会联合 105 家会员单位及相关企业联合发布的《互联网信息服务算法应用自律公约》等一系列规范赋予了执法的依据，执法的关键是审查算法工具的使用过程是否正当，判断的依据主要是算法解释工具所产生的算法过程性和结果性的日志材料。从留痕备查角度，算法的开发者和应用者应当就算法的说明信息做到全面留痕。(3)解释内容作为诉讼的证据使用时，要符合证据法的要求。当算法领域涉及侵权纠纷需要司法介入定分止争时，算法解释技术需要克服的是备受诟病的算法黑箱问题，要能向裁判者说明其运行依据和规则，否则法律责任的认定将无从谈起。此时的算法解释是案件证据的用途，应当根据证据法中的证明责任、证明标准、证据能力等确定算法解释的主体和内容。

笼统地讲自动化决策应当透明、可理解和可信任是空洞和难以落实的，因为不同的用户、场景和用途下对模型的认知程度、内容的要求都差异巨大，只有在某一具体场景中讨论算法的可解释性时，才可能对照分析当下的解释技术是否可行，并相应设置合理的制度方案和目标。

六、确立技术和规范二阶思维的普遍意义

数字领域已经成为当前法学研究的一大热点，数字法学研究以数

字技术及其产物为研究对象,比如本书针对的“算法”就属于典型的研究领域。它们的共性是针对某一新的数字技术或产品展开,研究具有理解和掌握技术原理的门槛,而技术原理又不可以是不证自明的。这里希望以算法解释技术为例,相对一般性地探讨此类研究中技术分析和制度设计两者间的关系和分工,以升华本书的立意。笔者认为,以数字技术及其新生事物为研究对象的规范论,应当养成先技术后规范的二阶思维,即先展开技术原理的可行性分析,后进入价值判断的规范分析。

(一)技术分析前置的意义

技术分析和规范研究分属两个学科且缺乏互动,导致了当下两者的衔接并不顺畅。笔者认为,应当把技术分析置于价值判断前面,先从技术视角分析回答一系列基础性的技术问题,接着再把研究推进至规范研究重要的价值判断中,最终作出合理的制度设计方案。

先作解释技术可行性分析,便于掌握解释工具的最大可能边界。解释技术发展的最前沿,为规范研究划定了技术可以提供的最大信息量。解释技术为制度设计中的“规制”提供监管手段,为“权利”提供具体的主张内容。从这个角度,技术分析为制度设计提供了可行的工具箱,规范研究接着通过价值判断和取舍,从工具箱中选取合适的解释工具。

先作解释技术的实际效果实验,有助于制度设计时根据不同的时空采取不同的制度方案。在真正的立法起草环节,应该就具体的算法使用者、所在场景和用途开展大规模的解释技术效果实验,在比较中发现特定时空下最具效果的解释技术。当前的规范论研究虽然要求对算法作出解释,文献也提到过要基于算法规制的场景设计制度,但究竟什么样的场景对应什么样的解释技术还是不清楚的,这一问题只有在技术分析环节做更多的社会实验时才可能有答案。当规范研究的结论被要求有更强的可操作性时,解释技术的细节和实际的效果实验就不再是可有可无的了。

先作解释技术限度的分析，有利于制度设计时寻找其他替代方案。当下一些规范论的研究径直建议采用算法解释的方法化解风险，这在未经解释技术的可行性分析前是很草率的，因为解释技术的原理决定了某些算法风险是难以单靠算法的解释化解的，某些算法的问题是社会经济等因素综合作用的结果。解释技术原理的分析有助于限定算法解释在规范论中的功能，此外，规范研究要实现某些目标也有赖于其他工具的配合。

（二）制度设计的后置任务

制度设计是规范论的重要输出物，特别是在算法领域当前立法还十分欠缺的情况下，大部分的算法规制理论是立法论的研究。既有的算法规范研究，是在理解算法的技术原理后，通过识别有关的国家和私人法益，在法益取舍、技术可行等前提下完成的制度设计任务。在制度设计环节中，有以下几种对算法模型的处置方式：

其一，如果构成个人信息侵权，可选择放弃该模型训练所用的数据集或某个数据项。有研究认为全球算法治理有三种模式，其中之一为欧盟的数据进路。实则算法问题和数据问题本就密不可分，“脏数据进，脏数据出”是人工智能中问题的真实缩影，即模型的生成依赖于训练的数据，而大量的数据涉及个人信息，因此算法规制难以和个人信息保护割裂开来。算法解释中有必要交代用于模型训练的数据获得方式，算法领域的规制有必要从数据的获取是否符合个人信息保护的有关要求开始，这是规范分析的第一个环节。

其二，如果构成某群体性歧视，可要求该特征标签不纳入模型。在获取数据后，从算法模型开发的角度，判断是否利用数据某一特征的标准是能否有利于提升模型的性能，工程中很少考虑使用了某一特征是否有失社会公平，这是规范研究所关心的。因此，算法规范有必要强制开发者把模型的输入特征予以记录，监管者对模型的输入特征是否可能造成特定人群的不公平进行审查。当审查结论认为加入某一输入特征虽然可以提升模型性能，但是对某些群体造成不公平时，可以要求算法开发和使用者禁止把该特征纳入真实应用的模型中。

其三，如果担心算法模型失控，甚至可以直接禁用该模型。规范论呼吁尽快把算法纳入法治化的轨道，理由之一便是算法模型有可能脱离人类的有效监管。消除这一风险最为彻底的方式，是完全杜绝这一领域的自动化决策。从当前智能化发展的情况看这是可以做到的，监管者完全有能力让某一领域决策回归到由人工判断的传统方式。但是，这将阻碍该领域通过自动化决策提高运转效率、及时匹配供需和信息资源。但仍然有必要在制度的备选方案中保留这一最严厉的选项，以便在危害国家和公共安全、在侵犯私人权利十分突出时，算法的规制者保有化解危机的能力。

以上提及的三种处置方式都属于制度设计的备选方案，是典型的规范研究内容。规范研究需要先就私权保障、产业发展以及规制可行性三者的价值分别剖析，接着进行价值权衡取舍、选定位阶，最后完成制度设计。解释技术揭示了自动化决策的真相，提供了宝贵的论据素材，至于机器决策是否侵犯私权、是否造成社会不公平、是否有脱离人类监控之虞等均属于规范研究的议题。

七、结语

以算法为代表的数字技术正在改变人类社会，法学研究对此亦投入很多的学术资源。但是要真正有效地把这些新生事物纳入法治化的轨道，研究非从数字技术的原理出发不可。技术和规范的二阶思维，适用于以算法为例的数字法学研究诸多领域，技术原理的分析有助于规范研究精准锁定问题，匹配合适的制度工具，合理设置制度施行的效果预期。算法可解释性概念的规范研究价值分析，即对这种思想的贯彻。由于缺乏对“算法可解释性”这一概念的引入和诠释，算法风险的准确判断与归纳、规制工具的主次位阶性、设置合理的规制效果目标等方面，均存在不同程度的认识偏差。对算法可解释性的技术视角分析确有必要，算法解释有两大差异较大的技术类型，算法解释的技术能力划定了可解释的最大边界，当前技术条件不一定满足算法规制的需求，原因是解释技术的开发并不是为算法规制专门设计的。这一论断有助于厘清既有的算法规制理论，在算法风险层面，解释技术直接破解的只是“算法黑箱”问题；在规制工具层面，一切制度工具应考虑解释技术的可行性；在规制目标层面，要结合解释针对的用户、场景和用途设置预期。

第二节　算法解释的用户效果实验

一、算法解释是否有助于用户理解信任

以算法技术驱动的自动化决策已然进入人类社会的诸多决策领域，由此引发的各类权益侵犯风险引起了法学界的高度重视，比如自动驾驶汽车造成的生命健康侵权、智能投顾系统造成的投资人财产损失以及新闻推送造成的信息茧房。这些不同场景中算法应用的原理不尽相同，所造成的权利侵犯类型差异其实也很大。过去关于算法的研究，往往笼统地归纳算法领域的风险并基于此提出应对的方案，因此有学者认为“传统算法规制路径面临困境的根本原因在于忽视算法的场景性”，应结合具体场景的特点设计算法规制的方案。近年有很多针对医疗、交通、金融等专门场景展开的规范性研究，表明了算法规制有关的学术讨论正在走向“场景化”的下半场。

那么，场景化的算法规制理论究竟应当如何重塑呢？传统的算法规制理论重在设计一系列的制度工具，以应对上述的不同算法场景和风险。其中，既有的规范体系十分依赖算法的解释技术，它是赋予私主体“算法解释权”、信息处理者的“说明义务”、行政机关“算法监管”职能等各类制度设计方案的基础。在人工智能应用的不同阶段算法的解释发挥着不同类型的功能，可以说当前的算法规制理论主要是围

绕“算法解释”展开的。而且通常认为，不同的场景对算法解释的需求往往是不同的，比如高风险决策的场景（high – stakes decision）就十分需要算法的解释，典型的医疗和司法等关乎重大权利的重监管领域（many heavily regulated industries）即如此。但是，目前我们对“算法解释”在特定场景中功能的认识依然停留于逻辑论证的层面，“算法解释”究竟在特定场景中的效果如何，影响效果的重要因素是什么等，文献层面都还论之甚少。

故而，本书研究拟针对某一场景，首先实验分析智能产品的使用中“算法黑箱”、算法解释与算法理解和信任等效果间的相关性；接着根据算法使用中的有关实验结论，展开分析并得出对算法规制场景化的研究启示，包括场景化的用户、用途和人机关系等几个方面[1]。

二、算法解释的有关机制和理论趋势

（一）解释是“黑箱”到信任的桥梁

在算法有关风险的学术归纳里，最为突出的是“算法黑箱”问题，主要指自动化决策的运转过程和结果不透明，“算法黑箱”的存在进而掩盖了算法歧视、算法绑架等其他风险，因此既有的研究纷纷提出要“打开算法的黑箱，提升算法的透明度”。算法的解释技术，在提升算法透明度上被寄予厚望，被誉为算法治理制度的核心。首先，有研究认为算法解释最直接和重要的功能就是化解算法的“黑箱”；其次，对化解自动化决策带来的其他风险亦也有明显效果，比如在算法歧视风险研究中，有人提出算法解释可以“展开包裹在算法中的决策过程，为数据主体、司法机关等判断是否存在区别对待或造成区别影响提供具有法律意义的信息”。算法解释技术，既可以“算法解释权”等私权方式在不同场景中落实，也可以作为算法开发使用者的法定义务，或成

---

〔1〕 本书虽然着重强调的是算法解释有关的规范如何场景化，但算法解释原本即算法规制的核心部分，关于此的场景化思路，完全具有泛化至更大规范层面的能力。

为国家规制的工具。但无论是哪一种具体的制度路径,通过解释部分或全部地还原算法生成过程和结果,在技术层面是一致的。

对算法应用进行法律的规制,究竟能够起到何种可期待的效果?当前对算法规制的效果研究已经初步形成完备的体系,既有“公平、可责和透明”的多角度归纳,亦有着重强调某一侧面的,比如“算法的可信”;有研究认为,只要增加人们对算法决策过程的掌控感,算法厌恶情绪就会得到明显缓解。还有研究注意到规制目标之间具有的逻辑关系,比如“相对于透明性,可理解性才是目的”。这明显是一套以“算法黑箱”为主要风险,围绕“算法解释”技术构建的制度工具体系,期待提升算法的可理解性和信任感等效果的出现。这些所提及的算法规制的效果目标间是否具有关联性和层次性是本书所关注的,当前的研究虽有部分内容涉及,但更系统内在的机制还需要更深入地挖掘。通过这些文献的梳理,可以发现:算法解释及其预期的效果间呈现出一定的递进关系,可将之表示为“算法黑箱→算法解释→算法理解→算法信任”的逻辑关系。

关于算法规制效果的实证检验,在国内外也已有过很多的研究,比如算法信任的产生机制,将之解构为有形性、透明度、可靠性和即时性等几个信任来源的维度。国内对此的学术讨论主要停留于主观的逻辑构想层面,还未就此设想的逻辑做过真实性的检验,特别是这一主观构造逻辑的客观效果如何,该问题关系到和算法解释技术相关的一系列制度工具是否行之有效,较为重要。这正是本书希望有所贡献的地方,即就一特定的算法应用场景展开算法解释效果的实验,通过机制层面的有效性检验,为制度设计的方向提供参考信息。

(二)算法研究场景化的趋势

近来的另一大趋势也引起了本书的关注,即算法规范化的研究开始着力提倡结合具体场景提出规范化方法的思路。之所以要求场景化,是因为“一旦场景不同,算法的性质就会非常不同”的算法应用规律。正是不同算法应用场景在用户画像、面临的风险、所采用的算法、监管的要求等各个方面的差异比较大,所以才不能一直停留于抽象层面的理论演绎,而是应当更加注重对不同场景的具体特征进行分别归纳。当前的理论正在有意识地就具体场景来发现风险问题并提出解决方案,比如针对自动驾驶的场景,认为是训练数据集的缺陷问题;再比如在算法规范的对策方案中也开始考虑场景化,如算法审核的标准、强度等应视具体应用场景而定。然而这些讨论仍有不足,并非针对一类特定的场景,仍然是就算法的某一风险、规制的方法展开论题。

真正开展场景化的研究,应当以某一特定的算法应用场景为分析对象。本书选取了一类侵权风险大、专业化程度强、透明性要求高的司法应用场景(本书称为"高风险场景")展开研究。就发展阶段而言,算法涉足此类场景的程度还十分初级,这些领域当前还属于典型的弱人工智能场景。就处分的权益而言,这些领域关乎生命健康等人身权利,因此也属于监管问责向来十分严厉的地带。过去这些场景一直是专家决策的领地,算法技术要进入这些场景还有诸多挑战需要回应。本书的研究所针对的场景有一定的泛化性,虽以司法场景为例展开,但具有这些共性特征的场景却不限于此,医疗、交通等不少其他领域亦有很多相似的规律特征,比如都十分强调算法决策过程的可解释性。因此若将本书在司法场景的相关实验发现推及更大范围,大概率依然具有规范层面的启示价值。

(三)实证研究的两个假设

基于以上讨论的算法领域的逻辑和算法规制的场景化趋势,本书针对该特定的算法应用场景,提出两个算法解释的可预期效果:一个是提升算法的理解,另一个是增强算法的信任。两者有不同的侧重点,算法的理解是算法解释产生的直接效果,算法信任则是间接的,两者都有助于推动算法产品的应用落地。基于所设置的以上两大因变量,本书对应提出两个研究的假设。

其一,不同的算法解释技术,将产生不同的算法理解效果。基于用户的立场,算法解释的直接效果是有助于提升用户对算法的自动化决策过程和结果的理解。在其他变量保持不变的前提下,研究以算法解释所实现的理解程度为因变量,以算法解释技术类型为自变量,两者的相关性。如果算法解释技术类型和用户的理解程度之间呈显著的相关性,说明该假设成立,应当根据场景设置匹配的算法解释技术类型。这里的用户算法理解是广义的,既是私主体"算法解释权"的行使基础,也是监管机关行政执法的事实依据。因此,这一命题的检验具有探讨算法规制方向是否科学的参考价值。

其二,算法的解释技术,有助于提升算法的信任。就逻辑关系的顺序来看,"算法的理解在前,算法的信任在后",就算法的法律规制而言,两者具有不同方面的意义。在过去关于解释的效果论述中,十分强调构建信任的意义,算法的解释在高风险场景中究竟能否对算法的信任构建产生显著的影响?算法信任的效果机制是否有别于算法理解的效果机制,其中的关键变量有什么差别。高风险场景的用户普遍缺乏对算法的信任,在该场景中开发算法解释技术的一大动因,即在于促使场景用户能够放心且充分地使用本算法产品。上述机制层面的检验,也有助于反思规范层面的制度路径是否选取得当。

三、高风险场景的算法解释效果实验

(一)实验用智能产品开发

为有效地检验以上提出的算法解释和算法理解、算法信任间的效果机制,本实验开发了一款高风险场景的智能产品。产品提供的服务场景为司法领域决定采取强制措施的类型,产品的内核是由数据训练得到的模型,该模型能够基于一系列的输入确定应当对犯罪嫌疑人采取何种强制措施。基于这类技术原理所开发的智能化产品,将是某一场景产品步入强人工智能时代后的必然形态,也是国内学界在算法规制领域所应当指向的规制对象含义。正因如此,本书的如下研究设计,能够契合本书的研究假设和目的。

第一步:设计预测模型。测试用的智能产品,是一款预测刑事案件犯罪嫌疑人被采取强制措施类型的智能辅助产品。产品的算法采用较强可解释性的对数回归(logistics)算法,模型的输入为案件的当事人、案件事实的基本情况,采用文本的输入形式;模型的输出为犯罪嫌疑人被采取的强制措施类型,采取二分类标签,标签 0 为取保候审,标签 1 为逮捕。

第二步:采集相关数据。为训练上述的预测模型,实验采集了国内三省一市(云南省、浙江省、广东省、北京市)的起诉书和不起诉书数据,共计约 14 万份文书。较之于采用判决书的优势在于,检察的(不)起诉文书中包括了不起诉的案件,能更好地反映刑事案件庭前强制措施的类型分布。

第三步:训练预测模型。通过模型的训练和测试,我们得到了一个性能较为优秀的辅助预测模型。接着,选取了 1 个未出现在训练集和数据集的案例,作为本实验的研究个案,输入模型并得到预测的结果。

第四步:算法解释技术。我们采用了两种算法解释的方法,第一种是直接给出算法公式的解释方法(见图 6-1),第二种是可视化的解释方法(见图 6-2)[1]。模型公式的方法分别列出了决定强制措施类型的主要参考依据,比如图 6-1 中的 x_1 代表“罪名的类型”;热力图则用“深色”代表和预测结论相关,颜色的“深浅”代表该词语特征和预测结果间的权重大小,深色深度越强的要素,比如“犯贩卖毒品罪”“有期徒刑”等要素,对采取强制措施的类型影响越大。

[1] 这两种技术分别称为“内部解释和证明解释”,或“使得模型变得透明和事后归因”,前者能提供对对模型的决策工程的洞察力,基本思想是弄清所有输入特征的相关性以及和输出结论的相关性;后者是提高对预测结果的认识,主要的方法有自然语言解释、可视化解释和例子解释,本书采取了可视化的解释。

$$P(Y=1|X)=\frac{e^{-9.062x_1+5.032x_2-1.883x_3-0.921x_4-0.669x_5+3.85x_6+2.101}}{1+e^{-9.062x_1+5.032x_2-1.883x_3-0.921x_4-0.669x_5+3.85x_6+2.101}}$$

$$P(Y=0|X)=\frac{1}{1+e^{-9.062x_1+5.032x_2-1.883x_3-0.921x_4-0.669x_5+3.85x_6+2.101}}$$

图6-1　算法公式解释方法

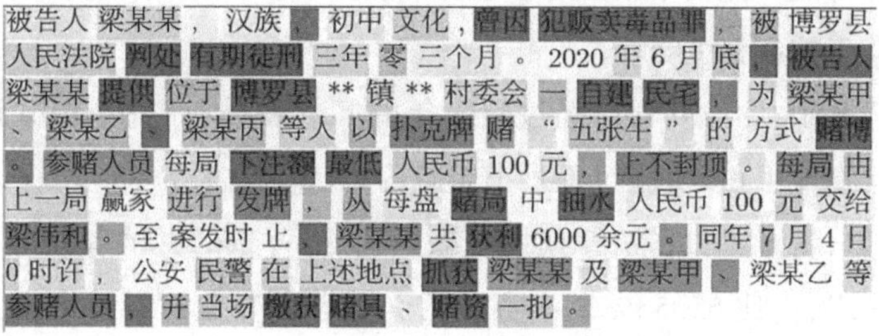

图6-2　热力图式解释方法

（二）问卷设计发放和回收

获得以上测试用的模型和解释方法后，根据研究假设，实验需要获取用户对上述智能产品及其解释的理解程度、信任程度等相关数据。为此，实验将本模型包装为一款法律智能产品，采取电子问卷的方式分发给各种类型的用户，要求用户在使用该模型后反馈评价。

第五步：问卷设计。电子问卷采取翻页逐页回答模式，依次的内容为：（1）对产品基础功能的介绍；（2）采集用户的基本信息，包括年龄、是否具备计算机技术背景和法律职业背景；（3）介绍案情的基本事实，并要求用户先作判断；（4）页面嵌入模型计算过程，得出机器预测的结果；（5）计算用户对该结果的初始信任度（1—10 分）；（6）随机给出对该预测结果前述两种解释方法之一；（7）计算用户对该结果的理解程度（1—10 分）；（8）二次计算用户在阅读完产品对结果的解释后的信任程度（1—10 分）。通过以上设计，计划获得用户对该智能产品在算法解释前的信任程度、对算法解释的理解程度和解释后的算法信任程度。

第六步：问卷发放。实验将该问卷在以下人群中进行了发放：有法律学位和司法工作经验者、有计算机学位和人工智能知识背景者、无法律和计算机知识背景者。选择以上人群,主要考虑在真实的未来场景中,任何一款智能产品都可能面对具有技术知识背景、领域知识背景和无相关知识背景的三类用户。产品受众广泛的特点,使得不同人群对智能产品的理解上存在差异,将这一因素纳入问卷发放时考虑将有助于控制该变量。

第七步:回收问卷。经过近半年的问卷发放,研究小组共计回收有效问卷511份,实验对象最小年龄为18岁,最大为87岁,平均年龄为29岁,将凡是具备法律或技术知识、实践背景的受试者分为有领域背景一组,占比55.56%。本实验的受试者在专业背景分布上具有较好的代表性,既有法律专业背景的受试者,亦有非法律背景人士;在法律专业背景中,还区分了专业性背景和是否有相关实践工作经验;同时区分了受试者是否具有人工智能等技术基础知识背景。

(三)实验数据的回归分析

本书采取交叉列表和回归分析相结合的方法对实验数据进行处理。交叉列表分析是一种描述性的分析,回归分析是对规律的深化。在交叉列表的分析中,本书突出强调特定场景的用户属性,采取两个维度的分类标准,其一为是否从事刑事司法的工作,其二为是否具备人工智能有关的基础知识。回归分析主要检验了算法解释和算法理解、算法信任两大后置效果间的机制规律。

1. 不同算法解释技术对用户理解效果的影响

综上所述,本书重视专家型用户背景、不同算法解释技术对算法理解程度的影响。通过分组分别计算多组用户对算法解释的理解度、对两种不同算法解释技术的理解度,我们能够清晰地看到如下的特点:

其一,专家组对算法解释的理解程度更高。专家组对算法解释的理解程度总体得分最高(6.6分),这不仅是较之于对照组而言的,而且较之于具备人工智能知识的技术组得分(5.9 分)也要高出 12%。究竟是什么原因使专家组的得分更高,该现象是否说明“司法实践的业务经验”能够提升用户对算法解释的理解,其中的机制如何还有待后续的回归分析。

其二,可视化的解释方法,在提升用户理解方面具有本场景下的相对优势。当以算法的解释技术作类型分组时,研究发现,采取可视化热力图的方式能够起到更好的理解效果,这点无论是从专家组、技术组还是对照组的平均值都能得出一致的结论。这说明,就提升用户主观认知层面的理解程度而言,在高风险场景的普通用户中,更适合的也许是更形象的算法解释方法。进一步回顾可视化的解释方法,其通过颜色的深浅标识了影响强制措施类型的因素,从专家角度也许得到了经验上的印证,因此可视化的解释不仅整体得分最高,而且专家组的平均分也是最高的(7.7 分)。当这一结论基本成立时,研究假设已成立。

其三,专家组对公式解释方法的理解程度最低。和其他各组相比,特别是和技术组相比,专家组的得分明显偏低(4.2 分)。这需要结合专家组的构成情况分析,专家组主要是由具有刑事司法经验的办案人员组成,他们既具有法律专业的知识背景,又多年从事实践工作,也许对需要有一定的数理基础才能理解的公式型算法解释技术具有一定的心理排斥。这一点当和技术组比较时更显突出,技术组在该方法上的得分(5.7 分)较高,说明具有一定人工智能技术背景的用户,不犯难于公式型的算法解释技术,反而从中获得了对算法更好的理解。

交叉分组的主要发现可归纳为:专家组对算法解释技术的理解程度最高,并且其中主要是由可视化解释技术所贡献的;不同的算法解释技术类型具有明显的得分差距,公式型解释方法在司法场景下不具有良好效果,特别是就专家组用户而言尤其明显。(见表 6-1)

表6－1　算法解释和算法理解的分组分析

单位:分

类别	对解释的理解度	对可视化解释的理解度	对公式解释的理解度
专家组(从事刑事司法工作)	6.6	7.7	4.2
专家对照组	6.0	7.0	5.5
技术对照组	6.0	7.3	5.2
技术组(具备人工智能知识)	5.9	6.3	5.7

为进一步挖掘算法解释后的用户理解机制,本书采取线性回归进行相关性分析,模型的自变量为算法解释的类型,模型的因变量为算法解释后的用户对算法的理解程度,其余变量为控制变量。从回归分析看,有以下数据发现:

其一,算法解释的类型,与算法解释后的用户理解有显著的相关性。当加入更多的控制变量后,算法解释技术的类型和算法的理解程度间依然显著相关,说明了在选取何种算法解释技术的问题上,应当结合场景和用途慎重决定。由此,再次可以认为本研究的假设一基本是成立的。就具体的算法解释类型而言,可视化的算法解释方法更具优势。

其二,对算法既有的信任,对算法的理解产生了显著的影响。这一点需要结合后文算法解释前的信任构建机制讨论,但就算法解释后的理解机制构建而言,在解释前对算法决策结论的信任基础也是影响算法理解的重要因素。和算法解释前就对决策系统信任度较低的情况相比,对算法系统信任程度比较高的用户自然也能够较好地理解系统给出的解释说辞。由于回归模型中控制了专业领域知识和技术知识背景两类变量,因此将对算法解释的主观理解认知归因于解释前既有的用户信任感,具有较强的可信度。换言之,较之于信任基础好的算法决策,高风险场景的用户如果原本即已经不信任算法作出的决策,算法的解释技术能够提升和改观的空间就是十分有限的。

其三,对于有专业知识的一组,上述两大机制被更加放大。当把分析的单元限定于具有法律知识、技术知识、司法工作经验等任何一种情况时,分组后发现算法解释的技术方法、算法解释前的信任感,对被解释变量的相关系数变得更强。这也许说明,在具有一定专业背景的用户群体中,更为强调解释的技术方法和对算法的既存信任感。(见表6－2)

表6－2　影响算法解释理解程度的回归分析

类别	被解释变量:对解释的理解度	
分类	全体用户组 N＝513	有领域背景组 N＝285
年龄	－0.077 **	－0.069
是否有司法工作经历	0.001	0.005
和自我判断是否一致	0.057	0.046
是否有人工智能知识	0.021	0.031
解释的方法	0.255 ***	0.274 ***
解释前信任度	0.457 ***	0.495 ***
R^2	0.278	0.326

注:*** 代表 p 值在 0.001 水平下显著,** 代表 p 值在 0.01 水平下显著。

2. 解释前后的算法信任机制比较分析

研究采取交叉联表的方法归纳出了算法解释前后的信任程度变化,由此引发了一些值得算法规制的制度设计层面反思的问题:

其一,算法的解释,不能提升反而降低了对自动决策系统的信任。这一数据结论初步看令人感到惊讶,即通过算法的解释后,各组用户对算法的信任感普遍下降了。由此,本实验的第二个假设就难以得到认可了,而有必要探寻构建算法信任的更为特殊的机制原理。

其二,在算法的解释前,专家组的信任程度最高(7.2 分),有必要进一步探寻专家组对算法的信任基础来源,是什么造成了在算法解释前专家组具有较高的算法信任基础。

其三,在算法的解释后,专家组的信任程度下降最快(-13%)。从事刑事司法工作者对算法的信任下降最多,其次是具有技术知识背景的一组。有必要通过回归分析,探寻是什么样的关键变量导致了算法解释前后的信任程度有如此明显的下降变化。(见表6-3)

表6-3　算法解释和算法信任的分组分析

类别	前信任/分	后信任/分	提升程度/%
专家组(从事刑事司法工作)	7.2	6.3	-13
专家对照组	6.9	6.6	-4
技术对照组	7.0	6.6	-6
技术组(具备人工智能知识)	6.6	6.0	-9

同样为进一步挖掘算法解释前后的用户信任机制,本书采取线性回归的方式对算法信任的构建过程作了相关性分析。模型的自变量为"算法解释的技术类型"和"算法解释的理解程度",模型的因变量分别为算法解释前和解释后的"用户的算法信任程度",其余变量为控制变量。从回归模型结果看,有以下分析发现:

其一,算法解释前的信任基础,主要的影响因素是用户的前见。所谓前见,集中体现为自我的判断和算法的判断是否一致。本实验采取的是串联式的逐一回答模式,首先是案件基本情况,接着是用户的回答,然后是算法给出的判断,此时再要求用户给出对算法的解释前信任程度。这种提问和回答架构下,用户对案件应当采取何种强制措施的"自我判断"和"算法的判断"是否一致,对算法解释前的信任基础起到了重要影响。

其二,算法解释后的信任构建,主要的影响因素是用户对解释的理解程度。与之相比较,算法解释的技术类型代表的是中间变量,而用户对解释的理解程度才是实质性的最终变量,后者与算法信任程度间的相关性更强。因此从中可以得到这样的初步结论是,算法信任构

建的诸多要素中，关键性的是用户对算法的既有理解程度。（见表6－4）

表6－4　影响算法信任构建的回归分析

类别	被解释变量：解释前信任度	被解释变量：解释后信任度
年龄	-0.041	0.001
是否有司法工作经历	0.006	-0.012
和自我判断是否一致	-0.412***	-0.044
是否有人工智能知识	-0.072*	-0.06**
解释的方法	—	-0.053*
解释前信任度	—	0.382***
对解释的理解度	—	0.573***
R^2	0.172	0.688

注：*** 代表在1%概率水平上具有显著性，** 代表在5%水平上具有显著性，* 代表在10%水平上具有显著性。

（四）随机对照的补充实验

前述的实验设计中没有考虑到“没有算法解释”的情形，因此难以直接得出算法解释是否有助于提升算法理解的结论。为进一步验证这点，本书又完成了二次的补充实验，采用相同的实验设计，以控制对照的方式对110名法学在校研究生进行了分组实验。结果表明，较之于不采取解释的“黑箱”对照组得分（5.31），解释实验组的平均得分（7.21）提升了36%，其中可视化实验组得分仍然高于公式组13%。考虑到受试者为随机座位的同班同学，该实验结果具有很强的信服力，即可以认为“算法解释技术，的确能够提升用户对算法的理解”。

（五）结论的制度设计启示

以上的实验数据分析结论，对规范层面进一步开展算法规制方法的研究提供了诸多启示：

其一,注意不同场景下用户的特征差异。实验结果已表明,以刑事司法为代表的高风险场景中,具有不同背景的算法用户,因为具有不同的学历、从业、年龄等背景,对算法解释方法的理解能力、固有的信任基础等各方面存在显著差异。算法规制的场景化规范方案设计,必须考虑基于特定场景中的用户画像才有希望实现"一场景一方案"。

其二,应当强调算法的解释技术和场景化用途的匹配性。实验结果已表明,在本场景中不同的算法解释方式会产生明显的算法理解差异。算法的解释技术本质上是为算法产品的应用落地、满足特定场景的用户需求所服务的。有必要对照高风险场景在决策过程中的透明度、可理解性等方面的需求,进一步分析算法规制路径中解释技术的可行性。

其三,需要考虑算法决策在特定场景中的应用限度。从实验对信任度的计算结果看,算法并没有很明显地提高在以司法为代表的高风险场景中的信任程度。要考虑高风险场景下的算法解释为什么没有推动算法信任的构建,信任程度甚至不升反而下降了?这说明算法决策在高风险场景中并不具有天然的正当性及可接受性,同时单纯地寄希望于算法的解释技术,也许并不能改善这一点。

作为一种算法应用的技术,算法解释的提出和发展在于满足特定场景下的用户需求,它主要提供的是一种"尽可能还原决策过程事实材料"的功能。不同场景的用户对算法解释的需求程度应该是有差异的,比如在短视频、商品和新闻等推荐算法中,用户对算法决策的过程可能并不十分关注;在交通领域的自动驾驶决策中用户更为关注算法决策的及时性和准确性,只在事后归责时可能关心算法决策是否恰当;只有在司法、医疗等场景中,算法解释技术才受到那么多的关注,并将之视为人工智能技术在该场景中能否顺利落地的关键。

四、基于用户画像的算法规范场景化

(一)用户画像影响解释的效果

我们至少从"算法解释""算法理解""算法信任"的实验中,得出以下几条值得算法规范场景化重视的有关“用户”方面的实证发现：

其一，特定场景的用户具有前置性的背景。这里的用户背景既指学历专业方面的，也包括年龄上的，还可以指从业经历方面的。本实验发现，以上各方面的背景都将显著地影响用户对算法的解释的理解程度。这些影响包括专业型背景用户具有更好的算法理解能力，用户的知识背景决定了其对算法解释的方法类型具有很强的偏好性，在特定的场景中，用户的年龄和对算法解释的理解能力之间还具有一种反向关系。

其二，特定场景的用户具有很强的固有前见。这里指的前见包括两类，一类是用户原本对该算法产品有一定基础的信任前值，另一类是用户对算法的预测结果有自己的预期，算法决策的结论要么与自己一致，要么不一致。本实验发现，以上两类前见均会对算法解释的效果产生显著的影响，比如算法解释前的信任基础将影响用户对算法的理解，算法的预测结论是否和自己的预期保持一致与算法的信任之间有显著的相关性。

以上用户画像方面的发现，完全可能随着场景的变更而使得统计学意义上的显著性消失，或者产生其他新的机制。这恰恰说明，不同的场景具有不同的用户画像，以上方面在不同场景中的差别很大，这正是算法的规范化方案应当结合场景开展的重要理由之一。

（二）实验场景的用户结构分析

不同的场景具有不同的算法使用和算法解释的需求者，内在的主体结构差异很大，本书以实验的场景为例予以分析。算法产品的直接使用者可能只有一类，但算法解释的使用者却一定是多元化的，因此有必要从算法解释的需求方角度全面理解高风险场景中的主体结构。以司法为代表的高风险场景，有以下几类利害关系者：（1）算法产品的直接用户，他们是该领域的专家。（2）高侵权风险的实际承担者，我们发现算法决策系统的直接用户和权利侵犯风险承担者往往并不是同一主体。这就面临法律责任归属的制度抉择,即当风险成为实害之时,究竟由谁来承担相应后果。(3)算法产品的开发者,面临产品责任的问题。(4)该领域的传统监管者,并未在该场景引入算法决策后自行消失。在以上四类主体的基础上形成高风险场景的用户画像和利害关系。

第一类主体是算法产品直接的用户,在实验场景中是该领域的专家。就算法在司法领域的应用现状看,当前主要是在审判、检察等公权力机关中应用较为广泛。算法产品虽然也包含法律服务市场中的部分算法应用,但主要还是在公权力机关的智能办案中作为辅助办案人员的工具存在较多,比如本实验中的用模型辅助判断犯罪嫌疑人被采取的强制措施的类型最具有代表性。与之相似的场景有医疗领域,算法应用的主要用户是医生。这类以法官、医生为代表的领域专家构成的主要用户群体具有鲜明的人物画像特征,比如本身具有该领域的判断能力,具有算法决策过程的一定理解基础。他们擅长各自领域的知识,又同时带有一定的局限性,比如司法场景中用户往往是法律文科背景,对数理知识较为陌生。通过该视角,得以解释为什么实验中专家用户对公式型解释方法的得分最低。

第二类主体是风险的实际承担者。高风险场景的风险承担者并不是专家用户自己,而是第三人。当我们把高风险场景下被侵害的权益确定为生命、健康、自由等高位阶的个体权利时,这些权利的确会因为司法裁判、医疗诊断等行为面临丧失的风险,这些风险虽然是通过算法的自动决策并借领域专家之手产生的,但是最终的不利结果却是由犯罪嫌疑人、患者等所承担的。就风险承担方和使用者的关系而言,不利风险的承担者并不愿意区分是由机器还是人工作出的决策,他们更愿意相信这是由人工的领域专家统一作出的理性决策。

第三类主体是算法产品的开发者。由此该场景的算法应用需要处理算法的开发者、算法的使用者(专家)和最终的风险承担者间的关系,开发者和使用者需要共同对最终的风险承担者负责。在当前的法律体系构造中，前者负有产品质量责任，后者负有业务行为责任。两者间则是一种委托和受委托开发的关系，从司法和医疗的实际建设和运行情况看，算法系统开发者只是某一智能产品的承建方，算法产品的运行和使用权限基本掌握在法院、医院等使用者手中。故而，高风险场景中，从主体格局的视角来看，领域专家作为算法的使用者占据了主导者的地位，算法的机器决策其实很难和人工的决策割裂开来。

第四类主体是该领域的监管者。他们始终在场，而且较之传统时代的监管强度并未减弱。在司法领域本身即有一套严格的职业伦理要求和严密的司法责任制度体系，监管包括法官惩戒委员会、司法员额及其责任制，制度设计上包括行政处分等行政法，民事、行政枉法裁判罪等刑事法作为监管的依据。医疗领域的监管力度并不亚于司法，在医疗器械投放使用前和使用中有药品监督管理部门的行政监管〔1〕，在出现医疗事故时有民事侵权、医疗事故罪等司法追究机制。

（三）基于场景用户的算法规范

既有的算法规范，从“算法黑箱”到算法理解、再到算法信任，可以根据权利（力）主体划分为两类：一类是享有公权力的行政监管者，另一类是私权利主体。两者的共性在于都是基于“算法的解释”构造具体的权能内容，差异在于行权的主体、基于的部门法理方面的不同。

场景化的算法规范，应当考虑不同场景对行业监管者的职责要求不同。本实验的高风险场景中，从该场景固有的较高监管要求、风险造成实害的重大权利侵害等方面考虑，规范应当赋予行政监管者更大的权限和自由空间，目的是为高风险场景发现监管的线索、确定监管审查的内容、制定处罚定性的依据等提供便利。用户画像对算法使

---

〔1〕 医疗领域的监管包括了专业协会和委员会、伦理审查委员会、认证和许可计划、同行自治、行为准则以及其他由强大机构支持等机制。根据该领域的研究，医疗 AI 应置于医疗器械的框架进行监管，具体职责由药械监管部门承担，如我国的药品监督管理局、美国的食品和药品监督管理局（Food and Drug Administration）。

用、算法解释的效果实验表明，就高风险场景下的算法规制而言，应当事前建立一套分类分级的算法解释内容细则，以针对日常检查、个案追责、算法备案等不同执法任务和执法层级，规范研究应当设计不同的解释方案。

场景化的算法规范还应当考虑不同场景中赋予私权利主体多大范围的权利。当算法解释技术为保障个人权益所用时，既有文献往往在“算法解释请求权”的概念之下讨论，认为这是一种当对相对人有法律上或者经济上的显著影响时，相对人向算法使用人提出异议，要求解释和更正错误的权利。对此，学界将之归纳为算法技术伦理、技术性正当程序以及算法运行危害成本内化三个层面的理由〔1〕。就本实验的高风险场景而言，规范层面可精细化地考虑在几对不同的私主体间构造救济权，首先是风险的实际承担者面向算法的专家用户请求权，其次是风险的实际承担者面向算法的开发者请求权，最后是算法的专家用户面向算法开发者的请求权。在具体的算法规范内容设计中，又应当体现出面向专家型用户和面向普通的实际风险承担者，在解释方式、解释程度等方面的差异性。

五、技术供需匹配的算法规范场景化

实验的司法场景是一类高风险的场景，处置的权利类型比较重大（比如生命健康权），利害关系非常复杂（比如涉及多方主体），传统对该领域的监管也比较严厉（典型比如本书经常用于举例的司法和医疗领域）。这些方面共同决定了高风险场景对算法解释的类型需求较多元化。与此同时，在实验中我们也看到算法的解释技术所能提供的解释内容十分有限，它并不是完全为某一场景量身定制的。这就导致通

〔1〕 具体指的是，其一，技术时代尊重个体主体性、自治性和人格尊严的基本要求；其二，数据主体难以有效行使参与权、异议权和救济权；其三，防止算法控制者逃避责任承担的问题，还可以协助确定算法影响的消极程度从而为监管干预提供介入指引和制度基础。

用的算法解释相关技术,并不能够直接恰如其分地满足场景中的个性化用途。

(一)解释有关技术的能力限度

在实验中观察到算法解释的有关技术不是无限的,通用的解释技术并不一定能够满足特定场景的需要。正因如此,我们看到公式型的算法解释不能为用户所很好理解,算法的解释不能提高实验场景中信任的效果等问题。因此从实然的角度,还需要分析算法解释的前沿技术,是否能够在实验的高风险场景中满足以上的用途。结论主要有两点:

其一,并非全部的算法都有对应的解释技术。本实验选择的是对数回归这一较为传统的机器学习算法,故而既可以表达出算法的公式以及参数,又可以针对个案呈现和输出结果相关的输入信息以及相关程度。但这是由于这类算法比较简单,而当下有很多的深度学习算法模型就不能够用"公式"表达,即使可以用数学公式说明也无法确定其详细的参数。对于深度学习等较为复杂的算法,在解释方式的选择上就必然是受限的,因为只能选择个案化的可视化解释等部分解释技术。

其二,可视化等部分解释技术,不能全面地反映算法决策过程的全貌。可视化虽然在本实验中对提升算法理解的表现要优于公式法,不过这种方式的弊端亦十分明显,即它只是针对个案、事后型的。算法解释无论是在公、私两条路径中的哪一条中都不限于事后,可能在算法决策的事前和事中亦需要提供说明。与此同时,可视化等个案解释方法所呈现的模型信息是很不全面的,在完成算法实害归责、审查算法开发中是否存在违规等任务时,这种解释技术所还原的信息是不够全面的。

以上两点,说明当前的算法解释技术至少难以满足实验场景的需求,同时也限定了算法规范的可设计空间。

(二)实验场景的解释用途分析

进一步分析高风险场景的参与主体,可以发现一些鲜明的场景特点,比如该领域决策的专业化、算法使用者对决策结果负主要责任、行业传统监管比较严格等。这些行业专业规律,决定了在该领域应用算法决策时有特别的需求。无论是事前的备案、事中的监管、事后的追责,都离不开对算法决策运转机制的理解。正因如此,算法高度透明性自然成为司法、医疗等场景中对算法应用所提出的一种近乎苛责的要求。正因如此,在文献中一旦提到算法解释的技术问题时,所预设的主要是司法、医疗等高风险的场景[1]。这是一个值得追问的现象,即高风险场景为什么对算法决策过程透明性有如此多的要求。

强调决策过程的说理,可能原本即此类场景的传统。司法的场景中体现为对裁判说理的重视,这种司法实践和理论学说的共识传导至法律人工智能的讨论中,就衍生出相似的观点,即"裁判的精华是裁判理由而不是裁判结论"。无独有偶,我们发现医疗领域的算法应用发展也十分强调过程的说理,因此在医疗场景的算法应用产品中训练语料最多的是病历记录,在给出病情诊断的主输出结果外还要求有结论的依据。由此,我们姑且可得到的结论为,当前对高风险领域下算法应用过程透明性的高要求,可能不是对机器决策所新创的,而是传统中该场景就对人类的决策也提出过较高的过程透明性要求。那么这些场景所要求的算法透明性,具体有哪些用途呢?笔者认为主要在于三个方面:

其一,强调算法决策的透明性,在于和使用者的判断形成印证。本书研究的实验中已经发现可视化的算法解释呈现方法更易于受试者接受,特别是面向专家用户时更为明显。这一现象背后的机制在实

---

[1] 这一点从计算机学科近三年的顶级会议论文中可见一斑,从算法解释技术开发角度展开的研究,基本都是在司法、医疗等场景中进行,比如提取司法中法官的观点作为解释,在甲状腺诊疗中区分简单和复杂病情采取分流,以简单模型实现更好的解释。

验中并未得到阐释,但根据可视化解释的方法主要呈现的内容,可以推断其间完成了人类决策者和机器决策的一种印证过程,当机器决策的结果所依据的基本事实要素,和人类决策比较相似的时候,会产生提高人类决策者对算法信任的效果,这在实验数据中能够得到一定的反映。如前所述,高风险场景的算法使用者原本即是领域专家的特点,决定了用户自身就有判断结果的能力,当要求他们使用算法机器决策的工具,用户就会产生一种需求,即了解机器决策的依据能否得到自身经验的印证。

其二,算法决策过程的还原,还可能是为了在事中说服高风险的实际承担者。如前所述的,本书所关注的司法、医疗领域的直接用户一般都不是风险的承担者,这些场景真正需要承担生命健康、人身自由等权利侵犯不利风险和后果的主体另有其人。因此,算法决策的直接使用者就负有向高风险实际承担者说明和解释的法律上或道义上义务,能够让风险承担者认同算法决策是可信任的,该智能应用才能够在该场景真正得以直接适用,比如在医疗的手术场景若采用算法决策,可能有必要向患者说明手术的决策机制、过程与效果,这实际上是医师职责的一部分,因为在医疗中患者知情同意是医疗行为正当化的核心根据,医师负有说明义务。

其三,对算法决策依据的留痕,成为事中监管和事后归责的依据。在高风险场景中已经出现过很多个风险变为实害的案例,当出现这些侵权和违法事件后自然存在如何归责的问题。司法场景中有法律职业伦理的一般要求,而且在当法官依据人工智能辅助作出错误决策时,还有法官是否需要对该案承担责任的问题。司法责任的追究机制包括了基于《法官法》《公务员法》的惩戒处分机制,严重者可至刑事法中的徇私枉法罪民事、行政枉法裁判罪等相关罪名。医疗领域与之很类似,出现实害后要在患者、生产商、医疗者三方间分配医疗事故的责任。既然要求归责,就要有明确的事实依据,正是因为这些高风险场景中的严格归责需要,这些场景下无论是人类决策还是算法决策,其过程都必须能留痕备查。实验设置了可理解和可信任两类效果,而实验结果发现了算法的解释和算法的理解有统计学上的相关性,事后归责即对应算法解释及其理解效果的具体实际用途。

(三)由规范回应场景化的需求

算法的有关解释技术还需依赖于具体的制度设计加以落实。既有算法解释的文献,主要从解释的内容、程度、时间与方式等方面对算法解释的具体细节展开描述。这几点也许可以成为分析某一场景下算法解释具体用途时的框架。首先是算法解释的内容和程度,内容是指还原的算法决策信息量,这取决于解释的方法,不同解释方式含有不同程度的信息量,客观上解释的最大可能范围可归结为“算法的可解释性”[1]。其次是解释的时间,主要分为算法是否正在运转,是决策中还是决策后等。从解释的技术角度,个案解释的方法只能是在事后,就模型本身的解释可以在事后也可以在事中。从高风险场景的实际需求看,既有在事前事中说服风险实际承担者的理解需求,亦有事后归责的理解需求,因此解释贯彻于事前、事中、事后。最后是算法解释的方式,可分为由人作出解释、由机器作出解释两类,从技术角度,机器解释应当是一手信息,人工解释是对资料的二次组织。在高风险场景中,对算法决策过程进行解释,主要为呼应以上提到的几点用户需求,因此既有面向专家用户的机器解释,亦有专家面向实际风险承担者的人工解释。

用途一的算法解释主要是算法开发者面向专家用户,这方面的解

---

[1] 主要指算法解释所提供的有关算法运转的信息量,从技术角度可包括算法产品的功能、用于训练的数据集、算法的参数、个案的决定因素,算法的解释方法一般分为两种,即内部解释和外部解释,本实验中用到的公式法和热力图分别代表这两种类型。很多“黑箱算法”可以做到个案解释但做不到系统解释,能够系统解释的一定可以个案解释。

释从内容看应当尽可能全面和专业,契合特定场景的需要;从解释的程度看应当偏向于全局的解释,且时机上应当是在正式投入使用前;从解释的方式看应当既有机器直接输出解释,也有技术专家和领域专业用户间的直接对话。

用途二的算法解释是风险的实际承担者面向专家用户的请求权,首先它应当属于程序性的权利,权利的内容包括对算法决策有知情、参与和提出异议的权利;从解释的内容看主要是算法判断的依据、可能承担的后果等方面的说明;从算法解释的时机看主要应当是事中的;解释的方式应当以专家用户的人工解释为主。

用途三有两个方面,分别对应“私权保障”和“监督管理”。第一种是私权主体寻求救济时的需要,此时的权利主体应当是风险的承担者,行使的权利应当属于一种救济性的权利。在高风险场景法律归责时,需要一些“查明事实真相、分配不利后果”的素材,作为司法诉讼或行政执法的证据。以这个用途来说,解释的内容和程度要求都比较高。第二种是满足监管的需要,个案追责和算法备案两种最具代表性。从解释的内容看,高风险场景中所需要的算法信息最广的是个案追责,其次是算法备案;从解释的程度看,对应的个案追责应当以个案能够得到解释为前提,算法备案则基本对应于全局解释的技术;从解释的方式看,机器提供原日志原材料,人工可编辑摘要同时保留元数据。此种用途需求,对算法解释内容的广度和深度要求都将比较高。

六、考虑信任基础的算法规范场景化

从实验中算法解释的实际效果来看,算法解释并不能够化解高风险场景中的全部风险,能化解的甚至只是其中很有限的一部分。因此,从该场景的风险规范角度,除了基于算法的解释技术设置算法解释权、算法规制的一系列制度外,还应当在算法进入该领域的门槛、人机间的分工等更基础的方面作出规定。这类规范实际上是着眼于技术的局限性。

（一）算法的信任影响人机的分工

基于场景设计算法法治化的规范方法，一个具有启发性的方面是算法在该场景中的用户信任基础，这将根本性地决定算法进入该领域的难度。某一场景中算法的应用程度，根本上是由该场景中主要参与者的态度决定的。从实验中可以发现，当前高风险场景下的算法应用，在用户信任方面有两个不容乐观的现象。其一，算法的信任基础并不高，本实验场景下的测量数值为 7 分左右（10 分制）。其二，在实验中插入算法的解释后，算法的用户信任甚至不升反降，降低了 13%。除了考虑结合场景作解释方法的改进之外，更加值得反思的是，算法进入各应用场景的难度也许本身就是不一样的。

这一实验中的发现和算法的规制方法之间的启示，则是究竟应该如何定位某一场景算法决策中人类用户和算法机器间的关系，即在不同场景下人机间应当如何分工。不同的算法应用场景表现出的分工特点差异已然很大，比如短视频的推送已经基本实现全自动化，自动驾驶汽车也正在迈向更加脱离人的自动驾驶状态，而本实验举例的司法、医疗等领域，则仍难以放手交由机器自主作出决策。

（二）实验场景中的人机关系分析

在实验的高风险司法场景中，哪怕是最为坚定的法律人工智能支持者，也偏向于认为人机关系中机器处于辅助的地位。究竟为什么该领域的法律专家普遍对算法的接受程度偏低，甚至很多人持有质疑保留的态度呢？梳理之下，就算法过程方面缺乏足够的、适合司法场景的解释有关的质疑就有法律预测算法的不可解释性、机器判断压缩了法律议论等重要的观点。以上基于场景的批判，却并不能够得到技术上完全有力的回应，原因是多层次且复杂的。

第一个方面的原因是算法解释技术的应用，不能过多地牺牲模型的性能。算法的解释技术主要在高风险场景中兴起，原因就在于这些领域的专家用户要求只有当算法决策具有可解释性时，才会同意这些智能应用的落地。由此，算法开发者才不得不考虑如何实现算法的解释问题，有一定的可解释性势必要求在算法类型的选择上要有所受限，某些算法类型很难找到有效的解释技术。换言之，这其中必然有一方面要有牺牲，算法模型的性能和可解释性间存在不可避免的交易（trade - off）关系，即在要求高透明性的场景中算法类型选择受限，对算法决策作出解释和模型预测的准确性之间存在此消彼长的关系。也因此，从算法开发者的角度这里存在"两难"问题，一个预测精确度堪忧的模型肯定不能投入应用，而一个难以解释的"黑箱算法"同样无法被高风险场景的用户所理解和信任。

第二个方面的原因是关于算法的解释，技术能呈现的内容和用户所期待的决策过程的说明程度间有理解上的差异。从算法解释的初衷看，主要的方法是用一定的技术勾连起人类可理解的"表征"（representations）和算法输入用的"特征"（features）间的关联性[1]。而从具体的呈现方式看，可以是一段说明的文字、一个带有参数的公式、一个输入特征相关性数值的表格、一张图片等。无论是以上哪种形式，都和高风险场景中人类决策的说理有些差别。在司法决策中主要是一种解释规范大前提、归纳事实小前提的三段论式说理，但当下的解释技术是做不到的，正因如此才有学者提出最新建议，"这种高标准的法律论证在技术上也无法实现，实事求是地将论证的要求'降维'成解释"。在医疗场景中的情况也很相似，当前的算法解释技术主要应用于诊断环节，采取的典型方式是将和结果正相关的因素用红色标出、负相关的因素用蓝色标出，呈现在医生面前，这种方式和传统的人工

---

〔1〕 为什么算法越发难以被人类所认知？随着算法日趋复杂，原因之一是特征的复杂化，原因之二是特征数量变得很多。人类可理解的意义和算法所实际利用的参数，即算法的输出结论必然依赖于某一些"特征"，但这些特征不一定就是人类可理解的"表征"算法的解释需要使用一种人类可以理解的表示，而不管模型使用的实际特征是什么。表征相对可以理解，比如文本分类中某个词语的有无，而特征则更加复杂。

医疗诊断方式也并不一致。

第三个方面的原因是当前的法律规责体系。在高风险的场景中，都较为统一地认为算法决策较为初级。在医疗中，医疗 AI 并非要替代人类医生，只是辅助人类医生工作，主导权仍掌握在人类医生手中，主要目标是通过人机协作提升医疗的准确率和效率；在司法中当前的机器辅助也主要是侧重于效率提升的一面，涉及实体裁判的不多。而且一个突出的现象是，司法等高风险领域的法律责任是否会被数字技术所冲淡，领域专家对此保持极高的警惕性。正因如此，从对机器智能的法律定性上来讲，当前也是以否定论占多数。这自然可以推导出一个结论，机器不会就所产生的实害负责，高风险场景的责任主要在各参与主体间分配，专家用户面临较重的注意义务。在医疗领域，既有的司法裁判和学说观点较一致地认为，专家用户应对算法决策的结果负注意义务，仅在一般过失下才能免责。而在司法领域情况相似，即假使这是一项关系当事人实体权利的司法判断，无论是否借由算法决策作出，担负司法问责风险的仍然是办案的法官。既然如此，当解释的方式、内容并不能令他们确信时，他们自然有权拒绝算法决策。

（三）规范限制场景中的算法任务

在实验的高风险场景下，应当在行业性规范中，确立人机之间坚持以人工决策为主、机器为辅的原则，这是由用户的信任基础、解释技术的局限性、法律责任的分配方式等几个方面所共同决定的。在该场景中应当更进一步推演的是，算法的场景化规范应当设置算法应用的正面和负面任务清单。算法及其解释技术的局限性、高风险场景的固有规律，决定了这些场景中不是每一个任务都适合引入算法决策，哪怕只是承担辅助角色。诚然，我们难以阻止人工智能的浪潮席卷这些高风险的场景，但是法律规范依然有必要划定一些禁用算法决策的任务清单，引导算法技术向正确的任务方向发展。根据既有的算法应用所尝试的场景任务类型，我们可以做出如下取舍。

程序辅助型任务，更适合作为高风险场景的算法任务。司法领域希望用信息化和智能化区别数字技术应用。认为程序性事项更偏向于形式任务，比如办案无纸化、全流程线上办公等，并将之和信息化等同。但其实在程序性事项中也有很多可算法辅助判断的事项，只是这些判断不涉及重大的实体权利处分，属于适合算法决策的内容，比如案卷的归类、是否满足管辖的条件、文书是否已经送达。与之相对应的是一系列涉及终局性的实体权利处分，比如刑事领域的定罪和量刑等，这些任务才有更高的决策透明度要求。

知识辅助型任务，更适合作为高风险场景的算法任务。所谓知识辅助型主要是指算法决策所处的是实体判断过程的中间环节，最终的实体判断依然由专家完成，但就司法中寻找参考案例、文书写作，医疗中寻找相似病例、处方写作等，提供更精准的模板匹配。这种辅助不能直接形成实体判断的结论，但是能够让算法的使用者减少寻找依据、资料的工作量，故而称之为知识辅助型任务。与之相对的则是实体判断型，包括司法中确定赔偿金额、医疗中确定治疗的用药方案等。

以上任务的分类可能还有很多其他标准，需要对之加以体系化构建，并同样需要用行业规范的方式予以确立。哪些任务是鼓励算法应用的“白名单”，哪些任务是算法禁入的“黑名单”，都应当清晰地在行业的算法应用规范中列明，并结合算法技术的动态发展予以调整。从当下计算机科学发展、法律人工智能的学术前沿来看，却并未受到此种指引，计算机科学的研究人员仍以定罪量刑、法条预测等任务为研究重点，而这些任务却被本书这里称作“慎入”的任务清单。

由此看来，本书虽以研究算法解释的效果作为原点，但得出的结论却略显意外，即算法的解释技术在高风险场景中往往陷入效果不佳的困境。因此在设计算法规制的方案时，要结合具体的场景，不限于算法解释这一种方法，而是与人机间的分工关系、任务的负面清单等其他路径形成合力。

第七章

互联网纠纷的诉讼内外化解

第一节 对平台的一些基本认识

一、平台的跨学科理解

把握互联网平台，首先需要了解“互联网”这一背景，其次是要认识到“平台”本身的商业模式特点，笔者这里列出的都是一些较为成熟的关于互联网和平台的规律性认识。

(一)互联网

互联网不是人类建造的第一张网，甚至也不是现代的第一张网。许小年所著的《商业的本质和互联网》曾对“网络”有过梳理，先前出现的铁路、通信都属于网络。因此，本章所关注的互联网平台应当属于网络的子概念。要理解互联网的一些共性原理、规律，还应当学习一门叫作“网络科学”的学科，笔者推荐巴拉巴西所著的《巴拉巴西网络科学》这本国际上知名的教科书，上面有句话是“尽管真实世界的网络在形态、大小、性质、年龄和范畴上千差万别，但是它们都遵循着同样的组织原则”。

互联网的发展历程、主要议题、空间特点也值得简单关注，这样有助于明白当前一些理论分歧的由来。一般认为，1989 年在原欧洲核子研究组织开始有万维网,1990 年有第一款浏览器,起初的互联网使用局限于军用和政府领域,1995 年才开始完全向商业开放。笔者这里提部分互联网议题,供大家自己去延伸阅读:(1)互联网有无国界,有无国家主权?佩里·巴罗的《网络空间独立宣言》是早期比较知名的言论,其中提到"互联网本质上是超国家、反对主权的",显然当下没有一个主权国家会真正认可这一点。(2)互联网是否应当去中心化,即是否需要一个单一的,比如某一组织框架之下治理等。这方面在国内外的"互联网治理"的议题下有很多的研究成果,比如读一读类似李彦、曾润喜所著的《历史制度主义视角下的中国互联网治理制度变迁(1994—2019)》这样的文章。(3)互联网本质是个大杂烩,约万·库尔巴里贾所著的《互联网治理》这本教科书已经到第 7 版,提到的互联网有关的议题有 50 余个,可以纳入基础设施、安全、法律、经济、发展、社会文化和人权等 7 个要素的框架。就此能看出,互联网空间的研究是多学科的,法学只是视角之一。(4)互联网空间的本质是什么,劳伦斯·斯莱格在其知名的《代码 2.0》一书中提到,是代码组成的"架构",这一思想认为互联网的性质并非由上帝的旨意来决定,而仅仅是由它的架构设计来决定的。代码在规制着互联网空间的行为,他后续的研究对于互联网以及对它的约束框架是四分法的,包括了市场、法律、社群规范以及架构。

(二)平台

本章更愿意用"平台"这个概念,以相对限缩讨论的议题范围。同时,更愿意从"商业模式的更迭"角度来理解平台。杰奥夫雷·G. 帕克等所著的《平台革命:改变世界的商业模式》,给了笔者这方面很大的帮助,他们认为"平台"的商业模式和管道型模式对应,传统的管道型商业模式中公司首先设计和制造产品,然后投入市场销售或交付服务,最终用户出现并购买产品或服务。这种模式一步一步地创造、传递价值的过程可以被看作一种管道,供应商在一端,顾客在另一端,也被称作线性价值链。平台型的商业模式,能使外部供应商和顾客之间创造价值互动的业务,平台为这些互动提供了一个开放的、参与型的架构,并为此设定了治理规范。平台的首要的目的在于匹配用户、通过商品服务或社会货币的交换为所有参与者创造价值。以上的解释清楚地表明,平台型组织的价值贡献之处以及资源的组织方式。从法治和经济的关系角度,笔者的基本立场为平台是一种为数字经济发展、实体经济改造升级提供助力的新模式,法律规范总体上应当是产业促进法,而不是平台限制法。

(三)互联网企业

人们经常把平台等同于互联网企业,从平台发展的初期看的确如此,一些互联网企业在电商、社交等某个细分领域承担平台的角色。平台以其巨大的双边市场效应、规模效应和协同效应成为互联网公司的首选商业模式。但是两者间也不完全等同,一方面是一些传统企业转型为平台型角色定位,比如家电业的海尔、零售业的沃尔玛都构建起了自己的平台;另一方面一些被人认为属于互联网的企业,但平台的特征并不明显,比如一些自营模式的线上电商企业。因此,就一种商业模式而言,平台并不是所有互联网企业的特征,范围也并不局限于互联网企业。从当前的公司市值来看,互联网平台企业代表了平台的今天,但是未来也许将会有更新的平台模式新产业和新企业。

(四)平台原理一:网络效应

流量是平台价值的关键。积极的网络效应指的是一个大而管理完善的平台社区对每个平台用户都创造了重大价值。消极的网络效应指的是一个管理不善的平台社区随着用户人数增加反而降低价值创造的可能性。

(五)平台原理二:梅特卡夫效应

梅特卡夫法则是由罗伯特·梅特卡夫(Rober Metalfe)提出的,认为网络价值随着网络用户的增加呈现非线性增长,可能产生更多的用户间互动(这种增长也被称为凸增长)。确切地说,梅特卡夫法则认为有 n 个参与用户的网络价值等于原网络价值的 n 平方倍。

(六)平台原理三:规模效益

规模效益取决于成本结构。企业的总成本由固定成本和可变成本组成,固定成本的比重越大,规模经济效益越好。什么是固定成本?顾名思义,不随产出数量变化的成本,例如厂房、设备、办公楼、电脑信息系统;可变成本则与产量高度相关,像原材料、能源和人工费用等。固定成本占总成本的比重越高,单位成本随产量下降的幅度越大,这也是为什么资本密集的钢铁、水泥、重型机械、重化工、汽车、家电等行业中,大型企业居于主导地位。互联网和钢铁、汽车等传统行业一样,具有明显的规模经济效益,网站一旦建成,办公楼、服务器、系统软件、水电费,甚至维护和更新网站的人员薪资都是固定成本。

(七)平台原理四:协同效应

协同效应虽然也依赖规模,但源于品种增加所带来的收入,而不是单一产品平均成本的下降。人们熟知的百货商店即有明显的协同效应,百货大楼的建设投资代表一笔固定成本,入驻的商家越多,大楼的利润越好,因为除了谈判、考察所消耗的人力,新增一个商家的成本可以忽略不计,新增租金收入基本上就是百货大楼的利润。腾讯建设和维护微信成本是固定的,微信平台上承载的服务越多,如电商、广告、游戏、支付、理财、银行等,各项服务的供应商越多,腾讯公司的效益就越好。苹果公司的协同效应体现在数以万计的 App 上,新增一个 App,比如说爱奇艺,并不消耗苹果的任何资源,却给苹果带来新的收入,即爱奇艺支付的平台使用费。当然,羊毛出在羊身上,最终买单的还是爱奇艺的用户,消费者成为付费会员后,才能下载它的一些音像产品。免费的音乐和视频虽然也有,但消费者必须先看一两分钟植入的广告，做广告的商家构成爱奇艺的另一重要收入来源。

（八）平台原理五：70/20/10律

吴军在其所著的《浪潮之巅》中对其有过论述，他认为一般在全球容不下三个以上的主要竞争者，这个行业一定有一个老大，它是这个行业的主导者。毫无疑问，它虽然想顺顺当当地统领好整个行业，就像猴王想让猴子们永远臣服一样，但是，一定会遇到一两个主要的挑战者，也就是老二（也许还有老三）。其余是一大群小商家，就像一大群普通猴子。老大是这个领域的主导者，不仅占据着超过一半，通常是百分之六七十的市场，并且制定了这个领域的游戏规则。老二有自己稳定的百分之二三十的市场份额，有时也会挑战老大并给老大一些颜色看看，总的来讲是受老大欺负的时间多。

（九）平台原理六：诺威格定律

谷歌研究院主任、美国计算机协会（ACM）资深会员（Fellow，有些地方翻译成会士）、人工智能专家彼得·诺威格博士（Peter Nov ⅵ g）提出，一家公司的市场占有率超过50%后，就无法再翻番了。这几乎是任何人都懂的大白话，却道出了许多跨国公司兴衰的根源。诺威格定律决定了在一个市场占有主导地位的公司必须不断开拓新的财源，才能做到长盛不衰。开拓新的财源的有效途径只有两条，而胡乱的尝试倒有无数种。切实可行的途径包括"横向扩展"（Leverage）现有业务和转型。谷歌从基于搜索的AdWords广告扩展到基于内容的AdSense广告，微软从操作系统Windows扩展到应用软件Office都属于成功的扩展。而美国通用电气公司从电器公司到传媒和金融公司则是成功的转型。扩展适用于自己特定领域的业务趋向于饱和而更大的相关领域还有很大扩展空间时，比如搜索广告趋于饱和，而整个互联网广告市场的潜力依然很大时，才有扩展的可能。后者适合于整个大的行业发展饱和，已无扩展的空间时。

(十)平台原理七:基因决定定律

一家在某一领域特别成功的公司一定已经被优化得非常适应这个市场,它的企业文化、做事方式、商业模式、市场定位等已经甚至过分适应传统的市场。这些使得该公司获得成功的内在因素会渐渐地深深植入该公司,可以说成了这家公司的基因。这种固有的既有很难改变,一方面可以加深该企业在其已经擅长的技术和行业领域巩固其护城河,与此同时另一方面则令其无法适应新的技术迭代和新兴的其他行业市场。克莱顿·克里斯坦森的《创新者的窘境》一书对此做了严谨且系统的学术研究,即任何一家优秀的公司,特别是信息技术行业,都擅长于令其成功的商业模式,而打破旧有模式启动第二增长曲线都是困难的,正因如此,真正百年长盛不衰的企业少之又少。

二、既有的平台法治化理论体系

就"平台"领域展开的研究,笔者初步梳理文献后,认为可以归纳为如下几种。

第 种研究是关于"平台的定性"。这属于对某一类事物的法律基础研究,旨在为具体的权利义务设置、监管方式的确立奠定基础。要给平台界定清楚法律的属性,言外之意是平台不再只是一类普通的市场主体,或者更法言法语一点,不只是民事主体意义上的"法人",理由有以下几点:它是大众参与公共活动的重要场所,关乎公共利益;它自行制定和实施规则,具有行使监督、管理的权力;它集合了信息、要素和资源为一体,成为继政府和市场外新的权力一极。对平台的定性有几种方式:之一是可以通过行为属性为主体定性,比如有学者认为平台的行为并非单纯的民事或者商事行为,而是一种介于政府和市场之间的行为,因此平台具有主体"私权力"属性。之二是也可以通过行业属性为主体定性,比如有学者认为数字平台所属的互联网行业不同于传统产业,是一种数字时代的公用事业。这类研究的意义在于厘清

“平台”纳入法治轨道的方式方法是什么。比如有学者认为平台的行为已经超越了私法的范畴,应该受到公法规则的规制;再如前述定性为公共事业行业后,就有与之对应的一套新的监管框架。可能还有其他认识“平台”的视角和方法,这个层次的研究可以定位为平台规范研究的总论,为下面具体展开如何发挥其创新价值、如何保证社会公共利益之间的平衡寻找方法。

第二种研究是关于“平台的义务”。无论是用私法还是公法,数字法学的规范研究视角总希望把“平台”纳入既有的法律框架内。这样的努力既可以是立法论的,为进一步修订有关平台义务的法律制度提供理论基础;也可以是解释论的,毕竟我们已经有《个人信息保护法》《数据安全法》《电子商务法》等一系列已经出台的法律,其中都涉及了有关平台的义务。目前学界提到的义务包括电商平台的经营者安保义务、经营者涉税信息等数据报送义务,共享单车平台对低龄骑行人的安全注意义务,互联网平台的犯罪控制义务等,笔者也曾在电子证据的领域提出过诉讼上的证据协助开示义务。以上义务的共性是主体都为“平台”,区别在于创设的视角有别,基于不同的部门法理,提出者寄希望于将平台的义务镶嵌入既有的某一法律中或者创设新的法律制度。

第三种研究是关于“平台的监管”。平台的监管突出表现为对平台的“反垄断”调查,该类研究近年来由于某些热点执法事件而有所增加。国内理论界的大多数观点是认为应当将平台纳入反垄断调查的监管方式中。该话题仍有一系列可待加强论证的命题,比如:(1)为什么要对平台反垄断,平台当下的行为是否构成垄断;(2)传统的反垄断法能否用于对平台的反垄断执法;(3)以美国和欧洲为代表的其他国家和地区对待平台又是何种执法的尺度,各自代表一种什么样的国家和地区战略;(4)中国互联网产业的当前国际竞争力以及应当选择何种基本的规范立场。

对于第一个话题,学者们一般认为平台集聚了信息、要素、资源和规则，但是数据等的非开放、非中立性使平台的私利性和公共性不可调和继而导致平台治理和市场治理失灵；还有学者认为数字平台的动态竞争、跨界经营、网络效应和寡头竞争等特征破坏了竞争，损害了消费者的利益，抑制了创新活力，阻碍了高质量的发展。但是归根结底，学界往往将平台视为一种特殊的、有别于普通公司法人的法律主体。

对于第二个话题，学界目前采取的做法是分部门法展开，从民事、行政和刑事的不同具体问题出发分析，将原因归结于监管的空白和缺位，落脚至平台的属地义务。从当前的理论发展成熟度看，创设或解释得出的义务类型还比较零散，缺乏进一步地对平台所需要遵守的义务进行体系化构造，更为亟待理论界努力挖掘的还有这些义务背后深层次的法理基础。

对于第三个话题，学界目前还有较大的分歧。有学者认为以"价格"为中心的反垄断分析框架不能适应平台反垄断，而有意改造传统的分析框架；还有学者意识到以"经济效率"为平台反垄断所追求的唯一目标是分析技术上的困难，要在反垄断法的框架下拓展经济效率之外的目标负有较大的论证难度。反垄断法律的设计难度在于如何通过优化的规范出台、教义学的理论精细化构造，给予执法者、平台企业等各方以稳定且合理的制度预期。

三、对作为数字经济引领者的平台予以鼓励

（一）法治服务市场经济是传统

"平台"一节的逻辑起点在于从哪个角度认识和理解平台，这将决定对平台是规制多一点还是促进多一点。前面我们从平台的私权力、兼具市场主体和管理者角色、竞争性和信息控制力、兼具私利性和公共性等很多方面已经论证了平台治理法治化的必要性。主张对平台予以规制的观点，也总是从挖掘诸如上述的平台问题和矛盾出发，我们在理解平台治理的相关主张或政策时，首先要做的就是对这些平台治理的必要性基础予以准确识别。本部分则从法律规范促进平台发

展的另一角度探讨该问题。法治究竟能够为数字经济新业态提供什么价值？虽然在平台一节讨论，但意义却不限于此，该问题甚至是数字技术对象论所需面临的基本立场问题。笔者认为在当前数字化的发展时期法治保障功能基本点有二。

一是直接为数字经济保驾护航。数字技术催生了平台经济、共享经济等经济新形态，这些经济新形态是先进生产力的代表，法治的立场应当以鼓励、促进创新为原则，限制、禁止为例外。在本书中提到过的数据确权，本章中的网约车的合法化进程等都是为这一立场服务的。判断法治是否为新兴市场提供了足够的制度保障，其实有一些标准，比如是否代表了先进生产力、是否有助于产业转型升级、是否提高了社会运转效率、能否提升相关技术产业的国际竞争力等。新兴经济的出现难免会撼动传统产业既有利益的格局，甚至会影响某些地方政府的利益，但这些显然都不能成为阻碍数字经济发展的理由，反而更应当坚定地借助全国的、层级较高的立法，来提供法治的保障。

二是通过为数字社会的私权提供保障，间接促进平台以及互联网行业的健康发展。数字技术催生新的经济驱动力不假，改善人类的生活水平也肉眼可见，但对私权的侵害风险同样客观存在。因此以平台治理为议题的对象论中，平台法治化的另一动力在于捍卫个人的自主、自由和人格尊严等基本价值。在本书前面提到过的算法黑箱等问题，数据的隐私侵权等问题，以及本节讲的平台私权力现象，归根结底都在于预防私权不受数字技术的过度干预，留有数字时代私权的必要空间，且在私权被过度侵犯时能得到足够的救济，笔者觉得数字法学有提供可靠规范理论基础这样的时代使命。同时我们不一定割裂地看待私权保障和产业发展，前者最终是能够为后者的可持续发展提供助力的，难以想象缺乏客户理解和信任的行业能够持续健康地发展下去。我们从电商平台在平台纠纷处理中“偏袒”消费者也可以看出，保护私权对平台的发展最终是有益的。

(二)法治所能提供的保障

对待平台治理,我们明显刚刚经历过从自由放任到政策收紧的历史,在本书即将付梓时似乎又转变为支持鼓励的态度。这一短暂的周期轮回中我们很难说对平台的规范是稳定和可预期的,即监管中或多或少有不作为或者乱作为的现象,监管所依据的甚至可能都不是成文法,这是数字经济和互联网产业发展要实现良法之治最为首要的难题。执法和司法的尺度,受短期事件或政策影响而有过大的波动,将减损法律规范原本具有的为市场参与者提供稳定预期的功能。理想状态应该是有较为清晰的规范依据,法律适用者对制度的解释宽严虽然可以随着产业发展时期有所调整,但依旧严格地依据成文法。这不该是法治精神的题中之义吗?

根据数字经济已经走过的历程,笔者以为,法治所能提供的保障有三个阶段。阶段一:观望而暂时不作为。不要以为观望不作为是消极、负面的,我们从共享经济的合法化历程中就可以看到,各地对网约车的五花八门态度,最后以交通运输部的《网络预约出租汽车经营服务管理暂行办法》等部门规章结束。细数这段历史,我们得到的反思和经验是,当出现新生的经济形态和新类型的网络平台时,监管并不容易把握尺度。所以不大折腾也许是一种智慧,应该努力用好既有的法律规范,通过各地微观的个案执法积累经验,让市场的"子弹多飞一会儿",等待商业模式、利益格局都能较准确地识别后再出台成文法。

阶段二:肯定行为的合法性。这是在识别出新型商业模式利远大于弊后,对行为的合法性予以确认。此种确认不一定非得采取位阶较高的立法形式,也可以是部门规章等程序更为高效的立法,甚至是通过行政和司法的个案方式肯定,以此积累合法性的基础。法治在此的功能是提供正向的市场预期,鼓励该产业吸引更多资本的进入,促进细分行业平台的用户基数规模。

阶段三:通过立法明确保护相关的权益。当某个数字领域的产业发展基本成熟以后，大可以通过出台系统的成文法，以确认相关主体各自的权利义务，对已经形成的利益格局予以追认。成文法一方面应该着重从私权保障的角度提供制度依据，比如《电子商务法》赋予的电商平台消费者的权利，《个人信息保护法》赋予的信息主体权利，均为此类。另一方面也应当尊重对行业有贡献的主体，从而为资本提供积极预期，比如前述提过的数据确权、算法模型的知识产权确认等，都是法治能够为市场提供的支持方式。

（三）分行业的平台法治化研究

根据前面的论述，随着数字经济的深入发展，还将持续出现新类型的平台。各类平台的发展阶段不同、行业竞争格局存在差异，以及随之配套的规范成文程度相差很大，比如对发展较早的电商平台已经出台了对应的《电子商务法》，而近年新崛起的云计算平台还未有位阶较高的法律。故而，分行业把握平台的规范化程度、立法规划的进度显得很重要。

第一类是已经有相关立法的平台类型，规范研究应当精细化为对现有法律规范作教义学的构造，比如有学者对《电子商务法》中第38条的解释，就有助于明确电子商务平台经营者的相应责任。法教义学的原理认为成文法一旦公之于众就脱离了立法者的原始意图，规范有适应当前时代的需要，这正是教义学维度数字法学对法治理论更替的贡献。

第二类是有一定发展成熟度、对社会运转影响比较深远的平台类型。规范研究可以考虑出台或提高规范的位阶，予以更系统的规定。一类平台是否已经基本成熟，可以从竞争者的数量、财报的盈利稳定性、用户数量、主要平台企业的市值等方面判断。比如，根据《电子商务法》所创设的、根据平台行业的立法习惯，短视频、外卖、网约车等行业也应当及时跟进更为系统化的立法规范，但当前还比较缺乏这些平台领域的立法。

第三类是刚刚兴起，但还未形成稳定的市场份额竞争者格局的平台类型，可以考虑规范研究持续观察，但不予以严苛的规制。典型的比如当前新出现的"元宇宙"话题，笔者个人的态度就是保持对技术前沿的适当关注，但是基于元宇宙的使用场景、市场前景、实际风险等方面都还不明确，眼下只能是前瞻性的研究，但容易缺乏问题意识。

为什么要根据平台的成熟度和行业规律，确定差异化的法治化方式？这是考虑到平台所在行业的竞争化程度、对国计民生的影响、行业的规模和成熟度、对用户的影响范围等方面千差万别。因此，我们应当考虑到不同行业所引发纠纷的差异性，设计不同的监管和权利义务的分配方式，有些平台类型主要采取行政执法或刑事侦查方式化解纠纷，有些平台类型的风险则采用技术手段的方式化解。我们举一些具体的平台例子：

社交和通信平台虽然发展成熟，但是和虚假信息、网络诈骗等相关，民事侵权的维权成本高，而且可诉诸民法典救济，因此就不一定是立法论的研究视角，而应当注重执法的视角对平台纠纷和化解方式的类型化归纳。

互联网金融平台，在数字经济发展中起到资金融通的作用，至关重要。但就其进入司法的案件类型分析看却较为传统，主要是签订有格式借款合同后逾期未还款，债权人催收的案件。对相关案例的共性研究后发现，网络借贷的纠纷往往不是发生在交易规模大的借贷平台，反而是征信不严格、信用评价能力薄弱的中小平台涉诉案件比较多。这类诉讼案件事实简单，以诉讼的方式处理实际上耗费了不少宝贵的司法资源。更可取的其实是在准入门槛上就加强制度建设，比如发达且广覆盖的个人企业征信制度、信用评分数据（比如蚂蚁信用分）共享制度等。相关的研究也提出过"以事前准入和事中监测为核心完善平台及其业务的风险控制，强化信用评级、信息披露等信息性监管和投资者教育等公共信息服务，加强投资者权益救济，完善风险基金、责任保险等风险分担机制”的具体建议，这是结合了金融借贷平台法律纠纷规律特点的建议。

在涉猎和观察不同类型的平台中，笔者也发现不同类型的平台属性是由所在行业的环境决定，这就使得对平台的治理也不能千篇一律，在电商平台中所得出的规律不一定能推及其他类型的平台。只有结合所在行业的固有势力、平台和用户间的利益诉求、平台的典型风险等，才可能得出该类平台的规律和特点，并施以不同的法治化策略。

（四）消除平台的社会负外部性

笔者个人对于平台的观点，在于守住国家安全底线的同时，（比如审查数据的跨境流通合法性）应当抓住的核心，是平台模式所产生的成本负外部性问题。在名词解释中我们讨论过“平台”和“管道”的商业模式差别，平台的作用在于促进平台用户间的互动频次，评价平台的核心指标即为用户数，因为平台是从用户间的沟通频次中获利的，同时它不直接参与沟通及交易行为，这种方式把商业失败的风险留给用户，也造成平台具有十分超脱的地位、较高的获利能力。在此商业模式之下，我们需要深入思考的是法治究竟如何限制平台型商业模式所造成的负外部性。笔者初步的见解以为，可从私权/商业二分、实体/程序二分来思考法治的侧重点。

第一，为私权提供救济通道。这又可以分两点，一是在平台具备纠纷的自我解决能力的同时，保留国家救济渠道的开放性，我们知道电商平台的交易售后、社交平台的侵权删帖等，都有一套成熟的做法。我们在肯定这些平台的纠纷自我解决渠道外，一定不能让国家的救济渠道缺位，以司法诉讼为代表的救济渠道，起到确认效力、纠正不当的功能。

二是国家正式救济中维持一种相对平等的地位，笔者在过去研究个人诉电商平台的案件中看到诉讼构造实质不平等的现象，这完全是一种失衡的格局。个人缺乏证据的收集、诉讼对抗的能力。笔者在规范层面的建议是应当将更多的举证义务置于平台,更多案外的、一般性的平台提供相关信息资料,给作为个人的原告一方更多的证据收集层面的支持。虽然这只是一个个案,但是从纠正用户和平台之间在救济程序上的失衡这点看,是有普遍启示意义的。

第二,构建平台的义务类型和体系。现在有一种观点认为,数字法学并不是指一门新的法学二级学科,而是对工业时代形成的权利义务体系的升级换代。这个观点有一定的道理,说的是不同的社会结构将产生差异化的人类需求,这些需求中的共性部分构成法律的权利义务体系。因此,通过前述的尊重各行业差异和成熟度,分行业地建构平台用户的私权体系就十分有必要,比如《电子商务法》对此略有涉及;而对其中的共性成分则予以一般立法,比如所有平台都涉及的个人信息问题,就统一规定到《个人信息保护法》中;对于一些仍然可以在传统权利名词下保护的则不必要另起炉灶造个新词,而应当通过既有条文的再解释令其适应数字新时代,比如对数据隐私的保护、消费者知情权等,在过去工业时代都有类似权利类型。

第三,合理分配相关主体的利益诉求。假如没有相关法律规范,商业世界是不是就不运转了?显然不会,资本的逐利性使得它们会主动地进入有利可图的市场。那么为什么要有法律,无非是对市场自发形成的一种利益分配格局进行的确认和调整,比如打破平台各自以邻为壑的孤岛现象,有助于信息和用户的流通,是站在社会利益角度调整了平台自身的利益(但是我们看到大平台从逐利的角度不一定乐意数据的对接);再如平台之间的数据爬取可能令数据的付出的利益分配不公(其实数据爬虫在网络时代是十分普遍的),而数据的法律确权则有助于鼓励数据的收集和利用。

第四,对平台自我规则的规制。平台受到很大诘难的一点是其同时是市场的参与者和市场的组织者。如何在放任市场自我规制和政府的强规制间寻求平衡,可以考虑对平台制造的自我规则进行治理。

以国内最大的电商平台为例，其制造了大量的平台运行规则，这些规则成为理解、判断平台自我规制能力的依据。对平台自我规制的规制，具体的方法包括日常的报备、合法性审查，也可以通过司法救济附带审查平台的规则合理性、法律属性以及排除或肯定规则的有效性。在笔者收集的有关电商平台涉诉的案件中，尚未有原告质疑平台自身规则的正当性，司法也从未对这些规则的效力进行审查。如果效力来自用户和平台的约定，对其条款的合法性当然应当保留正当性讨论的空间。

前面提到过，平台作为一种进化了的商业模式，背后是有运营能力的互联网企业。当我们要求对平台进行治理时，笔者的立场是应当依法治理，这不一定是“不言而喻”的，在短期事件刺激下的突击式执法就不是依法治理，对某个行业特别关注也不一定是依法治理。我们所应明确的首先应当是可预期的、明确的行为规范，给予被治理者充分的预期和应对时间。其次应当有公允的价值出发点，单纯诉诸公共利益过于空泛，集体利益的最终归宿应当为个体利益。公权力主导的治理应当以广泛的个体权利受到损害为前提，同时不排斥个体采取民事诉讼等方式救济私权的侵犯。最后应当看到平台治理背后利益张力的复杂性和根本性，一方面是平台所代表的先进商业模式和创新力，和平台占据位置的侵权风险；另一方面还要站在国际视野看待国内的平台发展，很明显互联网平台是国际竞争力的重要组成部分。美国对待自己的互联网平台是萝卜加大棒的态度，而欧盟没什么大规模的互联网平台，处罚的都是美国的互联网企业，因此有大量的数字立法。那么我们中国呢？中国的互联网平台出海本来就很难，有国际竞争力的不多，但他们坚守住了国内的市场。

第二节　互联网平台纠纷的自我化解

在中国的网络零售市场中，平台型网络零售占据90%的份额。阿里巴巴在2020财年零售平台电商交易额突破了6万亿元人民币，是全球最大的零售商业体。[1] 如此大规模的交易发生在互联网,纠纷的数量自然也十分可观。其中一个值得关注的现象是,如此体量的销售规模,如影相随的纠纷却多以"内部消化"的方式化解,其中提起诉讼的只占交易总量的极小部分。本书考察淘宝的这套纠纷解决机制,既是试图揭秘机制运行背后的逻辑,更是希望从中得出促进我国网络纠纷多元化解机制的有益启示。

一、电商实践如何发展纠纷解决理论

相对于人们更为熟悉的替代性纠纷解决机制(Alternative Dispute Resolution,ADR),在线纠纷解决机制(Online Alternative Dispute Resolution,ODR)这一概念则是适应互联网时代兴起的新生事物。尽管就 ODR 的概念尚未达成共识,但有不少人认为 ODR 脱胎于 ADR,"ODR 是 ADR 在信息和通信技术时代的产物。争议双方通过第三方,利用 ICT(俗称'第四方')进行协商、调解或仲裁,解决纠纷","ODR 将 ADR 的基本原理同互联网技术相融合,纠纷在互联网发生、在互联网解决"。ODR 和 ADR 共享很多的属性,比如自愿、便利、平等、可替代、互利等,但前者在后者基础上有很大的突破、创新和发展,旨在克服后者不能适应新时代发展的局限。

我国 ODR 理论的研究起步于十多年前,较早的研究关注国外 ODR 的发展,中国引入的必要性等问题。后来有针对 ODR 展开的专门系统研究,继而对 ODR 在价值、制度、实践等层面的缺陷进行概括,并提出可能的改进方式。随着素材的不断积累,有学者开始研究 ODR 的不同发展路径,比如从社会整体结构视角出发把 ODR 区别为内生型和外生型两种,并且分析了不同类型的不同演化路径;最新的

---

[1] 根据阿里巴巴 2020 年度的财报,截至 2020 年 3 月 31 日 12 个月期间的商品交易总额(GMV)计算得出,运营的中国零售市场包括淘宝和天猫;淘宝是中国最大的移动商业平台,并拥有庞大且持续增长的用户社区;天猫是世界上最大的面向品牌与零售商的第三方在线及移动商业平台。

研究则开始深入比如电商版权纠纷等具体的领域。学界曾经关注利益无涉型平台如何进行仲裁式的处理，但国内目前并没有这样一家网站已形成规模，实践证明这种模式也许是行不通的。总体来说，已有的研究仍局限于理论层面，很少从实践层面尤其是从国内的实践出发开展研究。

淘宝纠纷解决机制，正是 ODR 在中国土壤上的鲜活案例。之所以选择淘宝纠纷解决机制作为研究对象，是因为其具有创新性和典型性：首先，淘宝平台占据了我国近七成的线上交易额；其次，淘宝平台的纠纷解决机制〔1〕更近似于三方构造的纠纷解决，而有别于京东的买卖双方之间处理纠纷的模式〔2〕；最后，虽然它是借鉴国外 eBAY 的做法发展起来的，但有很多中国化的改进，国内其他比如新浪微博等平台近来推出的纠纷解决机制中不少做法就和淘宝的纠纷解决方式很类似。因此，淘宝的纠纷解决机制是在借鉴国外经验基础上的中国式创新，并在影响着其他网络平台构建自身解决纠纷的机制。

二、淘宝平台解决纠纷的过程视角分析

淘宝平台实际纠纷的解决过程，远比落在纸面上的规则复杂。纠纷解决机制是否有效，一般取决于纠纷化解的彻底性、双方的满意度等指标，而解决过程独立于解决的内容，当事者对过程的满足程度与当事者是否承认这种纠纷解决机制，这种纠纷解决机制是否具有正当性都紧密相关。图 7－1 为笔者分别以买家、卖家角色对纠纷解决过程的亲历，所得出的流程简图。

---

〔1〕 专门针对淘宝的研究，国内目前可见的较早的是丁颖（2014）的阐释。该文方法论上更多的是以比较法为经验，对照中国淘宝的做法。而本书则更多深入淘宝内部挖掘素材，侧重于挖掘淘宝模式独到之处。论文结论方面，该文部分观点也是值得商榷的，比如该文提出淘宝平台是否会偏袒卖家。本书对此持完全相反的研究结论。

〔2〕 实际上京东也存在第三方卖家，但其主体仍然是京东自营，其退货、退款等主要是售后问题的解决，主要是卖家回应买家诉求的过程，其售后效率和质量较之传统零售业有所提升，但难以称之为典型的纠纷解决模式。

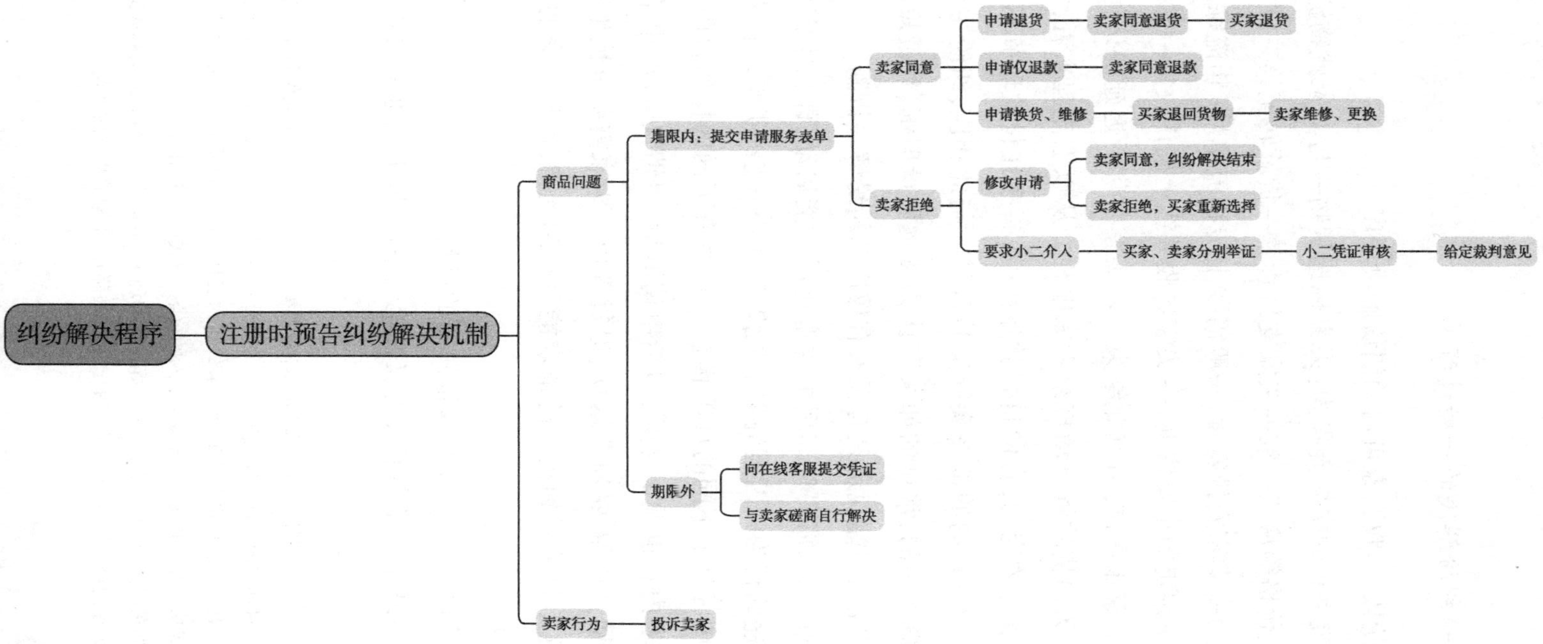

图 7-1　纠纷解决的全流程

(一)纠纷解决的一般过程

1. 阶段一:仅买家可启动纠纷解决程序

淘宝平台的交易流程为:买家挑选货物—与卖家就物流形式、商品数量、价格等洽谈一致—买家支付货款—货款转至第三方支付平台(支付宝)—卖家安排发货,一般需要上传物流单号(物流踪迹将成为日后纠纷判定的重要依据)—买家签收并线上确认收货—支付宝将货款打至卖家账户,交易就此结束。若买家收货后迟延确认付款,自发货后15天内货款将自动打给卖家账户。从以上流程来看,货款金额是双方事先约定的,合同自付款始生效;买家在付款环节不大可能出现违约,出现违约的都在卖家交货环节。与此相应,纠纷主要是围绕交货问题发生的,常见的如买家认为货物质量瑕疵、数量短缺等。因此,淘宝在入口端规定只有买家有权启动纠纷解决机制。

不过,买家需要将其理由类型化后才能启动,即买家需要将主张的卖家违约行为归因至淘宝事先设定的某一违约类型。首先,淘宝程序设计中区分了不同的订单状态[1],并有不同的操作权限;其次,具体的请求内容也做了分类,包括申请退货、申请仅退款、申请换货、维修等类型,买家需要勾选退款、退货理由。买家需要审慎地选择维权理由,这不仅关系到买家的请求能否得到支持,也与卖家的利益休戚相关。[2]

2. 阶段二:双方反复举证磋商的过程

程序设计上提供了买卖双方轮流举证、随时沟通的数次机会。先

---

[1] 若订单只是“等待买家付款”的状态,则买家可自行取消订单或保持不付款状态48小时后自动关闭。此种状态的买卖合同虽然成立,但由于买家未实际付款而并不具有实际意义。卖家也无从追究买家的违约责任。此后的买家已付款、卖家已发货和交易成功等几个状态,申请淘宝介入的权限、方式则各不相同。

[2] 比如买家选择“卖家违背发货承诺”类的理由,卖家需要支付商品实际成交金额的5%作为违约金,甚至会导致卖家的产品会被降权、下架等更严厉处罚。

由买家提交退款/退货/换货等申请,并提交证据。卖家收到申请后,若同意买家申请可以直接同意退款,纠纷程序结束。但若拒绝申请,则需要提交物流单号、商品质检合格报告等反驳的证据。

双方的举证成果,在系统中通过"发表留言"的形式展现。买卖双方可随时发表文字形式的留言并上传图片,而历次双方上传的证据都以时间顺序在"留言板"中列举。这种"开放的自由争辩空间,无第三方指挥引导"的形式,令买卖双方可以自由辩论,将争论引向细节往往有利于真相的不断澄清。

3. 阶段三:两种结案形式

淘宝以判定或和解的形式结案。两者的不同之处在于,和解可以发生在判定前程序的任意节点,判定由淘宝平台在程序的最后阶段做出,两者都是立即生效执行、程序不可回转。淘宝平台的小二在程序的前一阶段,并不直接参与。[1] 买方提交申请启动程序、卖方反驳并提交证据,如此的反复交涉过程主要是在买卖双方间展开,小二只在某一方要求介入时才出现。但也有卖家在申请介入前,接到过小二电话这种例外情形。这种情况一般出现在买家未在网上申请小二介入(比如未到介入要求的双方自行交涉的最低时限要求),但通过客服电话等其他途径联系了小二。

(二)纠纷解决方式

首先,淘宝通过买卖双方授权获得纠纷处理权。淘宝网是非法定的纠纷解决机构,只有在得到纠纷双方授权的前提下,方可获得纠纷处理权。不论是卖家还是买家,凡是要在淘宝上进行购物或者经营,都需要注册账号(作为企业身份成为卖家的,称为"入驻商城",但协议内容大同小异)。在注册账号前,须阅读并签订《淘宝服务协议》,其中的"交易争议处理"一节中规定"如您依据淘宝平台规则使用淘宝平台

---

〔1〕 淘宝小二,这里是指淘宝平台中,有权对买卖双方的纠纷作出对错判断的工作人员。

的争议调处服务，则表示您认可并愿意履行淘宝平台的客服或大众评审员（‘调处方’）作为独立的第三方根据其所了解到的争议事实并依据淘宝平台规则所作出的调处决定”。

其次，努力促成和解。在纠纷解决的全过程中，作为纠纷处理的第三方，淘宝平台以多种方式促使双方达成和解。具体做法是：(1)通过期限的规定，在促进买家及时维权的同时，将逾期未操作视为双方已和解；淘宝以交易是否完成，将订单区分为售中和售后两个状态，售后要求在交易完成的15天内启动，期限之外只能与卖家私下协商解决。但是，双方的举证期限上并不平等，买家有更长的期限提交证据，卖家则被要求在更短的时间内回应。(2)卖家的每一次拒绝都会收到系统的风险自动提示。第一次、第二次点击提交拒绝买家请求以及理由后，页面显眼位置都会跳出风险提示。[1] (3)小二会在介入后，最终处理前，提供给卖家24小时的最后和解机会。(4)小二与买卖双方的单独沟通。这是促成双方和解最有效手段。在卖家拒绝买家退款、退货申请后，买家可以要求小二介入（卖家亦可要求，但较少发生）。介入后，小二通过致电或旺旺联系买家，了解其维权诉求；向卖家询问纠纷始末，希望其积极、主动地与买家沟通化解纠纷。这一沟通过程类似于司法实践中的“背对背调解”。通过与买家的单独沟通，买家的不满情绪得到了部分化解；通过与卖家的单独沟通，卖家不得不对该笔订单如何处理再次作出审慎的考虑。上述做法环环相扣，在每一个阶段都尽可能促使双方实现和解。

最后，分流理念贯穿始终。不论是买家发起退款/退货/换货申请，还是卖家处理退款申请，程序都在以“选择题”方式推进，简化了传统文字输入带来的烦琐流程。在维权发起之初，有售中退款、售后退

---

[1] 第一次跳出的字幕是：您拒绝申请后，买家可能会申请天猫客服介入处理，如果天猫客服核实是您的责任，将会影响您的售后综合服务指标。第二次跳出的字幕是：您拒绝后，买家可以要求天猫介入处理。如果天猫核实是您的责任，将影响您店铺的纠纷退款率。

款的一级分流；在进入一级分流后，有仅退款、退款且退货、换货等二级选项；在二级选项内部，又依据不同的商品类目，设计有不同理由的三级选项；而在卖家端口，同样存在拒绝理由的不同选项。这种分类也体现在与之配套的客户服务中心，该中心负责解答买卖双方的问题，以一问一答的形式穿插于纠纷的处理界面中，尤其是买家，可以通过显眼的链接十分便捷地进入该中心。该中心区分消费者服务中心和商家服务中心，又依据两者对规则的熟悉程度区分为在线服务和自助服务，自助服务中以退款流程为主线分类，二级类目以常见问题分类，保证以简明易懂的方式解决买家需求。这种分流将纠纷类型化，大大节约了小二处理纠纷的时间。小二依据买家的退款理由和卖家的拒绝理由，可以对是非分明的订单实现快速处理，需要小二耗费较多精力调查核实的订单占总数的比例并不大；[1] 平台事后还可就纠纷大数据统计分析，对数据挖掘的易感纠纷类型进行重点预防。

三、淘宝平台参与互动的主体视角分析

笔者在对淘宝卖家的调研中发现了两个值得关注的现象，以此切入有利于加深对前述纠纷解决程序的认识。现象一是大比例的纠纷是以和解形式结案的，且多数发生在小二介入后。现象二是由淘宝平台介入的纠纷，判定结论多数支持买家。这两个现象不仅彼此相关，而且背后蕴含着复杂的主体博弈关系。

在经济理论上，产业经济学者关于互联网企业缘何形成垄断的解释中，提出了“双边(two - sided)市场”理论。该理论为本章的研究提供了启示，分析的工具包括直接或间接的网络效应、递增用户导致的额外成本、平台之间的产品差异化、平台间的切换成本以及用户的声誉等。

---

〔1〕 根据访谈，卖家反映，某些对错明显的订单比如销售违禁物品的、没有物流记录超时未发货的，小二可以直接作处理，无须进一步调查。

（一）主体的基本架构

1. 一个平台

淘宝试图将所有在阿里巴巴体系内发生的纠纷，均以统一的规则依据、程序设计进行处理。可以从规则的架构以及历史沿革中得出上述结论。从阿里巴巴发展的历史看，最早出现的是淘宝网，后来为了突出某些旗舰级大企业和中小企业的层次，拆分出更专注于品牌的淘宝商城（后更名为“天猫”），企业发展壮大后又拓展出海外代购、闲鱼、飞猪、一淘等其他子平台。但是其网络纠纷解决的经验主要是通过淘宝网的C2C或B2C的服务中积累而来。淘宝将纠纷解决纳入一套体系中，旨在共享经验、统一程序，搭建一个阿里巴巴内部的纠纷解决统一平台。

2. 两类判定者

谁来处理纠纷，决定买卖双方的是非对错，淘宝为此有过不断调试和突破的历史。传统解决争议的主体是阿里巴巴内部较高等级的小二，小二一般以不同商品类目进行区分，招聘时要求有一定的专业和学历背景，且有阿里巴巴内部工作经验者才能胜任。小二相对固定地在某一类目下工作、不会被轻易地调整，以保证其对该类目的卖家情况、常见纠纷类型及解决办法等方面经验能够得到积累和提升。

近年来又引入“大众评审员”，作为小二的有益补充。引入该主体的部分原因是曾出现过小二以权谋私、卖家对处理结果怨言较多等问题，解决这一问题需要对小二的权力进行必要的限制以及监督，提高纠纷解决者的公信力。大众评审员从会员中产生，组成评议团，以投票方式就是非作出判断。有研究将其视作“众包式ODR”，即将“把本来由专职人员执行的任务转交给非特定的大众自愿完成”。会员要成为评议团成员，有信用评分、会员年限、评审质量考核等多方面的条件要求，以保证评议团成员既有较强的判断能力，又有较高的道德水准。

评审范围限制为纠纷事实的评定，以随机派送任务、匿名投票等程序设计保证评议者的中立和评议过程的公正，同时要求至少16人参与评议结果才能生效，以减小评议的误差。买卖双方可以相对公平地申请成为大众评审团成员，被认为是吸取了eBay印度社区陪审团中卖家得不到信任的教训，故借鉴了eBay荷兰的陪审团经验。但淘宝的大众评审机制，评审团成员事前缺乏磋商讨论、各自独立投票得出结论，与国外的相关做法有所不同。如果认为eBay只是提供防范工具的中立第三方，中国的淘宝显然并不那么“中立”，而是更具担当意识。全程免费是这种担当意识的体现之一，而eBay只在初期的直接磋商阶段是免费的，后期平台介入判定则要求支付一定的费用。

3. 三角关系

小二以及大众评审团、买方和卖方之间构成三角关系。这种三角关系类似于司法中的法院、原被告之间的关系，又不尽相同。其中可以分解出三重“一对一”的关系。

买卖双方之间有对抗和博弈的关系。买卖双方是直接利害关系人，在对抗和博弈中谋求自身利益的最大化。在纠纷解决过程中，双方的地位和手段存在差距：首先是专业和业余的差别，卖家长期在淘宝平台经营，其对规则的理解、小二处理尺度的把握，都远胜于买家。若非有十足把握，卖家通常很少主动要求小二介入纠纷。反观买家，则可能连售后维权的入口都找不到，或者在卖家拒绝退款申请后，未及时申请小二介入而导致纠纷解决程序终结。卖家正好利用了这一点，在买家第一次申请退款时，往往先不论对错拒绝退款。访谈中有卖家透露了他们的技巧，“大多数买家只是一时冲动点了退款申请，可能一忙就错过了要求小二介入的期限”。其次是双方制约和施压于对方的手段不同，买家的制约手段主要是给卖家的商品差评、要求小二介入、向市场监督管理局等行政机关投诉。而卖家由于相对缺乏淘宝平台内部的救济渠道，实践中衍生出频繁的电话追问进而升级为恶意骚扰、寄送恐吓信或恐吓物品等非正常的抗衡手段。

淘宝以及小二与卖家间本是共生关系。从表面上看,淘宝以及小二是超然而中立于买卖双方之间的第三方。然而,淘宝及其"小二"群体却很清楚,平台繁荣的维系离不开商家的入驻和持续的成功经营,若一味地压缩他们的生存空间,"皮之不存,毛将焉附"?因此,卖家之于淘宝平台以及小二绝非单向的寄生,而是互利之共生。这种互利关系决定了淘宝以及小二在解决买卖双方纠纷时,一定会从与卖家之间的共生关系出发采取一些折中的策略,只不过表现得比较隐蔽罢了。这一点,亦可从以下规则及实际操作中窥探一二:(1)纠纷介入退款率。该指标深刻地影响商品被买家搜索看见的机会,计算商品权重和排序的算法充分考虑了小二是否介入纠纷,判定支持买家的订单数除以总订单数等指标[1],如果在小二介入后判定前,卖家做出妥协则并不计入纠纷的介入退款率。(2)买家差评的平台处置办法。卖家被做出差评的确非常影响商品的后续经营,初次合作的买家更愿意参考评价中的负面评价。而被关注越多的负面差评往往会被长时间置顶,相对数量较少的差评反而"劣币驱逐良币"地放置在大量的好评前面。[2] 当然以上现象并不永远是这样,淘宝系统有自动的纠正的机会,比如笔者观察到评价通常是依据浏览量排序,但差评也会在置顶一段时间后被新产生的好评取代,甚至该差评会"莫名其妙"地消失。[3] (3)考核小二的业绩兼顾判定结论和平台交易额。小二的业绩受客户满意度、所负责类目交易量的双重考察,所以小二对纠纷的处理并不能简单地理解为只是定分止争,或者实现正义。归根结底,平台工作人员服从"扩大平台交易量"这一根本任务,而支持买家只是

---

[1] 纠纷退款笔数:是指由买家或卖家发起,小二人工介入处理,判定为卖家责任的退款笔数。一笔交易可能会产生多笔退款,每笔退款最多产生一笔责任纠纷。退款包括售中和售后。纠纷退款率 = 纠纷退款笔数 ÷ 支付宝成交订单笔数 × 100%。

[2] 笔者对某一款商品的评价次数做一统计,发现篇幅相当,均上传截图,发表时间接近的差评与好评间比较,前者 352 次,后者 154 次,前者几乎是后者的 2.286 倍。

[3] 特此说明:以上是本书为研究的需要所作的一个局部观察,不是淘宝评分排序算法的完整反映。

为改善消费者购物体验的一个应急策略而已。因此,小二和卖家间彼此熟谙“水至清则无鱼”的“潜规则”。访谈中有卖家称“小二在介入后就会有个判断,而且在和卖家的沟通中就会暗示一定的倾向性,而我们一般也不会不识趣地等小二的处理,那样我们的损失会更大”,同时小二也会心照不宣照顾卖家(尤其是天猫商城中的企业级卖家)的核心利益,卖家则会投桃报李、适可而止,不过分地逾越雷池。

淘宝及其小二与买家之间的关系同样微妙。一方面,买家需要求助于淘宝以及小二维权,而淘宝以及小二也愿意满足买家这一愿望,从此提升消费者的购物体验和对平台的满意度。从这一点来讲,二者之间是合作共赢的关系。另一方面,买家往往并不认可卖家的销售行为中平台可以独善其身,因此双方关系中又有冲突的一面。不过,淘宝基于长远商业利益的考量,会尽量强化与买家之间的合作共赢关系,强调自己作为网络技术提供者的中立角色。近年来,淘宝的网络技术提供者的超然身份一再得到法院判决的确认。[1]

(二)纠纷解决的机制保障

首先,支付宝提供及时执行的保障。作为第三方平台,支付宝提供了可靠的执行条件和信任基础。支付宝虽然如今已定位自身为全域生活场景的支付工具,但成立之初却只是为解决传统的“一手交钱一手交货”形式无法在网上实现的信任危机。后来摸索出的做法是由淘宝平台托管,在收货后再打钱至卖家账户。现在支付宝已经成为执行纠纷的判定结果的有力武器:淘宝平台对于该笔资金具有无可争议的处置权,纠纷一旦有结论,淘宝立即对该笔账款进行处置。支付宝之于淘宝平台纠纷解决的意义,和 PayPal 对 eBay 平台是不一样的。支付宝本身并不审查纠纷的是非对错,而只是单纯地执行淘宝平台判

---

〔1〕 有大量的案例,买家同时列卖家和平台为侵权诉讼的被告,相关案例可参见沈阳市中级人民法院民事判决书,(2016)辽 0104 民初 7640 号;杭州市中级人民法院民事判决书,(2014)浙杭商终字第 1107 号等。

定或者双方和解的结论;而 PayPal 却可能启动买卖双方的交易诚信记录,并且要求高风险的卖家进行适当履约的举证,否则将失去该笔货款。之所以存在这一差异,部分原因是 eBay 的争端解决机制是重叠式的,除了上述 PayPal 的机制外,外包的第三方机制(Square Trade)也发挥一定的作用。而淘宝平台则将有权决定纠纷对错的主体集中于淘宝平台,支付宝就纠纷解决而言只是一个第三方的货款保管平台,而不具有对纠纷进行实质审查的职责。

在此基础上,为避免纠纷解决延迟给客户带来负面的感受,淘宝推出极速退款机制,即针对信誉良好的买家,淘宝垫付金额先予退款,待查明事实后再追偿或退回。为保证已经打款至卖家的售后订单可以有效执行,淘宝推出卖家保证金机制,即卖家在开始该类目业务前,淘宝要求其预交金额不等的保证金,金额大小取决于类目的平均订单价。作为兜底,淘宝甚至可以先行垫付货款,待卖家支付宝账户有钱时加以追偿。交易做出处理后,淘宝有权通知支付宝公司,将交易款项、保证金或买家支付宝账户中与先行垫付金额相当的部分划扣至淘宝账户。若保证金余额不足或实际尚未缴纳保证金的,淘宝将会进行催缴;经淘宝催缴后卖家依旧未在 14 天内缴纳或补足保证金,淘宝将会对店铺采取屏蔽等临时性市场管控措施,直至足额缴纳为止。

其次,商品评价机制令卖家声誉可视化。商品评价留言的机制,使得每个重复的交易间紧密关联。如前所述,商品评价对卖家至关重要。评价包括评分(店铺动态评分[1]分值和商品好评、差评数)、具体评价文字和上传的实收商品照片。新客户在信息不对称下高度依赖商品的先前交易评价,以决定是否购买。买家可能以差评要挟,卖家则忌惮拒绝退款后买家做出差评会影响商品后续销售。而熟谙淘宝交易和退款流程的买家甚至会在差评后再发起退款,卖家更是面临

---

〔1〕 店铺动态评分是指在淘宝交易成功后,买家可以对本次交易的卖家进行如下 3 项评分:宝贝与描述相符、卖家的服务态度、物流服务的质量。每项店铺评分取连续6 个月内所有买家给予评分的算术平均值。

"赔了夫人又折兵"的风险。很多的交易纠纷解决并不是双方的互相谅解,只不过是卖家权衡了商品信誉更大损失的风险,无奈接受了买家的方案。在此之上,淘宝平台又开发出"问大家"的功能模块,即可以在该商品页面提问,淘宝随机发送给已购买过该商品的买家回答。该功能实际上是评价功能的改良,传统评价模式的漏洞是卖家可以通过虚假刷单继而虚假评价来增加声誉。"问大家"是通过大数据分析判断得出哪些买家更加真实,并随机邀请部分买家进行回答,以降低评价作假的概率。这套机制之所以有效,主要在于线上交易可以全程留痕,交易之间高度关联促成了博弈论中"重复博弈"提高合作意愿的现象。

（三）失衡现象背后的个体理性

前文提及,淘宝纠纷解决机制的运行中存在严重的失衡结果:进入纠纷解决的程序,也是高概率地以买卖双方自行和解形式化解纠纷;淘宝平台一旦介入纠纷的解决程序,则高概率地判定支持买家。实际上这两个现象,可归结为是卖家预计到最终由平台介入的胜算不大,努力将纠纷化解于之前;而买家多数并不了解这一"潜规则",因此更愿收下卖家"抛出的橄榄枝",见好就收而不是抗争到底。不过,这种解释仍然是不彻底的。本部分从参与者的不同利益出发,换一个角度解释这一现象。

首先,买卖双方时间成本的相对性。网络购物之所以能够兴起,不少研究将其归结为是成本的降低,最为明显的就是节约了时间成本。然而,时间成本是相对值,即时间对于不同人的价值高低差别很大。对卖家而言时间是很宝贵的,不少卖家坦言,处理售后退款耗费了他们大量的店铺管理精力,而"有些难缠的客户,我们宁可趁早退给他"则道出了多数卖家的心声。因此,在卷入纠纷后,卖家通常愿意选择以节约时间成本的方式结束纷争。在退款维权中,不同买家愿意投入的时间差异却很大。买家维权时间投入的差异,在对退款申请的材料准备用心程度上即一目了然，那些空闲时间比较多的客户提起申请、在卖家拒绝后的修改申请上都表现得十分迅速，时间宽裕的买家举证的证据更加细致。反之，那些少有空闲的买家，在提出申请、修改申请以及举证方面往往表现得拖延或草率，甚至权衡时间成本后放弃维权——要么一开始就放弃，要么中途放弃。卖家其实也会观察买家处理订单的积极性，并同自己的时间成本进行比较，以决定是否妥协。小二对于频繁要求客服介入处理、举证详尽的订单，往往倾向于支持买家一侧，因为小二的时间成本同样昂贵。

其次，卖家经济利益的多层次性。买家、卖家有各自的利益诉求，而他们之所以能够实现妥协，是因为卖家关注的经济利益是多层次的。在个案的纠纷中，卖家既要关注本单交易的短期利益，也要关注经营的长远利益。在两种利益无法两全时，甚至短期利益的满足会带来长远利益的损失时，卖家将选择牺牲短期利益以保全长远利益。这一点在一定程度上解释了上述的失衡现象为何能够长期存在，以及纠纷解决机制何以能够有效运行。[1] 淘宝通过有意营造的失衡，提升了客户的消费体验，增加订单数量和销售额，也为卖家提供了更好的经营平台。买家因为在小额的个别订单中得到了满意的结果，从而对淘宝平台保持了信心并扩大购买的数量，平台中该类目的整体交易额就得到了扩充，继而可以对售后环节表现优异的卖家提供更多的客流量，这样对买家、该类目的卖家、淘宝平台而言无疑是共赢。全过程可能是如图 7 – 2 所示的发展路径。

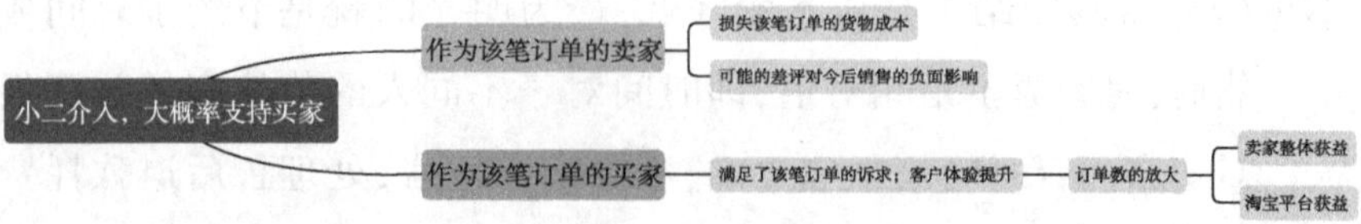

图 7 – 2　各方的利益考虑与博弈

---

[1] 调研后发现，有卖家认为这属于一个公开的秘密，显然淘宝出于公正中立性以及防止其成为成规，而不便于公开。但是从大量卖家、买家的体验看，却已经成为事实。

借用数学期望这一概念，也可做一番推演：假设一个商品类目下，一件商品成功交易卖家可以平均获利 B 元，退款率设定为 x%（是指介入且失败的订单价占总订单价的比例），如果支持买家则卖家平均损失 A 元；卖家的某一单获利期望 E = B ×（1 − x%）− A × x%，只要该数值为正，买家在纠纷订单中获得满意解决则不会减少购物，那么总收益是递增的（总收益 = 销量 × 每单的获利期望），卖家完全可以通过“薄利多销、小赔大赚”策略在淘宝中生存下去。更何况支持买家策略可以提升客户体验，销量完全可能放大，需要注意这里指的是某一类目的整体交易。此处的 E 必然为正，否则淘宝平台早就无法生存下去了。以笔者作访谈调研的翻译类服务举例，汉译英的收费为 200 元/千字，译员稿费的成本 A 一般在 150 元/千字，退款率一般为 10% 左右，则 E =（200 − 150）×（1 − 10%）− 150 × 10% = 30（元），即一千字的翻译服务收益 30 元，每一千字中要包括 20 元（10%）的退款风险成本。

是否会造成该类目的卖家之间收益分配不均匀？有可能。但由于机会均等，即使结果是不均匀分配的，也可视为公平。卖家的取胜之道在于领会淘宝的此套规则，提升客户服务质量，在降低纠纷退款率上比同行做得更好。更具体而言，小二的裁判尺度〔1〕只要大致是稳定的，小二一旦介入处理就会大概率支持买家，这一“潜规则”就会促使卖家提升服务水平，对介入后反而不利于己方会形成预期。比如在一起商品买卖交易中，买家认为商品质量有问题，要求退货并由卖家承担费用，卖家认为这是买家故意为难而不予同意，在小二介入判定支持买家后，卖家在论坛发帖质疑判定的公平性。类似的情形如果一再出现，自然会让有经验的卖家得出“除非有十足把握，让小二介入纠纷解决有潜在的高风险”的结论。

淘宝平台需要防范的是，支持买家的比例可以偏高，也可以不做

---

〔1〕 大众评审的裁判结论，可能会和小二的支持比有所出入，但遵循大致相同的逻辑，因此这里都仅讨论小二裁判的情形。

过于细致的实质审查，但不能成为人尽皆知的“潜规则”。适当控制买家的合理预期十分重要。如果买家普遍相信只要和卖家发生纠纷，淘宝便会支持自己，则退款申请率将大幅提升、投诉率也水涨船高，个别订单的卖家退款损失无法通过后期的经营利润来弥补，卖家与平台的共生关系就会遭到破坏。为此，淘宝采取的应对措施是在维持大概率支持买家的倾向性不变情况下，对某些恶意退款的买家选择不予支持，且给予处罚[1]；淘宝对因为小二介入遭受损失的卖家同样不采“一网打尽”策略，反而通过提供新客户流量加以弥补。

这里可引申出一个更深层次的命题：淘宝平台处理纠纷，最终所追求的是中立无偏还是平台效益最大化。淘宝首先是一家企业，解决纠纷的义务可能需要从企业社会责任的路径探寻，但无论如何和法院等公权力机关的社会职能有根本区别。本书更倾向于认为，淘宝处理纠纷是企业的自利行为，其化解纠纷的动力是通过推动纠纷的顺利解决提升客户的服务水平，以保持和提升其购物平台的公信力。因此对个别纠纷谁对谁错的判定过度耗费精力是不值得的，平息那些强烈不满的买家怒火更加重要，只要防止纠纷因未被及时满意地处理而效应外溢即可。比如买家完全可能因为纠纷在淘宝中得不到妥善解决，而向市场监督管理、消协等部门投诉，或起诉淘宝要求其承担连带责任。虽然如前文所见，法院多数情况下判决淘宝无责，但作为电商平台淘宝也毕竟需要付出应诉成本。归根结底，化解纠纷服从于平台整体交易规模的可持续扩张这一根本任务。

四、淘宝机制对传统模式的启示

（一）淘宝模式的进一步理论提炼

淘宝平台本质是企业，核心追求是商业利益的最大化。根据前文

---

[1] 恶意退款，是指买家滥用退款/售后的规则影响店铺正常经营，系统设置有专门端口供卖家救济使用。

的分析,买家、卖家以及平台三方能够在利益的层面达成某种平衡,比如在解决纠纷的过程中,个别交易牺牲卖家的经济利益补偿了买家的心理失衡,再通过客户满意度提升平台增量来对卖家作回报。这就是淘宝有别于 eBay 等其他平台的一大亮点:一方面是判定纠纷对错者,另一方面又不是利益无涉的第三方,而是和卖家利益接近的利益攸关方。淘宝平台作为纠纷解决者相对于纠纷本身的非超脱性、非中立性,以及通过利益平衡方式实现纠纷解决"另辟蹊径"的方式,正是淘宝纠纷解决机制区别于我国传统纠纷解决机制的最大特色。

技术上,计算机系统引导程序分流,高效地推进纠纷解决。平台对买卖双方的权利义务有明文规定,且将处理的程序进行计算机编程,全程以线上举证、磋商以及判定为主。程序的设计,基本思路是尽量以机器取代人工,借助智能机器人客服、期限和材料提交的自动提示以完成程序的大部分环节。我们探讨包括淘宝在内的 ODR 线上纠纷解决机制之所以成功,实际是受信息技术变革的推动,移动手机端互联网的发展、无线网络替代有线网络,存储容量的扩大和网络资费的降低、电子货币的使用习惯的形成、互联网通信的低成本等都在发挥作用。

程序设计上,创造高频次的主体互动机会。淘宝的解决机制中有一种价值观:出现了纠纷,要及时沟通解决。这种沟通主要是买卖双方之间,平台只是提供了不断沟通的桥梁。多轮的磋商中,不只是事实的不断澄清,更具意义的是买卖双方都在试探对方的和解底线、抗争到底的意志力、互查各自的过错程度,从而不断地调整行为的策略。而这一过程又是线上留痕的,一旦平台小二介入后可还原这一谈判过程。待到纠纷要通过平台判定才能解决时,这种纠纷都是双方反复沟通、确无和解可能的了。

判定结果上,具有充分的终局性。评价一种非诉讼纠纷解决机制的实效,核心指标就是解决结果的终局性,即能否"案结事了"。这种终局性取决于两点,一是纠纷解决结果能否得到落实;二是纠纷解决结果能否平息争议,不至于再起争议特别是不再进入诉讼程序。淘宝平台在确保纠纷解决方案得到有效落实方面具有明显优势。借助第三方支付平台——支付宝的货款后置交付机制,将扣留在支付宝的货款依据判定结果直接进行划转,基本可保证纠纷解决结果能够得到及时而充分的落实。在平息争议的结果方面,其效果之佳也是显而易见的。淘宝平台内部没有提供再次救济的更多渠道,判定结论所以是"一定终局"的,而且从诉讼的纠纷比例偏低更足以说明在平息争议方面是有良好效果的。[1]

(二)对多元化纠纷解决机制的启示

加强和完善多元化纠纷解决机制,通过党和国家的顶层设计已然是国家治理体系和治理能力现代化的一部分。党的十八届四中全会提到要"健全社会矛盾纠纷预防化解机制",中央深化改革领导小组进一步提出"建立健全诉讼与非诉讼相衔接的矛盾纠纷解决机制"。再到最高人民法院的文件要求"发挥司法在多元化纠纷解决机制建设中的引领、推动和保障作用",实现其他纠纷解决机制同诉讼的有效衔接。[2]在现实层面,推进多元化纠纷解决机制仍然面临较大困难和障碍。一方面,传统的公权力部门主导、以人民调解为中心的多元化纠纷解决机制面临不能适应新时代要求、矛盾纠纷的网络化、利用新技术滞后等困境;另一方面,许多制度制定者以及实施者固守传统观念,缺乏创新意识,比如过分强调政府和司法机关的主导作用、坚持纠纷解决者必须要有超然和中立地位等。我国多元化纠纷解决机制建设进展不顺、效果不彰,从诉讼案件逐年递增、法院饱受"案多人少"矛盾

---

[1] 这里需要注意,判定后纠纷的不再被提起,不意味着纠纷的判定结果买卖双方都实际满意,也可能是交易标的的金额太小、诉讼的成本过高、举证质证困难等原因造成。

[2] 以上表述,可参见下列文件:《中国共产党第十八届中央委员会第四次全体会议公报》《关于完善矛盾纠纷多元化解机制的意见》《关于人民法院进一步深化多元化纠纷解决机制改革的意见》。

困扰可见一斑。

淘宝的纠纷解决机制，对我国多元化纠纷解决机制的启示在于：传统以人民调解为中心、由法院担当主力的模式，在新的时代背景下必然发生根本性的转变。

首先，从淘宝解决的纠纷数量相对于人民调解的数量来看，前者已经超过后者。纠纷的成功化解，并不必然要求公权力的介入。要成功推进我国多元化纠纷解决机制建设，应当充分重视社会力量的参与。淘宝只是一家企业，却可以在纠纷解决中发挥巨大作用，同时淘宝在解决纠纷过程中让会员成为大众评审员参与纠纷解决，提高解决方式和结果的公信力，都说明社会力量参与才是我国多元化纠纷解决机制生命力的所在。未来在推动多元化纠纷解决机制建设过程中，应当特别重视挖掘和发挥包括企业在内的社会力量。

其次，传统的模式往往强调由“利益无涉”第三方主持解决。从淘宝机制的经验来看，平台作为纠纷解决的主体并非传统意义上的利益无涉，但取得了显著的成效。纠纷解决者能够从纠纷解决中得到利益（不是纠纷本身涉及的利益），有时候反而有利于激发纠纷解决者解决纠纷的动力。这从侧面解释了为什么中立型 ODR 平台反而没有得到发展。淘宝纠纷解决机制成功解决了海量的纠纷，说明非超脱和中立的第三方照样可以在纠纷解决中发挥巨大的作用，而且不需要国家投入，节约了公共经费。

最后，传统的解决形式并不是以案件类型作区分。淘宝纠纷解决机制的成功，非常重要的原因就是充分体现了类型特定化和专业化。只针对网络交易设计，也只针对网络购物有效，此所谓类型特定化。而从规则设计、平台建设以及人力资源的安排，则无不充分体现了专业化。在纠纷类型比较单一、争议复杂程度普遍不高的社会背景下，当然不是一个突出的问题。但是中国社会的迅速发展，纠纷类型越来越多、复杂程度越来越高，必然要求纠纷解决机制也要相应地转向类型化和专业化。我国未来多元化纠纷解决机制的发展方向之一，应包括纠纷类型化和解决者专业化。比如就调解而言,应当更多建立针对特定类型纠纷的由专业人士主持调解的专业调解委员会,而那种政府主导的“大调解模式”反而值得认真反思。

第三节　涉平台的诉讼证据偏在问题

一、电子证据保存主体存在的偏在现象

“任何一方当事人无义务为对方当事人提供证据”是大陆法系国家民事诉讼活动的通行做法,在我国更被接受的说法则是“谁主张,谁举证”,即原被告对主张负有提交己方所掌握的证据的责任。但是我国现有法律制度框架内,并不存在以诉前证据收集为直接目的的法律制度,即当事人无权强制要求对方或者第三方提供证据上的协助。当事人即使委托律师也只是在整理现有的证据,需要调取证据的仍要向法院申请证据保全。

另一个现象是,无纸化办公、电子通信已然成为工作生活的重要方式,相关事实的信息记录载体随之发生位移。电子邮件、短信、微信等电子数据,已经成为搭载案件事实的主要证据种类。据权威统计,已超过90%的人类信息以电子数据的形式记录。令人担忧的是,作为用户并无能力、也无意识及时地保存这些信息,遇有诉讼时就可能无法提供充足的证据。

相关的证据只在电子邮箱服务器、电子商务平台、网上社交平台、存储云盘等网上平台的备份中可得,这就是电子证据突出的主体偏在性问题。证据偏在问题在20世纪70年代被发现,是个案中的证明责任分配显失公正时,法院加以调整所优先考虑的因素之一。电子证据偏在性的严峻之处在于:首先,电子证据的偏在方与以往大有不同。所谓网络空间的活动,主要就是在上述这些网络平台上开展。服务器的信息保存时效、存储结构、多大程度向用户开放等都直接关系到相关活动的数据痕迹能否提取以及提取的难度。试想下微信、淘宝、百

度三大平台对中国普通人的生活影响，即会认同这一判断。可以说，网络平台掌握了我们在网络空间活动中的大多数信息。其次，网络平台的垄断趋势正在加剧。网络活动的数据，很大一部分是保存于几家网络平台型企业的服务器之中。在经济学中，试图以“双边理论”去解释互联网企业形成垄断的原因，其默认的一个前提就是许多非常成功的互联网公司是近乎的垄断者，他们目前主宰着其相关的领域，仅留下一点点的空间给相对较小的竞争者。此时的网络平台，是否应当在这场转型中承担更加积极的角色？最后，网络平台所掌握的数据目前处于一种私密状态。根据对实践的调研，微信等社交平台一般拒绝个人的聊天记录调取申请，通过律师函形式也难以调取到相关数据。

证据的偏在性问题，在刑事诉讼中大可通过侦查手段加以克服，但无公权力背景的民事诉讼当事人，如何获取自己不掌握但对己有利的电子证据呢？因此，电子证据偏在性是民事诉讼中的难题之一。

二、电子证据偏在为什么是个问题

司法实践中，电子证据的应用十分普遍，在互联网类纠纷中已然是最主要的证据种类。本书为考察电子证据在诉讼实践的应用状况，以网上交易类纠纷为检索对象并收集有关裁判文书，旨在揭示电子证据的偏在性给实践带来的影响。选择以电子商务类纠纷为考察对象，出于以下考虑：电子证据在涉网络纠纷的诉讼中使用最为广泛。网络平台交易是网络纠纷的主要场景，且规模庞大，是网民的主要上网活动之一，牵扯的用户极多。线上交易，关系到合同法、知识产权法、侵权责任法、产品责任法、消费者权益保护法等多部法律，法律关系复杂、涵盖纠纷涉及的主要法律关系。

对发生在当前国内最大的电商平台“淘宝”的相关案例收集后，我们发现：网络交易型诉讼并未按照当事人充分对抗——法官负责判定的理想构造进行，而是当事人举证匮乏、相互质证陷入形式化，法官的认证则略显粗疏。

(一)司法证明高度依赖电子证据

【案例一】原告王某,通过淘宝平台在被告鹏某公司的淘宝店铺购买了某食品。食用后出现身体不适、腹泻的症状,认为该店铺擅自违反强制性标准,在未经许可的食品中添加了乳糖酶,要求退还购物款、并进行惩罚性赔偿。当事人提供的9项证据中,前4项为电子证据,分别是网页商品快照打印件、网页订单详情截图打印件、中通快递单打印件、原告支付宝账单详情截图打印件。

以上证据,分别用于证明被告在网络销售并虚假宣传该商品、原告与被告存在具体的交易、被告将产品寄送至原告以及原告实际支付的金额。该案例中原告所提供的证据在网络交易型诉讼中比比皆是,代表了大多数网络交易案件中原告的证据收集状况。上述证据虽是打印件,但其信息的原始载体均是以代码形式存储于电子商务公司、物流公司服务器的电子数据。

电子证据对于证明案件主要事实的作用十分重大。【案例一】中证据共同指向的事实为:直接侵权人在网络销售某一商品,原告曾购买过该商品。无论是知识产权侵权还是产品质量侵权,以上事实均属案件重要事实。然而,当前实践采用的证据方法,挖掘的只是电子数据中极小一部分信息。在一些知识产权纠纷中,用于证明原告的著作原创性的证据是一个“绘图的ps源文件”,但向法庭呈现的却只是源文件的打印稿。基于“元数据”概念,这种形式并无法反映数据的修改、介质间转移等信息全貌。又如商品截图所显示的销售情况,仅是停留于某一个时间点的商品销售量。该商品在截图后、下架前的销售量并未在该截图中体现,而这一信息是知识产权侵权中认定损害赔偿金额的重要事实。电子数据具有证明案件主要事实的功能,但其潜力目前还远未被有效挖掘。

电子证据还可辅助证明其他物证的关联性。电子证据具有证明物证同一性的功能,即向法院证明被告所销售的商品、原告所购买的商品、原告提供给法院的商品,三者是同一件商品。另一起司法裁判中,有二审法官曾因“耐德厂(一审原告)提供的订单详情单”与“韵达(物流)公司快件跟踪记录”不具有一致性和连续性,“耐德厂(一审原告)向本院提供的1688.com网页快照的产品照片”和“向原审法院提供的涉案侵权产品”标识有区别,而认为证据“不具有连续性,尚未形成完整的证据链”,故撤销一审的判决,驳回了一审原告的诉讼请求。电子数据不只是直接证明案件事实,且关系实物证据保存的连贯性。证明三者的同一性,就是要证明提供给法院的产品a,是从卖家处买的b,同时也是侵权人在网上卖的产品c,即有a=b=c的关系。电子证据的作用表现为,首先根据快递单号进行网上物流信息查询,结合未开封的包裹公证,证明产品a=产品b;其次根据产品c的网络销售快照,比对产品a是否就是正在销售的产品c,证明产品a=产品c。此处的物流信息查询结果、商品快照,本质上都是电子证据。

电子证据的证明方法,诉讼中表现为两种:一是网站截图并打印的方法。【案例一】的商品信息、订单信息、物流信息,都是以代码形式存储的电子数据。以上电子证据在当前司法实践中,主要是通过网站截图并打印的形式向法庭展示,并没有和传统书证形式区分开来。从技术上讲,显示在屏幕上的是一个原始文本(比如hypertext)的复制品,所截图的也只是这个复制品。虽然也有庭审过程中使用法院电脑登录当场展现的个案,但碍于诉讼经济等因素并不多见。二是先书证、后公证的方法。典型的做法是在公证员的全程操作或见证下全程留痕,具体步骤为:登录网站—搜索侵权商品—点击店铺—点击商品并记录—购买—收件—包裹封存,全程录像或截图,并对侵权的行为、时间、销量等出具公证书。原告情愿花费不小的成本进行公证,因为公证的证据证明力具有“优越性”。但无法解释的是为何大量的网站截图并直接打印的证据,未经公证也照常受法院认可?有学者对此进行批判,认为电子数据未实现立法预期。本书认为应该区别看待,公证某些时候仍然有其正面功能。这里有必要区分电子证据是直接证明案件事实，还是保证物证的同一性。对于前者，裁判者更关注电子数据的信息价值，对于“违反公证的地域管辖、当事人直接操作公证过程”的另一方异议，法官是不置可否的态度。即使是经过了公证的电子证据，若有明显信息漏洞依然会被法院不采信。而对于后者，公证的确可以发挥保证物证同一性的作用。电子证据的“公证化”，实践效果不能一概而论。

电子数据的应用状况表明，网络纠纷类案件事实的查清已十分依赖于电子证据。可以说，如今的诉讼已经进入了电子证据的时代。同时，当前电子证据有书证化和公证化泛滥的趋势。前者掩盖了电子证据的大量有用的信息，后者则导致多数的诉讼实效并不明显。两个现象的并存，凸显电子数据在我国还只是民诉法纸面上的一种证据种类，并非有效且独立的证据出示方法，司法实践也未给出如何妥善利用的可行方案。

（二）电子证据偏在导致证明困难

【案例二】在一起商标侵权的纠纷中，原告主张被告成某销售侵权产品的行为，属于对原告注册商标专用权的侵犯，被告淘宝公司作为网络服务提供者应当尽到合理审查义务，需与被告成某共同承担侵权的连带责任。遗憾的是，原告的证据清单并未区分两被告，证据主要用于证明直接侵权行为的成立。直接侵权的被告成某未出庭，也未有其他诉讼行为。被告淘宝公司则答辩称，其只是提供信息发布平台的服务提供商，本身对于侵权行为的发生不存在任何主观过错，在事前已尽到注意义务，在事后已采取必要侵权措施，目前从法律上没有要求第三方交易平台对所有上架商品做上架前的知识产权相关审核。用于证明以上答辩意见的证据是经过公证的增值电信业务证、经过公证的《淘宝平台服务协议》《淘宝规则》关于违规宝贝删除的规定、卖家身份信息打印件、商品下架网页截图打印件，分别证明其平台身份、非交易双方、已尽事前提醒义务、事后披露义务、事后删除侵权商品义务等。法院最终判决直接侵权责任成立，平台不负间接侵权责任。

上述案例的当事人主张、证据和法官的裁判结果,在两种侵权一并审理时十分常见。当前发生在网络平台上的纠纷,其诉讼特点很明显:三方主体参与。被侵权人一般选择将直接侵权人和平台共同列为被告,案件同时涉及直接侵权和间接侵权两类责任的认定。直接侵权人和被侵权人的电子证据收集能力基本相当,电子证据主要掌握在间接侵权人手里。

两类侵权中,直接侵权的相关电子证据相对容易获取。商品信息,尽管该商品已经删除而不可搜索查询,但平台对某一商品对应有一个永久不变的编号,通过特定页面可以查询到该商品的快照;订单信息也可登录平台网站的账号查询;物流信息可通过相关快递网站查询获得。只要能够提供相关信息内容,当前司法实践并不注重审查其证据形式。可以认为,现在处于电子证据的合适载体并没有确立的时期,法院鼓励当事人提出有利于查清事实真相的任何形式电子数据。

用于证明交易平台侵权的事实相关证据,则较难收集。根据当前平台侵权有关证明责任分配通说,由原告承担平台具有过错、违反义务的证明责任,原告的举证负担比较重。而从几起针对平台侵权能够胜诉的案例看,"知钱案"亮点是向法庭提供了向淘宝公司举报侵权商品的全程电子邮件证据,"彭小海案"之所以二审得到改判而胜诉,原因是原告留有淘宝处理买卖纠纷的全程网站截图。两则案例的共性是法官通过上述证据知晓了淘宝在直接侵权纠纷中的作为,得以判断其是否及时妥善履行了义务、是否具有主观的过错。案例的个性在于知钱公司是一家专门的视频公司,熟谙企业维权程序,以电子邮件形式进行沟通交涉。而彭小海案的原告则是"职业打假人",有意地在交易及纠纷过程中留存了截图证据。当事人只有在诉讼前、纠纷中刻意保留证据,才能够向法庭全面清晰地披露;法官才能够在全面了解纠纷的过程这一前提下作出有利于原告的判断。反之,若在提起诉讼前、纠纷后才开始收集,电子数据则可能已经灭失或被隐匿,难以获得。

作为电子数据偏在一方的交易平台,之所以积极应诉但又千篇一律地举证,原因值得一提。从规则层面看,当前并无法律规定互联网平台有提供电子数据的义务。从经济动机看,主动披露电子数据具有败诉且承担经济赔偿的风险,决定了不会主动提供对其不利的证据,反而对自己的超脱地位有不断巩固的自觉。一个普遍的现象反映了这种动机,即不只负有证明责任、信息匮乏的原告依赖公证,证据偏在的平台一方也借助公证。证据偏在一方掌握信息优势,却要依靠公证形式证明其仅网络技术提供者身份、已经及时删除侵权商品、商品繁多难以实质审查。具体分析,其中有一些通过公证但并不能增强其权威性,比如对增值业务经营许可证的公证;有一些公证的事实无法说明其主张,比如通过公证说明同款产品有数百种或数千种,并不能直接证明平台被告无能力进行筛查审核,后者和平台被告的技术能力相关;有一些公证虽然可以增加证据的可信度,但事实的法律定性更关键,比如已删除侵权商品的公证,有删除时间的公证记录,但究竟是否"及时"却依靠法官裁量。这也说明电子数据要适用于诉讼,在实践中缺乏可信的载体,公证是当前提高权威性的权宜之计。

(三)最终表现为缺乏证据提供者

当事人无力解决证据匮乏时,原本可依靠法官依职权调查。根据司法实践的观察,法官在此类网络诉讼的证据审查环节中,多数处于一种消极被动的角色。至少从裁判文书看,较少有案件法官启动证据调查,法官主要依据的是原告所提供的证据认定事实、作出裁判。许多案件的证据并不充分,原告提供的证据距离查清真相相去甚远,依靠自身能力亦无法获取更多的证据。此种境遇下,法官为什么仍然恪守被动?其中必有坚实逻辑。首先,这可能是一种无奈的被动,是调查能力滞后于互联网前沿技术的发展。法官若未掌握互联网中某些概念的本质内涵及差异,借助平台公司的规则理解网络语言是一条捷径。但这存在偏颇的风险,比如关于"直通车"是属于广告费用还是基于提供网络服务而收取的服务费,法官根据平台制定的规则作判断,得出的结论自然也有利于平台。其次,这也是一种避险的被动,立案登记制下的法官并不轻松,转型时期的中国法院从表面反映出来的情形看,自身尚不具备解决各种社会矛盾和社会冲突的实力,直观上表现为需要处理的各种类型的案件超出了法院的负荷。再次,这也可能是一种折中式的妥协。从样本案例来看,虽然对平台的间接侵权事实认定粗疏,但由于直接侵权责任成立,原告仍可以获得案件的部分胜诉及赔偿,一赢一输之间似乎完成了原被告利益的平衡。但法官应该很清楚这种妥协是没有正当性的,这是两个不同的法律关系。最后,这也是因为有证据调查启动的裁量自由、证明责任等有成文法依据的"护身符"。法官具有是否启动职权调查证据的裁量权,根据《关于适用〈中华人民共和国民事诉讼法〉的解释》第 90 条"当事人未能提供证据或者证据不足以证明其事实主张的,由负有举证证明责任的当事人承担不利的后果"的规定,法官以现有证据来认定事实也无太多可指摘的地方。

在互联网交易纠纷的诉讼实践表明,互联网纠纷的举证高度依赖电子证据,然而当前能够进入诉讼的电子证据却十分匮乏。这种匮乏是由于负有证明责任的当事人不占有相关电子数据,电子数据集中于互联网平台,但是互联网平台却无意愿、无义务提供相关数据。法官原本有展开证据调查的权力却恪守中立,当事人负有证明责任却不具有证据调查的充分授权,共同造成证据收集主体缺失、电子证据匮乏的局面。

证据偏在造成证明困难是各国和地区的普遍现象,负有证明责任的一方难以履行其证明责任将最终面临败诉的风险。这是一个关乎实质正义的命题,各国和地区给出了不同的方案,并且都确信能够实现"实质的平等"。大陆法系国家和地区主要是在法官主导证据调查的传统下展开诉讼,而英美法系国家和地区则是承袭当事人负责证据收集的传统,我国目前主要沿袭的是大陆法系国家和地区的证据制度。

三、由法官平衡证明负担的路径

证据偏在可以作为"证明困难"之一,在大陆法系国家和地区的民事证据理论中找到一席之地。法谚语:证明责任之所在,系败诉之所在。为克服一方当事人的证明困难问题,大陆法系国家和地区主要在实体法分配客观证明责任的基础上,采取一些调整分配的方法,这些方法被称为"举证责任减轻",具体包括举证责任转换、证明度降低、文书提出义务、具体化义务降低、非负举证责任一造说明义务之加强、证明妨碍、证据保全等。这套修正的手段,其实不是在一个层面上,可区分义务履行层面和效果保障层面。义务履行层面,是降低负有证明责任一方当事人的具体化义务,提高不负证明责任一方当事人的协力义务以及证明妨碍责任;效果保障层面,则区分证据评价和证明责任倒置,前者包括法官的自由评价、证明标准的降低、事实的推定成立。

在我国现有制度视野内,克服证据偏在的手段主要有事前申请法院调取、事后对证明妨碍行为惩罚,是从法官视角出发的克服手段,制度体系化很不够,手段种类也相对单一,司法适用频率较低。克服证据偏在性的一种备选路径,是进一步加快证明责任减轻制度体系化的进程。

(一)现代型纠纷诉讼的出现背景

证明责任减轻理论并不是在顶层设计中一次性完成的,而是始见于20世纪初工业化社会所谓现代型诉讼中。现代型诉讼的主要案件类型包括公害事件、交通事故、商品制作人责任以及医疗纠纷等。医疗纠纷的证明困难,是事实上不知、专业上不知以及证据偏在造成的。事实发生的潜在隐蔽性、具有专业门槛等特点不只出现在医疗纠纷中,而是共通性地存在于交通事故、产品责任等其他现代诉讼类型中。

其中证据偏在直接表现为证据掌握在排污企业(典型的比如是否排放污染的生产记录)、生产厂商(典型的比如产品是否存在质量问题的质检记录)以及医院(典型的比如病历)。在克服证据偏在等导致的证明困难问题时,危险领域理论、武器平等理论等都曾为之背书。危险领域理论的出发点是受害人的证明危机、加害人对证明的接近、责任规范的预防目的。而武器平等理论被认为包含了风险平等,举证责任之分配,同时也意味着诉讼结果风险之分配,该种风险的分配也应当平等。虽然有不同理论为证明责任分配规则的调整做支撑,但有下列共性:一是不成文。“夷考德日等国之民法及民事诉讼法均未就举证责任直接设有概括性或通则性质一般规定,通常均委由学说、判例而为补充”。这一点并不奇怪,因为德国相关理论,比如危险领域理论也是“将判决作为研究出发点并提出其命题”,进而希望归纳出一条基本原则。二是始终依赖于上述提及的工具。虽然后现代型诉讼出现了电子邮件等新的证据偏在形态,也存在证明困难的问题,但仍然是将其匹配到最相似的某一传统证据种类,并以传统的证据提出方法以及证明责任减轻手段来加以克服,因为他们相信电子数据总能对应于一种传统的证据种类,网络证据只是传统证据的“镜像”而已,电子证据的大部分问题可以划归为传统证据的形式解决。

然而,电子证据的偏在和现代型诉讼中所指的证据偏在实则不同,比如现代型诉讼不论是排污企业,还是医院,信息偏在的主体仍然是分散的,不及电子数据占有主体集中。现在没有哪一个行业离得开互联网、云技术等科技手段支撑,各行各业的数据都将不可避免地在网络平台中汇集。又如电子数据中哪些是有效信息需要借助特别的软件筛选。换言之,平台不经过数据分析也不直接掌握某些事实真相。

(二)解决个案的证据占有“显失公正”问题

在德国,修正证明责任的理论首先出现在司法实务,针对的始终是案件事实的“局部”，是一种分配的“例外”。证明责任减轻理论的很多手段，是在证明责任分配的一般规则失灵时才发挥作用的。而这种失灵首先发生在零星的个案中。据考证，其最早是为应对医疗、化学、物理等案件中客观的因果关系、主观的过失，证据劣势一方难以证明的问题而出现的。

互联网纠纷中，【案例一】所出现的电子证据的偏在，是司法实践中的一个普遍现象。因此依靠法官克服“显失公正”的方式解决普遍性的问题，恐怕难以奏效。以在我国具有制度依据的证据保全为例。在 2015 年《关于适用〈中华人民共和国民事诉讼法〉的解释》前，法院的统计数据反映司法实践中当事人申请调取证据的数量并不多。在 2006 年时，四川省成都市两级法院，统计过去 4 年的 1140 件案件中，当事人申请证据保全的仅 15 件。但在最高人民法院看来仍然“一些法院……条件掌握过于宽松”，更本质是官方坚持“强化当事人的举证责任，弱化和规范人民法院调查收集证据的职能”的改革方向。因此在 2015 年《关于适用〈中华人民共和国民事诉讼法〉的解释》中规定了三种不予批准的情形，从严把握依申请的证据保全至此成为改革的方向。比较法上，日本在庭前虽然也仅有证据保全这一具有强制力保证且有实效的收集手段，但法院审查的标准较为宽松，理由是未经证据实质审查，无法确定证据是否具有关联性。

电子证据偏在如此普遍的情况下，法官有什么理由与司法政策相悖批准案件并无特殊性的保全申请呢？司法政策之外，电子证据还具有“海量信息”、存在于“人不能至的信息场”等特点，导致有用信息被大量无效信息包围，数据只有经过技术分析才具有价值，使证据保全的申请更加举步维艰。另外，依据个案裁量还需要防范法官的执业风险。互联网诉讼中的证据优势一方恒定且垄断，大型互联网企业具有“信息垄断”是常态。我国当前管辖制度下大部分案件在被告企业所在地法院审理，法官需要平衡企业的地方影响力、经济贡献等其他案外因素。此种情况下寄希望于个案的法官而无制度性指引和约束，是把压力、风险过多地转嫁给了法官。在个案中由法官通过裁量纠正证据占有的"显失公正"，偶尔为之才是"创见"。当偶然现象变为普遍现象时，仍诉诸法官的个案智慧将面临法安定性的拷问。

（三）立足当事人两造主体间解决

现代型诉讼的某一方当事人一般就是证据的偏在者，因此差别化对待第三方和当事人也无大碍。以文书提供义务为例，规定该义务的理由是当事人的开示义务基于平等使用资讯，诉讼结果不应取决于何方当事人接近某诉讼资料。我国司法解释直接限定为"在对方当事人控制之下"的情形。在德国法中第三人在程序中并无提交证据的义务，只有实体法上的、仅能以特别诉讼途径强制实施。第三人的开示未必与诉讼标的有利害关系，是一种公法的义务，该种义务要和所牺牲的人身、财产损失符合比例，对其惩处应以现金罚为主。该种差别对待，在电子证据偏在时还是否具有合理性？由于证据垄断的主体集中性、对于待证事实的重要性、证据数量的庞大性，对证据偏在的第三人如果还只是课以较低的协力义务，未来大量的新型诉讼都将因为证据不足而难以有效展开。还有一些证明责任减轻的手段，完全无法适用于证据偏在第三人的情形，比如证明责任倒置。证明责任只是在当事人之间的风险分配，但无法成功规制第三人，第三人在证据提供上存在的只可能是一种义务，无法令其承担败诉风险。

信息的偏在方已经发生变化，电子证据的偏在方如今以第三者为主，【案例二】所存在的诉讼构造已然是常态。在描述现代型诉讼的特点时，较多提及的是"从原告和被告相互间的关系上看……原告将会在主张和立证方面遇到巨大的困难"，又如"当事人双方的不平等性对现代型诉讼的程序制度安排产生了广泛而深刻的影响"。虽然证据偏在是现代型诉讼的一个突出特点，同时也是互联网型诉讼的特点，但证据偏在的主体属性发生了根本性变化。电子证据主要存储于大型互联网平台的服务器中,互联网企业有时作为当事人直接参与诉讼,但更多时候则只是案外第三人。

当然,以上的区分在网络纠纷诉讼中也非泾渭分明。因为互联网平台所持有的信息,可能不只用于证明直接侵权的成立,还可用作平台间接侵权责任的认定。虽然两种责任在实体法层面具有不同的成立要件,但诉讼证据却复杂地交织在一起。以本书所着力的网络交易类纠纷举例,交易平台的介入时间、介入后的处理方式,证据上表现为直接侵权人、被侵权人、平台三者的交涉过程,间接责任的主观知情要件、客观"及时"采取行动要件都在其中体现。同时,该交涉过程的证据也可用于证明直接侵权是否成立。第三人成为证据的主要持有者、两类纠纷事实的部分证据重合,都使得电子证据的偏在性较之现代型诉讼的证据偏在问题更加复杂。规定不同标准的提出义务,一个理由是第三人"毕竟非属纷争之直接当事人,而是基于他人之诉讼乃被要求协助举证者",是故应当慎重。当电子证据时代的偏在方是第三人的情形成为常态,此时对其强加义务的正当性来源在哪,现有理论似乎还没有给出令人信服的答案。

(四)依赖于证据评价的理论工具

面对证明困难,证明责任减轻的主要手段默认了诉讼信息是不足的。注重证据评价阶段、事实真伪不明时动用证明责任分配风险,体现的是一种法官视角,即如何在既有的信息资源之下,进行事实认定。此种机制之所以能够有效,原因在于现代型诉讼中,只是事实中的一部分证明困难。部分事实不明,是可以通过法官和另一方当事人补强的。以具体化义务为例,原本是彻底贯彻辩论主义和证明责任分配之下的题中应有之义。当出现证明困难时需要降低义务具体化的程度,如何判断降低后同时满足"当事人足够能力证明"和"事实得以查明"呢,只能诉诸法官的证据评价。具体化的程度高低是动态的,是在双方当事人之间的不断对抗之间完成的。一方具体化义务的减轻要求以另一方的协力义务加强为补充，难以想象一方减轻了具体化义务同时另一方无所作为之下，"接近真相"的程度一致，除非法官内心降低了证明度，这一点也得到部分学者承认，即所有的证明责任减轻的做法，"极端一点设想的话，用降低证明标准这一种方法就足够涵盖其他所有方法的作用"。综上所述，这一过程始终是"标准并无法量化"，依靠的始终是结合所有证据后的法官自由心证。

依靠法官证据评价克服证据偏在，在电子证据时代具有较大的不确定性，因为事实不明不再是局部的，全案信息都可能面临证明困难。这正是前述【案例一】等普遍现象中所揭示的，买卖合同的成立或侵权的客观事实，都依赖于电子证据。大量诉讼依赖于电子证据，使信息偏在造成的信息匮乏，已威胁到真相查明的可能性。传统案件的事实证据是小部分的缺失，当事人多可概括性地提出事实，法官也可以通过合乎情理的方法加以填补。但是发生在另一个"代码空间"的事实呢，当事人连概括笼统提出的能力都并不见得有，虚拟空间发生的事实又距离法官的生活很遥远，其还能通过心证形成确信吗？

世间并不存在"最好"的诉讼，只存在针对特定的社会结构在特定的历史时代能够实现最佳效果的程序。此话的应景之处在于，能够应对现代型诉讼的理论工具，不见得可以轻松自如地回应网络纠纷和电子证据，因此我们在证据偏在性的问题上也不见得要走完全复制大陆法系国家的老路。

四、加强当事人证据收集能力的路径

我国刑事和民事证据理论的比较法选择上有很大分歧，民事证据理论偏向于大陆法系。但就电子证据的发生和发展看，美国应当是计算机及互联网技术的执牛耳者，关注证据的这一转向也更及时。据以参考美国的当事人证据开示制度，可探寻到证据偏在问题的理论坐标。

在关乎公共利益的某些案件中也会有证据偏在的问题，美国的证明责任一方也占有很少的证据。我们关心的是,电子证据开示制度是如何对待类似的电子证据偏在的如下转变:【现象一】从个案现象升格为普遍现象,【现象二】偏在的主体由当事人转为案外第三人,【现象三】偏在导致的事实不清从部分事实升至主要事实。

(一)具有技术优势同时开示成本较高

首先,电子证据的开示,承袭了传统开示的做法,同时为适应电子证据的特点,开示技术上有很多变化。其制度的优势,恰恰在于对电子数据特殊属性的关注和开示成果形式(form)的强调。电子证据出现后,开始是直接打印提供,后来将数据转换为 tiff 或 pdf 格式提供。但是这种方式仍然无法展现 pdf 的形成过程,目前的开示形式强调可链接性,即能够浏览或者直接进入数据库进行搜索。“可链接性”是立法机构强调的证据形式的精髓。当然,开示方可以拒绝请求方的证据形式,法官决定拒绝是否有效。

其次,在开示的方法和流程上,充分使用了相关软件工具。一个电子开示参考模型(EDRM)指出,电子证据开示分为信息管理(诉前的企业风险防范行为)—识别(定位电子数据的范围、幅度和深度)—保存(确保不被修改或丢失)—收集(为进一步分析作准备)—处理(减少数据体量,切换为利于审查和分析的格式)—审查(评估数据的相关性和特免权)—分析(评估数据内容的价值评价)—制作(用恰当的形式和设备传递给他人)—呈现(还原事实,说服观众)的过程。以上开示流程强调运用统计学思维,在计算机软件辅助下完成。电子证据的收集能力,因此也离不开国家的计算机技术的领先优势。据 2014 年的一个不完全统计,美国市场至少已有 29 款电子证据收集软件,可供不同规模的企业用于开示证据。软件有不同的功能区分,包括信息的抓取、搜索、审查等功能,有基于网站平台运行的,也有基于云端,或者是允许单机运行的。也正是由于有上述的计算机技术作支撑,美国得以应对电子证据信息量大、信息动态变化的特点。美国的电子证据开示实践，采取各种计算机软件进行，并不是个案的处置方式，而是无案件类型例外地适用于所有民事案件中，和证明责任减轻理论应对【现象一】的方式并不相同。

美国的证据开示制度，和技术的革新本身就是交融的。打印机出现在20世纪50年代，传真机出现在80年代，以上技术降低了证据的开示成本。而计算机和互联网技术起始于90年代，证据的种类很快以电子证据为主，前沿技术此时反而成了开示的负担。采用新技术对证据开示，耗时、金钱成本高等弊端再次显现。反对电子证据开示的呼声在美国变得十分有力。在美国一个普通案件中，信息偏在一方花费了975万美元去恢复所备份的数据。另外一起案件的证据偏在方是美国联邦企业办公室（OFHEO），为了满足要求开示方对所有的来往电子邮件的开示请求，最终成功开示80%的邮件，花费却在600万美元左右，占其年度预算的1/9。费用之外，也造成了诉讼的拖沓，有实证调查认为开示已经成为程序的中心环节，占据了法官的大量精力。

但是无纸化办公、电子邮件等集中于这一时期的普及，记录事实的载体客观上发生转变已经是难以避免的了。美国在2003年的统计中即有93%的商业文档是电子化创造且从未被打印为纸质。因此，技术和实践的转向，是先于电子证据制度出现的时间的。当法律人发现电子证据的开示负担更重、成本更高、开示方法和传统证据大为不同，逼迫着他们思考如何在制度层面为案件提供普遍性指导。因此，并不是美国对于电子证据先知先觉或者未雨绸缪，而是传统证据问题还未来得及解决时，已经被新的技术及其产生的电子证据问题所取代。

（二）坚持开示传统但范围难以限缩

2006年成文法化的电子证据开示制度，是证据开示传统和技术发展双重影响的结果，但一直承袭了当事人主导证据收集的精神。证据开示制度方面，美国起初承袭英国法时没有如此宽泛的开示范围，扩张始于1938年的成文法，但直到1970年的修法才达到顶峰，自此开始出现限缩呼声。从美国的开示基本原则看，【现象二】本身就不是问题，《联邦民事诉讼规则》在26(c)(2)中规定，如果一个保护令申请全部或部分地被拒绝，法庭将会命令任何一方或第三方提供或允许开示。该条之后是开示程序的规定，因此该条作为一般性条款，明确了案件当事人与第三人在开示义务并上无显著差别。

由于开示成本过高，立法上一直有限缩开示范围的努力，主要希望诉诸法官更加积极地介入案件的管理来实现这一目标。1983年以来的历次修法均以加强法官指挥权为方向，1983年修正案被视为第一次180度的转弯，其中要求法官考虑是否有开示以外的其他方法、案件的需要、开示义务方的能力、开示证据的数量、针对的问题在诉讼中的重要性等；1993年修正案中，进一步要求明确法官的管理职能，要求初期就召开会议制定开示计划；2000年的修正案则对开示的范围、信息的数量、开示的次数等做了“一系列的开示限制”，并试图区分与主张有关的和与主题有关的证据，并规定不同位阶。虽然司法实践和理论上逐步形成了开示请求的类型、信息的数量、是否有替代性方法、替代性方法是否可行、信息重要性的预测、所证明的问题的重要性、当事人的资源能力等法官裁量时的参考依据，但就实践情况看仍然缺乏有意义的明确边界，法条的叠床架屋、结构的矛盾，凸显兼顾开示的原则和降低成本、负担之间的困难。2015年最新的一次修法，最重大变化是将原先26(b)(2)(C)(iii)的“成比例原则”纳入26(b)(1)，作为该条的开示范围要件之一。该条在修法前引发较多争议，被认为加重了要求开示方的证明责任，并且成为开示义务方的一个拒绝理由，立法者的角度则认为加重要求开示方的负担不是立法本意，该条只是鼓励法官介入案件管理，促进双方的对话等。

如何看待美国学界对开示制度的批判和电子证据开示范围的限缩呼吁？本书认为前提是认清限制电子证据开示范围的背景。背景在于,传统证据的开示义务过重、拒绝开示的例外太少、范围偏大,并不适应电子数据的特点。电子证据的保存成本很高、开示技术难度更大,一如之前的开示义务则会令开示方不堪重负。诉讼尤其民事诉讼,本质是要适应市场和社会的变化。美国的一项企业调查提到,过重的开示义务对于企业而言是个沉重的负担,已经严重影响企业的可持续发展、国际竞争力和对美国投资的吸引力,对开示范围重新划界一定是必然选择。

但并不能说这种立法限缩的最新动态,就是美国开示制度的全貌。美国司法仍然恪守“自由开示”精神,并捍卫这一原则。立法虽然数次限缩,但司法却是各行其是。这点从继续处罚违背开示义务的行为可见一斑。虽然历经了多次修法,但法官仍然是以开示为原则,不开示为例外。也许是因为开示传统根深蒂固,也许有法官捍卫自身利益的考虑,但根本上坚持开示才是和美国的基本诉讼模式相呼应的,当事人既然具有收集证据的义务,不言自明地应当赋予其对等的权限。从法官的裁判中,我们可以看到此处和大陆法系国家的截然不同之处,在对待证据偏在导致的证据不足时,美国是证据开拓式的,而德日等国则是内部消化式。在对待【现象三】时,美国解决的办法是保障当事人想方设法获得更多证据的权利,大陆法系国家则更愿意继续在当前的诉讼信息下由法官从证据评价角度作妥协。当然两大法系也在“交互影响”中互有借鉴,上述界限也不是泾渭分明的。

可见,电子证据偏在的问题同样普遍地存在于美国的民事诉讼中。美国就此的应对上,仍坚持当事人是证据收集的责任主体这一传统,即使开示成本高但仍以开示为原则,不开示为例外。同时主动适应技术主流趋势和证据种类的变化,在开示方法上采取前沿的计算机技术。但是证据收集技术上及时革新的意识,却难掩其立法和司法、理论和实务对开示范围的不同立场,在开示范围及开示义务的界限上难有明确定论,证据开示存在经济负担重的困境。

(三)扩大当事人证据收集的权利

我们不能照搬美国的证据开示制度,但从长远来看在我国重提加强当事人的证据收集权确有必要。一方面,就自行证据收集权而言,需要来自法律的授权,这是一个从基本诉讼模式推导开的基本逻辑,如果认为在民事诉讼中应当坚定地向当事人主义模式发展的话,就必然不能否认证明责任的中心地位;在(主观的)证明责任分配下,负有证明责任的一方当事人应当就其主张提供充分的证据;在该当事人未直接掌握证据的情况下,就应当允许其进行调查收集;国家相应地要提供切实有效的保障,主要是收集对象的一般配合义务及相应违反惩戒体系的逐步确立。上述一以贯之的逻辑,是从基本诉讼模式的共识出发的推演结论。即使存在法官的一定释明协助义务,但证据收集的责任主体仍然是当事人,权责相统一是不言而喻的道理。但就目前立法和司法实践情况看,与此相去甚远。

另一方面则是如何提高当事人的证据收集能力,这是在有权收集的前提下是否有能力获得有效信息的问题。这也是一个电子证据时代特有的命题,即当事人如何适当地确定证据的范围,要求收集对象提供何种类的数据,采取何种技术手段搜索、分析得出有用的结论为诉讼所用,这一过程非当事人所能完成,律师不可以缺席。就美国的电子证据开示发展历程看,诉讼角色中律师是率先掌握数据收集、数据分析技术的主体。美国对于电子证据有目前的处理能力,律师在其中扮演重要角色。在对关于电子证据开示相关美国书籍的调查中,笔者也发现较多介绍电子开示相关操作的技术细节的是律师实务手册。这反映出美国的律师界对待电子证据开示的务实态度,诉讼中扮演的计算机技术专家的角色。也是因为有较为成熟的律师队伍支撑,美国才得以越过电子证据收集的技术门槛。于是乎,单纯强调证据收集权的反而有些局限,可能形成更大的实质不平等。能否打破证据收集能力的实质不平等,取决于应用互联网技术的能力。

回到中国的语境,我们的现实困难是,如何在现有诉讼构造、制度尽量不作大的调整(若要调整则需另做谨慎论证)情况下,通过其他路径扩大当事人获取证据的渠道。这也是下一部分尝试回应的现实命题。

五、技术、成本和制度的再分析框架

对于电子证据的偏在性难题,中国也无法独善其身。一个拥有全球最多网民、数字经济规模世界第二的互联网大国,未来将面对因网络而生的大量纠纷及诉讼,将面临电子证据收集、运用于诉讼的巨大难题。同时,我们必须意识到电子数据占有的偏在性已经不单单是一个纯粹的诉讼中技术性细节,甚至已经不是一个单纯的法律问题。因此,也只有放置在更大的社会经济背景中,从我国当前的现实出发考察,形成的对策建议才会更有说服力。需要考虑的现实因素包括:(1)技术层面要考虑有无可行性的问题,因为这是一个与计算机技术和互联网技术深度交织的问题,制度方案首先要通过技术可行性的检验。(2)社会—经济层面则是各方成本和利益的权衡,诉讼当事人具有诉讼利益,平台企业有商业成本及数据使用收益,以及制度调整由此引发的社会风险,都需要我们做出抉择前慎重权衡。(3)制度层面不只要考察权利是否应然存在,还应当熟悉司法的实然语境。以这三个方面作为工具,本书绘制出分近期—远景两步走的现实考察路线(见图7-3)。

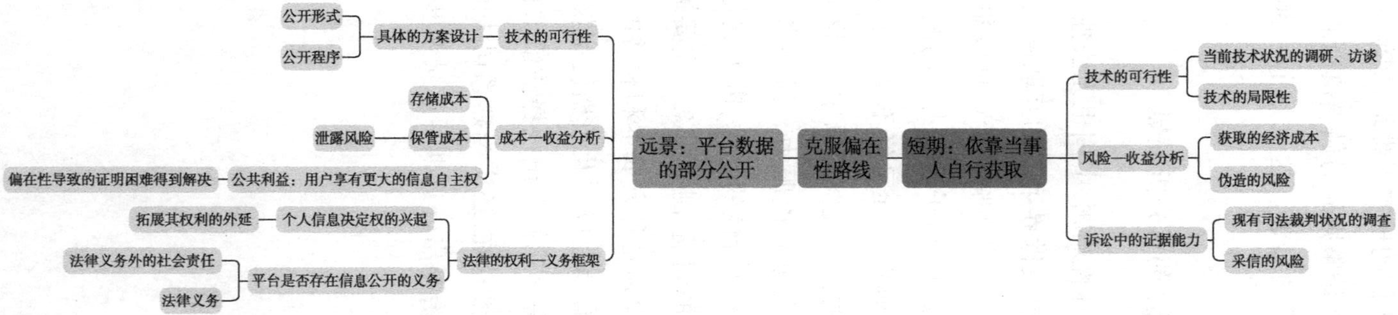

图 7-3　克服电子证据收集难的现实路径

(一)短期内当前依靠当事人自行获取的手段

这是一条期待在现有制度框架内化解之道,寻求技术和司法的层面予以应对。实践中不乏当事人出于诉讼的目的,通过网络技术手段、向互联网平台申请调取等各种方式收集其缺失的证据。对这部分现存的取证手段,及时归纳做法、评判利弊、指出不足,可为问题的最终解决提供启示。

笔者以当前取证最困难的"微信聊天记录"为例,调研证据灭失后,如何获取其中有用的诉讼信息。调研发现,数据恢复服务已经成为"淘宝"上的热门行当,点击量高居其所在商品类目的前几位,同时也发现其中存在技术瓶颈颇大、证据收集效果有限的问题。

就技术上而言,当前的恢复手段存在诸多的不确定性。(1)是否能够恢复,恢复的程度、难度依次取决于微信 App 是否已经删除、聊天记录删除的间隔时间(一般越长越难恢复)、删除后的手机使用频率(使用次数越多,越难恢复)等,意味着微信记录能否恢复,取决于复杂的技术原理。所调研卖家估计的恢复成功率不足一半。(2)某些微信记录一般难以恢复,其中包括聊天中的语音、图片、视频等,某些商家甚至直接拒绝此类业务。(3)恢复的成果是否能够成为法定的证据种类,亦存在不确定性。据调研,能够恢复的数据将以 Word 或者 Excel 的形式提交给客户。获得的恢复数据还有可能是残缺不全的,据了解缺失收件人、发件人、聊天时间等信息的情况比较常见。(4)以远程计算机登录的形式控制用户手机进行作业,存在其他个人信息被泄露的风险。本书所调研的数据恢复服务,前提是用户具有设备介质并连接于电脑,技术员通过远程操控电脑还原数据。电子邮件与此类似,但第一部分述及的平台介入纠纷解决的聊天记录则是网页形式的,通过上述恢复手段无法实现。笔者再就此问题向相关律师调研,得到的答复是此类证据社交平台一般不提供,电子商务平台需要相当的"手段"才能提供给个人申请者。以上反馈至少说明个人的数据申请,当前并无行之有效的明文规范予以保障。

上述数据恢复所获得的证据,是否能够得到法院的采信?笔者以此为关键词在“中国裁判文书网”上进行搜索,发现已有相关先例。在一起离婚案件中,一方提供了通过恢复软件获得的微信聊天记录,另一方以“微信记录是复印件,不能够作为证据使用,用软件恢复的形式不合法”抗辩,法院以“现被告对该证据真实性、关联性、合法性均不认可,无其他证据相佐证”为由,没有采信该份证据。该案件体现出当前法院对于此类新型的取证手段的保守做法。这部分是由于使用软件恢复微信聊天记录的现存案例较少,并不排除今后其他地方法院接受此类证据的可能性。但法官对于此类证据的完整性和真实性没有把握,才是更为关键的因素。另一起案件的裁判文书更全面地揭示了这一问题,该案在庭审现场联系淘宝的数据恢复服务,但商家强调“微信恢复只能恢复文字样式,且根据手机存储、使用年限、记录删除时间等原因,不能保证100%恢复”,而恢复后,一方当事人抗辩认为“聊天记录均无头无尾,起始时间不一样,微信记录不完全匹配”,该案法院没有直接否认该份证据的证据能力,但证明力实际已经大打折扣。法院对软件恢复获得的微信数据持审慎态度是恰当的。调研发现,微信截图本身即容易造假,不与原始介质核对难辨真伪。此种情况下的司法裁判实则陷入了两难,若降低证据资格的审查,可以减轻当事人的证明困难,但同时面临真实性的极大风险。

证据的真实性,可以借助第三方机构的鉴定等方式一定程度地缓解。成本—收益权衡则比较明显,和诉讼利益相比,恢复数据的经济成本相对较低(据调研,在淘宝上一次数据恢复的平均收费不足百元)。司法层面最大的隐患是可能存在司法裁判的尺度不一,再一次陷入规制偷拍偷录时裁判观点反复无常类似的境地。技术层面的局限性和不足才是最大障碍,使此种纯粹依靠个人获取相关电子证据的方案并非长久之计。就现阶段而言,应寄希望于司法裁判尽量降低证据能力的审查门槛,令此类因证据偏在难以获取的电子数据尽可能进入诉讼,赋予其证据能力。同时法院应鼓励当事人通过鉴定机构(包括高校等认证机构)出具权威的数据恢复报告,以提高数据的真实性。

(二)远景中个人信息决定权之下的平台信息公开义务

长远看,离开网络平台这一关键角色,难以有效解决电子数据偏在性给诉讼带来的负面效应。因为电子证据的偏在性,最核心所指仍是记录网络空间活动细节的海量数据,被集中在为数不多的几家大型互联网企业的服务器中。自然寄希望于如何通过网络平台对所掌握数据的公开,解决诉讼的证明困难问题。

1. 设定此类义务的正当性来源

企业的社会责任,是设定此类义务的正当性来源之一。一般认为,企业责任的大小取决于企业规模、社会影响力。网络平台型企业的产值规模一般都较大,已近乎"准公共部门",比如前述案例中的阿里巴巴公司,微信、QQ 背后的腾讯公司,理应承担更多的社会责任。要求网络平台主动公开信息在美国也有呼声,但主要是基于企业的自觉行为。当然美国也有企业拒绝公开数据,以 Facebook 为例,其拒绝公开的理由是会导致用户隐私和自由受损,进而降低对企业的信任度。但这一理由并不能作为用户要求获得自己的数据时的障碍,用户对于有关于自己的信息事实上知悉,只是缺乏完整呈现的形式。管理学为此提供了一条全新的认识路径,即在我们这样一个崇尚集体主义("家"的观念)的国家里,纯粹自利型企业恐难有立锥之地。符合中国传统的企业社会责任,应当是企业与社会"和谐"共处的关系。因此,完全可以先通过行业指导、社会舆论等手段,提出此类倡议,逐步营造此种有利于用户的氛围。

个人信息决定权的崛起,是设定此类义务的正当性来源之二。信息决定权的发展历程,一言以蔽之,是从隐私权到个人决定权,从防守型权益到主动争取式权利的演变。个人信息决定权,即指信息社会下个人得自主决定是否、何时、以何种方法公开关于自己的数据,此种自主权多数从“信息利用和保护兼得的视角”加以考量。在个人信息的利用和保护的两难中，偏重于哪一侧是一个争议点。有学者提出相关的价值取向应当是平衡各个社会群体中成员之间对信息利益的竞争能力，保护处于弱势一方的社会成员的信息利益，从而构建合作型的和有道德的社会关系。也有学者主张通过外部威慑促使信息控制者内生机制发挥作用的“激励相容”的制度设计。个人信息是否属于私法上的权利客体，则是一个与本书相关的争议点。数据是否具有权属，若有，归属于数据的控制者还是信息所指的主体，是网络平台还是用户。就这一问题，私法领域似乎仍然未给出共识，有学者从德国传统的关于权利客体标准出发得出数据的“非客体性和非财产性”。接着有学者对此予以驳斥，认为法律上赋予自然人对个人数据的权利。基于以上两篇成果发表时间和期刊的权威性，应当认为网络数据如何在私法领域进行保护，是否属于权利、是谁的权利、权利的内容是什么等都仍是学术上未达成共识的方面。

本书发现，上述争执主要集中于如何兼顾信息的利用和信息的保护，如何在作为信息收集端的网络企业和作为信息主体的用户之间分配权益，形成了企业—利用、用户—保护的既成分析框架。不可否认，正是基于加强信息保护的需要，发展出个人信息决定权的概念，代表性的观点认为个人信息决定权包括知悉、查询、删除、更正和补充的权利。但从信息决定权的一般理解（比如前述王泽鉴教授的定义）来讲，个人决定权并不应局限于此，应是一种范围更广、主动性更强的权利——信息主体应有权利用个人数据进行各类社会活动、增进个人权益应是应有之义，其中就应包括用于诉讼活动。由此，个人信息决定权和所要解决的电子数据偏在性间就发生了关联，即平台所控制的数据中，个人活动所产生的那部分，用户应有权依申请获得。

平台公开信息的义务是对应于扩大解释后的个人信息决定权而成立的，本书只是将决定权实现后的数据为诉讼所用罢了。这是在前述利用——保护二分下增加的第三个内涵，即参与信息形成的个人如何自主地掌握信息的问题,希望解决的是个人信息的个人不可得性。缓解电子证据偏在性的问题,就变为督促网络平台进行数据的部分公开来实现。具体而言,此种义务不见得要在诉讼法中规定,可交由实体法规范(比如电子商务法、个人信息保护法等)进行规定,但在诉讼中可加以援引使用。只要立法规定了该项义务,在国内大型网络平台屈指可数、企业行为受社会高度关注的语境下,制度成本其实并不会高。

2. 方案设计不存在技术障碍

数据公开的对象,可仅限于平台的用户,并基于当事人的申请公开,比如前述案例中的淘宝买卖双方用户。数据公开的方式,应当是代码架构的重组,将用户调取相关平台数据的功能嵌入既有的平台网站和应用程序中,代码世界产生的难题终归要以代码的形式化解。从技术细节看这并不难做到,只要在 App、网站上增加一个用户验证后可以登录的模块,专门用于查询相关用户在平台的信息就可以实现。这样的目的是希望用代码的方式解决代码空间产生的难题,又避免美国式开示带来的经济负担。

数据公开的内容,应以具体用途决定。就本书探讨的对象而言,在于解决信息不对称造成的电子证据匮乏问题,因此,内容应当限于满足诉讼证明的需要,主要是用户在平台的相关情况的信息。就前述案例而言,只需要平台开放其介入纠纷解决的流程记录,很多案情即可查明。数据公开的结果,可以是平台加盖数字签名、带防伪码的查询报告,以提高该份证据的真实性。若果真如此,今后很多的电子证据将不再依赖公证处和鉴定机构。关于数据公开的范围,可通过公法确立公开义务的最低程度,同时用户和平台可事前约定更广的公开范围。数据公开义务违反的惩戒,一种路径是行政处罚、行政约谈等行政手段。另一种路径则是在正式确立个人信息决定权后,赋予单独起诉要求数据公开的诉权。鉴于网络平台企业的社会负面评价高度敏感性、公开信息申请的个案间高度同质化,只要开始出现几起这样的范例,即可迅速扩散影响并形成行业的自律规则。

这种公开义务不同于美国的电子证据开示义务，是针对特定的社会信息垄断者提出的一般义务。平台的数据公开镶嵌于既有的平台程序中，公开范围是法定的且是信息偏在方基于申请的案外行为，其避免了美国电子证据开示属于诉讼义务、开示给偏在方造成的成本负担，同时又可克服传统证明责任减轻理论的工具难以拓宽证据渠道的不足，帮助当事人获取材料、完成举证责任。

3. 困难在于通过成本（风险）和收益检验

上述的路径可以较好地满足诉讼的证据需要，但本书始终敬畏“实现一个目标伴随着其他的成本与风险”。个人信息决定权可以作为法律层面制度构建的一个起点，也不存在过多的技术障碍。但是，此种信息公开义务对于互联网企业而言，则徒增成本、带来风险。具体而言：（1）存储成本。先前的论述中我们都在假定网络平台存有此类数据情况下开展。但在调研中，也有侦查部门人员反馈：他们也曾遭遇微信平台的拒绝，平台的理由是微信点对点的社交通信，其根本没有存储聊天记录。姑且假设此为真，且目前网络技术可以实现此类存储。但是存储聊天记录类型的数据，会增加企业多少服务器的存储介质、维护等各方面的成本，却要在制度设计时慎重评估。（2）管理成本。如前所述个人信息决定权传统上主要指的是信息是否决定公开的权利，防止信息泄露是关注的重点。而大量涉及隐私的信息若加以保存，企业在存储介质的加密上必将花费代价，企业的成本提升。除此之外，还包括企业的用户信任度可能降低等无形商业利益的减损，也要充分考虑。

利益平衡的天平另一侧是社会公共利益，诉讼利益只是其中之一而已。虽然笔者推动构建这样一套权利义务的体系，但不人为夸大当事人的诉讼利益，还有待个人信息决定权理论的进一步发展，以充实个人利用信息的利益内涵，使收益和成本能够达到平衡。

六、结语

克服偏在性的制度设计，并不在于我们的司法制度和哪路法系更近一些，也不刻意强调“中国特色”式解决，根本在于依据国情的一种权衡。宏观的国家层面，需要权衡还尚处幼年的互联网市场保护与社会对公平正义的期许。中观的司法层面，需要权衡诉讼模式发展的基本方向和不同的发展阶段。微观的个人层面，需要权衡法官的办案精力和当事人的取证能力。

从契合度而言，我国的证据主体分工与大陆法系国家更为契合，其证明责任减轻理论体系中大多数手段我们都较为熟悉。其中部分已被吸纳为成文法（比如证据保全），部分具有司法解释的依据（比如证明妨碍、文书提出义务等），其余即使没有明文规定但也具有较为充分的学理探讨。但笔者怀疑的是，法官与当事人在事实层面的分工若不作调整，此套体系能否继续解决电子证据时代的问题（包括前面已经述及的电子证据偏在主体的加快集中化、偏在的非个案化、案件重要事实无法查明的风险）？当然也并不是说上述理论完全没有改造的空间，但面临理论创新的难度。

从对电子证据的认识程度来讲，美国的电子证据开示制度更注重针对电子证据信息量大、存在技术门槛、大企业垄断等特点。对待这一制度，我们应当区分技术问题和理论传统。在理论层面上，有众多难以回避的差异。中美之间基本诉讼模式有很大不同，压缩了证据制度的借鉴空间；美国所规定的开示义务，和我国强调的证明责任之间的关系难以协调。而且从电子证据开示制度成本代价看，我国实行美国式的电子证据开示制度，短期内也不太现实。更积极的恐怕是技术层面，电子证据开示利用前沿技术，解决科技变迁所产生的证据新形态，开示的程序、手段无不反映这一特色。因此，我们不妨短期着眼现有证据体系不作大调整时，更注重借鉴美国在电子证据收集技术层面的发展；长远看则逐步在个人信息决定权的框架内，摸索出一条适合我国的克服证明困难的路径。

第八章

基于法律大数据的实证研究

第一节　作为研究方法的大数据技术

一、对法学定量实证研究的贡献

法学迎来了“大数据”“人工智能”的研究热。“数字法学”“计算法学”等各类词汇层出不穷，研究者却并不是在同一概念内涵下使用概念。故而有必要在开始设置一套标准对既有的研究成果加以区分，从而明确本书在既有研究中的坐标。笔者大致将既有的相关研究区分为四类，第一类称作“学科论”，这类研究看待技术的视角最广，目标是希望厘清法学+数字技术的最大边际；第二类称作“对象论”，是把“大数据”“人工智能”等视为法律规制和法学研究的对象，这类文章占据了当前法学研究成果中的主流；第三类称作“工程论”，关注到数字技术引进执法、司法等法律实践场景中的空间和限度；第四类才是“方法论”，是在研究方法的视角看待大数据技术对法学学术工作的机遇。本书研究的内容明显属于第四类，即集中讨论作为学术活动的工具，大数据分析技术能够提供何种方法论的新契机。

本书的问题意识，在于回答大数据技术如何才能成为法学研究的方法，如何实现与已有的实证研究、规范研究两大传统方法间的有效互动。关于此，左卫民教授在2018年第4期《法学研究》上发表的《迈向大数据法律研究》一文（本书统一简称为左文），应是较早在国内权威期刊发表关于大数据技术如何作为法学研究方法的成果。左文在“方法论”层面对大数据技术引入法学研究中无疑起重要的推动作用，但笔者认为以下方面仍值得进一步思考。第一，左文中提道：“法学研究将迎来范式转向，会转向‘数据科学式’，形成‘数据驱动—理论假设驱动’的局面。”“范式”一词在库恩那里，是指一个成熟的科学共同体在某段时间内所认可的研究方法、问题领域和解题标准的源头活水。取得一个范式是任何一个科学领域在发展中达到成熟的标志，“数据科学式”研究已经是一种成熟的范式了吗？它与左文也提到的法教义学、社科法学等既有的法学研究范式间是什么样的关系？第二，左文中提道：“要将小数据社科研究中已普遍运用相对成熟的数据分析方法，运用到大数据分析中。”社会科学中开展定量研究是以统计学原理为根基，这和大数据技术联系紧密的机器学习的方法间又有何差异、法学研究能够吸收大数据技术中哪些优势？第三，左文中还提道：“当前的大数据研究缺乏必要的问题意识，主要是‘调查报告式’。”这涉及的是大数据分析技术的应用现状问题。上述问题的本质围绕大数据技术究竟的贡献点在哪，如何定位大数据技术在既有的法学研究方法体系中的地位。

上述延伸和思考一方面是对话，另一方面是借助已有的重要文献形成本研究的路径。本书的基本立足点为：大数据分析技术如果对法学研究工作有所影响的话，主要是使法学更加社会科学化，更重视实证的方法，更习惯从大数据中探索法律世界的规律。这些贡献点决定了其在法学研究方法体系中的位置，既是对以统计学为代表的传统实证研究的一场接力，更是对法教义学为核心的传统规范研究的一种助力。在此基本立场之下，本书首先对前大数据时代的实证研究方法、对象作一番回顾；其次，结合笔者大数据分析师的经历对技术细节作梳理；在这些基础之上，就如何实现大数据技术、定量的实证研究、规范的法教义学研究三者间的融合互动提出一套初步方案；最后，鉴于当前学界在概念上存在较多的混用,笔者将就该话题与学界进行观点的讨论。

二、前大数据时代的实证研究

关于什么是实证研究虽尚无统一定论,但在“基于数据的方法”这一点上有最低共识。之所以包括法学在内的各社会科学都对定量方法感兴趣,是因为“定量的方法,乃一切科学进程的核心”。只要是非个案的,探寻个案之间的平均水平、共性特征、相关性的定量研究,都被纳入本书所指的前大数据时代的实证研究范畴。对实证研究的回顾和梳理,将从研究方法、测量的工具、样本量的变化三个具体维度展开。

(一)以统计为主的方法史

从研究方法看,既有的法学实证研究成果均奉统计学为同宗。一般认为,统计学的方法可分为描述性统计和相关性分析两大类。为体现方法间的差异,本书作了稍细致的拆分,过往的法学实证研究主要利用了如下方法。

方法一:多案例分析。对案例的运用,如果不是针对法条作解释、立法提建议,在笔者看来即为一种实证研究的路径。例如,陈杭平关于民事诉讼标的的研究,为案件类型化设定了分类标准——诉讼标的不同含义,纵轴根据不同学说见解区分为三个版本,横轴则以诉讼标的不同领域或场景为标准。在多个案例中挖掘某些规律性信息,即为一种超越个案、试图通过案件类型化获得研究结论的方法尝试,特别是为重视司法现实的学者所常用。

方法二:描述性统计。前述的多案例分析还很难称为严格意义上的实证分析。左卫民教授的一系列文章有力地推动实证研究向前发展,他的研究主要是描述性统计的诸方法,比如关于审判委员会的研究,统计了某地区的三级法院审判委员会委员审判经验与学历背景,并细化到宏观指导议题和讨论案件分别的数量情况等具体问题；再比如其目前下载量最高的一篇关于中国刑事法律援助的研究，通过调研某省的三家法院，统计了各类型辩护分别的人数、占比，并由此回答“究竟应当在多大范围内推行并构建当代中国的法律援助制度”的问题。

方法三：相关性分析。白建军等人的研究则在描述性统计基础上，迈向了相关性分析这一相对复杂的层次。相关性研究也称为推论统计，是将统计学手法与概率理论相融合，对“无法整体把握的大的对象”或“还未发生而未来会发生的事情”进行预测。他们开始关注引起某一现象背后的原因，试图建立自变量和因变量间统计学意义上的相关性。回归的模型以多元线性回归、Logistics 回归等常见模型为主。比如在白建军的文章中迄今为止下载量最高的一篇，是通过相关系数、多元线性回归研究犯罪率的社会成因的文章；再如李本森关于速裁程序的研究，则以诉讼效率、量刑均衡和诉讼权利为关心的因变量，采取的是多元线性回归模型。

在线性回归、Logistics 回归两大常用的回归模型基础上，实证方法也在根据议题的需要推陈出新。一是表现为统计方法趋于高级，白建军在其一贯的相关性分析之上，对无法观察变量作了科学处理〔1〕，将中国民众的刑法偏好这一因变量，拆解为犯罪圈大小、刑罚轻重、罪刑均衡程度等三个可通过问卷调查测量的因子，以打分取值的形式获得该变量的数值；二是结果呈现方法上的创新，比如单勇关于盗窃罪的回归分析结果，用 GIS 作图的方法实现可视化，选取建筑物、停车场等 10 类空间因素为自变量，用于说明因变量和空间变量的地理联系；三是体现在用于分析的软件工具上，过去的实证研究主要用 SPSS，最

---

〔1〕 无法观察变量又称潜在变量，是指其特质无法直接测量，而要由观察变量测得的数据资料来反映。观察变量是对应的概念，是可以通过量表或问卷等测量工具所得的数据。这在社会科学的实证研究中是极为常见的。在政治学、社会学等其他社会科学中，一般会采用因子分析、结构方程模型等各种方法处理。

近的研究很多提及使用了 Stata、R 等工具。不是说更高级的软件分析效果就一定更好，但至少标志着学者在工具利用上的水平提升，且有些回归模型的确是初阶工具无法胜任的。

（二）多元测量工具并存

测量工具是指用于获得数据的方法，数据收集是统计学中的重要一环，所有统计数据追踪其初始来源，都是来自调查或实验。统计学上根据是否为直接获得第一手数据，区分直接来源和间接来源。法学实证研究多以一手的直接来源为主，这里针对学科的特点，对获取数据的工具进行归纳。

工具一：问卷调查。这和传统的社会科学方法保持一致，通过设置问题、受访者回答的方式收集受访者的信息。此种方法在获取受访者主观态度方面效果明显，为学界所常用。比如程金华的论文为考察“检察人员针对检察人员分类改革的认识”而发放问卷；胡铭关于司法公信力的研究，通过向社会公众和司法官分别发放问卷，比较和审视“对于影响司法公信力的要素的认知与评判”。

工具二：模拟实验。模拟实验大多是对自然现象而言的，在近几年的法学研究中也时常出现此类方法。司法裁判一般不具有可再现性，同一个案件在真实场景下诉讼程序只可能出现一次。模拟实验是一种对司法裁判过程的模拟再现，借此可发现一些影响裁判结果的变量。目前的模拟实验主要是对一些经典案例裁判过程的复盘，以验证某些观点，比如李学尧关于流畅度与裁判尺度的关系研究，通过问卷字体大小、是否斜体、是否加重、行距以及案件数量的变化来操纵流畅度变化。模拟实验之所以被称作定量的实证研究，是因为其不再只针对某单一个体展开剖析，有时用于研究的案例虽然只有一个，但实验的对象却很多个，关心的也主要是实验对象间呈现的规律。

工具三：文本摘录。法律中的文本，典型形态为裁判文书。在裁判文书大量公开上网后，有人为之欢呼，认为数据法学的春天将到来。

的确,裁判文书是记录诉讼过程最终的、有法律效力的、体系最完整的文本。利用裁判文书的成果比如文姬关于信用卡诈骗罪的研究,裁判文书中的可挖掘的信息有很多维度,包括法院的管辖信息、当事人的基本信息、审理的各种期限、裁判的结果等。文本的种类近年来也出现不少创新,比如习超等人关于证券监管的研究采用的是 1408 家上市公司相关执法事件的披露。

工具四:实地/田野调查。如果只是单纯采取个案式的访谈记录,一般方法论上将之归入定性研究的范畴。但如果是在田野调查中,对多个案例样本进行了观察或访谈,并采取结构化的方式收集数据,最终对数据进行跨越个案的量化分析,则也可以被视为实证研究的测量工具之一。此种方式在国内研究中不断出现,比如最近一篇关于当事人法律意识的研究就是根据在某法院传达室所作的一百多位当事人的访谈所收集的数据。而左卫民在研究基层法院的财政制度、法官的工作时间分配等问题时,以课题组前往实地调研、观察记录收集数据资料,早已成为他获取数据的典型方式。

实证研究除了采取上述工具的一种外,还有的研究是多种测量方法的结合、定量和定性方法的混用,比如胡铭关于庭审实质化的研究就不仅采用了判决书,而且通过观摩庭审直播记录数据的方式测量数据。

(三)万级以下的样本量

实证研究的论文中,约定俗成地一般要报告样本量的大小,之所以要单独强调研究所用到的样本量,是因为样本量直接关系到根据小样本得出的结论能否推及更大的范围。故而抽样是统计学中很重要的概念,建立一个好样本的关键是尽量选择最符合总体的样本,如果样本具有代表性,则表示样本具有与总体十分相似的特性,进而意味着可以通过样本预测出总体具有哪种特性。

过往法学实证研究中样本量一直不大,一般以百级、千级为主。

比如关于信用卡诈骗罪的裁判文书分析数量达到了2103份;关于"旋转门"的研究包括了7103次监管事件。上述研究基本没有交代如何处理样本。但根据笔者自身的数据分析经历,若是通过阅读文书、摘取变量的形式收集数据,一天工作8小时一般也只能阅读20—40份的裁判文书。如此计算,仅获取数据部分的时间投入,千份量级的裁判文书的数据采集工作就得耗费几个月时间。如此规模的裁判文书若仍然依靠人工阅读来录入,工作量将不堪设想。若再有多人交叉检验以防范主观偏见的环节,工时量还得以翻番计算。

值得注意,样本量大小是个相对的概念,还要考虑全体的规模有多大。在我们限定了研究的范围后,理论上讲全体的范围应当是固定的。若以裁判文书为测量工具,通过裁判文书网的检索可以估计出已公开部分大约的全体数量。不同的研究议题中全体的数量并不一致,甚至可能差异很大。有了全体的估计值对照,太小的样本量就都会面临代表性不足的严重质疑。严格地讲,狭义的大数据指的是全样本,而这一点在法学研究中短期看始终是难以做到的,因此,法学研究中我们称为的全体应当区分公开数据的全体和真实世界的全体。如果研究涉及的公开文书范围基本确定下,样本数连公开文书都无法接近,代表性不足问题将更是雪上加霜。

(四)留待提升的不足

研究方法上,相关性分析后少有新的突破。分析方法、工具上虽试图推陈出新,但基本是大同小异。以构建模型作回归分析这一典型方法为例,所使用过的回归模型种类屈指可数。在方法上虽有一定创新,比如有的研究采用了决策树的方法,但和大数据技术语境下的决策树指的并不是一回事。另一个问题是样本量和分析软件这对关系,小样本时代没有出现效率低下的问题,但大数据、大样本时代则要考虑借助的分析工具是否恰当,运行是否高效的问题。上述两个方面,大数据技术都可能有所作为。

测量工具上,较强地依赖于社会资源的协同能力。当前的测量工具中,问卷调查、模拟实验的应用较为普遍,而上述二法的共同局限在于严重依赖研究者的社会资源协调能力,很多研究并不避讳利用了作者的挂职身份、承担的横向课题、所在本省的司法资源协调便利、给司法者上课培训等机会获得了访谈、问卷调查和实验机会。就数据获取而言即使是随机选择几个投放点,也是成本不小的工作,没有经费支持恐怕亦难以实现。上述列举的研究成果往往属于成名法学学者的贡献,这也造就一个怪圈:是先成名后实证还是因实证而成名?大数据时代,研究者将一定程度摆脱外部条件的束缚。

样本量太小,使规律的代表性不足。前文已经提及,样本量关乎结论的普遍性,统计分析的根本目标在于"推论"。样本量小,对抽样的随机性要求就越高。抽样始终是个难题,造成抽样偏差的成因复杂,比如抽样空间条目不齐全、抽样单位不正确等,无法穷举。把问题更加聚焦在公开的数据范围内,如何提高样本的代表性?试想如果研究的样本就是公开的全体,抽样的问题就将不再是个问题,这在大数据技术赋能下是有望实现的重要突破。

二、大数据技术运用的各节点

从实证研究的角度看,除选定议题、设计变量和提出假设等研究步骤外,数据的收集和分析是两个最重要的环节。其中数据的收集又包括语料的获取、转为数据和清洗等步骤。本书认为,大数据技术正是借此两点,助力法学实证研究向更高阶段发展。从已有的大数据分析实践步骤来看,大致可分为以下步骤。

(一)语料的获取

语料获取,被认为是运用大数据技术的第一步。凡是对立法活动、司法实践有所记录的载体,都可作为实证研究的原始语料。当然这只是应然状态,实然下当前的大数据技术还难以准确处理音视频、图片等数据,文本仍是当前法律大数据研究主要的测量工具,其中又以各式法律文书为主。所幸,法律文书就是记录法律活动最重要的、也是表达相对准确的语言形式。

当前的语料获取问题,可部分聚焦于如何便利地获取法律类文书。如果是研究者作为个体希望获得研究用的文本,除逐一复制或下载外,还有两条路径值得重视:一是采取网络爬虫的方式,从数据源自动爬取,业内有句话为"可见即可得",意思是只要有网站的访问权限,即可获得该数据,包括一般性的网页文本、API 资源、文件资源和媒体资源;二是和具有法律文书数据的公司合作,它们一般也掌握较为完整的法律文书库。

网络上的其他数据资源也不可忽视。在传统的法学研究中,我们便已看到许多研究者用到法律年鉴、地方志等信息,而此类信息如今已基本实现无纸化、网络化。我们可以从以下几个地方收集与自己研究有关的语料:一是国家及各地方公立机构的官方网站,比如图书馆、档案馆、财政局等行政事业单位;二是细分行业的第三方研究机构,比如上市公司的全部财报、特定行业的商业网站信息等;三是一些人气活跃的社区论坛,比如在司法公信力、媒体和司法等研究议题中,我们关心案件的舆论在论坛社区中即有丰富的表达。丰富的网络资源可有效地弥补裁判文书这一测量工具的局限,毕竟法治事件的真实过程丰富多彩,不限于法律文书的记录。

(二)语料转为数据

传统的实证研究是一种统计学思维,处理的是阿拉伯数字。这一点在大数据的语境下没有本质区别,即机器学习仍然难以直接根据文本构建模型,数据分析的对象主要是结构化数据。遗憾的是,法律领域的语料主要是文本,以数字形式呈现、直接可用的信息少之又少。因此,在获取与我们研究议题相关的文本语料后,还面临如何将语料转为数据的问题。前述实证研究中也用到文本,但主要采取人工摘录的方法,而大数据获取技术中的文本挖掘技术则希望通过计算机实现结构化。

将语料转为数据的过程,本质是将自然语言转化为机器语言。自然语言处理的工具,大致可分为基于概率和基于规则两类,前者的典型做法是通过人工标注一定的语料,再由机器模型识别剩余部分的语料,得到的是一个结果的概率;后者的典型代表为正则表达式,因为其结果更为准确,故而成为当前适用广泛的提取方法。从法学研究的准确性讲,后者更为现实可取。正则表达式,技术书上定义为一门袖珍编程语言的通用模式表示法,赋予使用者描述和分析文本的能力,也可以通俗理解为高级版的关键词匹配。正则表达式可将我们所关心的、希望提取的某一要素,以计算机可以理解的语言方式表达出来,并将其作为数据提取代码的一部分来使用。如果编写者未能够预见同一意思下全部的汉语表达形式,那么该次正则匹配也将无法识别出全部包含该意思的文书。

实践中,正则表达式匹配和人工打标签的方法往往配合起来使用,实现文本信息的识别和标注。语言表达方式虽然具有多样性,但也并非无穷无尽,几种常见的类型是可以由正则表达式精准囊括的。实践中的通常做法是:先人工阅读一部分文书,对某一类信息在文本中的表达方式有所认识→枚举文字表述的方式→通过正则表达出此种类型→再遍历未成功的文本→不断优化正则表达式。此种循环之下,正则表达式将得到不断改进,信息提取的准确度也随之提高。至此,数据的获取任务基本完成,这也是大数据技术对传统实证研究最大变革之处。即数据的获取不再十分依赖于外部条件,只要研究者掌握足够的编程技术,理论上讲就能够从最大的资源库——互联网,获取自己想要的各类数据。

(三)数据的清洗

上述从文本到数据难免存在遗漏,如何处理遗漏是我们如何看待残缺值的问题。有些信息虽然被提取到了，但存在错别字、明显不当之处；而有些文书则根本没有提取到某一信息。处理残缺信息，至少有以下几种方式：第一种是根据信息有残缺的文书 id，追溯至该份文书，人工阅读发现原因并修正提取的方法。这和上文提及的不断循环，扩大正则匹配的范围其实是接近的，只不过是在不同阶段，出于不同目标作的回溯。第二种是统计学中处理残缺值的传统办法，比如用平均值替代、剔除该样本等方式。第三种是借助 Excel 表格等传统工具、Pandas 等新型第三方库对数据作修正，把那些可以手动、局部修正清洗的信息，通过在数据集中个别的修正来完善。比如裁判文书中存在一些错别字、语病的情形，纠正后可以归入正常的一类，笔者曾遇到过同一罪名表述不一致、罪名中存在不可预知的错别字、多达七八种"零"的写法，机器暂时无法识别的这些问题仍要依靠人工来修正。

为更形象地说明数据清洗过程，略展开数据清洗中的问题，总体来讲是处理自然语言不同词汇相同意思的同义问题，以及一个词语在不同背景下不同意思的多义问题。具体来讲，数据清洗有以下规律：(1)表述一个意思的词汇数量有限的数据项，需要清洗的脏数据较少。换言之，此类数据项容易提取，举个例子，比如提取裁判文书中的法院审级，一般文书落款中有"中级""高级""最高"等字样，机器容易识别捕获。而诸如鉴定机构名称一类，全国各地叫法多样，便会出现很多空数据项。(2)数据清洗和人工投入量基本成正比。不论是用人工标签+机器学习的方法，还是正则提取，都需要人工阅读发现数据错误，并予以添加惩罚项或修改正则来减少脏数据。(3)数据清洗之所以要适可而止，是因为错误具有人工识别的成本。一些明显的错误，比如审判员人数错误提取为"2 人"的能够及时返查并纠正，但人工返查一些个别性的、隐蔽的错误则耗费人力物力巨大。因此，在现阶段机器还难以有效自查错误时，我们对待数据获取环节的准确性应多抱宽容而不是苛刻的态度。

(四)分析数据

若要从数据中产生规律性的知识,还依赖于数字分析的工具。以统计学思维看数据分析的方法主要是描述性分析和相关性回归分析两类;若以机器学习是否拥有标记信息划分,学习任务可大致划分为有监督学习和无监督学习。无监督学习是指对于我们所关心的因变量没有标注结果,有监督学习最主要的仍然是统计学中常见的相关模型。

大数据时代的分析环节,仍有描述性统计的必要。数据法学时代虽然样本量呈几何式增长,但试图把握司法实践一般规律的需求并未变化。描述性统计,是最有利于把握案件整体情况、聚焦重点案件类型的方法。描述性统计只能够让我们把握整体的情况,社会科学的研究显然不满足于此。作为大数据分析技术的代表,有监督机器学习的建模思路,最大特点是区分训练集和测试集,把样本一分为二,用训练集拟合参数,用测试集测查模型的准确性。这是机器学习和统计上的回归建模在检验模型参数可靠性方法上的根本分歧,机器学习采取交叉检验的方法,而统计学上主要是假设检验的方法,典型的比如 t 检验。据笔者了解,通过测试集检验、修正模型参数,最好的工具还是大数据技术的标配——Python 编程语言,它可调用各类第三方库来实现建模,statsmodels、scikit - learn 等第三方库已开发得十分成熟,完全可以覆盖研究的需要。

相比之下,无监督学习的训练样本,事前不做标记,通过对无标记训练样本的学习来揭示数据的内在性质及规律,以统计学视角看待即事前不设置任何因变量,当前国内的社会科学研究中使用该方法的还不多,就其未来的可应用场景看,在关心的变量和所处环境的关联匹配度分析中可能有其用武之地。因为考核聚类效果的常用指标,是聚在同一簇的样本尽可能彼此相似、不同簇的样本尽可能不同,通过该项技术可以确定我们所关心的"议题",为进一步确定回归分析中哪些是自变量和控制变量提供参考。

在大数据时代获取的样本量将轻松突破万级,比如研究某些社会高度关注的典型案件的社会舆论情况,微博、论坛中的评论数甚至轻松突破百万条。自己编程写代码做大数据分析,在面对大样本时更能响应个性化的研究需要。前文强调数据获取方面的作用,并不是说大数据技术在数据分析方面就无能为力了,机器学习也提供原理简单的算法,在数据量大的时候通过编程实现回归分析,将使数据分析更加便捷高效。换言之,简单数据分析对机器学习的相关算法和编程而言不是不可以,只是在样本量小时"杀鸡用了牛刀"。

(五)前述流程的局限

不是没有局限,技术犹如一把"双刃剑"。"技术不是敌人,我们的敌人是寄居在技术里的浪漫又革命的'解决问题兽'。"如何理解此话内涵,译者认为,人要保持独立思考的能力,用批判性的眼光去接受、采用技术,而不是无条件地接受。在看待大数据技术在法学研究中的前景时,同样应当重视可能存在的一些局限性。

第一方面局限在于:更难以关照到个案的细节之处。这也是左文中提到的一个大数据时代的特点——样本量大了以后自然做不到每个样本都人工查看。这里有个缺陷,即大数据分析所反映的只是数据间的相关性,但要解释此种相关性却不能在数据内循环论证,得依靠外部其他角度的解释。当回答为什么出现数据间存在显著相关时,离不开对一些典型个案作庖丁解牛式的剖析。如前所述,大数据技术不再要求人工逐一阅读,即可把文本信息转为数据信息。但是恰恰小样本时代的逐一阅读过程,才是深入个案、启发解释灵感的历程。因此,大数据时代的法学研究,在用数据说话的同时,仍少不了深入典型个案的细节。

第二方面局限在于:计算机使用的门槛进一步抬高,研究者和读者都面临计算机知识门槛的考验。在数据获取上,要求研究者能够掌握一般的网络爬虫技巧。从笔者的实战经历来讲,爬取网络论坛还相对容易,但爬取微博、微信公众号等数据时就变得困难,这主要是因为网站设置了反爬虫的系列措施。再以法学研究常用的裁判文书为例,中国裁判文书网为保证正常访问,采取一系列的加密措施并不断升级,这意味着研究者根本无法一劳永逸地解决反爬虫的问题。其次,当前在研究成果发布时,获取及清洗后的数据并不要求公开,即读者无法获知所采集样本的原始数据列表,清洗了"脏数据"后干净数据的百分比等无从得知。这主要是由大数据法学研究的发展早期决定的,大数据分析的成熟形态应是各研究团队使用同一批数据,并用可量化的衡量指标。[1]

第三方面局限在于:模型变量和参数的解释性上不如那些简单的统计模型。这是由大数据技术的自身原理造成的。机器学习中嵌套多层级函数的目的在于提高模型的拟合度。以神经网络的一般模型为例,有$(d+l+1)\times q+1$个参数需确定,d、l、q 分别代表输入、输出、隐层的神经元个数,神经网络的学习过程,就是根据训练数据来调整神经元之间的连接权,即参数值。这还只是一个隐层的情形,"容量"越大的深度学习参数越复杂,对于法学研究而言的可解释性越弱。如果认为法学实证研究主要是社会科学意义上追求事物与事物间的关联性分析,那么越是过程复杂的机器学习模型,越不能透过模型反映变量间的联系。

综上所述,笔者对待大数据技术的一般态度是,获取更大规模、更多类型的数据,依赖外力程度降低是其最主要的贡献点,但也需要警惕研究中脱离个案细节、技术门槛提高、复杂模型的可解释性弱化等风险。可能有效克服局限的对策包括:在跨越技术门槛上,可考虑借

---

[1] 典型的比如分类任务中,各种研究方法间可比较各自的准确率和召回率,以决高低。又如以法律 AI 科技公司参与为主的"中国法研杯"比赛中,各参赛队伍所使用的都是来自"中国裁判文书网"的同一份数据集,并有微平均 F1 值和宏平均 F1 值、预测出的刑期与案件标准刑期之间的差值距离作为评价指标。

鉴其他学科研究团队的模式，吸纳技术人员参与，改变过去某些法学期刊所认为的合署论文便是“搭便车”的一概定论；在克服脱离个案细节的问题上，则可以多采取混合研究的方法，即定性、定量的方法相结合，实证研究和案例规范研究相结合；在研究技术上，应尽可能选择简单的、可解释性强的模型。

四、大数据技术于实证研究而言是一场接力

大数据技术于实证研究而言，意味着一种接力价值，两者的共性大于差异。大数据技术主要应定位于加强实证研究的某些环节，并不改变实证研究的方法论整体框架。本书认为，大数据技术引入后的接力作用体现为：(1)降低了数据获取的难度，作为前述五种数据获取方式外单独的一种数据获取途径，以网络爬虫、文本挖掘为代表的大数据技术在获取数据上的时间和经济成本都更为低廉。(2)加强了描述性统计的能力，适合探索性的量化研究。如果粗略地对实证研究作描述性统计和相关性分析，大数据技术更擅长前一种概览式地对研究对象进行分析、揭示。(3)拓展了可量化的研究议题，使某些议题的观点论证更具有说服力。

(一)拓新数据获取的重要渠道

作为基本前提，任何的定量研究均离不开信度可靠、效度可行的数据来源。对大样本的追求，在统计学上称为“一致性”，费希尔用数学公式说明了“你得到的数据越多，你计算出的统计量越有可能接近参数真值”。在前面一部分的大数据技术详解中所提及的第一步即为大数据的获取技术，若能吸纳有大数据技术能力者加入，研究团队即可以大大拓展数据获取的渠道，开发一种全新的实证研究测量工具。这里深入探讨互联网这一大数据的重要来源，结合一些国内外较为经典的研究文献，来说明大数据技术在获取用于实证研究数据时的一些优势和不足。

首先,把互联网视为数据获取的来源时,主要是将互联网视为一个“知识库”。互联网沉淀了人类活动的大量数据,其中一些是法学研究所关心的涉法行为。前面所详述的大数据技术主要针对的即此类针对社会行为进行记录的互联网数据,比如裁判文书是对司法过程和结果的一种记录,[1]网友针对某热点案件的留言是一种司法民意的表达和记录。这类数据的特点是它们并不是为研究而生,大数据技术只能提供有限备选的数据项,研究者要迁就样本可用的数据维度来作研究设计。利用裁判文书开展的大数据实证分析最典型,由于裁判文书是行为数据的一种,面临数据维度有限、研究的问题和研究方案的设计受制于要素的提取能力。

其次,还可以进一步拓宽数据获取的思路,把互联网视为形成数据的“实验室”和“协作平台”。大数据技术下可以把互联网作为提问数据和实验数据的来源,即前述实证研究测量工具中的实验、问卷和田野等方法也可以在互联网大规模使用。通过网络发送调查问卷已有一些成功的案例,比如一项针对累犯成因机制的研究中,通过为刑满释放的研究对象发放智能手机,借助大数据采集平台以每天向其发送问卷的方式收集其活动数据,并和收集的定位数据、短信数据等数据源结合实证分析再犯罪的成因机制;借助互联网还可以开展随机对照试验,比如一项在二手交易网络商城开展的实验,在商品详情描述中改变卖家手持商品的手背肤色、手臂是否有文身、出价和商品介绍的质量等变量,分析和商品成交价的相关性,从而实证分析商品交易中的种族歧视问题。还可以设计互联网协助平台,把研究的数据收集、标注等任务予以分包,吸引更多的人参与文本语料转为结构化数据的工作。比如在国外研究政党的竞选政策立场时,研究者把政党宣

[1] 此类成果最近也逐步出现,比如有文章采用303万份裁判文书,用数据指标测量了刑事司法过程的公正和效率两大价值。就提取技术而言,用前述的正则方法并通过指标的复合筛选,就可以组合出“深层指标”,并拓展我们对司法状况的认知范围。该论文即为利用行为大数据进行分析的典型。

言事先作出类型化的定义,分包给完成微任务的劳动力市场,最终从1500 名工人处收集到 20 万条的分类数据,而分类的结果经过事后的专家验证,吻合度很高。此类对文本、图片的信息采集和分类工作,如果能够分拆为不需要大量专业训练且答案较明确的任务,就可以通过互联网的方式进行低成本的大数据采集工作。

最后,不得不直面和突破大数据获取技术中的一些局限性。前面章节关于大数据技术的流程步骤中,把数据的获取分为语料的获取以及语料的数据结构化两个步骤,当前主要的障碍在数据的结构化环节,难点在于解析能力的不足导致要素不能提取或者提取错误。结合裁判文书这一当前主要的语料来源看,若要减少上述的负面影响,有几个方面的工作可做:一是推动裁判文书的统一格式书写工作,规范的文本有助于提高要素的提取的准确性;二是在数据结构化过程中融入人工阅读摘录的传统测量工具,以发现难以数据结构化的原因,同时有助于克服前述的大数据分析脱离个案细节之不足;三是在学术研究内部形成一个容错率的下限阈值,容忍一些数据的缺失。[1]

(二)提升实证的描述分析能力

社会科学所立足的实证研究的成熟范式,仍是一种提出假设、并用定量的统计方法加以验证的过程,这一套研究方法的基本流程并没有在引入大数据技术后发生实质性改变。数据分析的描述性和相关性二分法下,大数据分析的技术主要加强了描述性的部分,相关性分析仍主要沿用实证研究过去的统计学模型。用好大数据的分析技术,应注意区分商业利用和学术研究的不同侧重点,在商业领域的分析技术不一定都能直接迁移至法学研究中。

---

〔1〕 根据笔者数据清洗的经验,修正的初始效果很明显,但随着修正次数的递增,数据准确度仍会提升效果变弱。因此,数据清洗不可能永无止境,需要适可而止。在清洗、修正到何种程度时,应停止清洗并容忍一定的信息失真,当前还没有形成公认的行业标准,达成这样一个行业共识是必要的。

首先,大数据的分析技术主要提高了对研究对象的整体描述能力。实证研究中的描述性分析针对研究对象的因变量展开平均值、方差的分析。除上述方法外,大数据的分析技术提供了其他备选的方法,通过词频的计算提炼文本的关键词、通过情感分析的技术反映某些观点的感情色彩、通过文本摘要的技术浓缩海量文本的内容,上述的分析结果最终可以词云、动态网页可视化等方法予以生动呈现。这些技术和实证分析中的描述性分析原理十分接近,一定程度上丰富了实证研究单变量分析的工具箱。

其次,现有以统计学为基础的相关性分析中的备选模型仍占优势,应该沿用。统计学中基本的线性回归、对数回归等模型仍是当前最为成熟、适合社会科学研究使用的方法。这不是法学的独特阶段造就的,有研究对美国政治学、社会学最权威的 6 本期刊在 2001—2010 年实证研究的方法统计后发现,二元线性回归(OLS)和 Logistic 回归的方法之和,仍然占比最高,达到六成。而作为大数据分析技术的主要代名词——机器学习则是在吸纳统计学基础上的算法演进,在其向神经网络、深度学习等高级算法的发展中,损失了算法的可解释性。可解释性的本质是对所输入变量(自变量)的参数计算、影响路径做到公开、透明,这方面大数据分析技术中的很多算法,其实不如传统实证研究所使用的统计模型。

最后,要清楚地认识到某些大数据分析技术之所以无法介入实证研究中,原因在于大数据技术的发展原动力是来自商业市场的需求,初衷并不是开展学术研究。这是笔者本章开端即指出的要区别技术在工程领域和在学术领域的使用类型上差别。商业市场要求大数据分析技术有较高的模型预测能力,而相对不重视输入变量与输出结果间产生联系的方式、路径。这使技术开发的着力点在于如何能准确预测未来,比如市场中多款量刑辅助的产品,提供给办案人的是一个案件未来可能判处的刑期结果,而学术研究却更关心社会行为背后的成因机制,主要希望揭示事件要素间的相关性。两者虽有共性——预测未来的基础是有一个良好的基于历史案件的模型,但意欲精准把握的内容及关注点却仍有极大的不同。知晓此种差异后,法学研究者才能对当前眼花缭乱的大数据分析技术有所甄别,不具有可解释性的机器学习算法就不应被实证研究所优先采用。

(三)加强某些议题的论证力度

数据源和样本量的扩大、分析能力的增强,使某些研究议题有机会变换新的角度、充实论证的论据、并得出更有说服力的结论。大数据技术作为一种方法论并不直接产生新议题,但是增强旧有研究议题的论证能力,就原先难以量化的重要议题提供重启的希望。在诸多的研究领域中,本部分选取"法治中国"这一研究对象,尝试构筑一个引入大数据技术后的学术发展空间。

"法治中国"在近年来备受热议,是一个我国法学学术研究中的重要议题。其内涵比"法治国家"更加丰富、更加深刻、更具中国特色,关于法治中国的主体、信念、精神、思维、方式、客体、竞争力等,都是确立法治中国科学含义重要的子课题。[1] "法治中国"也是个有待进一步发展的议题,自党的十八届四中全会提出该口号后,关于中国法治的核心价值和精神元素是什么,中国的法治的目标模式应该是什么等问题虽已有回答,但要继续丰富其内涵,领军法学家带头下亟须青年学者的跟进。"法治中国"是一个关于我国法治实践的议题,应当先从国家、社会的各个具体侧面作出经验层面的归纳,进而从中摸索并逐步形成中国特色的法治模式。

大数据技术,可以在中国法治实践的归纳中发挥很大作用。具体可联系几个看似不相关实则有加强论证空间的具体话题:一是近年来强调"中国问题"的学术自觉。2011 年举办的"中国法学研究之转型"

---

〔1〕 有一种理解认为,法治中国是指法治主体在法治信念与法治精神的导引下,以法治思维和法治方式制约法治的客体,实现全体人民平等参与、平等发展的权利,通过提升中国在全球的法治竞争力实现国家发展的根本价值。

研讨会中诸多学者曾呼吁法学研究范式的转变，认为对中国特有的问题关注不够，缺乏中国问题意识。具体而言，中国问题是在中国的政治建构、区域发展的极不平衡、社会在转型期的急剧变化、社会治理资源的多元化等背景下形成的。笔者认为，地域间的比较、时间跨度中的变化等，都可以通过大数据地图形式呈现，通过热词反映。法治中国离不开和市场经济、城市化发展等法学外的重大事件关联起来，在更大范围的数据关联中发现中国法治实践的更多规律。二是和大数据技术直接关联的“法治评估”，这一概念比前文的立法评估所指更广，是关于立法、执法、司法等各领域的评估，最大特色在于以指标技术和限定统计方法为分析工具。笔者认为法治评估的相关努力，主要不在于实现地区间法治状况的可比性（这的确是提出法治评估的目标之一），而旨在强调各国治理结构的差别，总结不同国家有不同的解决问题的法治方案。法治中国的研究要有说服力，既要讲道理、更要摆事实，而数据是摆事实有力的武器。

大数据技术要在“法治中国”研究中具体落地，还要有一些抓手。本书提出一些可供进一步思考的拓展路径：（1）归纳司法治理的模式是通过典型案例的提炼实现，大数据技术可以扩大典型案例的范围，并在同时期的相近案例中验证模式的真伪，以提高模式归纳的真实性。（2）再比如关于中央政法委员会的具体职能定位离不开对1978年中央政法小组的回顾，对信访这一极具中国特色治理形式的归纳也采用了历史梳理的方法，这些研究都离不开大量的史料佐证。《人民日报》等权威报纸、历年的法律年鉴、马克思主义的一些经典文献等相继电子化，引进大数据技术后获得电子版文本不再是难事，通过大数据技术分析这些语料也不是不可能。应当说，我们现在并不缺乏文本资料，困难的是从文本到数字的转换，尤其是由人工阅读统计到机器自动读取的资料归纳习惯方式的转变。（3）国家领导人关于某个具体领域的论述也是总结法治中国必不可少的环节，比如关于习近平互联网法治思想的研究中引用到大量的领导人讲话。此类公文大多格式规范,恰是现有的大数据技术已经可以解决的文本,当前技术最擅长处理格式规范、用词严谨的文本。对需要阅读大量文献的研究而言,自然语言处理技术至少可以帮助研究者把关键信息提取出来并汇集在一个表格式文档里,排除大量无关信息意味着缩小了研究者需要阅读的文字量。

五、大数据技术于规范研究而言是一次助力

实证研究和传统的规范研究成果间如何衔接对话,是对研究者和期刊编辑共同的困扰。有编辑抱怨,很多看着眼花缭乱的定量研究,最终得出的结论却并不那么新奇,言外之意是不需费尽周折,读者也早就知道这样的结论。还有学者坦言,实证研究和传统的规范研究间缺少对话,存在“平行线”难题,法学实证研究存在“叫好不叫座”的现象,即便高质量的实证研究,引用率也不高。随着法学大数据时代的到来,上述问题能否有所改善?笔者认为,与其勉为其难与规范研究直接对话,[1]不如以“提供给规范研究一定启示”的姿态,定位大数据技术的贡献。笔者以为,此种贡献主要在于便利研究者更自主、低成本地了解司法实践的运行状况,是一种助力的功能。

(一)拓宽了解释论的问题边界

法律规范之所以需要解释,原因是“制定法的真实含义不只是隐藏在法条文字中,而且隐藏在具体的生活事实中”,生活事实的不断变化使得法条总有解释的必要。换言之,这是一种来自司法实践适用法条困难所延伸的需求。但是,法教义学的规范研究,传统重镇在高校,科研人员的作业模式与司法实践间隔一般较遥远,真正熟悉办案一线的人并不多。这使他们在发现哪个法条、哪个关键词上存在司法适用

---

〔1〕 另一个问题是,法学实证研究未与社会科学定量研究的标准范式接轨,本书认为不是大数据技术能够改观的。这取决于法学实证研究向往何处去,是更加的社会科学化,还是只是作为法教义学为代表的规范研究之有益补充。

困难的问题上，颇费周折。即使是司法一线的办案人员，对这个问题的表现也好不到哪里，因为他们的经验也只不过来自直接或间接经手过的案件，更多的只是一种的主观的、个案的感受，显得十分微观。

大数据时代的到来，有望改变上述局限。开展规范研究的人可对跨地区的法律文本资料，通过文本向数据的转换提取文本背后的有用信息，进而获得实践中的裁判规律，使自己站在更为宏观的层面把握司法实践的动态、法律适用中突出的问题和亟待教义学研究的关键条文。法律文献关注更多的是法律文本、概念错综复杂的一面。波斯纳对此说得好，"这些文献关心的不是司法遇到的技术和其他的外部复杂性"，笔者理解波斯纳指的主要是案件事实层面的复杂性被忽视了，因为他也说"法律决定和教义全都由事实驱动，而不是由理论驱动"。

首先，法律大数据所挖掘的信息为规范研究提供的问题意识，为解释设定了起点。规范之所以需要解释，是因为有疑义，此种疑义并非凭空而来，而是在法律的具体适用中凸显。过去，此种凸显主要依靠典型案例的被发现而引起学术界的重视。如今，大数据分析技术的崛起，则缩短了该种疑义被发现的进程，并克服了主观选择案例的片面性。因为研究者可不再依赖于司法机关所筛选的指导案例，而是自己通过公开的裁判文书作大样本的全国性分析，从而挖掘出研究者个人所关心的司法实际情况。在评价中国的法教义学缺陷时，有人指责看不到中国"法学与司法之间的深入对话"，进而要求中国学者虚心、耐心和诚心向中国法官学习。面对面交流当然是学习的方式之一，但成本太高了。更有效的方式是跨越个案的、一定样本量地分析法官所写的裁判文书——毕竟这是法官们最终的"杰作"。

其次，大数据方法赋能下的实证研究，为研究者提供规范用语"新含义"的社会语境和生活素材。解释的最终目标是达致"裁定之案件获得公平的处理"，这种公平处理一般要具体化为探寻某一规则具体的立法目的。目的解释在某些学者眼里就是"探求法律在今日法秩序的标准意义"，今日法秩序的理想图景从何获知？学术研究者、法律适用者都面临寻找难题。过往的学理解释,一般侧重于从一些部门法的基本价值出发,比如刑法的解释总是要考虑罪刑法定、罪刑均衡、法益保护、保障人权等,又如诉讼法中强调程序参与、诉讼效率、纠纷解决等。在学理解释者看来,这些大概就是衡量解释是否妥帖的基本标准。而在具体法律适用者那里,比如面临个案裁判需要的法官,又可能还有其他考虑。以上两种标准虽难免存在出入,但往往内化进对法条"关键词"的解释中。大数据的实证分析技术,恰好为解释这些"关键词"提供了参考,即可呈现某个条款、某类案件在过去的裁判中对该"关键词"使用的平均水平。过往的实证研究不是没有过此类尝试,只是大数据时代的样本量更大、分析方法更多,得出的结论因此也更具说服力。此种用词平均水平的揭示,即大数据技术提供给法教义学研究的一项主要的贡献。

当然,法教义学同样也给了定量的大数据研究以课题,规范研究者可以将其感兴趣的问题传递给法律大数据的分析者。这样,这些学科的研究对象和知识兴趣就受到教义学的影响了,或者也会引起交叉学科的研究课题的产生。

(二)作为立法效果的评估工具

2011 年"中国特色社会主义法律体系已经形成",学界曾有过一种声音,认为我们将从立法中心主义转向司法中心主义。而另一种更谨慎的观点则认为对于中国特色社会主义法律体系的宏大工程,2010 年是一个终点,但更是一个起点。在此之后的七八年里,现实似乎更加验证的是后一种观点,即立法并没有消退,因为国家经济发展、社会转型向法律制度提出了新的要求。伴随而来的,立法中心主义研究也并未消散。既然立法论的研究未真正消解,我们就应当更重视此类研究推动的立法的质量问题。因为,法律体系形成及规模的持续扩大并不表明法律体系已经完备或能够自动产生实效,更不意味着立法必然合乎社会需要、让人民有更多的获得感。值得注意的是,就立法进行事前和事后的评估，不只是立法机关的任务，也是一次反思立法论规范研究的契机。

这里主要探讨立法评估的方法，重点考察大数据技术是否有助于提升立法评估的广度和精度。当前的评估方式包括征集公众意见、问卷调查、实地走访等，比如在一份地方法规的评估中，研究者主要在政府机构的主导下，通过第三方评估机构，推动各部门和区县以自查、设计和布置调查问卷、文献梳理、重点走访和调研等方式完成评估。评估的方法“主要运用的是定性分析方法，很少运用定量分析方法及影响分析方法”。这从评估的精确性来讲是不够的，毕竟现代国家的管理是“数目字”管理，现代政府的协调性行政控制与“官方数据”的例行的监测密不可分。大数据技术在立法评估中有两方面贡献。

首先，大数据技术助力更好地收集来自社会各界的反应。笔者访问了全国人大及各省人大的网站，发现都还停留在前大数据时代的意见收集方式。大数据时代，对信息标签化处理很关键，大数据产业界称之为“打标签”[1]。若在信息收集环节按照大数据分析的需要进行改造，增加备选的、对立法评估有价值的“标签”由用户勾选，将提高所收集信息的处理效果。互联网的发展，为利益相关者尤其是公众参与立法评估提供了手段，大数据技术则为全样本处理提供了可行性。

其次，在文本材料的清洗和分类中，大数据技术将提供更多工具。在各地的立法评估实践中，从来不缺少文字材料，根据某省的立法部门的反映，他们缺乏的是针对各方面立法意见的信息抽取、信息分类的能力。立法机关当前仍然停留于传统的“人工看、人工做统计”的方式获悉各方面的反馈。大数据技术中的词频统计、主题分析、情感分析等相关技术，可以对庞杂的立法建议作清洗、聚类，而这些立法意见文本的处理能力是可积累和复用的，比如征集的立法反馈中什么主题

〔1〕 这在大数据技术得到深度应用的其他领域并不新鲜，比如在网约车软件中乘客对司机的评价，银行信用卡反馈中消费者对商户类型、体验的评价等，都提供了一些备选高频的、具有分析价值的标签。

由哪些词语表征、意见的类型有哪些,这些方面筛选提炼经验的积累将使今后的立法意见筛选更为高效。

就立法评估的时间节点而言,大数据技术应用更有效的是立法后的评估。立法评估的前后区别在于,立法前主要评估必要性、合法性、协调性和可操作性,而立法后评估则重在法律法规对经济、社会和环境的实际影响。影响评估和成本收益分析是两种不同的模式。成本收益法是立法评估中常用的,这主要是一种法经济学方法的路径,该种方法在立法前评估中常用是由于立法前一切影响都是估计的,并无立法的实际影响可测。大数据分析的源头之一是统计学的方法,统计总得有数据的来源,较之事前的估计,立法事后影响的信息显然更多,“统计”的需求也就更大。因此大数据技术、法经济学的方法应在立法的前后评估中有所区分。

上述主要是立法部门搭载大数据技术展开立法评估,结论为立法论研究评判优劣所用。大数据技术还要武装学者的立法论研究,为相关研究提供检验成效、提示风险的机会。在一些西方学者眼里,实证性研究的前提乃认同法律是一种工具,并且由此它可以一种实证性的方法来加以检验。又由于法律规范对于社会秩序稳定的极端重要性,社会变革一般不允许和其他科学领域那样“视为一种迭代过程”,因此在任何一个国家的公共事务领域中,失败都是一个“典型的只能在私下里低声讨论的事情”。但是,对制度变革的方案成败回顾绝对是有意义的,哪怕实证成果不完全公开、仅供特定人参阅的情况下。在此种立法效果的事后学术检讨中,以大数据技术为代表的实证研究将派上用场,比如陈卫东等人的课题组将某些改革举措在限定的局部区域作的自然实验,其中也用到了统计的数据,假设研究中能够增加数据的类型和样本数,论证效果上也许会更好。这种对法律制度的立法效果进行大数据评估的方法已经得到学术界一定的认可,比如在对精神损害赔偿的发生机制研究中就已经意识到了基于数据的实证研究“可以大幅度提高立法预测个体行动的精确性”,如果进一步扩大数据的范围、实现大数据分析的实时性和自动化,将为制度的效果评估扩大影响的范围。

六、结语

揭开大数据技术的面纱,我们看到:如果作为法学研究的一种方法,大数据技术无外乎只是加强了我们从文本中提取数据、分析数据的能力,使得在更大的语料范围上认识法治实践规律成为可能。笔者主张,“数字技术+法学”应区分不同的细分场景作讨论,不同的法律场景具有不同特点,首先应区别工程和学术,以智慧司法为代表的大数据运用具有“效率优先”的明显导向,在工程自动化、财力投入、技术知识储备等各方面都具有和学术活动明显不一样的特点,学术研究中引入大数据技术要强调响应时间充裕、过程的可解释性要求较高等特点;其次应区别学科和学术,法律和新兴技术是否将产生新的学科确实要论证,其中包含法学教育、学术活动、法律实践等多个维度,作为法学研究方法的大数据技术只是其中探讨的内容之一,有学者认为“计算法学的研究方法中最主要、最具特点的方法还是本书所指的运用计算机科学智能化处理大量法律数据以解决法律问题的方法”,笔者的讨论虽与此属于同一范畴,但更相信这套方法能适用于整个法学学科;最后是学术中的各类方法间的细分,学术界一般把法学研究的方法大致区分为规范研究和实证研究,而大数据方法和法学研究的结合点应当设置在实证研究的范畴,有学者认为“计算法学可归属为实证法学的基本范畴,兼收并蓄地统合吸纳了定性研究和定量研究各自的优长”,对此本书更加狭义地主张把大数据技术定位于对定量研究产生的些许变革,当然这并不妨碍与定性研究长此以往的彼此互鉴。

同时,在我国实证研究与法教义学的规范研究也许将长期并存、共同发展。若对此有异议,不妨回顾一下美国法学研究在 20 世纪 60 年代的所谓“跨学科”研究方法的转向及其 90 年代对此的反思,我国在 2005 年前后也发起了一次“法学向何处去”的讨论,发现规范研究和各种跨学科研究方法间的难舍难分、始终共生。就当前发展来看,大数据技术还难以引领法学研究范式的革命,定位于是对法学实证研究的一次最新武装更加合适。大数据的新技术,可以做促进两大研究方法间彼此互补的数字时代有力的工具。

第二节 一个实战案例:法学研究的研究

一、法学研究的读者受众意识

法学作为一门学科,被很多人认为是由于法律职业共同体的知识需要而兴起的。[1] 正因如此,有别于其他人文社会科学,法学研究始终要处理好研究目的、与法律实践是何种关系等问题。比如,有法官指责学术文章文风晦涩、大词太多,学者中也不乏对当下中国法律学术与法治实践问题相脱节的反思。[2] 当然,类似的批评在其他国家同样存在。比如德国法学曾自称为“学术的”(learned)法学,但近年来面临着学术影响力减弱的风险;美国一向标榜自己是实践导向的“非理论化的”(untheorized)法学,但20世纪90年代亦被诟病其学术机构的研究对法律实践者价值有限。这些变化的背后,其实都指向一个问题,即法学研究为谁服务?

不难发现,在两大法系,法学研究的受众、议题和方法的选择都影响到学术和实践的关系。波斯纳认为,1960年是美国法学学术史上的一个“分水岭”,之前“教义式”方法占主流,之后“跨学科式”方法兴

---

〔1〕 在法律教育的历史上,学徒制曾长期占据主流地位。18世纪后期,北美独立革命之后,以大学为基础的法律教育最早出现在威廉玛丽学院。1779年,时任弗吉尼亚邦长杰斐逊任命乔治·威斯(George Wythe)为“法律和政治学教授”。在杰斐逊看来,新成立的国家需要法律人担任领导人,而他们需要法律及政治理论、历史和道德哲学方面的教育。其后,其他大学陆续设置了法律教席。法律教育的学术模式迅速兴起。

〔2〕 最近一次规格较高的集中讨论,是《法学研究》杂志社与中南财经政法大学于2011年8月13—14日在武汉联合举办的“中国法学研究之转型——法律学术与法治实践”研讨会。研讨结果刊载于《法学研究》2011年第5、6期。

起。研究方法的转型,直接导致了 1992 年法学研究和司法实践关系的大讨论。爱德华法官(H. T. Edwards)率先发难“法律 +”运动的参与者,批评他们不重视甚至歧视教义式的研究,导致学术研究对司法实践的价值有限。美国法学当时的客观现实的确是,“教义式”的研究成果主要出自二三流法学院之手。不过,这种论调随后遭到一波学者的驳斥。比如有回应认为,虽然研究方法的转向是事实,但不代表“跨学科”的研究成果对司法实践没有帮助,法官面临的疑难案件根本不可能在法教义学内找到合适的解决方案。美国法学研究由传统方法向跨学科方法的转向,实质是从职业教育向构筑独立的社会科学“漂移”。这场由美国法学界所发起的方法论上的变革,最终引发了法学研究和法律实践关系的深刻调整。

相比之下,德国法学研究的宗旨似乎从来无可争辩,跨学科的方法没有撼动过法教义学的地位。在德国,体现更多的是理论和实践间力量对比的起伏,他们关心的主要是理论影响司法的方式。传统上,由于德国的法官没有立法权限、不以个人而是以法院作出裁判、归属于一个非精英的职业群体、年轻时即被任命为法官且其社会地位的提升空间有限甚至收入也不高,法学家处于比较优势的支配地位。不过,上述状况现在已经发生改变。一方面法官的地位和收入都获得了提升,另一方面也和法学研究自身的能力建设不足有关。尽管立法需要不断细化和更新,但深具“复杂性”(complexity)的前沿领域难有才学匹配的法学专家参与草案的拟定。当然,上述变化只是说明学者和实践者之间的力量对比不再那么悬殊,德国的法学研究仍然保持着对实践不小的影响力。

回到中国的语境,一个普遍存在的困惑亟待回应——法学研究是否脱节于实践?这归根结底是对法学研究的宗旨——为谁服务存有疑问。本书希望基于对法学期刊大数据的分析,回答我国的法学研究群体——作为生产者——究竟产出了哪些类型的知识产品,这些知识产品是为谁服务的;是什么原因造成了此种服务宗旨,其中又有什么样的突出问题。在此基础上,再进一步探讨理想状态下的学术和实践关系的“应然状况”。为此,我们收集了近20年的法学核心期刊论文之数据,借助机器学习方法进行细致分类,试图探求人类肉眼和人类推理不能完全企及的海量数据背后存在的相关性(correlation or causality)以及造成这些相关性的社会机制。

二、基于期刊大数据的目标分类

按照学术研究的一般规律,研究成果通常会优先以论文形式发表,论文还可以作为课题结项的方式、职称晋升的条件以及获得学术奖项的依据,因此期刊论文是最具有代表性,也是学界最为看重的研究成果。采用期刊论文作为分析语料〔1〕,也是考察法学研究之目标的行之有效的方法。本书即以学界已经有一定共识的15种法学核心期刊的论文为语料展开分析。〔2〕 2000年至2018年,上述期刊共计刊发约2.7万篇文章,剔除其中的非学术论文后,剩余约2.5万篇。分析数量如此庞大的论文成果,需要找到一个合理的切入点。我们认为,以这2.5万篇论文的摘要作为分析语料是一种基本可以接受的技术处理,因为摘要是一篇论文的核心观点和研究结论的凝练与表达。

在提炼、抽象学术研究者与受众之间的关系时,我们借用了“生产”这一经济学概念。“生产”包含生产者和消费者、供给和需求等关

---

〔1〕 在机器学习和自然语言处理中,把那些用于训练、测试模型的文本、图像等视为语料,而本书把期刊论文当作数据分析的对象。

〔2〕 我们选取的15种法学核心期刊来自法学界俗称的“16种”,但剔除了《中国社会科学》,因为该刊物综合性较强且法学文章数量较少(关于《中国社会科学》及其刊发的法学论文的述评,有兴趣的读者可参见赵磊:《当代中国法学学术生态分布——基于〈中国社会科学〉(1980—2015)法学论文的考察》,载《清华法学》2017年第1期)。这15种期刊在法学研究共同体中被称为“中国法学核心科研评价来源期刊”(CLSCI)。后来增列的几种法学核心期刊,本书暂未纳入研究范围。该15种期刊包括了《中国法学》《法学研究》《中外法学》《法学家》《法商研究》《法学》《法律科学》《法学评论》《政法论坛》《法制与社会发展》《现代法学》《比较法研究》《环球法律评论》《清华法学》《政治与法律》。

系。根据经济学家科斯的论断,微观经济学的核心是价格理论,即价格和产出的关系研究。这一命题同样适用于法学研究。生产一侧如果有问题,要么是说服失败(fail of persuasion),要么是生产失败(failure of production)。这种把思想视为一种市场,“要使真理在思想的市场竞争中脱颖而出”的隐喻在霍姆斯大法官所作的判决中多次出现。普里斯特(George L. Priest)也把“市场”的思维带入学术研究中,他认为法学研究的选题、结论无不受制于市场调节,而市场存在激励机制,作者也需要考虑经济回报和读者的需要。在中国学者中,有类似思想的是苏力,他认为法学研究已经成为一个“产业”,生产着各类知识产品。苏力强调,写作者必须有读者/受众感,知道自己是在同谁说话。以上思路给本书研究提供了指引,即可以把期刊论文的海量文本语料,转化为具有可操作性的文本分类任务。当学者指出某一案件被错误地判决,或者有更好的理由,或整个案件系基于一项有缺陷的政策作出时,该学者实际上是在给法官提供一种更优的决策方法;当学者主张通过或修改一项法令时,他是在向立法者提出建议。无疑,不同的研究成果,在动笔之前,作者已经提前预设了不同的读者群体。

(一)分类的标准设定

获得语料后,我们先试读了约200份语料,得到一些初步的认识。首先,论文的选题抽象性不一,有直接针对某个具体案例的,也有依法治国等宏大叙事的;其次,并非所有文章都直接针对我国法律实践的具体问题,比如一些学科体系建设、国外法学理论引介的文章;最后,即使是从某个法律实践问题着手的文章,还可以具体区分是针对立法、行政还是司法的问题,即所拟针对的潜在读者受众并不是唯一的,比如某些论文的重心是在制度的修改上,这和主要办理个案的法官、检察官的工作就距离较远。基于试读的感受,我们把目标分类的问题转化为一个实证可测量的任务:法学研究成果所面向的实践受众不是单一型的,接下来的实证分析就是对不同受众的比例进行测量。我们以作者视角、文章议题为主要分类依据,用机器学习的方法模拟还原作者写作时所设定的对象目标,最终将语料分为 4 类,分别是面向立法者、执法者(包括行政和司法)、执政者和学者。具体的分类标准如下:

一是面向立法者。在关于法学是一门什么样的学科的讨论中,鲁宾(Edward L. Rubin)认为关键是其不共享科学的"描述性"属性,对其更准确的定位是提供处方(prescription)或者说叫建言(recommendation)。爱德华法官亦认为,为立法者提供法律改革的建议属于"面向实践"的研究。在我们看来,立法论和下述面向执法者的成果虽然同属规范研究,但两者还是有区别的。立法论并非个案式的建议,而是针对一般制度的完善方案,不是对法律适用者而是针对规则制定者的。因此,面向立法者的立法研究应当单独作为一类。其文本语料表现为:某一制度存在不足应当完善、在认为有立法必要的领域进行新的制度建构、某一制度已经不合时宜应当废止、提出某一立法的基本理念等。凡是旨在推动制度废除、构建、完善的语料,都归入此类。

二是面向执法者。这里所定义的执法者,是指面向具体个案、有办案任务的法律实践者。不同的执法角色,职业定位和技能要求略有不同。为简化起见,我们主要考虑了法官这一角色的知识需求。法官自身对审判的知识需要有过不少理论提炼,其中较具代表性的是邹碧华的"审判九步法",他认为法律适用必须依赖于法律推理,演绎推理仍然是成文法国家基本的推理形式,他提出的九步法是对此的具体拆解。[1] 许可等人在邹碧华的基础上做了进一步阐发,试图打通实体法和程序法在诉讼实践中的联系。法学研究所产出的智识若要有效服务于司法实践,应当与此契合。文本语料的表述有:某个具体条文的解释,某个行为如何定性,如何运用证据证明事实,对某个/类典型

---

[1] 如作者所言,其归纳的要件审判九步法中,前四个步骤主要解决确立逻辑推理的大前提问题,第五步到第八步主要解决确立逻辑推理的小前提问题,第九步主要解决逻辑推理的结论问题。

案件的评述等。凡是对个案事实的认定、法律的适用有所帮助的语料,都归入此类。

三是面向执政者。对法学研究的角色定位可大可小,当法学研究只是为市场交易、法律工作者提供背景性结构知识时角色定位就偏小;当作为一种社会进程的重要手段时,职责就异常大。法学研究中的一部分成果,受众是执政者(主要指各级党政机关),目标是替经济社会的发展谋划方案、为治国理政建言献策。此种法学研究显然已经超越了典型的规范研究,应当单独作为一类。其文本语料表现为:归纳中国特色社会主义的法治模式、司法制度的顶层设计、回应社会热点的法治方案、央地关系等。

四是面向学者。本研究的分类标准中,把无法归入前三类的文本语料都置于此类。美国在20世纪70年代的方法论转向,直接结果是读者群体的转变,即顶尖法学院不再满足于传授职业技能,当他们把学术的标准设定为"只要学术共同体认为成果有价值就有价值"时,研究就首先以学者为读者群体。但本书的研究并不是纯粹以此种理解设计目标类型,归入此类的主要是一些比较抽象的学理讨论、单纯的比较法引介、二级学科的发展规划等指导法律实践针对性不强的文本。

诚然,区分文献的不同类型不乏先例,[1]但我们在实际分类过程中仍费尽周折。这隐约说明,法学论文的上述四种目标并不泾渭分明、非杨即墨,典型比如对法条先作解释,后提制度完善建议的语料,以及先作比较法的引介,后以完善我国制度结尾的语料,都横跨了多个目标。为克服分类困难和突出研究侧重点,我们在前述的分类标准外,新增了一条归类冲突时的优先取舍规则:执法者优于立法者,立法

---

〔1〕 比如,波斯纳为了说明学术文献对法官的影响力今非昔比,将美国的法学文献分为五种不同的类型。

者优于执政者,无法归入前三类的则归入第四类。[1]

(二)机器学习的步骤

按照上述设定的分类标准,人工统计约2.5万篇论文的类型并不是不可行,但耗费成本将过高。因此,我们尝试采用机器学习的方法进行分类,步骤如下:

第一步:数据抽样。我们先从语料中随机抽取了2000份样本,经过数据清洗(剔除书评、通知等非论文的语料)后剩余1954份。经数据人工校验,发现聚类等无监督式机器学习(没有采用人工标注的方式)的分类效果不太理想。因此,我们改用有监督式的机器学习,即通过在抽取的样本中进行人工标注并训练出分类器,用于推测剩余部分。

第二步:人工标注。我们对上述抽取的1954份样本作了人工分类并标注。初期先对三名数据标注员进行分类标准的统一培训,中期在标注期间召集了三次会议,不断修正标注员分类的尺度。最后在单独打分结束后对分类不一致的语料进行集中讨论,无法达成一致意见的以投票决定类别。三次会议协调后,全部1954份样本的人工分类一致率达90%以上。

第三步:模型训练。我们把经过了人工标注的文本,进行分词、词语空间向量化表示等自然语言技术的处理,[2]再经多种模型拟合,通过设置停用词、添加自定义词典等办法不断训练、优化模型、测试集测

---

[1] 这是一个基于"法学研究为谁服务"的直观感受、归类模棱两可问题的权宜之计,该规则有可能使执法者类结果略微偏高,而执政者类结果略微偏低。尽管如此,从最终分类结果来看,这种不得已的取舍规则事实上更能加强、印证而不是减弱本书的基本结论,那就是论文的服务目标多样化,这与人们的直观感受是有所差别的(人们往往低估对后两类受众类型的选择)。

[2] 这部分的处理,目的是把文字转为计算机能够识别的格式,主要的思路是把一段话的文字先拆解出词语,再用词向量表示词语,最后用词向量构建一个机器学习的分类模型。上述操作的最终目标是使机器习得人为设定的分类标准。

试,直到准确率达80%以上才停止训练。

第四步:机器输出。我们利用上述机器已经习得并经过优化后的模型,对剩余的没有标注的约2.3万份样本进行预测,输出机器预测的分类结果。有必要指出,这里是本书在方法上显著区别于传统实证研究的地方。本书研究的语料公开性、获取便利性都较理想,加之人工智能、自然语言处理等技术发展都有显著提升,使得最终实现了以"全体"为研究语料、"人工+机器"的分类方法,在全体语料的层次上获得法学研究的目标类型分布,这在国内目前尚无太多先例。

(三)机器学习的结果

通过机器学习的分类,我们获得了目标类型分布表(见表8-1)。从其分类结果看,三种不同的机器学习模型,训练后的预测结果基本接近。由此也可以得出我国法学研究在目标分布上的基本结论,即论文的服务目标多样化,执法者和立法者为主要研究受众,同时执政者也占据一定比例,更有较大比例的成果难以划入前面三类之中。

表8-1　机器学习的目标分类结果

分类方法	数据范围	执法者/%	立法者/%	执政者/%	不能归入前三者/%
人工标注	1954份样本	27.18	26.77	19.40	26.66
Logistics模型	23851份样本	28.97	30.96	11.92	28.15
SVC模型	23851份样本	27.66	28.33	16.44	27.57
Decisiontree模型	23851份样本	26.43	28.76	16.85	27.96
三个模型预测一致的部分①	10372份样本	32.26	30.31	10.17	27.26

注:①此处报告的是交叉检验的结果,即取前述三种模型预测一致的部分。三种算法预测重合的部分结果具有更高的可靠性。后文的具体类型化研究,在未作特别说明的情况下,针对的都是10372份预测一致部分的样本。

接下来，我们对具有明确实践受众的三类语料再作分词、高频词提取、用词云的形式呈现类别间的主题差异（见图8－1）。[1] 通过云图的高频词可以大致推断针对每一类实践受众，论文在研究议题、方法上的差别，比如针对司法者的高频词是“解释”“第×条”“行为”“要件”“责任”等；而针对立法者则不一样，高频词变为“立法”“完善”“制度”“修改”等；而针对政策制定者，高频词又发生变化，变为“法治”“民主”“改革”“依法治国”等。高频词的变化，反映出法学研究生产针对每一类受众的知识差异。以下我们将针对每一类型的受众，更加具体地剖析相关知识产品的内在结构。

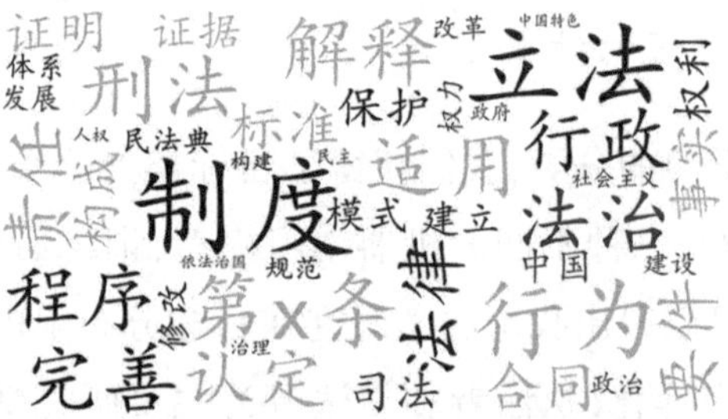

图8－1　三类目标的主题高频词云图

三、多重目标的高频词语料分析

由于近年来面向实践受众的论文占比越来越高，比如2015—2018年，实践型论文与理论型论文的比值均稳定在83∶17，因此本书对多重目标受众的分析将聚焦于立法者、执法者和执政者三个群体，对面向学者群体的论文不再单独进行分析。

---

〔1〕 这种方法是对文本语料作关键词的权重分析。首先获得词语的tf－idf比值，依据该比值进行排序。该比值不只考虑了频次，同时还考虑了词语在整个语料中的稀缺性，因此更为客观。

(一)立法者

对于以立法者为受众的语料,我们从“立法中心主义”出发进行分析。“立法中心主义”是一个极具中国特色的概念,指的是站在立法者的立场上看法律。向立法者建言实际上就是研究者将自己摆在立法者的位置,考虑法律制度如何设计。具有标志性的节点应为2011年前后,2011年3月时任全国人大常委会委员长宣布“中国特色社会主义法律体系已经形成”。据此,有学者把法学研究区分为“体系前研究”和“体系后研究”,认为我国法治建设的重心将从立法者受众转向司法者受众。当然,也有学者此前就提出不同意见,认为我国的法律体系建设不可能毕其功于一役,不可能一旦“形成”就不再发展,法律体系需随着转型社会的法治要求作出相应的调整和完善。

我们在评估“立法建议型”的研究成果时,也考虑了以时间轴为线索(见图8-2)。若根据上述预见,法学研究的论文产出结构应当在2011年前后有明显变化,即立法论研究应当呈逐年下降的趋势。然而从成果统计看,不论哪一个层次的样本都没有呈现这一现象。以机器学习所分得的立法论语料为样本、并以2011年为界,2000—2010年立法论文章平均占比为29.7%,2012—2018年平均占比为27.6%,未见明显波动;再以“立法”为关键词检索2.5万份全样本,2011年前后比例分别为22.8%和26.4%,同样未见明显降低。统计形式中的每一种都得不出2011年之后立法论逐步消解的结论,这说明在形成中国特色社会主义法律体系后,立法论仍大有市场。

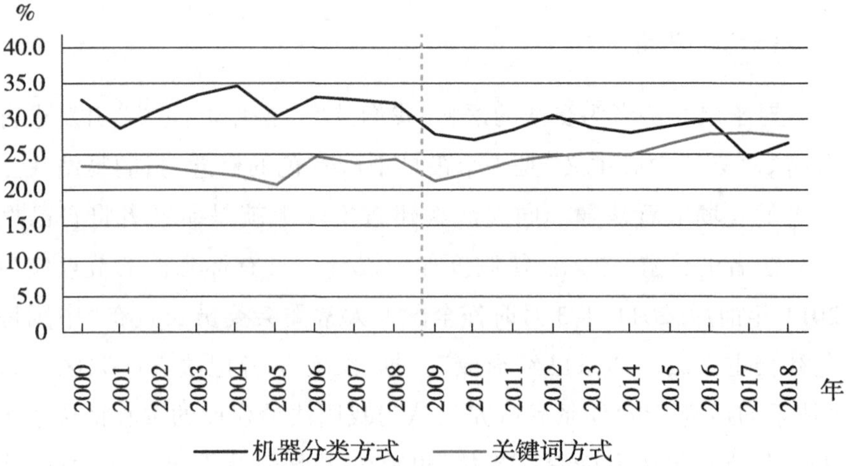

图 8-2　立法类目标受众的历年占比变化

为什么立法中心主义并未消减，是一个颇有价值的追问。第一种解释前已述及，我国在 2011 年法律体系初步形成后立法活动仍十分活跃，只是从建构式立法转为完善型立法。第二种解释则是，不同时期随着经济社会的发展有不同的立法需求出现。[1] 我们把上述两种解释作为假设进行验证，发现数据层面主要支持后一种解释。

验证假设一：我们从立法论语料的高频词中，从动词维度分别挑选了两组关键词，[2] 根据其出现的年份分布情况，测量“完善型”和“建构型”立法论的时序分布规律。从图 8-3 的历年词频分布中可以看到，“完善型”立法论始终高位运行，并不存在 2011 年成为明显“分

---

[1] 比如，陈柏峰在论述当下法治社会建设的具体背景时，提及“虽然已经建成中国特色社会主义法律体系，但在社会治理领域，既有法律体系的覆盖率仍然较低”，并列举了伴随着社会、科技发展所出现的灰色地带和缺乏法律规制的新兴领域。此类观点着眼于社会生活中的新领域、新问题、新现象、新行为，并对照是否有与之对应的立法。如此来看，只要社会仍然处于急剧变化的时代，立法及其研究就仍有较大空间。

[2] 根据人工标签时积累的经验和高频词的排序，对于“完善型”立法论，我们选择了“完善”与“修改”这两个关键词；对于“建构型”立法，我们选择了“建立”与“建构”这两个关键词。两者的主要区别在于前者一般指的是已经有立法存在，但不尽完善需要进一步修改；后者则是法律从无到有，建立一个全新的制度。

水岭”的效果；而“建构型”立法论始终低于“完善型”立法论。之所以出现这种分布，可能是因为我们截取的仅是2000年以后的情况，而大多数基础性法律其实在2000年以前即已颁布，这些法律在近20年中基本经历了完善、修订的立法活动，而恰恰是这些法律组成了法学研究所重点聚焦的对象。因此，才会出现近20年间“建构型”立法论始终落后于“完善型”立法论的现象。

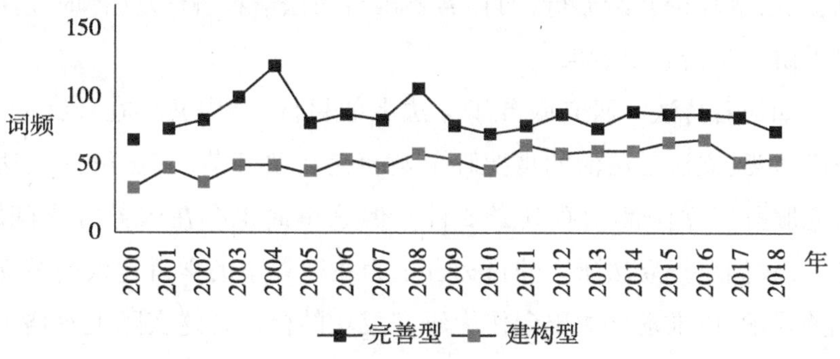

图8-3　完善型立法论和建构型立法论的趋势比较

验证假设二：我们从立法论语料中，选取了一些具有代表性的法律，以多重关键词组合条件形式检索，并取得了时序上的分布统计。涉及的各部具体法律在不同年份出现峰值。之所以出现不同年份的不同立法热点，需要考虑该部法律颁布或修改的年份，以及某一个部门法学科关注重心的转移轨迹等其他线索。结合上述两点，我们即可较好地验证某些直接的感性认识：比如《刑法》始终处于高频状态，伴随的是《刑法》近20年的十次修正；《公司法》在21世纪初期十分活跃，伴随的是2004年、2005年的两次修改；三大诉讼法在近十年处于活跃期，基本也和立法的修改时间接近；原《合同法》、原《物权法》、原《侵权责任法》的依次登台，与《民法典》的立法规划、各法的颁布时间、研究重心的数次转移紧密相关。以原《物权法》为例，在2007年之前立法论为主导，之后解释论处于主导地位，但在2016年立法论又一次抬头;[1]而《民法典》的有关研究,主要集中于2016—2018年(占相关论文总数的34%)。纳入我们统计的几部法律基本构成我国法律体系中的骨架部分,再追溯这些法律的第一次颁布时间,会发现很多是在2000年前,这再次说明为什么“完善型”立法论始终占据优势。总体而言,我国近20年的立法论研究是典型的立法计划导向型的,即人大的立法计划提上日程后立法论研究启动,在立法出台前后达到高潮,之后解释论开始流行,而在需要出台司法解释、修改法律时立法建议类研究又会卷土重来。

如何看待法学研究服务于立法者的目标,其中又存在什么问题?我们认为,立法是法治的重要环节甚至是首要环节(有法可依),法学研究服务于立法活动有其必要性。但这里面也存在服务方式问题。过去,我们总把立法研究的目标设定为法律草案的学者建议稿被立法机关采纳,以推动立法出台作为研究成功的标志。这实际上忽略了学者的另一角色——评估立法出台后的效果。也就是说,不能仅从正面论证立法的必要性,还要看到可能造成的市场负外部性、对弱者利益的侵害、执行时引发的新问题等。这些立法后的评估工作,在我们当前的立法论研究中并未占据主流,建构者之外的评估者角色被忽略了,而这些立法后的评估工作同样为立法机关所需要。这一点在国内外有明显差别。美国的法学研究者认为自己长于批判、短于建构;中国的法学研究者则恰恰相反,学界习惯于提出解决社会问题的方案,且不满足于指出问题;甚至解决个案还不够,还要找到制度化的长效

---

〔1〕 原《物权法》于2007年3月出台。当年解释论和立法论的比值为1.2,此前两者比值始终在0.07—0.44。此后两者比始终大于1,2014年比值达到峰值4.33,2016年差距缩小至1.8,2018年降到0.9。笔者查阅语料后,发现2016年缩小的原因可能是,2016年出台的原最高人民法院《关于适用〈中华人民共和国物权法〉若干问题的解释(一)》(法释〔2016〕5号)相关的研究被机器学习归入了“立法者”一类;2018年立法论的再次兴起,则是在《民法典》背景之下催生的子课题,例如某一语料为“我国正在制定的民法典物权编应当以问题为导向,在现行物权法的基础上,坚持‘小修小补’模式”。

机制才算是有足够深度的研究，论文写作才能收尾。[1] 为什么会出现立法后评估的供应短缺，我们推测其原因在于研究方法的局限。实施评估需要调查立法的实际社会影响，需要用到问卷、访谈、数据分析等方法，而这些方法并非大多数法学学者所习惯使用的。

(二)执法者

得益于前述机器学习的分类，我们获得了期刊学术论文中与执法实践直接相关的那部分语料。借用自然语言处理的各种技巧，我们继续对这些文本作进一步处理。首先，选择高频词中具有代表性的词语，作为基本的类型化依据；其次，寻找与该词语最接近、最为频繁地同时出现的词语；最后，绘制出如下反映针对执法者受众的知识图谱(见图8-4)。

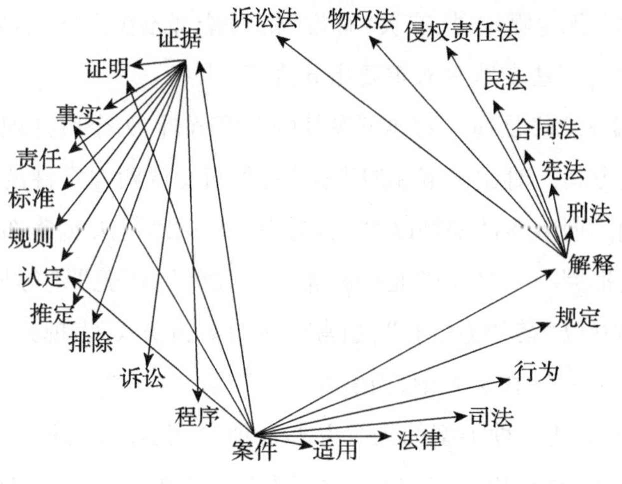

图8-4　服务于执法者的三种知识形式

---

〔1〕 熟悉中国的法学研究学术论文的读者，对此应该会表示赞同：论文的最后一部分总是免不了提出解决的对策，而对策往往诉诸制度化的解决方案。某位从事实证研究的知名学者讲过一次投稿的经历，期刊编辑虽然对实证研究部分颇为满意，但仍建议该学者能补齐“缺少”的对策部分，否则会被人视作文章结构不够完整。

从图8－4可以清楚地看到，针对执法者的产品可归结为“释法”“证据/事实”“案件”三大类，三个主题的比值约为4.5∶1.5∶1。[1] 其中，“释法型”知识产出最多，其次是与证据有关的问题，最后是以某典型案件为切入点的研究。我们对这三类主题分别研究后发现：

1.“释法型”所针对的通常是部门法，其中以实体法为主，又以刑法占据第一位。同时发现“释法型”最常见的文字表达形式为“××法第×条”，以此定义规则、发起检索、对法条进行频次排序，再次验证了“释法型”研究中刑法学科的重要地位。[2] 发现有些“释法”活动不一定明确指出法律的名称并具体到某个条文，但它的确是针对某个概念展开的解释。最后，我们发现有些研究主题是法律解释的方法，这是“释法型”研究的第三种表现形式。

2.“证据/事实型”的语料主要包括两类，一是从事实出发，二是从证据出发。无论哪一种，有关“标准”的讨论都不少。[3] 不难理解，细化“标准”对司法实践具有重要指导价值。

3.“案件型”是通过对典型案件的深度解析，为今后办理类似案件提供解决方案。对比民事和刑事案件，我们发现两类案件的切入方式略有差别。刑事案件偏好以“罪名为中心”，如“司法实务部门对×罪构成要素把握不一”“×罪是一种常见多发性财产犯罪”等形式；民事案件则偏好以“案件为中心”，通常以典型案例切入，表现为“×第一案判决作为……”“在×案中，当事人……”等。

当然，上述三种类型的划分并非泾渭分明，比如与证据有关的法条解释既属于“释法型”，也属于“证据/事实型”；而“许霆案”等个案

---

〔1〕 这里是前述随机抽取的1954份样本作人工分类后的比值，其实际数量比为258∶88∶55。

〔2〕 这里的方法是就该种表达形式以规则的形式进行定义，类似于关键词检索，但是检索中考虑了多种汉语表达方式，最终发现前几位的法律为：刑法(155)、合同法(134)、物权法(93)、侵权责任法(86)。

〔3〕 高频的表述有判断标准(197)、证明标准(168)、认定标准(99)、审查标准(72)。

研究既有侧重于规范适用,也有专注于证据事实的。

如何评价上述三种类型及各自占比的情况?应该说,首先,出现上述三种类型是知识生产的一种理性发展结果。法律适用的传统二分法即“规范”和“事实”两条进路,分别对应于语料的“释法型”和“事实型”,而“案件型”本质上是结合具体的司法场景,两者择其一或同时对规范解释、事实认定进行剖析。其次,“释法型”研究比重较大,大概与法教义学这一主流法学方法不无关联。最后,之所以各个学科的研究方法不同,我们认为主要与学科特点、法条性质有关,而且,不同学科的着力点和影响力也不一样。比如刑法学研究面向执法者的类别占比高达71%,远高于平均水平;再如以典型案件切入的研究,对于刑事案件是以“罪名为中心”的规范展开,对于民事案件是以“典型案件为中心”围绕典型的事实展开。我们理解,差异的背后是民法中的合同、物权、侵权责任等相关条文之间关系错综复杂,复杂的纠纷一般需要同时处理物权和债权,甚至是不同类型的债权请求权的竞合关系;[1]而刑事案件的首要任务是确定罪与非罪、此罪与彼罪的问题。

需要指出的是,上述所作的类型化分析,只是初步回应了“法学研究为法律实践提供了什么样的成果”之设问,并没有解答“生产是否足够”抑或“法律实践对此种供给是否满意”的问题。如果对样本主题进行抽象/具体、规范/事实、实体/程序等多维度的观察,“是否足够”之问的答案也要存疑。具体表现为:(1)“释法型”多,“事实型”少。尽管释法型中的“××法第×条”这种形式在全样本中检索到1216例,再统计“证据”一词命中论文有1113例(其中有些可能与“释法型”重叠),但若在人工标签中进行精确的统计,具体条文的解释和事实型的比值约为2.9∶1(1954份样本中的实际数量比是258∶88)。此处的疑问是,法学研究主要围绕法条的作业是否为执法实践的最迫切需要,

---

〔1〕 支持这一说法的一个例证,是民法思维中请求权的体系性思维逻辑,典型者如王泽鉴提出的请求权基础体系“得依契约、无权代理等类似契约关系、物权关系、无因管理、不当得利、侵权行为等次序为之”。

执法实践中最棘手的是规范问题还是事实问题？就我们近距离观察执法实践的体会看，更多的是事实上存疑。(2)“抽象”的多，“具体”的少。作出这样的判断时，难点在于具体、抽象如何界定。为了方便测量，我们把围绕具体法条的、提及“司法实践”“案件”的、从个案/类案出发的界定为“具体”。经统计，具体/抽象比在人工标签样本中是1:6，全样本中为1:5。抽象研究的最大问题在于，没有设定具体的执法场景，不容易被办案人员检索和参考。(3)“偏科”现象明显。前文指出，对规范解释的“释法型”论文主要集中于实体法。至于程序法是否需要解释，近年来学界虽有所探讨，但实际情形并不容乐观。不只是对具体规范的解释存在学科间不平衡，“事实型”中的证据、证明相关主题，三大诉讼间也不均衡，在对“证据/证明 + 刑事/民事/行政诉讼”的检索中，三大诉讼法分别命中 418 次、241 次和 45 次。但是，无论从案件数、法官数、案件影响力等哪个维度考量，民事案件的重要性都不亚于刑事案件，而行政案件的地位好像也不应当像目前的“小数据”那样表现得如此“委琐”。[1]

(三)执政者

与前两种研究类型不同，有一类研究针对的是当下中国相对而言的“大问题”。比如，国家监察制度改革研究大热，是因为中国的国家权力结构作出了重大调整；党内法规研究的兴起，是因为党规和国法的关系还没有完全理顺。因此，在中国法学研究的成果清单中，有一大批和“法治”“中国”等有关的“大词”(big words)问题研究。为了能够给出一份中国问题的完整列表，我们将非为个案办理或者提出立法建议所服务的论文进行了归类，并单独定义了这一类型，这些研究的受众实际上是具有国家重大制度顶层设计权的执政者。

---

〔1〕 在对“证据/证明 + 行政诉讼”的检索中，行政诉讼法仅命中 45 次，这一数据令人难以置信，但事实就是如此。这可能说明行政诉讼法学的研究亟须加强。

将有关的“大词”话题进行类型化，体现这方面研究的成果包括：(1)与维护“国家利益”有关。文章一般站在发展中国家的立场，聚焦于碳排放和气候变化、进出口贸易、人民币汇率、海洋权益等方面的国家利益。(2)“法治中国”理论。展开此类议题的关键词有“社会主义”“马克思主义中国化”等，同时也涉及“科学发展观”“习近平新时代中国特色社会主义思想”等，成果体现为“新时代全面依法治国和建设法治中国”“新时代中国法治现代化”等理论。(3)依法治国背景下相对具体的问题研究。这些具体问题一般是具有时代特征的社会问题，包括“三农”问题、高考招生、公共服务均等化、校车安全等。只要改革开放、社会转型的进程仍在进行中，该类问题就会不断地生发。(4)与“司法制度改革”有关的话题。具体包括中国的法官职责、错案追究、废除死刑、公检法三机关的权责关系、能动司法、大调解等议题。从时间跨度看，司法改革似乎只有进行时，没有完成时。如表8-2所示。

表8-2　执政者受众的高频词和相关词

高频词	tf/idf	相关词及其 tf/idf
法治	2097	依法治国：197 法治中国：121 法治政府：51
司法	1352	司法改革：184 司法权：99 司法制度：59 司法机关：52 司法公正：47
社会	1154	社会主义：349 和谐社会：98
政府	342	地方政府：75 法治政府：51
改革	543	司法改革：184 体制改革：94 改革开放：57

对于上述议题,我们又作了另一个角度的归类,即根据语料的统一图书分类码,对上述议题进行二级学科上的区分。我们发现,上述议题侧重于四个法学二级学科,分别是诉讼法及司法制度、法学理论、宪法和行政法、国际法,占比分别为28.68%、21.65%、17.34%、7.61%。学科和前述议题之间基本上形成了一种一一对应的关系:诉讼法及司法制度主要是围绕司法改革的议题,法学理论和宪法针对法治中国的议题,行政法围绕依法行政展开,国际法则主要是如何维护国家主权和国家利益。

为什么法学研究有为国家基础性、宏观性问题服务的需要,有一个复杂难解的成因机制,大概和学科、学者的使命都有关系,但这已超越了本书的研究范畴。我们仅就上述议题分布、学科规律间的联系作简要评价。首先是该类议题的关键词为"法治""中国",就此限定了法学研究的地域和对象,而具体展开的进路又和改革开放、依法治国的国家宏观政策走向不无关系,独特的社会主义法系、依法治国的国家方略、最大的发展中国家、增速最快的全球经济体等宏观背景因素相互叠加。其次,是否所有法律学者都适合或者应该加入这一类型目标的选题,就目前学科发展的实然情况来看并不是这样,而且今后也不应当要求所有学科都把直接服务于国家的宏观问题作为选题方向,因为每个学科受其方法论的限制,学者们各擅胜场,中国的法治建设系统工程中少了宏观或具体问题的研究恐怕都是不行的。

四、目标类型与成果影响力之间的关系及其存在的问题

前述多重目标格局的形成,从成因来看是一个复杂的社会模型,该模型的输出虽然只有四个选项,但输入变量却有很多,包括学者个人偏好、知识背景等个人因素,也包括作者单位、期刊等评价机构的组织因素,甚至还有国家对法学这门学科期待和所设置的要求等更高层面的考量。因此,虽然我们可以通过不断优化模型的算法来不断提高

机器学习的模型准确率,但穷举社会模型的全部输入要素、解释各要素之间是何种关系,却要困难得多。

基于此,我们暂时放弃了构建一个完整社会模型并对之进行数据测量的方法,而是转为对科研成果的影响力进行量化评价,探索评价影响力的因子和科研目标之间的联系,用这种方法探究研究者选择受众背后的考虑。

(一)目标类型和成果影响力的关系

1. 评价成果影响力的两个关键指标

如何评价法学研究成果的影响力?我们引入每一篇语料中所自带的论文下载量、是否获得基金支持(包括获得何种层次的基金支持)两大指标进行衡量。[1] 前者评估的是论文的传播力,后者评价的是成果接受的经济支持和特定机构的认可。不难理解,一篇论文只有被广泛阅读,才能影响更多的人;而且,往往是那些至少被特定机构认可的有意义的研究,才可能获得基金项目的支持。

2. 成果影响力和目标类型间的相关性

我们把论文成果按受众分为四组,并计算目标类型和有无基金支持、下载量间的相关系数。相关性通过了显著性检验,这意味着在数据上两者间存在统计意义上的相关,即选择的受众与成果的基金支持率、下载阅读量间存在某种共变关系。我们再分别计算每组的平均下载量和基金支持率,统计的结果如表8-3所示。

---

[1] 研究法学论文的影响力早已有先例,只是过去的研究主要用的是"引用量"。但就本议题而言,"引用量"不是最合适的,原因是引用主要集中于学者间,只能说明学界同行的认可。选择下载量的优势在于,读者的范围比引用者的范围要广,可以充分涵盖本书所关心的实践受众。

表 8-3 各类目标论文的平均下载量和基金支持情况

影响力表现	受众分组			
	观察一组：立法者	观察二组：执法者	观察三组：执政者	对照：学者组
平均下载量/次	1237.3	1378.39	1301	1095.3
基金支持率/%	36.7	38.6	39.6	27.6
国家基金支持率/%	18.5	18.5	21.4	12.0

注：下载量、是否基金支持和目标受众间的相关系数分别为0.03和0.076。

通过分组比较，可观察到的有价值信息包括：(1)具有明确实践受众的成果，较之没有明确实践受众的成果，评价其影响力的传播能力和经济效益两个指标都明显占优。(2)就其实践的受众内部，我们还可以看到面向不同的实践受众时的差距。在下载量这一评价指标中，面向执法者受众的成果具有最高的平均下载频次。这似乎不难理解，法教义学本来就在法学研究方法中占据主流，加之作为个体的执法者是一个庞大的受众基数。(3)在基金的支持率上，我们看到了受众为执政者这一组有明显优势，在不区分支持的基金类型时这一差距还不突出，但在考虑国家级基金时，这一类议题的优势得到进一步显现。简言之，成果在为国家的根本性、基础性问题服务时，能够有更强的基金支持。(4)传播力和经济支持间存在一定张力，即影响受众范围广并不必然意味着获得经济支持的概率就大，基金发起方对支持面向哪一类受众的研究方面有明显的倾向性。

3. 各类研究成果影响力的历史趋势之比较

如果进一步按时间轴考察各类研究成果的传播扩散、获得基金支持的时序规律，还可以发现，选择不同类型的受众，在不同时期，这两个评价指标各有不同规律。

传播扩散的规律。本书的研究所获取的只是某一个时间点的截面数据，因此无法直接得到某一篇成果传播何时加速、何时达到高峰、期间花费的时间等更有价值的信息。但是如果能够接受近 20 年法学研究的格局基本保持稳定这一假设（前文提到的立法论历年占比基本稳定，就是证据之一），那么我们完全可以通过测量距离数据收集点（2018 年 11 月 1 日）时长间隔不一的论文下载总量，来揭示面向每一类型受众的成果从其发表到相同时间节点各自的传播加速期、峰值出现所经过的时间。图 8－5 即说明了不同目标类型的论文自其发表后的传播速率的变化。根据我们对三类面向实践受众论文平均下载量的历年变化速率计算，如果以发表第一年的下载量为基数，立法类增长率（增长百分值）在 4 年左右即达到峰值，执政类在五年左右，而执法类下载量的增加最具有持续性。如何看待上述的量化结论？我们认为，下载量的走势表征了科研成果的生命周期，当一篇论文的下载量仍处于提升阶段时，说明该科研成果仍处于有市场需求的状态；而一旦下载量停滞不前，则说明该知识产品可能不再有急切的市场需求。上述三类目标类型论文存在的快慢不一的传播现象，对于我们思考选择什么样的议题以及如何保持其学术价值和生命力，提供了某些有益的启示。

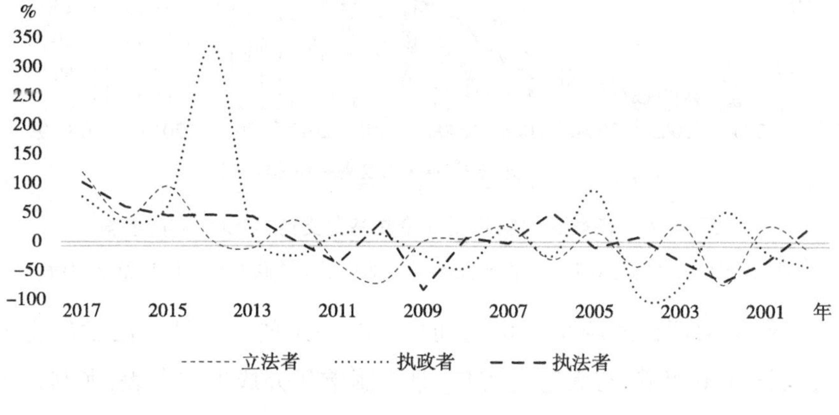

图 8－5　各类面向实践受众论文的传播力衰减速率比较

基金支持的侧重点。对于基金支持而言，我们采取了另一种方式。我们关心基金的发起方在近 20 年内是否始终如一地侧重某一类受众的选题，还是在历年间存有起伏。因此，我们统计了历年的基金支持在各目标类型中的占比，特别是各目标类型基金支持率的历年趋势。从统计结果看，历年趋势上基金支持的总数呈现明显的上升态势，直到最后5年才趋于稳定，这说明法学研究的受资助状况不断得到改善。从三种目标类型的占比情况看，可以发现执法者类的基金数较大，但由于论文数量的基数也大，因此其在基金的支持率上并不占优；立法者类在获得基金数上和执法者类相当，但在平均支持率上却始终领先于执法者类；执政者类由于论文整体基数不大，因此在基金数上虽然并不占优，但是平均支持率却有多个年份占据第一的位置。这两个数值有不同的意义，从基金数的绝对值我们看到的是基金在法学学科的整体投入情况，从平均支持率的相对值则可以看出科研成果受基金支持的概率，国家虽然对法学研究的经费投入持续增加，但是投入的领域却存在明显的倾向性。如图8－6所示。

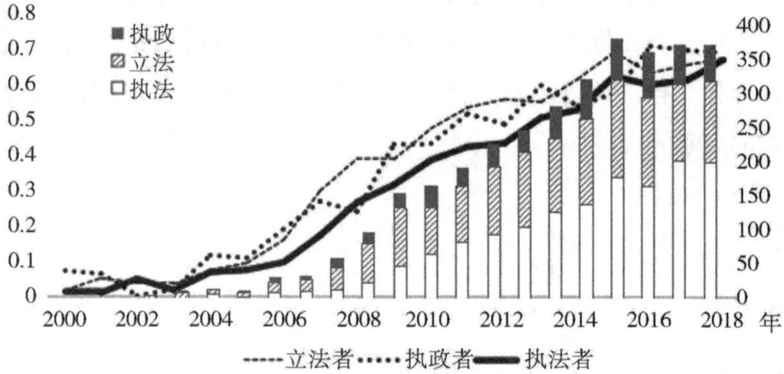

图8－6　各类面向实践受众论文基金支持情况的历年趋势

注：柱图代表基金绝对值中的占比，折线图代表的是基金获得的概率变化（相对值）。

影响力评价的两个指标之间也存在一定的关联性。法学研究人员大概都想知道，有无基金支持，是否影响研究成果的发表，尤其是否影响在权威刊物上发表？在权威刊物上发表不只意味着获得更大的下载量和传播力（《法学研究》的论文下载量是平均水平的1.78倍；

《中国法学》是平均水平的2.197倍[1]),而且是评定职称、获得荣誉奖励的有力筹码,因此具有特殊意义。我们以《法学研究》的论文基金支持情况作分析,发现在2006年以前是否有基金支持和发表间相关性很弱,无基金支持论文占比超过90%;但是在2010年以后,无基金支持论文获得的发表机会跌至50%以下,到2015年跌至谷底(24%)。尽管无基金支持论文在《法学研究》发表的机会趋势仅仅是一个刊物的情况,但由于该期刊的权威性和重大影响,应该更能说明是否获得基金支持和发表传播间存在的关联性。

(二)影响力机制的习得与强化趋势

由于缺少对决定研究目标类型成因机制的长期系统性跟踪研究,目前尚不清楚影响研究目标类型的完整的因果机制。上述评价影响力的指标和目标类型间,也不能形成因果关系的任何推论。易言之,本书的研究还无法确切判定选择什么样的受众和是否有基金支持间孰因孰果;在论文传播方面,就写作和阅读的时间顺序而言,肯定是先形成论文并获得发表后才有传播,但仍然无法排除作者之前就有意选择那些传播力更强的议题和受众。

不过,可以大胆推测的是,一定存在某种影响力评价机制,能够自我循环并成为科研环境的一部分。这里所指的科研环境,是一种职业激励的导向对个人行为的塑造和影响能力,心理学上认为该种塑造力有别于行为之前的“刺激”,是个体行为的直接后果对今后行为的“强化”。我们更愿意将此种强化理解为行为人对自己或他人行为预期结果的一种习得能力,并将此种经验层面的规律认识用于指导今后的行

---

[1] 计算的方式是以2000年至2018年10月的期刊总下载量除以论文篇数,算作平均下载量。当然变化并不是某个期刊的特别现象,比如《中国法学》也有类似规律,在2005年前基金支持率不足10%,2012年后超过一半的论文有基金支持。

为,以追求其希望得到的行为结果。[1] 此种学习和模仿,同样适用于本书的研究场景,即一个理性的研究者,自然关心自己学术观点的传播力、学术的经济回报,至少希望更多的人看到并采纳其成果;实现该目标相对便捷的方式是借鉴其他成功者的成名历程、下载学习传播力强的论文、查看相关基金的资助重点等,并以此确立自己的议题,同时也就选定了其所服务的受众。这一过程即前文所指心理学上的"强化"理论。这种心理学机制在法学研究过程中的应用表现为试图通过操纵议题的因,来改变形成的果。[2] 对该种因果机制的运用一旦成功,又将进一步强化研究者服务的目标类型即议题选择。

而且,该机制将不断得到众多学者的集体自我强化。只要维持该传导机制的性质不变,就总有人(不需要也不一定是爱琢磨、聪明的研究者,也存在纯属偶然而获得青睐的情况)能够在学术竞争中脱颖而出,并有机会在原先基础上扩大优势,从而进一步扩大这种机制的某些自变量在该模型中的影响权重。当然,一旦有更多的研究者加入这场追逐成果影响力的竞赛中,该机制就有能力调节服务受众的分布,目标类型的分布将始终处于动态变化的状态。

还可以合理推断,基金和期刊的评价者,是最终有能力影响该影响力机制的主体。他们对给予哪些议题基金支持、哪些议题的论文准予发表是有态度和倾向的。这是一群数量有限、但掌握着稀缺发表资源和经济资助资源的人,他们对法学研究的宗旨、应然的研究受众格局有特定看法,并将通过集体合力塑造法学研究目标类型的分布格局。正因如此,我们才会看到不同期刊对论文选题有不同的偏好,也

---

[1] "社会学习机制"是一种获取在小范围内恰当行为、决策信息的低成本方式,人类获得了学习机制,可高效、准确地了解小范围内的社会机构偏好和动机。

[2] 对因果机制的运用,近年来在强调人工智能技术的可解释性的背景下,取得了许多进展。因果性机制的使用有三个层次,分别是"关联""干预""反事实",第二次层次即为本书所指的改变因子,从而改变结果。

因此造成不同期刊有不同的影响力。同样,基金授予方也会基于它们的利益,决定给予某一类型的选题以优待。

因而,可以说,基金和期刊在成果影响力机制中实际扮演着各类输入变量的权重调参者。决定哪些成果可进入市场流通,特别是对哪些研究给予基金资助的“关键时刻”,也因此成为最需要警惕对实践受众不当干预的时刻。这是从上述实证分析中引申出的一个问题,即学者在影响力机制牵引下追逐课题项目的基金支持,而基金支持多数源于政府的财政资金,被基金牵引的潜在风险是导致学术的行政化、缺乏基本自主性。其结果是那些不易与实践热点结合的学科,特别是基础理论研究因难以获得基金支持、发表困难而受到“理性”学者的冷遇,长远来看这将不利于学科的健康发展。

尤其需要关注的是,近年来,尽管财政资金的支持力度在逐年加大,其中不乏上百万元的纵向基金项目,甚至已经出现上千万元的“重大项目”,[1]但相比而言,由私营机构特别是互联网巨头出资的横向基金项目,才是真正的“大巫”。而这些大量的横向基金项目由于普遍签订有保密协议,成果产出不能以论文的形式发表,因而有关数据无法在我们的研究中收集到并体现出来。这种情况是我们更为担心的:与学者有可能被政府“牵着鼻子走”一样,研究人员也会被私营机构通

〔1〕 根据国务院《关于改进加强中央财政科研项目和资金管理的若干意见》(国发〔2014〕11号)、国务院《关于深化中央财政科技计划(专项、基金等)管理改革方案的通知》(国发〔2014〕64号)、科技部、财政部《关于印发〈国家重点研发计划管理暂行办法〉的通知》(国科发资〔2017〕152号)等文件要求,科技部直属机构“中国21世纪议程管理中心”2018年度拟立项的8个重点专项项目公示信息显示,法学获得“公共安全风险防控与应急技术装备”(司法专题任务)重点专项中的三项立项,研究经费共计8791万元。

过糖衣炮弹实现"认知俘获"(cognitive capture)。[1] 与传统的私营机构对政府部门的"监管俘获"(regulatory capture)相比,这种极具隐蔽性的、深度的、意识层面的"认知俘获"具有更深远的危害性,需要学界高度警惕。

(三)受众对法学研究的反向影响力

前述目标类型和成果影响力的关系以及期刊数据本身不能反映出的"认知俘获"问题,引申出另外一个与此密切关联的问题,即目标受众对法学研究的反向影响,而这个问题又与我国法学研究评价体系的塑造不无关系。

关于法学研究评价体系的塑造,有很多细节问题值得探讨,比如评价标准、评价主体、评价的内容、评价结果的使用等等。限于篇幅,我们在此仅结合本书的核心问题"法学研究和目标受众的关系",对"领导批示"和"同行评价"问题作简要论述。

从应然的角度讲,学术论文的评价主体应当是同行。"同行评价"(peer review)可谓国际通行的评价办法。但实际上,前文的论述已揭示出,法学研究的评价不可能脱离目标受众。而且,立法论研究最兴盛的时候,立法者的认可是"学术成果优劣和学术贡献大小的最强评价标准"。时至今日,仍然有很多人把"观点被领导批示或机关采纳"当成最荣耀的事情。这说明领导或机关的评价作用至少不亚于同行评价。或许可以说,在当下,尽管已经有论文送审制和外审制,但真正的同行评价可能还没有完全建立起来。

当然,不是说领导就不能批示或者机关就不能采纳,那样学术研

---

[1] 1971年,美国著名经济学家G. S. 斯蒂格勒(G. S. Stigler)提出了"监管俘获"理论,阐述了监管机构与被监管的产业利益集团在监管政治过程中的相互关系。这一理论旋即被学界广泛接受。又有人在"监管俘获"概念的基础上提出了"认知俘获"。不过,与相当繁荣的"监管俘获理论"相比,国内外对"认知俘获"的研究都极为罕见,至少"中国知网"(CNKI)截至目前查找不到任何关于这一问题的中文文献。

究的价值也会打折扣,学术研究会因不能为实践提供建构方案而失去长远的生命力——学术批判和学术建构二者均不可或缺。问题在于,现实中,有不少高校和科研机构把"领导批示"作为评价学术成果优劣的依据和标准,并根据作出批示的领导的行政级别来确定学术成果的质量等级。学术研究一旦套上这种枷锁,恐怕就不再是单纯的行政化问题,而有很大可能蜕变为"权力的仆役"。没有人愿意看到这种结局。

五、结语

法学研究"为谁生产",是本书努力探索并尝试回答的核心问题。通过实证分析可发现。

1. 在中国特色社会主义法律体系形成后,立法论仍大有市场,即面向立法者受众的研究始终在高位运行,这可归因于我国"完善型"立法的内在需要。但立法后的评估尚属于有待补强的"短板"。在面向执法者的产品中,"释法型"知识产出最多,"事实型"成果较少,并且存在实体法与程序法以及不同学科间的失衡,对程序法特别是行政诉讼法的研究亟待加强。面向执政者的研究占有相当大的比例,这可谓法学研究的一个中国"特色"。而对于和"法治""中国"等有关的"大词"问题的研究,虽然是时代所需,但不能赶时髦、一窝蜂。研究者需要结合自身特长发挥比较优势。

2. 各类法学知识产品具有不同的传播扩散规律,其生命周期表现不一。这些规律对研究人员思考选择什么样的议题,以及如何保持研究成果的学术价值和生命力,具有重要的参考意义。法学研究者和目标受众之间并非简单的"我写你读"的单向"喂食"关系,而是双向互动、相互影响的。不仅研究者有明确的"读者"意识,目标受众特别是执政者群体对法学研究的方向引领作用也相当明显。

3. 在法学研究目标定位和成果产出的过程中,基金的"指挥棒效应"非常突出。这当然会使对策类研究占尽优势,因而需要提醒基金机构加大对基础学科、理论法学的投入，防止出现“肥瘦不均”而影响法学研究的长远健康发展。法学期刊在研究成果的影响力机制中同样扮演着各类输入变量的权重调参者角色。核心期刊特别是权威期刊应当按照权责一致原则发挥其应有的议题选择导向作用。

本书的“大数据分析”也有其自身的局限性，有些重要数据特别是私营机构的基金支持无法通过期刊成果充分反映出来。这提醒我们需要警惕私营机构的“认知俘获”对法学研究的不当干预，包括各类“领导批示”的不当使用。上述实证发现和结论当然不是研究的终点，而应当进一步追问究竟如何才能保持学术对实践的指导力，同时又切实保证科研成果的质量，特别是如何塑造法学研究与法治实践之间的良性互动关系。无疑，这也是需要整个法学界深入思考的大问题。

附

数字法学的文献拓展阅读推荐

一、数字法学的学科命名之争

对法律人工智能所属的“数字法学”这一新兴领域感兴趣的读者，推介延伸阅读：

“数字法学”概念的其他文献定义。这是近年提出的新兴法学概念，马长山在《数字法学的理论表达》(载《中国法学》2022 年第 3 期)一文中提到所谓数字法学，是以数字社会的法律现象以及其规律性为研究内容的科学，是对数字社会的生产生活关系、行为规律和社会秩序的学理阐释和理论表达，该文所指的“并不是现代法学之中的所属二级学科意义上的，而是现代法学之后的进阶升级意义上的”。彭诚信在《数字法学的前提性命题与核心范式》(载《中国法学》2023 年第 1 期)一文中则认为，数字法学是研究数字社会中可数字化之客体(数据，含个人信息等)、行为(数据处理行为、智能合约等)及其上权利义务法律关系的总和。读者从这些文献中可以感受到数字法学这一概念的内涵和外延，目前学界并未达完全成共识，讨论仍在继续。

除此之外，横向还有其他一些有竞争力的相近概念，比如计算法学，申卫星等人在《法学研究新范式：计算法学的内涵、范畴与方法》(载《法学研究》2020 年第 5 期)提出了“计算法学”的概念，指的是基于计算的对象、方法以及能力等方面的差异而产生不同的法律问题以及与法律相关的技术问题,从而融入计算思维研究法律问题,利用计算方法开展法律大数据分析,以及结合计算技术研究法律科技的一门学科。除此之外,还有数据法学、网络法学、智能法学等更多的可辨析的概念。

二、法律人工智能的技术方法

相对而言,本书所重点研究的"法律人工智能"这一概念的外延相对比较清晰。国外该领域有本权威的期刊——*Artificial Intelligence and Law*,翻译过来就是《法律人工智能》,该领域还有一本名著已经翻译至国内,是凯文·D. 阿什利的《人工智能与法律解析》(商务印书馆2020年版)。国内也是相似的用词,比如左卫民的《关于法律人工智能在中国运用前景的若干思考》(载《清华法学》2018年第2期)。这些方面的研究和成果应当属于"数字法学"的子集,用于指代人工智能技术为法律实践赋能的相关科研和工程。

读者在阅读这些新兴交叉领域自身属性研究的文章时,不宜陷入概念的命名之争,而应当多注重把握各个概念定义的重叠和差异之处,从中体会各自立论的基础、范围和出发点。学科论的研究难点在于如何把相关的文献悉数纳入,并且实现恰到好处的分类,这是读者值得思考的重点。

对法律人工智能的"技术实现方法"感兴趣的读者,推介延伸阅读:首先可关注一批国内侧重于法学的"如何提升建模能力"的文献,讨论如何提升建模的能力。第一层面是"数据准备"。孙晓勇的文章侧重于从建模"数据"这一要素系统梳理了司法大数据的当前进展,文章称,"我国司法大数据研究也开始从单一的法院内部向由法院、高校、研究机构、律所、企业、创新团队等构成的复合型团队转变,推动了法学、计算机科学、社会学、统计学、自然科学等多学科交叉融合发展"。(孙晓勇:《司法大数据在中国法院的应用与前景展望》,载《中国法学》2021年第4期)数据层面的关键在于数据的预处理,王燕玲的研究侧重于从数据预处理的角度，探讨如何为建模提供数据方面的准备，文章提到“命名实体识别技术通过标注、识别法律‘实体’，以可视化的形式展现司法演变轨迹、经验逻辑等，凸显出信息技术的科技理性”（王燕玲：《论命名实体识别技术在司法大数据中的适用》，载《政法论坛》2022年第5期）。

第二层面是“领域知识”。高翔的研究侧重于为法律领域实现人工智能打造特殊的数据库，文章的观点认为“形成有效且可行的法律知识图谱，这既是司法人工智能理论体系的核心要素，亦是破解我国人工智能司法应用难题之必需”（高翔：《人工智能民事司法应用的法律知识图谱构建——以要件事实型民事裁判论为基础》，载《法制与社会发展》2018年第6期）。领域知识的系统整理，是法学专家助力法律人工智能模型性能提升方面的主要贡献。

第三层面是“推理方式”，刘东亮的文章已经关注到了法律司法推理和机器推理的差别，并且认为两者的不可趋同性，主张根据现阶段人工智能的能力范围，实事求是地将论证的要求“降维”成解释（刘东亮：《新一代法律智能系统的逻辑推理和论证说理》，载《中国法学》2022年第3期）。但是也有更为乐观的声音，为了使人工智能模型更加契合法律领域的特点，王竹的文章提出了一种“以‘大前提—争议焦点—小前提’（SIM）替换传统三段论‘大前提—小前提—结论’（SMP）的司法人工智能推理结构”，结合法律推理方法的人工智能推理实现的方案（王竹：《司法人工智能推理辅助的“准三段论”实现路径》，载《政法论坛》2022年第5期）。

进阶的话，可关注一些计算机科学的相关文献，不仅涉及全部以上几个方面，而且经过了实验的测试。计算机学科有关团队，近年来开始专注于研究法律领域的模型开发，快速地取得了巨大的进展。这方面可以先从一些综述性质文献阅读开始，比如《NLP如何使学习系统受益：法律人工智能综述》（*How Does NLP Benefit Legal System：A Summary of Legal Artificial Intelligence*）写得不错，文中使用“法律人工智能”(Legal artificial intelligence)这个概念,提出利用人工智能技术辅助法律实践,主要关注人工智能技术的工具价值。类似文献一般以summary、review 等为标题,通过检索可以获得。进一步熟悉计算机建模思想,则需要阅读一些针对具体任务的法律人工智能研究文献,特别需要关注在法律领域如何提升计算机的建模能力,比如一篇题为*Legal Judgment Prediction via Topological learning* 的文献,提到在建模中引入罪名、量刑的司法依赖关系,并指出对司法依赖关系的建模处理方法将深度影响模型的可信度和可解释性。就法律读者而言,应当特别重视法律人工智能建模中如何引入了司法经验、法律领域知识这一视角。

三、智慧司法的中国发展逻辑

对法律人工智能的“中国实践”感兴趣的读者,推介延伸阅读:

第一类资料是司法机关的实践案例,有助于掌握中国的法律人工智能实践进展。在中国的司法领域,一般是用“智慧法院”“数字检察”等指代这类司法实务,2016 年“智慧法院”建设列入国家信息化发展战略和规划,从 2017 年至今,中国社会科学院每年编制的《法治蓝皮书:中国法院信息化发展报告》会对人民法院信息化建设成效与问题进行全方位的评估和分析,并介绍地方法院的优秀建设成果。如果想要了解更多的智慧法院实践案例,可扩展阅读最高人民法院信息中心组织各地法院选编的 43 个优秀案例(孙福辉主编:《智慧法院优秀案例选编》,人民法院出版社 2021 年版)。

第二类资料是对智慧司法工程的制度探索。曾经长期具体主持智慧法院工作的最高人民法院信息中心原主任许建峰等人的文章归纳了我国智慧法院体系工程的模式(许建峰等:《我国智慧法院体系工程的模式框架和创新实践》,载《中国工程科学》2022 年第 4 期)。针对“数字检察”,时任浙江省人民检察院检察长贾宇从传统法律监管模式的现状和问题出发,系统归纳了数字检察改革的契机和路径(贾宇:

《论数字检察》,载《中国法学》2023 年第 1 期)。最高人民检察院法律政策研究室主任高景峰以数字正义的实现为目标,阐述了数字检察改革的任务与路径(高景峰:《数字检察的价值目标与实践路径》,载《中国法律评论》2022 年第 6 期),景汉朝还曾系统地归纳出代表数字技术较高成就的互联网法院相关创新和成就,并提出"三步走"战略与制度构想(景汉朝:《互联网法院的时代创新与中国贡献》,载《中国法学》2022 年第 4 期)。

第三类资料是可以关注一些跨学科方法指引下的研究成果。智慧司法属于法律人工智能的实践,是社会现象的一部分。郑智航采用技术—组织的框架对其进行社会科学方法的研究(郑智航:《"技术—组织"互动论视角下的中国智慧司法》,载《中国法学》2023 年第 3 期)。因为司法机关同样遵循类似于科层组织的行事逻辑,还可以延伸读一些经济学、社会学相关的研究,比如周黎安的著作归纳过政府间上下级的关系、地方政府间的关系等,都对理解作为广义政府行为的智慧司法工程有所裨益(周黎安:《转型中的地方政府:官员激励与治理》,格致出版社、上海三联书店、上海人民出版社 2017 年版)。

四、算法解释技术原理和价值

对法律人工智能开发的产品"算法解释"感兴趣的读者,推介延伸阅读:

第一类文献是算法应用领域对算法解释的要求。可以关注"算法"作为数字法学研究的总论内容,其中丁晓东的文章涉及了私权定位的"算法解释权"这一概念(丁晓东:《基于信任的自动化决策:算法解释权的原理反思与制度重构》,载《中国法学》2022 年第 1 期),还有文献也提到了"算法可解释性"这一概念(苏宇:《优化算法可解释性及透明度义务之诠释与展开》,载《法律科学(西北政法大学学报)》2022 年第 1 期)。除以上的中文文献外,读者还可以按图索骥地找到一系列的英文文献,在阅读此类以"算法解释"命名的文献中,希望读者能够感受并回答算法为什么需要解释，解释的目标是什么，要达到何种程度的解释等问题，并且可以充分比较当前的国内法学文献所理解的含义，和本书所重点论述过的"算法可解释性"进行比较。更进一步地，应当在法律场景中理解"算法解释"的特定含义，法律领域曾提出过一系列的要求。

第二类文献是算法解释的技术方案。这方面的文献主要是计算机科学领域的，重点解决算法可解释性的实现路径。基本的方法分类可以见本书第六章的内容，但不是所有人对此都抱有乐观，有人对此就相对地比较悲观[Z. C. Lipton, *The Mythos of Model Interpretability: In machine Learning*, the Concept of Interpretability Is Both Important and Slippery, 16 Queue 31(2018)]，在二分法基础上也有反思算法的类型本身，认为过度使用深度学习算法是导致当前解释困难的罪魁祸首，主张应当恢复使用简单算法[C. Rudin, *Stop Explaining Black Box Machine Learning Models for High Stakes Decisions and Use Interpretable Models Instead*, 5 Nature Machine Intelligence 206 (2019)]。"算法的可解释性"俨然已经成为人工智能领域研究的一大热点，读者使用"Interpretable" + "Machine Learning"等近似组合的检索词，即可获得相近的文献。与此同时，在法律人工智能领域，亦有大量的研究集中于解决该领域的可解释性问题，比如有文献主张从"案件事实"中提取出"关键事实"作为裁判结论的解释内容[Chao W. et al., *Interpretable Charge Prediction for Criminal Cases with Dynamic Rationale Attention*, Journal of Artificial Intelligence Research(2019)]，还有的文章提出用"法院观点"作为裁判结论的解释内容[Ye H. et al., *Interpretable Charge Predictions for Criminal Cases: Learning to Generate Court Views from Fact Descriptions*, arXiv Preprint arXiv(2018)]，同样只要把"Machine Learning"替换为"legal AI"等关键词，就可以检索得到最新的法律人工智能的解释技术方案。这些方法是否满足法律领域对算法解释的需要，则依然值得进一步的探讨。

这两类文献,显然处于一种供与给的关系。作为人工智能技术应用的特定场景,提出了智能产品进行原理说明的要求,算法有关技术开发者需要响应这种需求。法律作为一种公认的高风险场景,自然需要法律人工智能相关的产品满足场景的解释需求。读者一方面需要关注通用意义上的算法解释,另一方面也要关心法律特定领域特殊的解释需要。

五、司法人工智能的法学观点

对法律人工智能的"领域专家的态度"感兴趣的读者,推介延伸阅读:

我们之所以重视法律领域专家的态度和观点,在于法律专家是法律人工智能相关产品的用户,是性能的评价者。本章对法律领域专家的观点进行了类型化梳理,读者可以找到这些文章的原文阅读,并尝试找到更为合适的分类法。针对这些文献,我从关注的侧重点将其分为两类。

第一类更加关注人工智能裁判的结果准确性问题,比较有代表性的包括马长山的文献(马长山:《司法人工智能的重塑效应及其限度》,载《法学研究》2020 年第 4 期),孙海波的文章(孙海波:《反思智能化裁判的可能及限度》,载《国家检察官学院学报》2020 年第 5 期),雷磊的文章(雷磊:《司法人工智能能否实现司法公正?》,载《政法论丛》2022 年第 4 期)。

第二类则是更加关注人工智能裁判的过程是否合乎司法的规律。栗峥的文章更侧重于作为三段论的小前提归纳(栗峥:《人工智能与事实认定》,载《法学研究》2020 年第 1 期),季卫东的研究则强调司法裁判形成过程(季卫东:《人工智能时代的法律议论》,载《法学研究》2019 年第 6 期),刘东亮的研究也集中关注于人工智能推理的过程和人类在司法推理中的方式差别(刘东亮:《新一代法律智能系统的逻辑推理和论证说理》,载《中国法学》2022 年第 3 期)。

要对这些法学领域专家的观点做出适当的评论，首先要做的是准确把握和分门别类，其次还应当对这些批判观点的技术实质分析到位。对当前的人工智能从技术原理来说，有能力做出合适的技术角度评价，可以首先掌握一些统计学和概率论的知识，李连江的《戏说统计：文科生的量化方法》（中国政法大学出版社 2017 年版）适合零基础的法科生阅读，其次是一些机器学习和深度学习的基础知识，可以阅读吴飞编著的《人工智能导论：模型与算法》（高等教育出版社 2020 年版），并且有必要比较两种方法间的差异，这方面推荐阅读唐亘的《精通数据科学：从线性回归到深度学习》（人民邮电出版社 2018 年版）。这几本书都是各自领域相对入门的技术原理书，若要真正从技术层面回应法学领域专家的质疑，给出能或不能的答案，却离不开这些技术可行性的分析。

六、定量实证研究的方法革新

对人工智能的“定量实证研究的方法贡献”感兴趣的读者，推介延伸阅读：

首先，读者应当把第八章第一节所提到的《法学研究》近年来发表的系列量刑有关的实证文章收集并比较式阅读。通过对这些文章的阅读，应该能够建立起读者对于法律定量实证研究范式的认知基础。（吴雨豪：《量刑自由裁量权的边界：集体经验、个体决策与偏差识别》，载《法学研究》2021 年第 6 期；彭雅丽：《量刑指导意见的司法实践与重构——以盗窃罪为切入点》，载《法学研究》2021 年第 4 期；高通：《故意伤害案件中赔偿影响量刑的机制》，载《法学研究》2020 年第 1 期；王越：《故意杀人罪死刑裁量机制的实证研究》，载《法学研究》2017 年第 5 期；白建军：《基于法官集体经验的量刑预测研究》，载《法学研究》2016 年第 6 期；文姬：《醉酒型危险驾驶罪量刑影响因素实证研究》，载《法学研究》2016 年第 1 期。）

其次，读者可以对一些近年来的法律定量实证研究方法层面反思性质的论文加以关注，包括何挺专门提到作为法律定量分析重要的语料文书的使用情况研究（何挺：《法学研究中裁判文书运用的方法论检讨——以刑事法文献为例的内容分析》，载《法学研究》2022年第3期），还有一以贯之对定量实证研究加以关注的左卫民在人工智能等新技术的方法论意义方面的认识（左卫民：《迈向大数据法律研究》，载《法学研究》2018年第4期），以及邓矜婷、张建悦等人提出的一些具体引入人工智能技术的方法论（邓矜婷、张建悦：《计算法学：作为一种新的法学研究方法》，载《法学》2019年第4期）。

最后是一些采用新技术已经完成的定量实证研究成果。比如朱笑延采用LSTM算法，对新浪微博文本所做的情感分析研究，对降低刑事责任年龄的舆论诉求作了学术分析（朱笑延：《舆论与刑法的偏差式互动：刑事责任年龄个别下调的中国叙事》，载《法学家》2022年第1期）。读者也不必要限于法学的视野，整个社会科学的研究方法都在受人工智能等新兴技术的影响，本章提到的很多研究成果，都可在马修·萨尔加尼克的《计算社会学——数据时代社会研究》中找到出处（中信出版社2019年版）。

七、大模型时代法律职业技能

本书主要希望引起年轻的法律人对“法律职业未来”的思考，推介延伸阅读：值得单独提及英国牛津大学教授理查德·萨斯坎德，他是一位专注于研究数字技术可能对法律实践带来影响的学者，翻译到国内的作品包括《法律人的明天会怎样：法律职业的未来》（北京大学出版社2015年版），《线上法院与未来司法》（北京大学出版社2021年版）等，很多在出版时候显得超前的想法，被法律事务部门所接受并已成为当下的现实。

前述法律人面向法律科技领域发展的话，了解一下人工智能的前沿，着重认识产品经理这个角色，我个人认为是有益的。根据我的阅读经历，推荐一本关于大模型原理及其应用深入浅出的书（龙志勇、黄雯:《大模型时代:ChatGPT 开启通用人工智能浪潮》,中译出版社 2023 年版),其中有讲到美国的法律科技应用情况,和一本产品经理的个人方法心得总结的书(俞军等:《俞军产品方法论》,中信出版社 2020 年版)。

如果从面向数字化的未来,掌握基本的工具角度,因为法律的语料当前主要是文本:首先,掌握一些基础的 Python 编程语言语法是必要的,在此推荐的也是我自己用过的齐伟《跟老齐学 Python》(电子工业出版社 2017 年版)。其次,更重要的是实战中多尝试使用,我认为用的比较多的是:(1)爬虫技术(崔庆才:《Python 3 网络爬虫开发实战》,人民邮电出版社 2021 年版);(2)正则技术([美]Ben Forta:《正则表达式必知必会》,杨涛等译,人民邮电出版社 2015 年版);(3)Pandas 这一重要的数据处理工具,可以查阅用户的使用文档或者买本书(李庆辉:《深入浅出 Pandas:利用 Python 进行数据处理分析》,机械工业出版社 2021 年版)。这些工具可以通过 Python 直接调用。最后,关于从规范研究的视角如何提问和定量分析的价值,国内已有立足于该视角的成果做了示范,可以借鉴(江溯:《以危险方法危害公共安全罪认定规则研究》,载《中国法学》2021 年第 4 期)。

参考文献

一、著作

[1][英]安东尼·吉登斯:《现代性的后果》,田禾译,译林出版社 2011 年版。

[2][美]彼得·蒂尔、布莱克·马斯特斯:《从 0 到 1》,高玉芳译,中信出版社 2015 年版。

[3]薄世宁:《医学通识讲义》,中信出版集团 2019 年版。

[4]陈国平、田禾主编:《中国法院信息化发展报告》,社会科学文献出版社 2022 年版。

[5]陈瑞华:《看得见的正义》,北京大学出版社 2013 年版。

[6]陈林林:《裁判的进路与方法》,中国政法大学出版社 2007 年版。

[7][瑞典]大卫·萨普特:《被算法操控的生活:重新定义精准广告、大数据和 AI》,易文波译,湖南科学技术出版社 2020 年版。

[8][美]戴维·萨尔斯伯格:《女士品茶:统计学如何变革了科学和生活》,刘清山译,江西人民出版社 2016 年版。

[9][美]道恩·格里菲思:《深入浅出统计学》,李芳译,电子工业出版社 2018 年版。

[10]邓正来:《中国法学向何处去》,商务印书馆 2011 年版。

[11][美]格雷格·伯曼、奥布里·福克斯:《失败启示录:刑事司法改革的美国故事》,何挺译,北京大学出版社 2017 年版。

[12][英]汉娜·弗莱:《算法统治世界》,李英松译,贵州人民出版社 2021 年版。

[13][德]汉斯 – 约阿希姆·穆泽拉克:《德国民事诉讼法基础教程》,中国政法大学出版社 2005 年版。

[14]黄仁宇:《中国大历史》,生活·读书·新知三联书店2007年版。
[15][美]加里·格尔茨、詹姆斯·马奥尼:《两种传承:社会科学中的定性与定量研究》,刘军译,格致出版社2016年版。
[16]贾俊平、何晓群、金勇进编著:《统计学》(第6版),中国人民大学2015年版。
[17]江伟主编:《民事诉讼法学关键问题》,中国人民大学出版社2010年版。
[18]姜世明:《民事诉讼法基础论》(第9版),台北,元照出版有限公司2016年版。
[19]姜世明:《民事诉讼法基础论》,台北,元照出版有限公司2006年版。
[20]姜世明:《新民事证据法论》,厦门大学出版社2017年版。
[21]焦宝乾:《法律论证:思维与方法》,北京大学出版社2010年版。
[22][美]杰奥夫雷·G.帕克、马歇尔·W.范·埃尔斯泰恩、桑基特·保罗·邱达利:《平台革命——改变世界的商业模式》,志鹏译,机械工业出版社2022年版。
[23][美]杰罗姆·弗兰克:《初审法院——美国司法中的神话与现实》,赵承寿译,中国政法大学出版社2007年版。
[24][美]Jeffery E. F. Friedl:《精通正则表达式》,唐学韬等译,电子工业出版社2012年版。
[25][德]卡尔·恩吉施:《法律思维导论》,郑永流译,法律出版社2014年版。
[26][德]卡尔·拉伦茨:《法学方法论》,陈爱娥译,商务印书馆2003年版。
[27][美]凯文·D.阿什利:《人工智能与法律解析》,邱昭继译,商务印书馆2020年版。
[28][美]克劳德·M.斯蒂尔:《刻板印象——我们为何歧视与被歧视》,陈默译,民主与建设出版社2021年版。
[29]黎宏:《刑法学》,法律出版社2012年版。
[30]李航:《统计学习方法》,清华大学出版社2019年版。
[31]李连江:《戏说统计:文科生的量化方法》,中国政法大学出版社2017年版。
[32]李林、田禾、吕艳滨:《中国法院信息化发展报告No.1(2017)》,社会科学文献出版社2017年版。
[33][美]理查德·波斯纳:《波斯纳法官司法反思录》,苏力译,北京大学出版社2014年版。
[34][美]理查德·波斯纳:《法官如何思考》,苏力译,北京大学出版社2009

年版。

[35][美]理查德·瓦瑟斯特罗姆:《法官如何裁判》,孙海波译,中国法制出版社2016年版。

[36]梁德阔、徐大慰编著:《国外青少年犯罪的实证研究精解》,中国人民公安大学出版社2014年版。

[37]梁睿坤:《虫术:Python绝技》,电子工业出版社2018年版。

[38]林毅夫:《本体与常无:经济学方法论对话》,北京大学出版社2012年版。

[39]林钰雄:《刑事诉讼法》(下),中国人民大学出版社2005年版。

[40]刘树德:《裁判文书说理原论》,法律出版社2023年版。

[41]刘知远、崔安颀等:《大数据智能》,电子工业出版社2016年版。

[42]龙志勇、黄雯:《大模型时代:ChatGPT开启通用人工智能浪潮》,中译出版社2023年版。

[43][英]马修·布伦南:《字节跳动:从0到1的秘密》,刘勇军译,湖南文艺出版社2021年版。

[44][澳]迈克尔·尼尔森:《深入浅出神经网络与深度学习》,朱小虎译,人民邮电出版社2020年版。

[45][美]佩德罗·多明戈斯:《终极算法:机器学习和人工智能如何重塑世界》,黄芳萍译,中信出版集团2017年版。

[46][德]普维庭:《现代证明责任问题》,吴越译,法律出版社2006年版。

[47][德]齐佩利乌斯:《法学方法论》,金振豹译,法律出版社2009年版。

[48]唐亘:《精通数据科学:从线性回归到深度学习》,人民邮电出版社2018年版。

[49][美]唐纳德·J.布莱克:《法律的运作行为》,唐越、苏力译,中国政法大学出版社1994年版。

[50][美]托马斯·库恩:《科学革命的结构》,金吾伦、胡新和译,北京大学出版社2012年版。

[51]王亚新、陈杭平、刘君博:《中国民事诉讼法重点讲义》,高等教育出版社2017年版。

[52]王亚新:《对抗与判定》,清华大学出版社2010年版。

[53]王泽鉴:《民法思维:请求权基础理论体系》,北京大学出版社2009年版。

[54][美]韦斯·麦金尼:《利用Python进行数据分析》,唐学韬等译,机械工业出

版社 2013 年版。
[55]吴飞编著:《人工智能导论:模型与算法》,高等教育出版社 2020 年版。
[56]吴杰:《民事诉讼证明标准理论研究》,法律出版社 2007 年版。
[57]吴军:《智能时代:5G、IoT 构建超级智能新机遇》,中信出版集团 2020 年版。
[58]吴明隆:《结构方程模型——AMOS 的操作与应用》,重庆大学出版社 2010 年版。
[59][土]锡南·厄兹代米尔、迪夫娅·苏萨拉:《特征工程入门与实践》,庄嘉盛译,人民邮电出版社 2019 年版。
[60][日]棚濑孝雄:《纠纷的解决与审判制度》,王亚新译,中国政法大学出版社 1994 年版。
[61][日]小岛宽之:《你一定爱读的极简统计学》,孔霈译,台海出版社 2015 年版。
[62]谢宇:《社会学方法与定量研究》,社会科学文献出版社 2012 年版。
[63]熊秉元:《正义的成本:当法律遇上经济学》,东方出版社 2014 年版。
[64]许士宦:《证据搜集与纷争解决》,台北,新学林出版股份有限公司 2005 年版。
[65][荷]扬·斯密茨:《法学的观念与方法》,魏磊杰、吴雅婷译,法律出版社 2017 年版。
[66]杨贝:《裁判文书说理的规范与方法》,法律出版社 2022 年版。
[67][白俄罗斯]叶夫根尼·莫罗佐夫:《技术至死:数字化生存的阴暗面》,张行舟、闾佳译,电子工业出版社 2014 年版。
[68][美]伊恩·古德费洛、[加]约书亚·本吉奥、[加]亚伦·库维尔:《深度学习》,赵申剑等译,人民邮电出版社 2017 年版。
[69]张建峰编著:《数字政府 2.0》,中信出版社 2019 年版。
[70]张明楷:《刑法分则的解释原理》,中国人民大学出版社 2011 年版。
[71]郑世保:《在线解决纠纷机制(ODR)研究》,法律出版社 2012 年版。
[72]周志华:《机器学习》,清华大学出版社 2016 年版。
[73][美]朱迪思·S. 奥尔森、温蒂·A. 凯洛格编:《人机交互之道:研究方法与实例》,付志勇、王大阔译,清华大学出版社 2022 年版。
[74]邹碧华、许可等:《民商事审判方法》,法律出版社 2017 年版。
[75]邹碧华:《要件审判九步法》,法律出版社 2010 年版。

[76][美]朱迪亚·珀尔、达纳·麦肯齐:《为什么:关于因果关系的新科学》,江生、于华译,中信出版社2019年版。

二、中文期刊、报纸

[1]白斌:《让理性司法体现在“说理之中”》,载《人民法院报》2018年8月8日,第2版。

[2]白建军:《从中国犯罪率数据看罪因、罪行与刑罚的关系》,载《中国社会科学》2010年第2期。

[3]白建军:《基于法官集体经验的量刑预测研究》,载《法学研究》2016年第6期。

[4]白建军:《中国民众刑法偏好研究》,载《中国社会科学》2017年第1期。

[5]参见侯猛:《CSSCI法学期刊:谁更有知识影响力?》,载《北大法律评论》2009年第2期。

[6]曹瀚予:《大数据在立法后评估中的应用析论》,载《自然辩证法通讯》2018年第11期。

[7]陈柏峰:《中国法治社会的结构及其运行机制》,载《中国社会科学》2019年第1期。

[8]陈晨:《刑事司法责任制改革再认识——以员额制改革为视角》,载《法学》2022年第8期。

[9]陈杭平:《诉讼标的理论的新范式——“相对化”与我国民事审判实务》,载《法学研究》2016年第4期。

[10]陈金钊:《通过法学发展思想——〈对书斋里的法学家〉的反思》,载《华东政法学院学报》2006年第6期。

[11]陈景辉:《人工智能的法律挑战:应该从哪里开始?》,载《比较法研究》2018年第5期。

[12]陈铭强:《论法官惩戒委员会的法律地位》,载《政治与法律》2020年第2期。

[13]陈甦:《体系前研究到体系后研究的范式转型》,载《法学研究》2011年第5期。

[14]陈卫东、程雷:《隔离式量刑程序实验研究报告——以芜湖模式为样本》,载《中国社会科学》2012年第9期。

[15]程金华:《检察人员对分类管理改革的立场——以问卷调查为基础》,载《法

学研究》2015 年第 4 期。
[16]程金华:《迈向科学的法律实证研究》,载《清华法学》2018 年第 4 期。
[17]崔靖梓:《算法歧视挑战下平等权保护的危机与应对》,载《法律科学(西北政法大学学报)》2019 年第 3 期。
[18]单勇:《犯罪热点成因:基于空间相关性的解释》,载《中国法学》2016 年第 2 期。
[19][德]沃斯·金德豪伊泽尔:《适应与自主之间的德国刑法教义学——用教义学来控制刑事政策的边界?》,蔡桂生译,载《国家检察官学院学报》2010 年第 5 期。
[20]邓矜婷、张建悦:《计算法学:作为一种新的法学研究方法》,载《法学》2019 年第 4 期。
[21]丁晓东:《基于信任的自动化决策:算法解释权的原理反思与制度重构》,载《中国法学》2022 年第 1 期。
[22]丁晓东:《论算法的法律规制》,载《中国社会科学》2020 年第 12 期。
[23]丁颖:《网上消费者争议的在线解决——以淘宝平台模式为例》,载《武大国际法评论》2014 年第 1 期。
[24]方兴东:《中国互联网治理模式的演进与创新——兼论"九龙治水"模式作为互联网治理制度的重要意义》,载《人民论坛·学术前沿》2016 年第 6 期。
[25]方旭辉:《ODR——多元化解决电子商务版权纠纷新机制》,载《法学论坛》2017 年第 4 期。
[26]方旭辉:《网上纠纷解决机制的新发展——从网络陪审团到大众评审制度》,载《江西社会科学》2014 年第 11 期。
[27]冯晶:《支持理论下民事诉讼当事人法律意识的实证研究》,载《法学研究》2020 年第 1 期。
[28]冯玉军:《中国法律规范体系与立法效果评估》,载《中国社会科学》2017 年第 12 期。
[29]《改革开放四十年 从信息化到智慧法院 你不知道的历史》,载人民法院网 2018 年 12 月 19 日,https://www.chinacourt.org/article/detail/2018/12/id/3614898.shtml。
[30]高通:《故意伤害案件中赔偿影响量刑的机制》,载《法学研究》2020 年第 1 期。

[31]高童非:《数字时代司法责任伦理之守正》,载《法制与社会发展》2022 年第 1 期。
[32]高薇:《互联网争议解决的制度分析 两种路径及其社会嵌入问题》,载《中外法学》2014 年第 4 期。
[33]高翔:《智能司法的辅助决策模型》,载《华东政法大学学报》2021 年第 1 期。
[34]顾培东:《也论中国法学向何处去》,载《中国法学》2009 年第 1 期。
[35]韩烜尧:《我国非司法 ODR 的适用与完善——以闲鱼小法庭为例》,载《北京工商大学学报(社会科学版)》2020 年第 5 期。
[36]何帆:《法官为何疏离法学期刊》,载《法治日报》2009 年 8 月 5 日,第 10 版。
[37]洪冬英:《司法如何面向"互联网 +"与人工智能等技术革新》,载《法学》2018 年第 11 期。
[38]胡凌:《刷脸:身份制度、个人信息与法律规制》,载《法学家》2021 年第 2 期。
[39]胡铭:《审判中心、庭审实质化与刑事司法改革——基于庭审实录和裁判文书的实证研究》,载《法学家》2016 年第 4 期。
[40]胡铭:《司法公信力的理性解释与建构》,载《中国社会科学》2015 年第 4 期。
[41]胡铭、周翔:《看得见的"数字法学"》,载《中国社会科学报》2022 年 3 月 1 日,第 8 版。
[42]季卫东:《人工智能时代的法律议论》,载《法学研究》2019 年第 6 期。
[43]姜世明:《民事诉讼中当事人之具体义务》,载《政大法学评论》2005 年第 88 期。
[44]解正山:《算法决策规制——以算法"解释权"为中心》,载《现代法学》2020 年第 1 期。
[45]雷磊:《法教义学的基本立场》,载《中外法学》2015 年第 1 期。
[46]雷磊:《社会主义核心价值观融入司法裁判的方法论反思》,载《法学研究》2023 年第 1 期。
[47]雷磊:《司法人工智能能否实现司法公正?》,载《政法论丛》2022 年第 4 期。
[48]李本森:《刑事速裁程序试点实效检验——基于 12666 份速裁案件裁判文书的实证分析》,载《法学研究》2017 年第 5 期。
[49]李朝:《量化法治的权利向度——法治环境评估的构建与应用》,载《法制与社会发展》2019 年第 1 期。
[50]李成:《人工智能歧视的法律治理》,载《中国法学》2021 年第 2 期。

[51]李成:《社会融入:禁止职业歧视的价值基础重构》,载《中外法学》2015 年第 5 期。
[52]李敏、白洋:《论法官与当事人沟通行为的正当化——兼谈〈民事诉讼法〉新增第 44 条第三款的制度意义》,载《河南工程学院学报(社会科学版)》2014 年第 3 期。
[53]李润生:《论医疗人工智能的法律规制——从近期方案到远期设想》,载《行政法学研究》2020 年第 4 期。
[54]李润生:《论医疗人工智能"黑箱"难题的应对策略和规制进路》,载《东南大学学报(哲学社会科学版)》2021 年第 6 期。
[55]李学尧等:《认知流畅度对司法裁判的影响》,载《中国社会科学》2014 年第 5 期。
[56]李训虎:《刑事司法人工智能的包容性规制》,载《中国社会科学》2021 年第 2 期。
[57]栗峥:《人工智能与事实认定》,载《法学研究》2020 年第 1 期。
[58]林洹民:《〈个人信息保护法〉中的算法解释权:兼顾公私场景的区分规范策略》,载《法治研究》2022 年第 5 期。
[59]林洹民:《自动决策算法的风险识别与区分规制》,载《比较法研究》2022 年第 2 期。
[60]凌斌:《法官如何说理:中国经验与普遍原理》,载《中国法学》2015 年第 5 期。
[61]凌斌:《什么是法教义学:一个法哲学追问》,载《中外法学》2015 年第 1 期。
[62]刘东亮:《技术性正当程序:人工智能时代程序法和算法的双重变奏》,载《比较法研究》2020 年第 5 期。
[63]刘东亮:《新一代法律智能系统的逻辑推理和论证说理》,载《中国法学》2022 年第 3 期。
[64]刘建利:《医疗人工智能临床应用的法律挑战及应对》,载《东方法学》2019 年第 5 期。
[65]刘善霞:《法官的沟通艺术》, 载《人民法院报》2017 年 5 月 19 日,第 6 版。
[66]刘哲玮:《民事电子证据:从法条独立到实质独立》,载《证据科学》2015 年第 6 期。
[67]刘忠:《规模与内部治理——中国法院编制变迁三十年(1978—2008)》,载

《法制与社会发展》2012 年第 5 期。
[68]刘忠:《政法委的构成与运作》,载《环球法律评论》2017 年第 3 期。
[69]陆永棣:《从立案审查到立案登记:法院在社会转型中的司法角色》,载《中国法学》2016 年第 2 期。
[70]吕炳斌:《论个人信息处理者的算法说明义务》,载《现代法学》2021 年第 4 期。
[71]罗尔夫·施蒂尔纳、周翠:《当事人主导与法官权限——辩论主义与效率冲突中的诉讼指标与实质阐明》,载《清华法学》2011 年第 2 期。
[72]罗书臻:《最高人民法院印发案件信息业务标准》,载《人民法院报》2015 年 9 月 7 日,第 1 版。
[73]马长山:《司法人工智能的重塑效应及其限度》,载《法学研究》2020 年第 4 期。
[74]《卖家因差评电话骚扰买家 警方出面解决遭报复》,载 http://news.sohu.com/20140618/n400978826.shtml,2021 年 5 月 1 日访问。
[75]苗生明:《新时代检察权的定位、特征与发展趋向》,载《中国法学》2019 年第 6 期。
[76]《男子淘宝给差评 卖家给其寄送"裹尸袋"》,载 http://news.sohu.com/20140903/n404012709.shtml,2021 年 5 月 1 日访问。
[77]潘庸鲁:《人工智能介入司法领域路径分析》,载《东方法学》2018 年第 3 期。
[78]彭清燕:《环境群体性事件司法治理的模式评判与法理创新》,载《法学评论》2013 年第 5 期。
[79]彭小龙:《涉诉信访治理的正当性与法治化——1978—2015 年实践探索的分析》,载《法学研究》2016 年第 5 期。
[80]彭雅丽:《量刑指导意见的司法实践与重构——以盗窃罪为切入点》,载《法学研究》2021 年第 4 期。
[81]钱弘道、王朝霞:《论中国法治评估的转型》,载《中国社会科学》2015 年第 5 期。
[82]钱祎、阮家骅:《浙江打造"数字检察"重大标志性成果》,载人民网 2021 年 3 月 1 日,http://zj.people.com.cn/n2/2021/0301/c186806-34598071.html。
[83]屈茂辉:《基于裁判文书的法学实证研究之审视》,载《现代法学》2020 年第 3 期。

[84]屈茂辉:《违约金酌减预测研究》,载《中国社会科学》2020 年第 5 期。

[85]申卫星、刘云:《法学研究新范式:计算法学的内涵、范畴与方法》,载《法学研究》2020 年第 5 期。

[86]申欣旺:《淘宝互联网纠纷解决机制——结构化维权及其司法价值》,载《法庭内外》2016 年第 3 期。

[87]沈冠伶:《武器平等原则于医疗诉讼之适用》,载《月旦法学杂志》第 127 期(2005 年)。

[88]沈伟:《法律可以促进中小企业发展吗?——基于〈上海市促进中小企业发展条例〉立法后评估的实证分析》,载《政法论丛》2018 年第 2 期。

[89]盛宏文:《"另案处理"案件中的问题与检察监督机制建设》,载《人民检察》2013 年第 3 期。

[90]《手机淘宝"问大家"排序方式的秘诀》,载 http://mt. sohu. com/20170315/n483383472. shtml,2021 年 6 月 1 日访问。

[91]宋旭光:《论司法裁判的人工智能化及其限度》,载《比较法研究》2020 年第 5 期。

[92]苏力:《从法学著述引证看中国法学——中国法学研究现状考察之二》,载《中国法学》2003 年第 2 期。

[93]苏力:《审判管理与社会管理——法院如何有效回应"案多人少"?》,载《中国法学》2010 年第 6 期。

[94]苏力:《只是与写作相关》,载《中外法学》2015 年第 1 期。

[95]苏宇:《算法规制的谱系》,载《中国法学》2020 年第 3 期。

[96]隋岳:《审判能力跟上时代 司法服务紧贴需求》,载《人民法院报》2019 年 1 月 4 日,第 1 版。

[97]孙海波:《反思智能化裁判的可能及限度》,载《国家检察官学院学报》2020 年第 5 期。

[98]孙晓勇:《司法大数据在中国法院的应用与前景展望》,载《中国法学》2021 年第 4 期。

[99]万毅、林喜芬:《司法权威 · 法官规训 · 制度网络——对法官角色的一种法社会学分析》,载《南京师大学报(社会科学版)》2005 年第 5 期。

[100]万毅:《刑事诉讼法解释论》,载《中国法学》2007 年第 2 期。

[101]汪庆华:《算法透明的多重维度和算法问责》,载《比较法研究》2020 年第

6 期。

[102]汪习根:《论法治中国的科学含义》,载《中国法学》2014 年第 2 期。

[103]王聪:《我国司法判决说理修辞风格的塑造及其限度——基于相关裁判文书的经验分析》,载《法制与社会发展》2019 年第 3 期。

[104]王禄生:《论法律大数据"领域理论"的构建》,载《中国法学》2020 年第 2 期。

[105]王禄生:《论刑事诉讼的象征性立法及其后果——基于 303 万判决书大数据的自然语义挖掘》,载《清华法学》2018 年第 6 期。

[106]王禄生:《司法大数据与人工智能技术应用的风险及伦理规制》,载《法商研究》2019 年第 2 期。

[107]王越:《故意杀人罪死刑裁量机制的实证研究》,载《法学研究》2017 年第 5 期。

[108]王越:《量刑规范性水平的实证检验:以故意伤害罪为例的分析》,载《法学家》2020 年第 6 期。

[109]王竹:《司法人工智能推理辅助的"准三段论"实现路径》,载《政法论坛》2022 年第 5 期。

[110]王子晨:《论 ODR 平台的多元规制系统》,载《科技与法律》2016 年第 4 期。

[111]魏斌:《司法人工智能融入司法改革的难题与路径》,载《现代法学》2021 年第 3 期。

[112]魏斌:《智慧司法的法理反思与应对》,载《政治与法律》2021 年第 8 期。

[113]魏晓娜:《依法治国语境下检察机关的性质与职权》,载《中国法学》2018 年第 1 期。

[114]魏远山:《算法透明的迷失与回归:功能定位与实现路径》,载《北方法学》2021 年第 1 期。

[115]文姬:《信用卡诈骗罪量刑实证研究》,载《法学论坛》2018 年第 4 期。

[116]文姬:《醉酒型危险驾驶罪量刑影响因素实证研究》,载《法学研究》2016 年第 1 期。

[117]吴邦国:《在形成中国特色社会主义法律体系座谈会上的讲话》,载《中国人大》2011 年第 2 期。

[118]吴习彧:《裁判人工智能化的实践需求及其中国式任务》,载《东方法学》2018 年第 2 期。

[119]吴雨豪:《量刑自由裁量权的边界:集体经验、个体决策与偏差识别》,载《法学研究》2021 年第 6 期。

[120]吴泽勇:《民事诉讼法教义学的登场——评王亚新、陈杭平、刘君博:〈中国民事诉讼法重点讲义〉》,载《交大法学》2018 年第 3 期。

[121][日]小岛武司:《现代型诉讼的意义和特质》,载陈刚主编:《自律型社会与正义的综合体系:小岛武司先生七十华诞纪念文集》,中国法制出版社 2006 年版。

[122]刁超、曹宁、龚浩川:《"旋转门"影响证券监管执法吗?》,载《清华法学》2018 年第 4 期。

[123]席涛:《立法评估:评估什么和如何评估(上)——以中国立法评估为例》,载《政法论坛》2012 年第 5 期。

[124]肖永平、谢新胜:《ODR:解决电子商务争议的新模式》,载《中国法学》2003 年第 6 期。

[125]《新浪微博人身权益纠纷线上投诉功能上线公告》,载微博"张家界网警",https://weibo. com/ttarticle/p/show? id = 2309404127168 966841475,2021 年 6 月 1 日访问。

[126]熊晓彪:《概率推理:实现审判智能决策的结构化进路》,载《中外法学》2022 年第 5 期。

[127]徐凤:《人工智能算法黑箱的法律规制——以智能投顾为例展开》,载《东方法学》2019 年第 6 期。

[128]徐琳:《人工智能推算技术中的平等权问题之探讨》,载《法学评论》2019 年第 3 期。

[129]许可:《驯服算法:算法治理的历史展开与当代体系》,载《华东政法大学学报》2022 年第 1 期。

[130]许少波:《论民事起诉前之证据收集》,载《法律科学(西北政法大学学报)》2014 年第 1 期。

[131]薛剑祥:《略论法官沟通能力的养成与实现》,载《法律适用》2013 年第 3 期。

[132]杨贝:《裁判文书说理写作四步法》,载《中国应用法学》2022 年第 1 期。

[133]姚颉靖、张志军:《法院智慧执行的制约及其纾解路径》,载《上海交通大学学报(哲学社会科学版)》2020 年第 2 期。

[134]衣俊霖:《数字孪生时代的法律与问责——通过技术标准透视算法黑箱》,载《东方法学》2021 年第 4 期。

[135]于晓虹:《计算法学:展开维度、发展趋向与视域前瞻》,载《现代法学》2020 年第 1 期。

[136]喻中:《从立法中心主义转向司法中心主义?——关于几种“中心主义”研究范式的反思、延伸与比较》,载《法商研究》2008 年第 1 期。

[137]袁康:《可信算法的法律规制》,载《东方法学》2021 年第 3 期。

[138]张璁:《二〇二二年“清朗”系列专项行动 聚焦十个方面重点任务开展整治》,载《人民日报》2022 年 3 月 18 日,第 2 版。

[139]张恩典:《大数据时代的算法解释权:背景、逻辑与构造》,载《法学论坛》2019 年第 4 期。

[140]张广兴:《中国法学研究之转型:以民法学研究为例》,载《法学研究》2011 年第 6 期。

[141]张凌寒:《商业自动化决策的算法解释权研究》,载《法律科学(西北政法大学学报)》2018 年第 3 期。

[142]张凌寒:《算法权力的兴起、异化及法律规制》,载《法商研究》2019 年第 4 期。

[143]张文显:《法治与国家治理现代化》,载《中国法学》2014 年第 4 期。

[144]张欣:《从算法危机到算法信任:算法治理的多元方案和本土化路径》,载《华东政法大学学报》2019 年第 6 期。

[145]张欣:《算法解释权与算法治理路径研究》,载《中外法学》2019 年第 6 期。

[146]张欣:《我国人工智能技术标准的治理效能、路径反思与因应之道》,载《中国法律评论》2021 年第 5 期。

[147]张志铭:《转型中国的法律体系建构》,载《中国法学》2009 年第 2 期。

[148]赵朝琴、刘树德:《关于裁判文书说理责任制度构建的思考》,载《法律适用》2017 年第 23 期。

[149]赵军:《死刑存废的民意维度——以组织卖淫罪可罚性观念的测量为中心》,载《法学研究》2015 年第 2 期。

[150]浙江省人民检察院:《以数字化改革撬动法律监督　全省数字检察专题会议召开》,载浙江检察网 2021 年 3 月 1 日,http://www.zjjcy.gov.cn/art/2021/3/1/art_26_186888.html。

[151]郑世保:《在线纠纷解决机制的困境和对策》,载《法律科学(西北政法大学

学报)》2013 年第 6 期。

[152] 郑曦:《人工智能技术在司法裁判中的运用及规制》,载《中外法学》2020 年第 3 期。

[153] 周汉华:《习近平互联网法治思想研究》,载《中国法学》2017 年第 3 期。

[154] 周黎安:《行政发包制》,载《社会》2014 年第 6 期。

[155] 周维平、邵新:《论刑事裁判文书事实说理"三环九步法"》,载《中国应用法学》2021 年第 6 期。

[156] 周翔:《机器学习模型在司法智能系统开发中的应用——羁押必要性评估智能系统研发侧记》,载《上海法学研究》集刊 2019 年第 9 卷(总第 9 卷)。

[157] 周翔、刘东亮:《法学研究目标受众选择的大数据分析》,载《法学研究》2020 年第 1 期。

[158] 周翔:《描述与解释:淘宝纠纷解决机制——ODR 的中国经验观察》,载《上海交通大学学报(哲学社会科学版)》2021 年第 4 期。

[159] 周翔:《司法数字化中的法律专家地位和参与方法——以检察机关为例》,载《浙江大学学报(人文社会科学版)》2023 年第 3 期。

[160] 周翔:《算法可解释性:一个技术概念的规范研究价值》,载《比较法研究》2023 年第 3 期。

[161] 周翔:《刑事司法人工智能实现结果公正的技术方法和限度》,载《中国刑事法杂志》2023 年第 4 期。

[162] 周翔:《智慧法院的生成机制与未来发展趋势》,载《西安交通大学学报(社会科学版)》2021 年第 3 期。

[163] 周翔:《作为法学研究方法的大数据技术》,载《法学家》2021 年第 6 期。

[164] 周新:《论我国检察权的新发展》,载《中国社会科学》2020 年第 8 期。

[165] 朱大旗、李帅:《法治视野下的司法预算模式建构》,载《中国社会科学》2016 年第 10 期。

[166] 朱景文:《论法治评估的类型化》,载《中国社会科学》2015 年第 7 期。

[167] 朱孝清:《国家监察体制改革后检察制度的巩固与发展》,载《法学研究》2018 年第 4 期。

[168] 追一科技:《ChatGPT 的前世今生:OpenAI 的技术"执拗""豪赌"》,载微信公众号"机器之心"2023 年 2 月 24 日,https://mp. weixin. qq. com/s/rNVhDjFeamxYiqo8dfYclw。

［169］左静鸣:《司法与民意:沟通是门学问》,载《人民法院报》2012 年 7 月 19 日,第 2 版。

［170］左卫民:《AI 法官的时代会到来吗——基于中外司法人工智能的对比与展望》,载《政法论坛》2021 年第 5 期。

［171］左卫民:《迈向大数据法律研究》,载《法学研究》2018 年第 4 期。

［172］左卫民:《审判委员会运行状况的实证研究》,载《法学研究》2016 年第 3 期。

［173］左卫民:《"诉讼爆炸"的中国应对:基于 W 区法院近三十年审判实践的实证分析》,载《中国法学》2018 年第 4 期。

［174］左卫民:《中国基层法院财政制度实证研究》,载《中国法学》2015 年第 1 期。

［175］左卫民:《时间都去哪儿了——基层法院刑事法官工作时间实证研究》,载《现代法学》2017 年第 5 期。

［176］左卫民:《中国应当构建什么样的刑事法律援助制度》,载《中国法学》2013 年第 1 期。

三、外文文献

［1］Adadi A. & Berrada M., *Peeking Inside the Black – box: A Survey on Explainable Artifcial Intelligence (xai)*, IEEE Access 6, p. 52138 – 52160(2018).

［2］Adler P., *Auditing Black – box Models by Obscuring Features*, arXiv Preprint arXiv:1602.07043(2016).

［3］Amina Adadi & Mohammed Berrada, *Peeking Inside the Black – Box: A Survey on Explainable Artificial Intelligence (XAI)*, 6 IEEE Access 52138 (2018).

［4］Arrieta A. B. et al., *Explainable Artifcial Intelligence (xai): Concepts, Taxonomies, Opportunities and Challenges Toward Responsible AI*, Inf Fus 58: p. 82 – 115(2020).

［5］Ashley K. D., *A Brief History of the Changing Roles of Case Prediction in AI and Law*, Law Context: A Socio – Legal J., 36: 93.

［6］Ashley K. D., *Artificial Intelligence and Legal Analytics: New Tools for Law Practice in the Digital Age*, Cambridge University Press, 2017, p. 2.

［7］Atkinson K., Bench – Capon T. & Bollegala D., *Explanation in AI and Law: Past, Present and Future*, Artificial Intelligence, 289: 103387(2020).

[8] Bao Q. et al. , *Charge Prediction with Legal Attention*, In: CCF International Conference on Natural Language Processing and Chinese Computing, p. 447 – 458. Springer.

[9] Benoit K et al. , *Crowd – sourced Text Analysis: Reproducible and Agile Production of Political Data*, American Political Science Review, Vol. 110:2, p. 278 – 295(2016).

[10] B. F. Skinner, *Science and Human Behavior*, Macmillan, 1965.

[11] Bi S. et al. , *Judicial Knowledge – enhanced Magnitude – aware Reasoning for Numerical Legal Judgment Prediction*, Artif Intell Law 1 – 34(2022).

[12] B. J. Dietvorst, J. P. Simmons & C. Massey, *Algorithm Aversion: People Erroneously Avoid Algorithms after Seeing Them Err*, 144 Journal of Experimental Psychology: General 114, 121 (2015).

[13] Bolukbasi T. et al. , *Man is to Computer Programmer as Woman is to Homemaker?* Debiasing Word Embeddings. Adv Neural Inf Process Syst 29.

[14] Branting L. K. et al. , *Scalable and Explainable Legal Prediction*, Artif Intell Law, Vol. 29:2, p. 213 – 238(2021).

[15] Brennan T. , Dieterich W. & Ehret B. , *Evaluating the Predictive Validity of the Compas Risk and Needs Assessment System*, Crim Justice Behav, Vol. 36:1, p. 21 – 40(2009).

[16] Butt U. M. et al. , *Spatio – temporal Crime Predictions by Leveraging Artificial Intelligence for Citizens Security in Smart Cities*, IEEE Access, Vol. 9, p. 47516 – 47529(2021).

[17] Chalkidis I. , Androutsopoulos I. & Aletras N. , *Neural Legal Judgment Prediction in English*, arXiv preprint arXiv:1906.02059(2019).

[18] Chen W. et al. , *Exploring Logically Dependent Multi – task Learning with Causal Inference*, Proceedings of the 2020 Conference on Empirical Methods in Natural Language Processing (EMNLP), p. 2213 – 2225(2020).

[19] Chugh N. , *Risk Assessment Tools on Trial: Lessons Learned for "Ethical AI" in the Criminal Justice System*, In: 2021 IEEE International Symposium on Technology and Society (ISTAS), p. 1 – 5.

[20] Church K. W. , *Word 2Vec*, Natural Language Engineering, Vol. 23:1, p. 155 –

162(2017).

[21]Cohen T. H. & Lowenkamp C., *Revalidation of the Federal Pretrial Risk Assessment Instrument (Ptra): Testing the Ptra for Predictive Biases*, Available at SSRN.

[22]C. Rudin, *Stop Explaining Black Box Machine Learning Models for High Stakes Decisions and Use Interpretable Models Instead*, 5 Nature Machine Intelligence 206 (2019).

[23]Cui J. et al., *A Survey on Legal Judgment Prediction: Datasets*, Metrics, Models and Challenges, arXiv(Aug. 22, 2023).

[24]Cui J., Shen X. & Wen S., *A Survey on Legal Judgment Prediction: Datasets, Metrics, Models and Challenges*, IEEE Access, (2023).

[25]Cui Y. et al., *Revisiting Pre – trained Models for Chinese Natural Language Processing*, arXiv preprint arXiv: 2004.13922, 2020.

[26]Cynthia Rudin, *Stop Explaining Black Box Machine Learning Models for High Stakes Decisions and Use Interpretable Models Instead*, 5 Nature Machine Intelligence 206, 206 – 215(2019).

[27]David Kästle et al., *Funktion und Stellenwert juristischer Kommentare in Geschichte und Gegenwart*, 2016.

[28]David Orentlicher, *The Infuence of a Professional Organization on Physician Behavior Symposium on the Legal and Ethical Implications of Innovative Medical Technology*, 57 Albany Law Review 583, 583 – 606(1993).

[29]Desmarais S. L. et al., *Predictive Validity of Pretrial Risk Assessments: A Systematic Review of the Literature*, Crim Justice Behav, Vol. 48: 4, p. 398 – 420 (2021).

[30]Devlin J. et al., *Bert: Pre – training of Deep Bidirectional Transformers for Language Understanding*, arXiv preprint arXiv: 1810.04805(2018).

[31]D. H. Park et al., *Attentive Explanations: Justifying Decisions and Pointing to the Evidence*, 1612 arXiv preprint 1 (2016).

[32]Dieterich W. Kent, *County Pretrial Services Outcomes Study: Developing and Testing the COMPAS Pretrial Release Risk Scale*, Northpointe.

[33]Dionne G., *Risk Management: History, Defnition, and Critique*, Risk Manag

Insur Rev, Vol. 16:2, p. 147 – 166(2013).

[34] Dong Q. & Niu S., *Legal Judgment Prediction Via Relational Learning*, Proceedings of the 44th International ACM SIGIR Conference on Research and Development in Information Retrieval, p. 983 – 992.

[35] Do P – K. et al., *Legal Question Answering Using Ranking Svm and Deep Convolutional Neural Network*, arXiv preprint arXiv:1703.05320(2017).

[36] Du M., Liu N. & Hu X., *Techniques for Interpretable Machine Learning*, Commun, Vol. 63:1, p. 68 – 77(2019).

[37] Edwards H, *The Growing Disjunction Between Legal Education and the Legal Profession*, Michigan Law Review, Vol. 91:1, p. 34 – 78(1992).

[38] Elizabeth Fahey & Zhirong Tao, *The Pretrial Discovery Process in Civil Cases: A Comparison of Evidence Discovery between China and the United States*, 37 B. C. Int'l & Comp. L. Rev. 281 (2014).

[39] Ella Glikson & Anita Williams Woolley, *Human Trust in Artificial Intelligence: Review of Empirical Research*, 14 Academy of Management Annals 627, 627 – 660(2020).

[40] E. L. Rubin, *On Beyond Truth: A Theory for Evaluating Legal Scholarship*, 80 Calif. L. Rev. 889 (1992).

[41] Fawei B. et al., *A Semi – automated Ontology Construction for Legal Question Answering*, New Gener Comput, Vol. 37:4, p. 453 – 478(2019).

[42] Feng M. et al., *Big Data Analytics and Mining for Effective Visualization and Trends Forecasting of Crime Data*, IEEE Access, Vol. 7, p. 106111 – 106123 (2019).

[43] Feng Y. et al., *Improving Statute Prediction Via Mining Correlations Between Statutes*, Asian Conference on Machine Learning, PMLR, p. 710 – 725(2019).

[44] Feng Y., Li C. & Ng V., *Legal Judgment Prediction: A Survey of the State of the Art*, Proceedings of the Thirty – First International Joint Conference on Artificial Intelligence(2022).

[45] Finale Doshi – Velez, Byron Wallace & Ryan Adams, *Graph – sparse Lda: A Topic Model with Structured Sparsity*, 29 Proceedings of the AAAI Conference on Artificial Intelligence1(2015).

[46] Gan L. et al. , *Judgment Prediction Via Injecting Legal Knowledge into Neural Networks*, In: Proceedings of the AAAI Conference on Artifcial Intelligence, Vol. 35, p. 12866 – 12874(2021).

[47] G. L. Priest, *The Growth of Interdisciplinary Research and the Industrial Structure of the Production of Legal Ideas: A Reply to Judge Edwards*, 91 Mich. L. Rev. , 1929 – 1944 (1993).

[48] González A. G. , *eBay Law: The Legal Implications of the C2C Electronic Commerce Model*, Computer Law & Security Review, Vol. 19:6, 468 – 473 (2003).

[49] Greg Council, *Automation: What is Cognitive Capture*, https://www. parascript. com/blog/automation – what – is – cognitive – capture/, 2019 年 12 月 13 日最后访问。

[50] Hacker P. et al. , *Explainable AI under Contract and Tort Law: Legal Incentives and Technical Challenges*, Artif Intell Law, Vol. 28:4, p. 415 – 439(2020).

[51] Haucap J. & Heimeshoff U. , *Google, Facebook, Amazon, eBay: Is the Internet Driving Competition or Market Monopolization?* International Economics and Economic Policy, Vol. 11:1, 49 – 61(2014).

[52] He C. et al. , *SECaps: A Sequence Enhanced Capsule Model for Charge Prediction*, International Conference on Artificial Neural Networks, p. 227 – 239 (2019).

[53] H. Edwards, *The Growing Disjunction between Legal Education and the Legal Profession*, 91 Mich. L. Rev. 34 – 78 (1992).

[54] Hüsken M. & Stagge P. , *Recurrent Neural Networks for Time Series Classification*, Neurocomputing, Vol. 50, p. 223 – 235.

[55] Huang W. et al. , *Generating Reasonable Legal Text Through the Combination of Language Modeling and Question Answering*, Proceedings of the Twenty – Ninth International Conference on International Joint Conferences on Artificial Intelligence, p. 3687 – 3693.

[56] Huang Y. et al. , *Legal Public Opinion News Abstractive Summarization by Incorporating Topic Information*, International Journal of Machine Learning and Cybernetics, Vol. 11, p. 2039 – 2050(2020).

[57] Hu Z. et al. , *Few – shot Charge Prediction with Discriminative Legal Attributes*, ACL Anthology https://aclanthology. org/C18 – 1041.

[58] J. Burrell, *How the Machine Thinks: Understanding Opacity in Machine Learning Algorithms*, 3 Big Data & Society 1, 4 (2016).

[59] J. Henrich et al. , "*Economic Man*" *in Cross – Cultural Perspective: Behavioral Experiments in* 15 *Small – Scale Societies*, 28 Behav. Brain Sci. 812 (2005).

[60] Jiang X. et al. , *Interpretable Rationale Augmented Charge Prediction System*, In: Proceedings of the 27th International Conference on Computational Linguistics: System Demonstrations, p. 146 – 151(2018).

[61] Ji Y. et al. , *CNN – based encoder – decoder Networks for Salient Object Detection: A Comprehensive Review and Recent Advances*, Information Sciences, Vol. 546, p. 835 – 857(2021).

[62] Johnson R. & Zhang T. , *Deep Pyramid Convolutional Neural Networks for Text Categorization*, In: Proceedings of the 55th Annual Meeting of the Association for Computational Linguistics(Vol. 1: Long Papers), p. 562 – 570(2017). Association for Computational Linguistics, Vancouver, Canada, https://doi. org/10. 18653/v1/P17 – 1052. https://aclanthology. org/P17 – 1052.

[63] Joulin A. et al. , *Bag of Tricks for Efcient Text Classifcation*, In: Proceedings of the 15th Conference of the European Chapter of the Association for Computational Linguistics, Vol. 2, Short Papers, p. 427 – 431 (2017). Association for Computational Linguistics, Valencia, Spain, https://aclanthology. org/E17 – 2068.

[64] Karr P, Groce J H. Committee on Rules of Practice and Procedure of the Judicial Conference of the United States, Insurance Councel Journal. 1962(29):345 – 356.

[65] Kim M – Y. & Goebel R. , *Two – step Cascaded Textual Entailment for Legal Bar Exam Question Answering*, In: Proceedings of the 16th Edition of the International Conference on Articial Intelligence and Law, p. 283 – 290(2017).

[66] Kingma D. P. & Ba J. , *Adam: A Method for Stochastic Optimization*, arXiv preprint arXiv:1412. 6980(2014).

[67] Kuang K. et al. , *Causal Inference*, Engineering, Vol. 6:3, p. 253 – 263(2020).

[68] Liang Huiying et al. , *Evaluation and Accurate Diagnoses of Pediatric Diseases Using Artificial Intelligence*, 25 Nature Medicine 433, 433 – 438(2019).

[69] Liao W. et al. , *Improved Sequence Generation Model for Multi – label Classification Via CNN and Initialized Fully Connection*, Neurocomputing, Vol. 382, p. 188 – 195(2020).

[70] Li Mengzi et al. , *IB – M: A Flexible Framework to Align an Interpretable Model and a Black – box Model*, 2020 IEEE International Conference on Bioinformatics and Biomedicine (BIBM) 643, 643 – 649(2020).

[71] Lin C. Y. , *Rouge: A Package for Automatic Evaluation of Summaries*, Text Summarization Branches out, p. 74 – 81.

[72] Lipton Z. C. , *The Mythos of Model Interpretability: In Machine Learning, the Concept of Interpretability Is Both Important and Slippery*, 16 Queue 31 (2018).

[73] Li Q. & Zhang Q. , *Court Opinion Generation from Case Fact Description with Legal Basis*, In Proceedings of the AAAI Conference on Artifcial Intelligence, Vol. 35, p. 14840 – 14848(2021).

[74] Li S. et al. , *Mann: A Multichannel Attentive Neural Network for Legal Judgment Prediction*, IEEE Access, Vol. 7, p. 151144 – 151155(2019).

[75] Liu A. T. , Li S. W. & Lee H. , *Tera: Self – supervised Learning of Transformer Encoder Representation for Speech*, IEEE/ACM Transactions on Audio, Speech, and Language Processing, Vol. 29, p. 2351 – 2366(2021).

[76] Liu C. et al. , *Rexuie: A Recursive Method with Explicit Schema Instructor for Universal Information Extraction*, The 2023 Conference on Empirical Methods in Naturd Language Processing 2023.

[77] Liu G. & Guo J. , *Bidirectional LSTM with Attention Mechanism and Convolutional Layer for Text Classification*, Neurocomputing, 337: p. 325 – 338.

[78] Liu L. et al. , *Interpretable Charge Prediction for Legal Cases Based on Interdependent Legal Information*, In: 2021 International Joint Conference on Neural Networks (IJCNN), p. 1 – 8(2021). IEEE.

[79] Liu Y – H & Chen Y – L, *A Two – phase Sentiment Analysis Approach for Judgement Prediction*, J Inf Sci, Vol. 44: 5, p. 594 – 607(2018).

[80] Li X. et al. ,*A Neural – Network – Based Model of Charge Prediction via the Judicial Interpretation of Crimes*,IEEE Access, Vol. 8,p. 101569 – 101579(2020).

[81] Long J. , Shelhamer E. & Darrell T. ,*Fully Convolutional Networks for Semantic Segmentation*,Proceedings of the IEEE Conference on Computer Vision and Pattern Recognition,p. 3431 –3440(2015).

[82] Long S. et al. ,*Automatic Judgment Prediction via Legal Reading Comprehension*, In: China National Conference on Chinese Computational Linguistics, p. 558 –572(2019). Springer.

[83] Luo B. et al. ,*Learning to Predict Charges for Criminal Cases with Legal Basis*, arXiv Preprint arXiv, :1707. 09168(2017).

[84] Madras D. , Pitassi T. & Zemel R. ,*Predict Responsibly: Improving Fairness and Accuracy by Learning to Defer*,Adv Neural Inf Process Syst 31(2018).

[85] Madsen A. , Reddy S. & Chandar S. ,*Post – hoc Interpretability for Neural Nlp: A Survey*, ACM Comput Surv (CSUR)(2021).

[86] Margaret Johns & Rex Perschbacher, *The United States Legal System: An Introduction*, Carolina Academic Press, 2012,p. 5.

[87] Maxine A. Papadakis et al. , *Disciplinary Action by Medical Boards and Prior Behavior in Medical School*, 92 Journal of Medical Regulation 11, 11 – 20 (2006).

[88] Melnik M. I. & Alm J. , *Does a Seller's Ecommerce Reputation Matter? Evidence from eBay Auctions*, The Journal of Industrial Economics,Vol. 50:3,337 – 349(2002).

[89] Miron M. el al. ,*Evaluating Causes of Algorithmic Bias in Juvenile Criminal Recidivism*,Artif Intell Law,Vol. 29:2,p. 111 – 147(2021).

[90] Mittelstadt B. ,*Principles Alone Cannot Guarantee Ethical AI*,Nature Machine Intelligence,Vol. 1:11,p. 501 –507(2019).

[91] Mn H. & Basheer I. ,*Comparison of Logistic Regression and Neural Network – based Classifers for Bacterial Growth*, Food Microbiol Vol. 20, p. 43 – 55. https://doi. org/10. 1016/S0740 –0020(02)00104 –1.

[92] Montelongo A. & Becker J. L. ,Tasks Performed in the Legal Domain Through Deep Learning:A Bibliometric Review,2020,p. 775 –781.

[93] M. Sato & H. Tsukimoto, *Rule Extraction from Neural Networks via Decision Tree Induction*, in Proceedings of IJCNN'01. International Joint Conference on Neural Networks, Vol. 3, 1870, 1870 (2001).

[94] M. T. Ribeiro et al., "*Why Should I Trust You?*": *Explaining the Predictions of Any Classifier*, in Proceedings of the 22nd ACM SIGKDD International Conference on Knowledge Discovery and Data Mining 1135, 1141 (Balaji Krishnapuram & Mohak Shah eds., Association for Computing Machinery 2016).

[95] Nicholas Diakopoulos et al., *Principles for Accountable Algorithms and a Social Impact Statement for Algorithms*, https://www.fatml.org/resources/principles-for-accountable-algorithms (accessed Jan. 10, 2022).

[96] Papineni K. et al., *Bleu: A Method for Automatic Evaluation of Machine Translation*, Proceedings of the 40th Annual Meeting of the Association for Computational Linguistics, p. 311-318 (2002).

[97] Peeters R. & Schuilenburg M., *Machine Justice: Governing Security Through the Bureaucracy of Algorithms*, Inf Polity, Vol. 23:3, p. 267-280.

[98] Peterson L. E., *K-nearest neighbor*, Scholarpedia, Vol. 4:2, p. 1883 (2009).

[99] Ramprasaath R. Selvaraju et al., *Grad-cam: Visual Explanations from Deep Networks via Gradient based Localization*, 2017 Proceedings of the IEEE International Conference on Computer Vision 618, 618-626 (2017).

[100] R. A. Posner, *Legal Scholarship Today*, 115 Harv. L. Rev. 1314-1326 (2002).

[101] R. A. Posner, *The Deprofessionalization of Legal Teaching and Scholarship*, 91 Mich. L. Rev. 1921 (1992).

[102] R. H. Coase, *The Institutional Structure of Production*, 82 Am. Econ. Rev. 713-719 (1992).

[103] Riccardo Guidotti et al., *A Survey of Methods for Explaining Black Box Models*, 51 ACM Computing Surveys 93 (2018).

[104] Rish I. et al., *An Empirical Study of the Naive Bayes Classifer*, In: IJCAI 2001 Workshop on Empirical Methods in Artifcial Intelligence, Vol. 3, p. 41-46 (2001).

[105] Rudin C., *Stop Explaining Black Box Machine Learning Models for High*

Stakes Decisions and Use Interpretable Models Instead,5 Nature Machine Intelligence(2019).

[106] Safavian S. R. & Landgrebe D. ,*A Survey of Decision Tree Classifer Methodology*,IEEE Trans Syst Man Cybern,Vol. 21:3,p. 660 – 674(1991).

[107] Salton G. & Buckley C. ,*Term – weighting Approaches in Automatic Text Retrieval*, Inf Proces Manag,Vol. 24:5,p. 513 – 523(1988).

[108] Singh A. & Mohapatra S. ,*Development of Risk Assessment Framework for Frst Time Ofenders Using Ensemble Learning*, IEEE Access 9: 135024 – 135033(2021).

[109] S. M. Lundberg & S. I. Lee, *A Unified Approach to Interpreting Model Predictions*, in Proceedings of the 31st International Conference on Neural Information Processing Systems 4768 (Ulrike von Luxburg ed. , Curran Associates Inc. ,2017).

[110] Sugie N F, *Utilizing Smartphones to Study Disadvantaged and Hard – to – reach Groups*, Sociological Methods & Research, Vol. 47: 3, p. 458 – 491 (2018).

[111] S. Vogenauer, *An Empire of Light? II: Learning and Lawmaking in Germany Today*, 26 Oxford J. Legal Stud. 627 – 663 (2006).

[112] S. Vogenauer, *An Empire of Light? Learning and Lawmaking in the History of German Law*, 64 Cambridge L. J. 481 – 500 (2005).

[113] T. Wang & Q. Lin, *Hybrid Predictive Models: When an Interpretable Model Collaborates with a Black – box Model*, 22 Journal of Machine Learning Research 1, 2 (2021).

[114] Vaswani A. et al. ,*Attention is all you Need*,Advances in Neural Information Processing Systems, 2017, 30.

[115] Vuong YT – H et al. ,*Sm – bert – cr: A Deep Learning Approach for Case Law Retrieval with Supporting Model*, Artif Intell Law,p. 1 – 28(2022).

[116] Wang T. & Lin Q. ,*Hybrid Predictive Models: When an Interpretable Model Collaborates with a Black – box Mode*,Journal of Machine Learning Research, 2021,p. 1 – 38.

[117] Wang T. & Lin Q. ,*Hybrid Predictive Models: When an Interpretable Model*

Collaborates with A Blackbox Model, J Mach Learn Res, Vol. 22, p. 137 (2021).

[118] Wu Y. et al., *De – biased Court's view Generation with Causality*, In: Proceedings of the 2020 Conference on Empirical Methods in Natural Language Processing (EMNLP), p. 763 – 780(2020).

[119] Wu Y. et al., *De – biased Court's view Generation with Causality*, Proceedings of the 2020 Conference on Empirical Methods in Natural Language Processing.

[120] Wu Y. et al., *De – biased Court's view Generation with Causality*, Proceedings of the 2020 Conference on Empirical Methods in Natural Language Processing (EMNLP), p. 763 – 780(2020).

[121] Wu Y. et al., *De – biased Court's View Generation with Causality*, Proceedings of the 2020 Conference on Empirical Methods in Natural Language Processing (EMNLP), p. 763 – 780(2020).

[122] Xu N. et al., *Distinguish Confusing Law Articles for Legal Judgment Prediction*, arXiv Preprint arXiv:2004.02557(2020).

[123] Xu Z. et al., *Multi – task Legal Judgement Prediction Combining A Subtask of the Seriousness of Charges*, In: China National Conference on Chinese Computational Linguistics, p. 415 – 429(2020). Springer.

[124] Yang H. et al., *Interpretable Legal Judgment Prediction Based on Improved Conditional Classifcation Tree*, In: Developments of Artifcial Intelligence Technologies in Computation and Robotics: Proceedings of the 14th International FLINS Conference (FLINS 2020), p. 336 – 343. World Scientifc.

[125] Yang W. et al., *Legal Judgment Prediction via Multi – perspective bi – feedback Network*, arXiv Preprint arXiv, 1905.03969, 2019.

[126] Ye Hai et al., *Interpretable Charge Predictions for Criminal Cases: Learning to Generate Court views from Fact Descriptions*, arXiv (Feb. 23, 2018), https://arxiv.org/pdf/1802.08504.pdf.

[127] Ye H. et al., *Interpretable Charge Predictions for Criminal Cases: Learning to Generate Court views from Fact Descriptions*, arXiv Preprint arXiv:1802.08504(2018).

[128] Ye H. et al., *Interpretable Charge Predictions for Criminal Cases: Learning to*

Generate Court views from Fact Descriptions, arXiv Preprint arXiv：1802. 08504，(2018).

[129] Yue L. et al.，*Circumstances Enhanced Criminal Court View Generation*, Proceedings of the 44th International ACM SIGIR Conference on Research and Development in Information Retrieval, p. 1855 – 1859(2021).

[130] Yue L. et al.，*Neurjudge：A Circumstance – aware Neural Framework for Legal Judgment Prediction*, Proceedings of the 44th International ACM SIGIR Conference on Research and Development in Information Retrieval, p. 973 – 982(2021).

[131] Zhong Haoxi et al.，*Overview of Cail 2018：Legal Judgment Prediction Competition*, arXiv (Oct. 13, 2018), https://arxiv.org/pdf/1810.05851.pdf.

[132] Zhong H. et al.，*How does NLP Benefit Legal System：A Summary of Legal Artificial Intelligence*, arXiv Preprint arXiv, 2004.

[133] Zhong H. et al.，*How does NLP Beneft Legal System：A Summary of Legal Artifcial Intelligence*, arXiv Preprint arXiv：2004. 12158(2020).

[134] Zhong H. et al.，*Legal Judgment Prediction via Topological Learning*, ACL Anthology https://aclanthology.org/D18 – 1390.

[135] Zhong H. et al.，*Legal Judgment Prediction via Topological Learning*, Proceedings of the 2018 Conference on Empirical Methods in Natural Language Processing, p. 3540 – 3549(2018).

[136] Zhou P. et al.，*Attention – based Bidirectional Long Short – term Memory Networks for Relation Classifcation*, In：Proceedings of the 54th Annual Meeting of the Association for Computational Linguistics (Vol. 2：Short Papers), p. 207 – 212(2010).

[137] Zhou X. et al.，*LK – IB：A Hybrid Framework with Legal Knowledge Injection for Compulsory Measure Prediction*, Artificial Intelligence and Law(2023).

[138] Zhuang Y. et al.，*Challenges and Opportunities：From Big Data to Knowledge in AI 2.0*, 18Frontiers of Information Technology & Electronic Engineering3 – 14(2017).

后　记

这是我的第一本专著，即将付梓前说明一下成书的经过和感受。这本书酝酿很久，起初的规划很宏大，想把自己心中理想的“数字法学”给勾勒出来，给读者提供一个鸟瞰式的全景图，其中应当博采各家学说，做成国内这一领域研究最新成果的介绍读物。但是，这个愿望最终没有实现，因为我发现，以自己当下的积累和能力，绝非一朝一夕可以实现。接着，我想以“讲义”的形式呈现我所认识的“数字法学”，基础是我在浙江大学开过的两年“数字法学”的有关课程。这两年，上课前我都会先写好讲稿，课后再补充和修改讲稿。但是这样的文字汇集起来却仅有十多万字，这样在学术评价上太单薄了，因此只能搁置。目前呈现和出版的主要是我已经发表的该领域学术论文，并做了汇编和调整，另添加了一些讲义里的内容，形成如今付梓的版本。起初我想写的是一本教科书，退而求其次好歹是一本讲义，结果却只能是集结一下自己的研究成果，所以我难言十分满意。教科书也好、讲义也罢，依然是我的念想，且看今后有无机会了。

这次专著出版的经历，让我加深了某个道理的认识，即别太高估自己的精力和能力，一天做不了多少事情，一个月、一年乃至于一辈子也一样。这样的结论在年轻且想有所作为的时候听起来很泄气，但也使我更加地务实和清醒。我应当把宝贵的精力专注于少数的几件自己认为有价值的事情上，我应当更加只争朝夕，不要随便浪费宝贵的精力。就科研工作而言，我对自己今后的期许是，绝不苛求数量，应当为了一个好的想法花时间去研究和写作。这段话写于这本书的后记，是为了不断提醒今后的自己，不要把时间耗费在那些可有可无的论文和研究上了。

虽然这本书被我说得那么“勉强”，但是请读者不要怀疑我对这本书的付出及其质量，这里汇集了我自2023年底前的主要研究成果。这几年我主要琢磨法律和人工智能的关系问题，包括如何“应对”和如何“应用”两个视角，都付出很多心血。自2018年开始进入产业界计算，历时6年，也应当是一个人最有创造力的岁月了。现在回过头来看，这些研究肯定不算什么对人类社会有很大贡献的成果，但是对我个人而言确实算是一份交待，毕竟时间不是花在这，就是花在那，花在研究和写作上至少不算是坏事。

这本书得以出版，离不开很多人的支持，在此表达我的谢意！首先，浙江大学光华法学院2023级研究生孙佳辰为本书提供了全程的文字整理、修改和校对工作，付出了极大的时间和精力，要特别感谢她；其次，本书引用的多篇文章，涉及多位合作者，西安交通大学的刘东亮教授，浙江大学计算机学院的况琨教授、吴亦全博士、李昂博士，浙江大学光华法学院刘琪、陈瑞、吴玉东、陈强超、雷一鸣等我指导及合作过的研究生，为本书的多个章节贡献了智识，感谢你们，也希望在一起科研中我们结下的友谊能够长存；再次，这本书受到浙江大学光华法学院的资助并被列入“之江法学文库”，倍感荣幸；在法律出版社审稿、校对过程中，李沂蔚编辑为这本书的出版付出了极大心力，十分感谢！最后的致谢留给我的家人吧，科研写作的时间多一分，家庭生活的时间就少一分。